LX
한국국토
정보공사

NCS + 최종점검 모의고사 5회

SD에듀
(주)시대고시기획

2024 최신판 SD에듀 LX 한국국토정보공사
NCS + 최종점검 모의고사 5회 + 무료NCS특강

Always **with you**

사람의 인연은 길에서 우연하게 만나거나 함께 살아가는 것만을 의미하지는 않습니다.
책을 펴내는 출판사와 그 책을 읽는 독자의 만남도 소중한 인연입니다.
SD에듀는 항상 독자의 마음을 헤아리기 위해 노력하고 있습니다. 늘 독자와 함께하겠습니다.

머리말

국토 SOC의 디지털화에 앞장서는 LX 한국국토정보공사는 2024년에 신입사원을 채용할 예정이다. LX 한국국토정보공사의 채용절차는 「입사지원서 접수 ➜ 필기전형 ➜ 면접전형 ➜ 최종 합격자 발표」 순서로 이루어진다. 필기전형은 직무성격검사와 직무능력검사, 직무지식검사로 진행한다. 그중 직무능력검사는 의사소통능력, 수리능력, 문제해결능력, 자원관리능력, 정보능력, 조직이해능력, 기술능력 중 분야별로 총 4개의 영역을 평가하며, 2023년에는 피듈형으로 진행되었다. 또한, 직무지식검사는 분야별로 내용이 상이하므로 반드시 확정된 채용공고를 확인하는 것이 필요하다. 따라서 필기전형에서 고득점을 받기 위해 다양한 유형에 대한 폭넓은 학습과 문제풀이능력을 높이는 등 철저한 준비가 필요하다.

LX 한국국토정보공사 합격을 위해 SD에듀에서는 LX 한국국토정보공사 판매량 1위의 출간 경험을 토대로 다음과 같은 특징을 가진 도서를 출간하였다.

도서의 특징

❶ **기출복원문제를 통한 출제 유형 확인!**
  • 2023년 주요 공기업 NCS 기출문제를 복원하여 공기업별 필기 유형을 파악할 수 있도록 하였다.

❷ **LX 한국국토정보공사 필기전형 출제 영역 맞춤 문제를 통한 실력 상승!**
  • 직무능력검사 대표유형&기출예상문제를 수록하여 효과적으로 학습할 수 있도록 하였다.

❸ **최종점검 모의고사를 통한 완벽한 실전 대비!**
  • 철저한 분석을 통해 실제 유형과 유사한 최종점검 모의고사를 수록하여 자신의 실력을 최종 점검할 수 있도록 하였다.

❹ **다양한 콘텐츠로 최종 합격까지!**
  • LX 한국국토정보공사 채용 가이드와 면접 기출질문을 수록하여 채용을 준비하는 데 부족함이 없도록 하였다.
  • 온라인 모의고사를 무료로 제공하여 필기전형에 대비할 수 있도록 하였다.

끝으로 본 도서를 통해 LX 한국국토정보공사 채용을 준비하는 모든 수험생 여러분이 합격의 기쁨을 누리기를 진심으로 기원한다.

SDC(Sidae Data Center) 씀

미션

> 국가 공간정보 체계 구축 지원과 공간정보 · 지적제도 연구개발 및
> 지적측량 수행을 통해 국가발전에 이바지한다.

비전

> 스마트 사회를 선도하는 국토정보 플랫폼

핵심가치

> 미래 혁신 / 책임과 신뢰 / 소통과 화합

경영목표

> 공간정보사업 성장률 21%

> 지적통합정보 구축률 55.6%

> ESG 경영수준 A+등급

> 조직혁신지수 S등급

전략방향 및 전략과제

국토공간의 디지털전환 선도	▶	● 국토공간 디지털 SOC 확충 ● 플랫폼 기반 국토정보 서비스 강화 ● 공간정보 정책사업 지원 확대
지적의 미래성장동력 확보	▶	● 지능형 지적서비스 확산 ● 지적 융복합사업 확대 ● 지적재조사 추진 가속화
ESG 기반 책임경영 강화	▶	● 탄소중립 · 녹생성장 이행 강화 ● 상생가치와 안전경영 실현 ● 투명 · 윤리경영 실천 강화
효율성 중심 기관운영 혁신	▶	● 데이터 기반 경영관리 혁신 ● 직무 · 성과 중심 조직인사 관리 ● 예산효율성과 재무건전성 강화

인재상

상생을 추구하는 화합

상호 존중과 배려를 통해
상생과 협력을 추구하여
화합하는 인재

변화에 도전하는 창조

세계 최고 수준의 전문성을
향해 변화와 도전으로
새로움을 창조하는 인재

고객을 지향하는 소통

사회적 책임과 청렴윤리를
바탕으로 고객에게
감동으로 소통하는 인재

신입 채용 안내 INFORMATION

⟳ 지원자격(공통)

❶ 학력 · 전공 · 성별 · 연령 · 어학성적 : 제한 없음[단, 18세 미만자 및 임용예정일 기준 공사 정년(60세) 초과자 제외]

❷ 임용예정일 이후 전일 근무 가능한 자

❸ 남성의 경우 병역을 필하였거나 면제된 자

❹ 한국국토정보공사 인사규정 제15조의 결격사유가 없는 자

⟳ 필기전형

구분	분야		내용
직무성격검사	전 분야		공사 인재상에 부합하는 마인드
직무능력검사	기획경영직	기획행정	의사소통능력, 문제해결능력, 자원관리능력, 조직이해능력
		경영회계	
	국토정보직	지적측량	수리능력, 문제해결능력, 정보능력, 기술능력
	보조직	지적측량	
직무지식검사	전 분야		분야별 상이

⟳ 면접전형

구분	분야	내용
역량면접	전 분야	경험면접, 상황면접 등 공사 직원으로서 필요한 역량 검증

❖ 위 채용안내는 2023년 채용공고를 기준으로 작성하였으므로 세부내용은 반드시 확정된 채용공고를 확인하기 바랍니다.

2023 기출분석 ANALYSIS

총평

2023년 LX 한국국토정보공사의 필기전형은 피듈형으로 출제되었으며, 60문항을 60분 이내에 풀어야 했기 때문에 시간은 촉박했으나 비교적 쉬운 편이었다는 후기가 많았다. 의사소통능력의 경우 내용 일치 문제와 맞춤법 문제가 출제되었으며, 수리능력의 경우 그래프를 해석하는 문제와 사칙 연산 문제가 출제되었다. 또한 문제해결능력의 경우 주어진 명제를 토대로 추론하는 문제가 출제되었으며, 정보능력의 경우 데이터 관련 문제가, 조직이해능력의 경우 예절 관련 문제가 출제되었다.

의사소통능력

출제 특징	• 내용 일치 문제가 출제됨 • 중심 내용 문제가 출제됨 • 맞춤법 문제가 출제됨
출제 키워드	• 접속어 등

수리능력

출제 특징	• 자료 이해 문제가 출제됨 • 사칙 연산 문제가 출제됨
출제 키워드	• 거속시 등

문제해결능력

출제 특징	• 명제 추론 문제가 출제됨
출제 키워드	• 참 거짓 등

정보능력

출제 특징	• 데이터 관련 문제가 출제됨
출제 키워드	• 비트 등

조직이해능력

출제 특징	• 예절 관련 문제가 출제됨
출제 키워드	• 악수 예절, 식사 예절, 명함 예절 등

NCS 문제 유형 소개 NCS TYPES

PSAT형

※ 다음은 K공단의 국내 출장비 지급 기준에 대한 자료이다. 이어지는 질문에 답하시오. [15~16]

〈국내 출장비 지급 기준〉

① 근무지로부터 편도 100km 미만의 출장은 공단 차량 이용을 원칙으로 하며, 다음 각호에 따라 "별표 1"에 해당하는 여비를 지급한다.
  ㉠ 일비
    ⓐ 근무시간 4시간 이상 : 전액
    ⓑ 근무시간 4시간 미만 : 1일분의 2분의 1
  ㉡ 식비 : 명령권자가 근무시간이 모두 소요되는 1일 출장으로 인정한 경우에는 1일분의 3분의 1 범위 내에서 지급
  ㉢ 숙박비 : 편도 50km 이상의 출장 중 출장일수가 2일 이상으로 숙박이 필요할 경우, 증빙자료 제출 시 숙박비 지급
② 제1항에도 불구하고 공단 차량을 이용할 수 없어 개인 소유 차량으로 업무를 수행한 경우에는 일비를 지급하지 않고 이사장이 따로 정하는 바에 따라 교통비를 지급한다.
③ 근무지로부터 100km 이상의 출장은 "별표 1"에 따라 교통비 및 일비는 전액을, 식비는 1일분의 3분의 2 해당액을 지급한다. 다만, 업무 형편상 숙박이 필요하다고 인정할 경우에는 출장기간에 대하여 숙박비, 일비, 식비 전액을 지급할 수 있다.

〈별표 1〉

구분	교통비				일비 (1일)	숙박비 (1박)	식비 (1일)
	철도임	선임	항공임	자동차임			
임원 및 본부장	1등급	1등급	실비	실비	30,000원	실비	45,000원
1, 2급 부서장	1등급	2등급	실비	실비	25,000원	실비	35,000원
2, 3, 4급 부장	1등급	2등급	실비	실비	20,000원	실비	30,000원
4급 이하 팀원	2등급	2등급	실비	실비	20,000원	실비	30,000원

1. 교통비는 실비를 기준으로 하되, 실비 정산은 국토해양부장관 또는 특별시장·광역시장·도지사·특별자치도지사 등이 인허한 요금을 기준으로 한다.
2. 선임 구분표 중 1등급 해당자는 특등, 2등급 해당자는 1등을 적용한다.
3. 철도임 구분표 중 1등급은 고속철도 특실, 2등급은 고속철도 일반실을 적용한다.
4. 임원 및 본부장의 식비가 위 정액을 초과하였을 경우 실비를 지급할 수 있다.
5. 운임 및 숙박비의 할인이 가능한 경우에는 할인 요금으로 지급한다.
6. 자동차임 실비 지급은 연료비와 실제 통행료를 지급한다.
   (연료비)=[여행거리(km)]×(유가)÷(연비)
7. 임원 및 본부장을 제외한 직원의 숙박비는 70,000원을 한도로 실비를 정산할 수 있다.

특징
▶ 대부분 의사소통능력, 수리능력, 문제해결능력을 중심으로 출제(일부 기업의 경우 자원관리능력, 조직이해능력을 출제)
▶ 자료에 대한 추론 및 해석 능력을 요구

대행사
▶ 엑스퍼트컨설팅, 커리어넷, 태드솔루션, 한국행동과학연구소(행과연), 휴노 등

모듈형

| 대인관계능력

60 다음 자료는 갈등해결을 위한 6단계 프로세스이다. 3단계에 해당하는 대화의 예로 가장 적절한 것은?

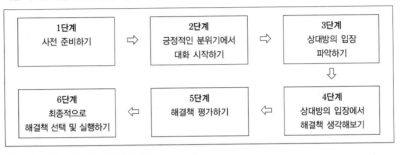

① 그럼 A씨의 생각대로 진행해 보시죠.

특징
▶ 이론 및 개념을 활용하여 푸는 유형
▶ 채용 기업 및 직무에 따라 NCS 직업기초능력평가 10개 영역 중 선발하여 출제
▶ 기업의 특성을 고려한 직무 관련 문제를 출제
▶ 주어진 상황에 대한 판단 및 이론 적용을 요구

대행사
▶ 인트로맨, 휴스테이션, ORP연구소 등

피듈형(PSAT형 + 모듈형)

| 문제해결능력

60 P회사는 직원 20명에게 나눠 줄 추석 선물 품목을 조사하였다. 다음은 유통업체별 품목 가격과 직원들의
품목 선호도를 나타낸 자료이다. 이를 참고하여 P회사에서 구매하는 물품과 업체를 바르게 연결한 것은?

〈업체별 품목 금액〉

구분		1세트당 가격	혜택
A업체	돼지고기	37,000원	10세트 이상 주문 시 배송 무료
	건어물	25,000원	
B업체	소고기	62,000원	20세트 주문 시 10% 할인
	참치	31,000원	
C업체	스팸	47,000원	50만 원 이상 주문 시 배송 무료
	김	15,000원	

〈구성원 품목 선호도〉

특징
▶ 기초 및 응용 모듈을 구분하여 푸는 유형
▶ 기초인지모듈과 응용업무모듈로 구분하여 출제
▶ PSAT형보다 난도가 낮은 편
▶ 유형이 정형화되어 있고, 유사한 유형의 문제를 세트로 출제

대행사
▶ 사람인, 스카우트, 인크루트, 커리어케어, 트리피, 한국사회능력개발원 등

주요 공기업 적중 문제 TEST CHECK

참 거짓 ▶ 유형

19 A ~ D 네 명은 한 판의 가위바위보를 한 후 그 결과에 대해 다음 〈보기〉와 같이 각각 두 가지의 진술을 하였다. 두 가지의 진술 중 하나는 반드시 참이고, 하나는 반드시 거짓이라고 할 때, 항상 참인 것은?

> 보기
>
> A : C는 B를 이길 수 있는 것을 냈고, B는 가위를 냈다.
> B : A는 C와 같은 것을 냈지만, A가 편 손가락의 수는 나보다 적었다.
> C : B는 바위를 냈고, 그 누구도 같은 것을 내지 않았다.
> D : A, B, C 모두 참 또는 거짓을 말한 순서가 동일하다. 이 판은 승자가 나온 판이었다.

① B와 같은 것을 낸 사람이 있다.
② 보를 낸 사람은 1명이다.
③ D는 혼자 가위를 냈다.
④ B가 기권했다면 가위를 낸 사람이 지는 판이다.

예절 ▶ 키워드

56 다음 중 조직의 환경적응에 대한 설명으로 적절하지 않은 것을 〈보기〉에서 모두 고르면?

> 보기
>
> ㄱ. 세계화의 기업에 대한 영향은 진출시장, 투자대상 확대 등 기업의 대외적 경영 측면으로 국한된다.
> ㄴ. 특정 국가에서의 업무 동향 점검 시에는 거래 기업에 대한 정보와 시장의 특성 뿐 아니라 법규에 대하여도 파악하는 것이 필수적이다.
> ㄷ. 이문화 이해는 곧 상이한 문화와의 언어적 소통을 가리키므로 현지에서의 인사법 등 예절에 주의하여야 한다.
> ㄹ. 이문화 이해는 특정 타 지역에 오랜 기간 형성된 문화를 이해하는 것으로, 단기간에 집중적인 학습으로 신속하게 수월한 언어적 능력을 갖추는 것이 최선이다.

① ㄱ
② ㄱ, ㄷ
③ ㄱ, ㄷ, ㄹ
④ ㄴ, ㄷ, ㄹ

코레일 한국철도공사

 이산화탄소 ▶ 키워드

2023년 적중

13 다음은 온실가스 총 배출량에 대한 자료이다. 이에 대한 설명으로 옳지 않은 것은?

〈온실가스 총 배출량〉

(단위 : CO₂ eq.)

구분		2016년	2017년	2018년	2019년	2020년	2021년	2022년
총 배출량		592.1	596.5	681.8	685.9	695.2	689.1	690.2
	에너지	505.3	512.2	593.4	596.1	605.1	597.7	601.0
	산업공정	50.1	47.2	51.7	52.6	52.8	55.2	52.2
	농업	21.2	21.7	21.2	21.5	21.4	20.8	20.6
	폐기물	15.5	15.4	15.5	15.7	15.9	15.4	16.4
LULUCF		−57.3	−54.5	−48.5	−44.7	−42.7	−42.4	−44.4
순 배출량		534.8	542.0	633.3	641.2	652.5	646.7	645.8
총 배출량 증감률(%)		2.3	0.7	14.3	0.6	1.4	−0.9	0.2

※ CO₂ eq. : 이산화탄소 등가를 뜻하는 단위로, 온실가스 종류별 지구온난화 기여도를 수치로 표현한 지구온난화지수 (GWP; Global Warming Potential)를 곱한 이산화탄소 환산량
※ LULUCF(Land Use, Land Use Change, Forestry) : 인간이 토지 이용에 따라 변화하게 되는 온실가스의 증감
※ (순 배출량)=(총 배출량)+(LULUCF)

① 온실가스 순 배출량은 2020년까지 지속해서 증가하다가 2021년부터 감소한다.
② 2022년 농업 온실가스 배출량은 2016년 대비 3%p 이상 감소하였다.
③ 2017~2022년 중 온실가스 총 배출량이 전년 대비 감소한 해에는 다른 해에 비해 산업공정 온실가스 배출량이 가장 많다.
④ 2016년 온실가스 순 배출량에서 에너지 온실가스 배출량이 차지하는 비중은 90% 이상이다.
⑤ 2022년 온실가스 총 배출량은 전년 대비 0.2%p 미만으로 증가했다.

인천국제공항공사

 단어 연상 ▶ 유형

2023년 적중

01 다음 9개의 단어 중 3개의 단어를 통해 연상할 수 있는 단어로 가장 적절한 것은?

유세	성화	물
경품	토끼	투표
후보	포환	공

① 동물
② 경주
③ 선거
④ 달리기
⑤ 수영

주요 공기업 적중 문제 TEST CHECK

신혼부부 ▶ 키워드

66 다음은 L공사의 신혼부부 매입임대주택 I 예비입주자 모집공고에 대한 자료이다. 이를 토대로 할 때, 신혼부부 매입임대주택 I 입주자격을 갖추지 못한 사람은?

〈신혼부부 매입임대주택 I 예비입주자 모집공고〉

신혼부부 매입임대주택 I 은 L공사에서 매입한 주택을 개·보수하여 신혼부부 등을 대상으로 시중 시세 30 ~ 40% 수준으로 임대하는 주택입니다.

〈신혼부부 매입임대주택 I 입주자격〉

공고일 기준 현재 무주택세대구성원으로서 아래의 자격 중 하나에 해당하고, 해당 세대의 월평균 소득이 전년도 도시근로자 가구당 월평균소득의 70%(배우자가 소득이 있는 경우에는 90%) 이하이고, 국민임대자산 기준을 충족(총자산 28,800만 원, 자동차 2,468만 원 이하)하는 신혼부부, 예비 신혼부부, 한부모 가족, 유자녀 혼인가구

① 신혼부부 : 공고일 기준 현재 혼인 7년 이내(2015.10.31. ~ 2022.10.30.)인 사람
② 예비신혼부부 : 공고일 기준 현재 혼인 예정인 사람으로서 입주일(2023.10.01.) 전일까지 혼인 신고를 하는 사람
③ 한부모 가족 : 만 6세 이하 자녀를 둔 모자가족 또는 부자가족(2015.10.31. 이후 출생한 자녀 및 태아)
④ 유자녀 혼인가구 : 만 6세 이하 자녀가 있는 혼인가구(2015.10.31. 이후 출생한 자녀 및 태아)
• 무주택 세대 구성원 : 세대구성원 전원이 주택을 소유하고 있지 않은 세대의 구성원을 의미함

세대구성원	비고
• 신청자 및 배우자	세대 분리되어 있는 배우자도 포함
• 신청자 직계존속 • 배우자 직계존속 • 신청자 직계비속(배우자 포함)	신청자의 주민등록표등본에 등재되어 있거나 세대 분리된 신청자 배우자의 주민등록표등본에 등재되어 있는 사람에 한함

경청 ▶ 키워드

01 다음 〈보기〉의 갑 ~ 정 네 사람 중 올바른 경청 방법을 보인 사람을 모두 고르면?

보기
• 자신의 잘못에 대해 상사가 나무라자 갑은 고개를 숙이고 바닥만 응시하다가 상사의 말이 다 끝나 자 잘못하였다고 말하였다.
• 을은 후배가 자신의 생각에 반대하는 의견을 말하자 다리를 꼬고 앉아 후배가 말하는 내내 계속하 여 쳐다봤다.
• 병은 바쁘게 일하는 나머지 동료직원이 다가와 도움을 요청한 소리를 제대로 못 들어 동료직원에 게 상체를 기울여 다시 말해 줄 것을 요청하였다.
• 회사 주가가 연일 하락해 심란한 나머지 자리에 앉지 못하는 대표 정에게 직원이 면담을 요청하자 정은 자리에 앉았다.

① 갑, 을
② 갑, 병
③ 을, 병
④ 병, 정

K-water 한국수자원공사

가장 저렴한 업체 ▶ 유형

38 S공사에서 근무하는 K사원은 새로 도입되는 교통관련 정책 홍보자료를 만들어서 배포하려고 한다. 다음 중 가장 저렴한 비용으로 인쇄할 수 있는 업체로 옳은 것은?

〈인쇄업체별 비용 견적〉

(단위 : 원)

업체명	페이지당 비용	표지 가격		권당 제본비용	할인
		유광	무광		
A인쇄소	50	500	400	1,500	-
B인쇄소	70	300	250	1,300	-
C인쇄소	70	500	450	1,000	100부 초과 시 초과 부수만 총비용에서 5% 할인
D인쇄소	60	300	200	1,000	-

※ 홍보자료는 관내 20개 지점에 배포하고, 각 지점마다 10부씩 배포한다.
※ 홍보자료는 30페이지 분량으로 제본하며, 표지는 유광표지로 한다.

① A인쇄소 ② B인쇄소
③ C인쇄소 ④ D인쇄소

한국공항공사

참 거짓 ▶ 유형

02 다음 중 〈보기〉의 명제에 근거하여 반드시 참인 것은?

보기

- 물을 녹색으로 만드는 조류는 냄새 물질을 배출한다.
- 독소 물질을 배출하는 조류는 냄새 물질을 배출하지 않는다.
- 물을 황색으로 만드는 조류는 물을 녹색으로 만들지 않는다.

① 독소 물질을 배출하는 조류는 물을 녹색으로 만들지 않는다.
② 물을 녹색으로 만들지 않는 조류는 냄새 물질을 배출하지 않는다.
③ 독소 물질을 배출하지 않는 조류는 물을 녹색으로 만든다.
④ 냄새 물질을 배출하지 않는 조류는 물을 황색으로 만들지 않는다.
⑤ 냄새 물질을 배출하는 조류는 독소 물질을 배출한다.

도서 200% 활용하기 STRUCTURES

1 기출복원문제로 출제 경향 파악

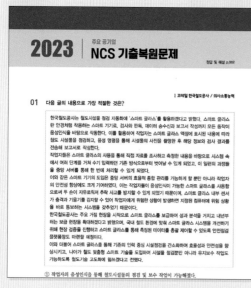

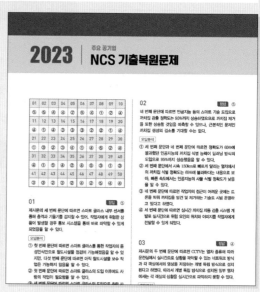

▶ 2023년 주요 공기업 NCS 기출문제를 복원하여 공기업별 필기 유형을 파악할 수 있도록 하였다.

▶ 정답과 오답에 대한 상세한 해설을 수록하여 혼자서도 학습할 수 있도록 하였다.

2 대표유형+기출예상문제로 NCS 완벽 대비

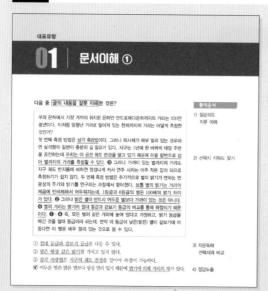

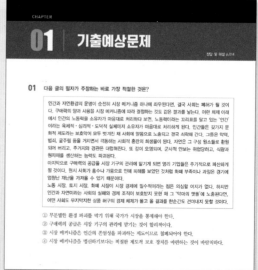

▶ NCS 출제 영역에 대한 대표유형과 기출예상문제를 수록하여 NCS 문제에 대한 접근 전략을 익히고 점검할 수 있도록 하였다.

3 최종점검 모의고사 + OMR을 활용한 실전 연습

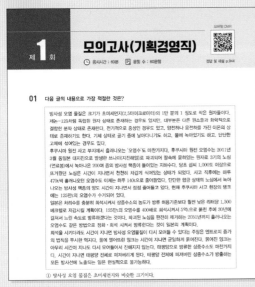

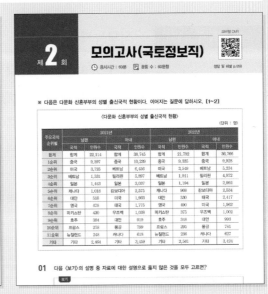

▶ 최종점검 모의고사와 OMR 답안카드를 수록하여 실제로 시험을 보는 것처럼 최종 마무리 연습을 할 수 있도록 하였다.

▶ 모바일 OMR 답안채점/성적분석 서비스를 통해 필기전형에 대비할 수 있도록 하였다.

4 인성검사부터 면접까지 한 권으로 최종 마무리

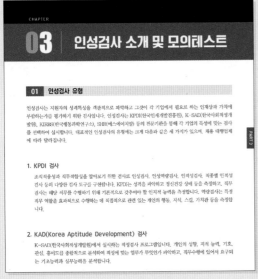

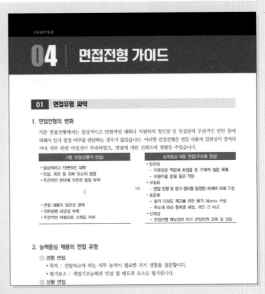

▶ 인성검사 모의테스트를 수록하여 인성검사 유형 및 문항을 확인할 수 있도록 하였다.

▶ LX 한국국토정보공사 면접 기출질문을 수록하여 실제 면접에서 나오는 질문을 미리 파악하고 연습할 수 있도록 하였다.

이 책의 차례 CONTENTS

Add+

합격의 공식 SD에듀 www.sdedu.co.kr

2023년 주요 공기업
NCS 기출복원문제

| 코레일 한국철도공사 / 의사소통능력

01 다음 글의 내용으로 가장 적절한 것은?

> 한국철도공사는 철도시설물 점검 자동화에 '스마트 글라스'를 활용하겠다고 밝혔다. 스마트 글라스란 안경처럼 착용하는 스마트 기기로, 검사와 판독, 데이터 송수신과 보고서 작성까지 모든 동작이 음성인식을 바탕으로 작동한다. 이를 활용하여 작업자는 스마트 글라스 액정에 표시된 내용에 따라 철도 시설물을 점검하고, 음성 명령을 통해 시설물의 사진을 촬영한 후 해당 정보와 검사 결과를 전송해 보고서로 작성한다.
>
> 작업자들은 스마트 글라스의 사용을 통해 직접 자료를 조사하고 측정한 내용을 바탕으로 시스템 속에서 여러 단계를 거쳐 수기 입력하던 기존 방식으로부터 벗어날 수 있게 되었고, 이 일련의 과정들을 중앙 서버를 통해 한 번에 처리할 수 있게 되었다.
>
> 이와 같은 스마트 기기의 도입은 중앙 서버의 효율적 종합 관리를 가능하게 할 뿐만 아니라 작업자의 안전성 향상에도 크게 기여하였다. 이는 작업자들이 음성인식이 가능한 스마트 글라스를 사용함으로써 두 손이 자유로워져 추락 사고를 방지할 수 있게 되었기 때문이며, 스마트 글라스 내부 센서가 충격과 기울기를 감지할 수 있어 작업자에게 위험한 상황이 발생하면 지정된 컴퓨터에 위험 상황을 바로 통보하는 시스템을 갖추었기 때문이다.
>
> 한국철도공사는 주요 거점 현장을 시작으로 스마트 글라스를 보급하여 성과 분석을 거치고 내년부터는 보급 현장을 확대하겠다고 밝혔으며, 국내 철도 환경에 맞춰 스마트 글라스 시스템을 개선하기 위해 현장 검증을 진행하고 스마트 글라스를 통해 측정된 데이터를 총괄 제어할 수 있도록 안전점검 플랫폼망도 마련할 예정이다.
>
> 이와 더불어 스마트 글라스를 통해 기존의 인력 중심 시설점검을 간소화하여 효율성과 안전성을 향상시키고, 나아가 철도 맞춤형 스마트 기술을 도입하여 시설물 점검뿐만 아니라 유지보수 작업도 가능하도록 철도기술 고도화에 힘쓰겠다고 전했다.

① 작업자의 음성인식을 통해 철도시설물의 점검 및 보수 작업이 가능해졌다.
② 스마트 글라스의 도입으로 철도시설물 점검의 무인작업이 가능해졌다.
③ 스마트 글라스의 도입으로 철도시설물 점검 작업 시 안전사고 발생 횟수가 감소하였다.
④ 스마트 글라스의 도입으로 철도시설물 작업 시간 및 인력이 감소하고 있다.
⑤ 스마트 글라스의 도입으로 작업자의 안전사고 발생을 바로 파악할 수 있게 되었다.

02 다음 글에 대한 설명으로 적절하지 않은 것은?

2016년 4월 27일 오전 7시 20분경 임실역에서 익산으로 향하던 열차가 전기 공급 중단으로 멈추는 사고가 발생해 약 50여 분간 열차 운행이 중단되었다. 바로 전차선에 지어진 까치집 때문이었는데, 까치가 집을 지을 때 사용하는 젖은 나뭇가지나 철사 등이 전선과 닿거나 차로에 떨어져 합선과 단전을 일으킨 것이다.

비록 이번 사고는 단전에서 끝났지만, 고압 전류가 흐르는 전차선인 만큼 철사와 젖은 나뭇가지만으로도 자칫하면 폭발사고로 이어질 우려가 있다. 지난 5년간 까치집으로 인한 단전사고는 한 해 평균 3 ~ 4건 발생해 왔으며, 한국철도공사는 사고방지를 위해 까치집 방지 설비를 설치하고 설비가 없는 구간은 작업자가 육안으로 까치집 생성 여부를 확인해 제거하고 있는데, 이렇게 제거해 온 까치집 수가 연평균 8,000개에 달한다. 하지만 까치집은 빠르면 불과 4시간 만에 완성되어 작업자들에게 큰 곤욕을 주고 있다.

이에 한국철도공사는 전차선로 주변 까치집 제거의 효율성과 신속성을 높이기 위해 인공지능(AI)과 사물인터넷(IoT) 등 첨단 기술을 활용하기에 이르렀다. 열차 운전실에 영상 장비를 설치해 달리는 열차에서 전차선을 촬영한 화상 정보를 인공지능으로 분석함으로써 까치집 등의 위험 요인을 찾아 해당 위치와 현장 이미지를 작업자에게 실시간으로 전송하는 '실시간 까치집 자동 검출 시스템'을 개발한 것이다. 하지만 시속 150km로 빠르게 달리는 열차에서 까치집 등의 위험 요인을 실시간으로 판단해 전송하는 것이다 보니 그 정확도는 65%에 불과했다.

이에 한국철도공사는 전차선과 까치집을 정확하게 식별하기 위해 인공지능이 스스로 학습하는 '딥러닝' 방식을 도입했고, 전차선을 구성하는 복잡한 구조 및 까치집과 유사한 형태를 빅데이터로 분석해 이미지를 구분하는 학습을 실시한 결과 까치집 검출 정확도는 95%까지 상승했다. 또한 해당 이미지를 실시간 문자메시지로 작업자에게 전송해 위험 요소와 위치를 인지시켜 현장에 적용할 수 있다는 사실도 확인했다. 현재는 이와 더불어 정기열차가 운행하지 않거나 작업자가 접근하기 쉽지 않은 차량 정비 시설 등에 드론을 띄워 전차선의 까치집을 발견 및 제거하는 기술도 시범 운영하고 있다.

① 인공지능도 학습을 통해 그 정확도를 향상시킬 수 있다.
② 빠른 속도에서 인공지능의 사물 식별 정확도는 낮아진다.
③ 사람의 접근이 불가능한 곳에 위치한 까치집의 제거도 가능해졌다.
④ 까치집 자동 검출 시스템을 통해 실시간으로 까치집 제거가 가능해졌다.
⑤ 인공지능 등의 스마트 기술 도입으로 까치집 생성의 감소를 기대할 수 있다.

03 다음 글을 이해한 내용으로 적절하지 않은 것은?

> 열차 내에서의 범죄가 급격하게 증가함에 따라 한국철도공사는 열차 내 범죄 예방과 안전 확보를 위해 2023년까지 현재 운행하고 있는 열차의 모든 객실에 CCTV를 설치하고, 모든 열차 승무원에게 바디캠을 지급하겠다고 밝혔다.
>
> CCTV는 열차 종류에 따라 운전실에서 비상시 실시간으로 상황을 파악할 수 있는 '네트워크 방식'과 각 객실에서의 영상을 저장하는 '개별 독립 방식'이라는 2가지 방식으로 사용 및 설치가 진행될 예정이며, 객실에는 사각지대를 없애기 위해 4대가량의 CCTV가 설치된다. 이 중 2대는 휴대 물품 도난 방지 등을 위해 휴대 물품 보관대 주변에 위치하게 된다.
>
> 이에 따라 한국철도공사는 CCTV 제품 품평회를 가져 제품의 형태와 색상, 재질 등에 대한 의견을 나누고 각 제품이 실제로 열차 운행 시 진동과 충격 등에 적합한지 시험을 거친 후 도입할 예정이다.

① 현재는 모든 열차의 객실 전부에 CCTV가 설치되어 있진 않을 것이다.
② 과거에 비해 승무원에 대한 승객의 범죄행위 증거 취득이 유리해질 것이다.
③ CCTV 설치를 통해 인적 피해와 물적 피해 모두 예방할 수 있을 것이다.
④ CCTV 설치를 통해 실시간으로 모든 객실을 모니터링할 수 있을 것이다.
⑤ CCTV의 내구성뿐만 아니라 외적인 디자인도 제품 선택에 영향을 줄 수 있을 것이다.

04 작년 K대학교에 재학 중인 학생 수는 6,800명이고 남학생과 여학생의 비는 8 : 9였다. 올해 남학생 수와 여학생 수의 비가 12 : 13만큼 줄어들어 7 : 8이 되었다고 할 때, 올해 K대학교의 전체 재학생 수는?

① 4,440명　　　　　　　　　　② 4,560명
③ 4,680명　　　　　　　　　　④ 4,800명
⑤ 4,920명

05 다음 자료에 대한 설명으로 가장 적절한 것은?

- KTX 마일리지 적립
  - KTX 이용 시 결제금액의 5%가 기본 마일리지로 적립됩니다.
  - 더블적립(×2) 열차로 지정된 열차는 추가로 5%가 적립됩니다(결제금액의 총 10%).
    ※ 더블적립 열차는 홈페이지 및 코레일톡 애플리케이션에서만 승차권 구매 가능
  - 선불형 교통카드 Rail+(레일플러스)로 승차권을 결제하는 경우 1% 보너스 적립도 제공되어 최대 11% 적립이 가능합니다.
  - 마일리지를 적립받고자 하는 회원은 승차권을 발급받기 전에 코레일 멤버십카드 제시 또는 회원번호 및 비밀번호 등을 입력해야 합니다.
  - 해당 열차 출발 후에는 마일리지를 적립받을 수 없습니다.
- 회원 등급 구분

구분	등급 조건	제공 혜택
VVIP	• 반기별 승차권 구입 시 적립하는 마일리지가 8만 점 이상인 고객 또는 기준일부터 1년간 16만 점 이상 고객 중 매년 반기 익월 선정	• 비즈니스 회원 혜택 기본 제공 • KTX 특실 무료 업그레이드 쿠폰 6매 제공 • 승차권 나중에 결제하기 서비스 (열차 출발 3시간 전까지)
VIP	• 반기별 승차권 구입 시 적립하는 마일리지가 4만 점 이상인 고객 또는 기준일부터 1년간 8만 점 이상 고객 중 매년 반기 익월 선정	• 비즈니스 회원 혜택 기본 제공 • KTX 특실 무료 업그레이드 쿠폰 2매 제공
비즈니스	• 철도 회원으로 가입한 고객 중 최근 1년간 온라인에서 로그인한 기록이 있거나, 회원으로 구매실적이 있는 고객	• 마일리지 적립 및 사용 가능 • 회원 전용 프로모션 참가 가능 • 열차 할인상품 이용 등 기본서비스와 멤버십 제휴서비스 등 부가서비스 이용
패밀리	• 철도 회원으로 가입한 고객 중 최근 1년간 온라인에서 로그인한 기록이 없거나, 회원으로 구매실적이 없는 고객	• 멤버십 제휴서비스 및 코레일 멤버십 라운지 이용 등의 부가서비스 이용 제한 • 휴면 회원으로 분류 시 별도 관리하며, 본인 인증 절차로 비즈니스 회원으로 전환 가능

  - 마일리지는 열차 승차 다음날 적립되며, 지연료를 마일리지로 적립하신 실적은 등급 산정에 포함되지 않습니다.
  - KTX 특실 무료 업그레이드 쿠폰 유효기간은 6개월이며, 반기별 익월 10일 이내에 지급됩니다.
  - 실적의 연간 적립 기준일은 7월 지급의 경우 전년도 7월 1일부터 당해 연도 6월 30일까지 실적이며, 1월 지급은 전년도 1월 1일부터 전년도 12월 31일까지의 실적입니다.
  - 코레일에서 지정한 추석 및 설 명절 특별수송기간의 승차권은 실적 적립 대상에서 제외됩니다.
  - 회원 등급 조건 및 제공 혜택은 사전 공지 없이 변경될 수 있습니다.
  - 승차권 나중에 결제하기 서비스는 총 편도 2건 이내에서 제공되며, 3회 자동 취소 발생(열차 출발 전 3시간 내 미결제) 시 서비스가 중지됩니다. 리무진+승차권 결합 발권은 2건으로 간주되며, 정기권, 특가상품 등은 나중에 결제하기 서비스 대상에서 제외됩니다.

① 코레일에서 운행하는 모든 열차는 이용 때마다 결제금액의 최소 5%가 KTX 마일리지로 적립된다.
② 회원 등급이 높아져도 열차 탑승 시 적립되는 마일리지는 동일하다.
③ 비즈니스 등급은 기업회원을 구분하는 명칭이다.
④ 6개월간 마일리지 4만 점을 적립하더라도 VIP 등급을 부여받지 못할 수 있다.
⑤ 회원 등급이 높아도 승차권을 정가보다 저렴하게 구매할 수 있는 방법은 없다.

<2023년 한국의 국립공원 기념주화 예약 접수>

• 우리나라 자연환경의 아름다움과 생태 보전의 중요성을 널리 알리기 위해 K공사는 한국의 국립공원 기념 주화 3종(설악산, 치악산, 월출산)을 발행할 예정임
• 예약 접수일 : 3월 2일(목) ~ 3월 17일(금)
• 배부 시기 : 2023년 4월 28일(금)부터 예약자가 신청한 방법으로 배부
• 기념주화 상세

화종	앞면	뒷면
은화 I – 설악산		
은화 II – 치악산		
은화 III – 월출산		

• 발행량 : 화종별 10,000장씩 총 30,000장
• 신청 수량 : 단품 및 3종 세트로 구분되며 단품과 세트에 중복신청 가능
  – 단품 : 1인당 화종별 최대 3장
  – 3종 세트 : 1인당 최대 3세트
• 판매 가격 : 액면금액에 판매 부대비용(케이스, 포장비, 위탁판매수수료 등)을 부가한 가격
  – 단품 : 각 63,000원(액면가 50,000원+케이스 등 부대비용 13,000원)
  – 3종 세트 : 186,000원(액면가 150,000원+케이스 등 부대비용 36,000원)
• 접수 기관 : 우리은행, 농협은행, K공사
• 예약 방법 : 창구 및 인터넷 접수
  – 창구 접수
    신분증[주민등록증, 운전면허증, 여권(내국인), 외국인등록증(외국인)]을 지참하고 우리·농협은행 영업점을 방문하여 신청
  – 인터넷 접수
    ① 우리·농협은행의 계좌를 보유한 고객은 개시일 9시부터 마감일 23시까지 홈페이지에서 신청
    ② K공사 온라인 쇼핑몰에서는 가상계좌 방식으로 개시일 9시부터 마감일 23시까지 신청
• 구입 시 유의사항
  – 수령자 및 수령지 등 접수 정보가 중복될 경우 단품별 10장, 3종 세트 10세트만 추첨 명단에 등록
  – 비정상적인 경로나 방법으로 접수할 경우 당첨을 취소하거나 배송을 제한

06 다음 중 한국의 국립공원 기념주화 발행 사업의 내용으로 옳은 것은?

① 국민들을 대상으로 예약 판매를 실시하며, 외국인에게는 판매하지 않는다.

② 1인당 구매 가능한 최대 주화 수는 10장이다.

③ 기념주화를 구입하기 위해서는 우리·농협은행 계좌를 사전에 개설해 두어야 한다.

④ 사전예약을 받은 뒤, 예약 주문량에 맞추어 제한된 수량만 생산한다.

⑤ K공사를 통한 예약 접수는 온라인에서만 가능하다.

07 외국인 A씨는 이번에 발행되는 기념주화를 예약 주문하려고 한다. 다음 상황을 참고했을 때 A씨가 기념주화 구매 예약을 할 수 있는 방법으로 옳은 것은?

〈외국인 A씨의 상황〉

• A씨는 국내 거주 외국인으로 등록된 사람이다.
• A씨의 명의로 국내은행에 개설된 계좌는 총 2개로, 신한은행, 한국씨티은행에 1개씩이다.
• A씨는 우리은행이나 농협은행과는 거래이력이 없다.

① 여권을 지참하고 우리은행이나 농협은행 지점을 방문한다.

② K공사 온라인 쇼핑몰에서 신용카드를 사용한다.

③ 계좌를 보유한 신한은행이나 한국씨티은행의 홈페이지를 통해 신청한다.

④ 외국인등록증을 지참하고 우리은행이나 농협은행 지점을 방문한다.

⑤ 우리은행이나 농협은행의 홈페이지에서 신청한다.

08 다음은 기념주화를 예약한 5명의 신청내역이다. 이 중 가장 많은 금액을 지불한 사람의 구매 금액은?

(단위 : 세트, 장)

구매자	3종 세트	단품		
		은화Ⅰ - 설악산	은화Ⅱ - 치악산	은화Ⅲ - 월출산
A	2	1	-	-
B	-	2	3	3
C	2	1	1	-
D	3	-	-	-
E	1	-	2	2

① 558,000원   ② 561,000원

③ 563,000원   ④ 564,000원

⑤ 567,000원

※ 다음 글을 읽고 이어지는 질문에 답하시오. [9~10]

척추는 신체를 지탱하고, 뇌로부터 이어지는 중추신경인 척수를 보호하는 중요한 뼈 구조물이다. 보통 사람들은 허리에 심한 통증이 느껴지면 허리디스크(추간판탈출증)를 떠올리는데, 디스크 이외에도 통증을 유발하는 척추 질환은 다양하다. 특히 노인 인구가 증가하면서 척추관협착증(요추관협착증)의 발병 또한 늘어나고 있다. 허리디스크와 척추관협착증은 사람들이 혼동하기 쉬운 척추 질환으로, 발병 원인과 치료법이 다르기 때문에 두 질환의 차이를 이해하고 통증 발생 시 질환에 맞춰 적절하게 대응할 필요가 있다.

허리디스크는 척추 뼈 사이에 쿠션처럼 완충 역할을 해주는 디스크(추간판)에 문제가 생겨 발생한다. 디스크는 찐득찐득한 수핵과 이를 둘러싸는 섬유륜으로 구성되는데, 나이가 들어 탄력이 떨어지거나, 젊은 나이에도 급격한 충격에 의해서 섬유륜에 균열이 생기면 속의 수핵이 빠져나오면서 주변 신경을 압박하거나 염증을 유발한다. 허리디스크가 발병하면 초기에는 허리 통증으로 시작되어 점차 허벅지에서 발까지 찌릿하게 저리는 방사통을 유발하고, 디스크에서 수핵이 흘러나오는 상황이기 때문에 허리를 굽히거나 앉아 있으면 디스크에 가해지는 압력이 높아져 통증이 더욱 심해진다. 허리디스크는 통증이 심한 질환이지만, 흘러나온 수핵은 대부분 대식세포에 의해 제거되고, 자연치유가 가능하기 때문에 병원에서는 주로 통증을 줄이고, 안정을 취하는 방법으로 보존치료를 진행한다. 하지만 염증이 심해져 중앙 척수를 건드리게 되면 하반신 마비 등의 증세가 나타날 수 있는데, 이러한 경우에는 탈출된 디스크 조각을 물리적으로 제거하는 수술이 필요하다.

반면, 척추관협착증은 대표적인 척추 퇴행성 질환으로 주변 인대(황색 인대)가 척추관을 압박하여 발생한다. 척추관은 척추 가운데 신경 다발이 지나갈 수 있도록 속이 빈 공간인데, 나이가 들면서 척추가 흔들리게 되면 흔들리는 척추를 붙들기 위해 인대가 점차 두꺼워지고, 척추 뼈에 변형이 생겨 결과적으로 척추관이 좁아지게 된다. 이렇게 오랜 기간 동안 변형된 척추 뼈와 인대가 척추관 속의 신경을 눌러 발생하는 것이 척추관협착증이다. 척추관 속의 신경이 눌리게 되면 통증과 함께 저리거나 당기게 되어 보행이 힘들어지며, 지속적으로 압박받을 경우 척추 신경이 경색되어 하반신 마비 증세로 악화될 수 있다. 일반적으로 서 있을 경우보다 허리를 구부렸을 때 척추관이 더 넓어지므로 허리디스크 환자와 달리 앉아 있을 때 통증이 완화된다. 척추관협착증은 자연치유가 되지 않고 척추관이 다시 넓어지지 않으므로 발병 초기를 제외하면 일반적으로 변형된 부분을 제거하는 수술을 하게 된다.

이와 같이 허리디스크와 척추관협착증은 똑같이 허리 통증을 유발하지만 원인과 증상, 치료법이 서로 상이하다. 비교적 고령인 60대 이상의 사람이 만성적으로 서 있을 때 통증이 나타난다면 ___㉠___ 을/를 의심해야 하며, 비교적 젊은 20 ~ 50대의 사람이 앉아 있을 때 통증이 급작스럽게 나타날 때는 ___㉡___ 을/를 의심해야 한다. 척추는 우리의 몸을 지탱하는 중요한 골격이며, 신경계와 밀접한 관련이 있으므로 통증이 발생한다면 자신의 몸 상태를 잘 파악하고, 초기에 치료를 받는 것이 중요하다.

| 국민건강보험공단 / 의사소통능력

09 다음 중 윗글의 내용으로 적절하지 않은 것은?

① 일반적으로 허리디스크는 척추관협착증에 비해 급작스럽게 증상이 나타난다.
② 허리디스크는 서 있을 때 통증이 더 심해진다.
③ 허리디스크에 비해 척추관협착증은 외과적 수술 빈도가 높다.
④ 허리디스크와 척추관협착증 모두 증세가 심해지면 하반신 마비의 가능성이 있다.

10 다음 중 빈칸 ⊙과 ⓒ에 들어갈 단어가 바르게 연결된 것은?

	⊙	ⓒ
①	허리디스크	추간판탈출증
②	허리디스크	척추관협착증
③	척추관협착증	요추관협착증
④	척추관협착증	허리디스크

11 다음 문단을 논리적 순서대로 바르게 나열한 것은?

(가) 주장애관리는 장애정도가 심한 장애인이 의원뿐만 아니라 병원 및 종합병원급에서 장애 유형별 전문의에게 전문적인 장애관리를 받을 수 있는 서비스이다. 이전에는 대상 관리 유형이 지체장애, 시각장애, 뇌병변장애로 제한되어 있었으나, 3단계부터는 지적장애, 정신장애, 자폐성장애까지 확대되어 더 많은 중증장애인들이 장애관리를 받을 수 있게 되었다.

(나) 이와 같이 3단계 장애인 건강주치의 시범사업은 기존 1·2단계 시범사업보다 더욱 확대되어 많은 중증장애인들의 참여를 예상하고 있다. 장애인 건강주치의 시범사업에 신청하기 위해서는 국민건강보험공단 홈페이지의 건강IN에서 장애인 건강주치의 의료기관을 찾은 후 해당 의료기관에 방문하여 장애인 건강주치의 이용 신청사실 통지서를 작성하면 신청할 수 있다.

(다) 장애인 건강주치의 제도가 제공하는 서비스는 일반건강관리, 주(主)장애관리, 통합관리로 나누어진다. 일반건강관리 서비스는 모든 유형의 중증장애인이 만성질환 등 전반적인 건강관리를 받을 수 있는 서비스로, 의원급에서 원하는 의사를 선택하여 참여할 수 있다. 1·2단계까지의 사업에서는 만성질환관리를 위해 장애인 본인이 검사비용의 30%를 부담해야 했지만, 3단계부터는 본인부담금 없이 질환별 검사바우처로 제공한다.

(라) 마지막으로 통합관리는 일반건강관리와 주장애관리를 동시에 받을 수 있는 서비스로, 동네에 있는 의원급 의료기관에 속한 지체·뇌병변·시각·지적·정신·자폐성 장애를 진단하는 전문의가 주장애관리와 만성질환관리를 모두 제공한다. 이 3가지 서비스들은 거동이 불편한 환자를 위해 의사나 간호사가 직접 집으로 방문하는 방문 서비스를 제공하고 있으며 기존까지는 연 12회였으나, 3단계 시범사업부터 연 18회로 증대되었다.

(마) 보건복지부와 국민건강보험공단은 2021년 9월부터 3단계 장애인 건강주치의 시범사업을 진행하였다. 장애인 건강주치의 제도는 중증장애인이 인근 지역에서 주치의로 등록 신청한 의사 중 원하는 의사를 선택하여 장애로 인한 건강문제, 만성질환 등 건강상태를 포괄적이고 지속적으로 관리 받을 수 있는 제도로, 2018년 5월 1단계 시범사업을 시작으로 2단계 시범사업까지 완료되었다.

① (다) - (마) - (가) - (나) - (라)
② (다) - (가) - (라) - (마) - (나)
③ (마) - (가) - (라) - (나) - (다)
④ (마) - (다) - (가) - (라) - (나)

12 다음은 K지역의 연도별 건강보험금 부과액 및 징수액에 대한 자료이다. 직장가입자 건강보험금 징수율이 가장 높은 해와 지역가입자의 건강보험금 징수율이 가장 높은 해를 바르게 짝지은 것은?

〈건강보험금 부과액 및 징수액〉

(단위 : 백만 원)

구분		2019년	2020년	2021년	2022년
직장가입자	부과액	6,706,712	5,087,163	7,763,135	8,376,138
	징수액	6,698,187	4,898,775	7,536,187	8,368,972
지역가입자	부과액	923,663	1,003,637	1,256,137	1,178,572
	징수액	886,396	973,681	1,138,763	1,058,943

※ (징수율)$=\dfrac{(징수액)}{(부과액)}\times100$

	직장가입자	지역가입자
①	2022년	2020년
②	2022년	2019년
③	2021년	2020년
④	2021년	2019년

13 다음은 K병원의 하루 평균 이뇨제, 지사제, 진통제 사용량에 대한 자료이다. 이에 대한 설명으로 옳지 않은 것은?

〈하루 평균 이뇨제, 지사제, 진통제 사용량〉

구분	2018년	2019년	2020년	2021년	2022년	1인 1일 투여량
이뇨제	3,000mL	3,480mL	3,360mL	4,200mL	3,720mL	60mL/일
지사제	30정	42정	48정	40정	44정	2정/일
진통제	6,720mg	6,960mg	6,840mg	7,200mg	7,080mg	60mg/일

※ 모든 의약품은 1인 1일 투여량을 준수하여 투여했다.

① 전년 대비 2022년 사용량 감소율이 가장 큰 의약품은 이뇨제이다.
② 5년 동안 지사제를 투여한 환자 수의 평균은 18명 이상이다.
③ 이뇨제 사용량은 증가와 감소를 반복하였다.
④ 매년 진통제를 투여한 환자 수는 이뇨제를 투여한 환자 수의 2배 이하이다.

14 다음은 분기별 상급병원, 종합병원, 요양병원의 보건인력 현황에 대한 자료이다. 분기별 전체 보건 인력 중 전체 사회복지사 인력의 비율로 옳지 않은 것은?

〈상급병원, 종합병원, 요양병원의 보건인력 현황〉

(단위 : 명)

구분		2022년 3분기	2022년 4분기	2023년 1분기	2023년 2분기
상급병원	의사	20,002	21,073	22,735	24,871
	약사	2,351	2,468	2,526	2,280
	사회복지사	391	385	370	375
종합병원	의사	32,765	33,084	34,778	33,071
	약사	1,941	1,988	2,001	2,006
	사회복지사	670	695	700	720
요양병원	의사	19,382	19,503	19,761	19,982
	약사	1,439	1,484	1,501	1,540
	사회복지사	1,887	1,902	1,864	1,862
계		80,828	82,582	86,236	86,707

※ 보건인력은 의사, 약사, 사회복지사 인력 모두를 포함한다.

① 2022년 3분기 : 약 3.65%
② 2022년 4분기 : 약 3.61%
③ 2023년 1분기 : 약 3.88%
④ 2023년 2분기 : 약 3.41%

15 다음은 건강생활실천지원금제에 대한 자료이다. 〈보기〉의 신청자 중 예방형과 관리형에 해당하는 사람을 바르게 분류한 것은?

〈건강생활실천지원금제〉

- 사업설명 : 참여자 스스로 실천한 건강생활 노력 및 건강개선 결과에 따라 지원금을 지급하는 제도
- 시범지역

지역	예방형	관리형
서울	노원구	중랑구
경기·인천	안산시, 부천시	인천 부평구, 남양주시, 고양일산(동구, 서구)
충청권	대전 대덕구, 충주시, 충남 청양군(부여군)	대전 동구
전라권	광주 광산구, 전남 완도군, 전주시(완주군)	광주 서구, 순천시
경상권	부산 중구, 대구 남구, 김해시, 대구 달성군	대구 동구, 부산 북구
강원·제주권	원주시, 제주시	원주시

- 참여대상 : 주민등록상 주소지가 시범지역에 해당되는 사람 중 아래에 해당하는 사람

구분	조건
예방형	만 20 ~ 64세인 건강보험 가입자(피부양자 포함) 중 국민건강보험공단에서 주관하는 일반건강검진 결과 건강관리가 필요한 사람*
관리형	고혈압·당뇨병 환자

*건강관리가 필요한 사람 : 다음에 모두 해당하거나 ①, ② 또는 ①, ③에 해당하는 사람

① 체질량지수(BMI) 25kg/m^2 이상
② 수축기 혈압 120mmHg 이상 또는 이완기 혈압 80mmHg 이상
③ 공복혈당 100mg/dL 이상

보기

신청자	주민등록상 주소지	체질량지수	수축기 혈압 / 이완기 혈압	공복혈당	기저질환
A	서울 강북구	22kg/m^2	117mmHg / 78mmHg	128mg/dL	–
B	서울 중랑구	28kg/m^2	125mmHg / 85mmHg	95mg/dL	–
C	경기 안산시	26kg/m^2	142mmHg / 92mmHg	99mg/dL	고혈압
D	인천 부평구	23kg/m^2	145mmHg / 95mmHg	107mg/dL	고혈압
E	광주 광산구	28kg/m^2	119mmHg / 78mmHg	135mg/dL	당뇨병
F	광주 북구	26kg/m^2	116mmHg / 89mmHg	144mg/dL	당뇨병
G	부산 북구	27kg/m^2	118mmHg / 75mmHg	132mg/dL	당뇨병
H	강원 철원군	28kg/m^2	143mmHg / 96mmHg	115mg/dL	고혈압
I	제주 제주시	24kg/m^2	129mmHg / 83mmHg	108mg/dL	–

※ 단, 모든 신청자는 만 20 ~ 64세이며, 건강보험에 가입하였다.

	예방형	관리형		예방형	관리형
①	A, E	C, D	②	B, E	F, I
③	C, E	D, G	④	F, I	C, H

16 K동에서는 임신한 주민에게 출산장려금을 지원하고자 한다. 출산장려금 지급 기준 및 K동에 거주하는 임산부에 대한 정보가 다음과 같을 때, 출산장려금을 가장 먼저 받을 수 있는 사람은?

〈K동 출산장려금 지급 기준〉

- 출산장려금 지급액은 모두 같으나, 지급 시기는 모두 다르다.
- 지급 순서 기준은 임신일, 자녀 수, 소득 수준 순서이다.
- 임신일이 길수록, 자녀가 많을수록, 소득 수준이 낮을수록 먼저 받는다(단, 자녀는 만 19세 미만의 아동 및 청소년으로 제한한다).
- 임신일, 자녀 수, 소득 수준이 모두 같으면 같은 날에 지급한다.

〈K동 거주 임산부 정보〉

임산부	임신일	자녀	소득 수준
A	150일	만 1세	하
B	200일	만 3세	상
C	100일	만 10세, 만 6세, 만 5세, 만 4세	상
D	200일	만 7세, 만 5세, 만 3세	중
E	200일	만 20세, 만 16세, 만 14세, 만 10세	상

① A임산부
② B임산부
③ D임산부
④ E임산부

17 다음 글의 주제로 가장 적절한 것은?

현재 우리나라의 진료비 지불제도 중 가장 주도적으로 시행되는 지불제도는 행위별수가제이다. 행위별수가제는 의료기관에서 의료인이 제공한 의료서비스(행위, 약제, 치료 재료 등)에 대해 서비스별로 가격(수가)을 정하여 사용량과 가격에 의해 진료비를 지불하는 제도로, 의료보험 도입 당시부터 채택하고 있는 지불제도이다. 그러나 최근 관련 전문가들로부터 이러한 지불제도를 개선해야 한다는 목소리가 많이 나오고 있다.

조사에 의하면 우리나라의 국민의료비를 증대시키는 주요 원인은 고령화로 인한 진료비 증가와 행위별수가제로 인한 비용의 무한 증식이다. 현재 우리나라의 국민의료비는 OECD 회원국 중 최상위를 기록하고 있으며 앞으로 더욱 심화될 것으로 예측된다. 특히 행위별수가제는 의료행위를 할수록 지불되는 진료비가 증가하므로 CT, MRI 등 영상검사를 중심으로 의료 남용이나 과다 이용 문제가 발생하고 있고, 병원의 이익 증대를 위하여 환자에게는 의료비 부담을, 의사에게는 업무 부담을, 건강보험에는 재정 부담을 증대시키고 있다.

이러한 행위별수가제의 문제점을 개선하기 위해 일부 질병군에서는 환자가 입원해서 퇴원할 때까지 발생하는 진료에 대하여 질병마다 미리 정해진 금액을 내는 제도인 포괄수가제를 시행 중이며, 요양병원, 보건기관에서는 입원 환자의 질병, 기능 상태에 따라 입원 1일당 정액수가를 적용하는 정액수가제를 병행하여 실시하고 있지만 비용 산정의 경직성, 의사 비용과 병원 비용의 비분리 등 여러 가지 문제점이 있어 현실적으로 효과를 내지 못하고 있다는 지적이 나오고 있다.

기획재정부와 보건복지부는 시간이 지날수록 건강보험 적자가 계속 증대되어 머지않아 고갈될 위기에 있다고 발표하였다. 당장 행위별수가제를 전면적으로 폐지할 수는 없으므로 기존의 다른 수가제의 문제점을 개선하여 확대하는 등 의료비 지불방식의 다변화가 구조적으로 진행되어야 할 것이다.

① 신포괄수가제의 정의
② 행위별수가제의 한계점
③ 의료비 지불제도의 역할
④ 건강보험의 재정 상황
⑤ 다양한 의료비 지불제도 소개

18 다음 중 제시된 단어와 그 뜻이 바르게 연결되지 않은 것은?

① 당위(當爲) : 마땅히 그렇게 하거나 되어야 하는 것

② 구상(求償) : 자연적인 재해나 사회적인 피해를 당하여 어려운 처지에 있는 사람을 도와줌

③ 명문(明文) : 글로 명백히 기록된 문구 또는 그런 조문

④ 유기(遺棄) : 어떤 사람이 종래의 보호를 거부하여 그를 보호받지 못하는 상태에 두는 일

⑤ 추계(推計) : 일부를 가지고 전체를 미루어 계산함

19 질량이 2kg인 공을 지표면으로부터 높이가 50cm인 지점에서 지표면을 향해 수직으로 4m/s의 속력으로 던져 공이 튀어 올랐다. 다음 〈조건〉을 보고 가장 높은 지점에서 공의 위치에너지를 구하면?(단, 에너지 손실은 없으며, 중력가속도는 10m/s^2으로 가정한다)

> **조건**
>
> - (운동에너지)$=\left[\dfrac{1}{2}\times(\text{질량})\times(\text{속력})^2\right]$J
>
>   (위치에너지)$=[(\text{질량})\times(\text{중력가속도})\times(\text{높이})]$J
>
>   (역학적 에너지)$=[(\text{운동에너지})+(\text{위치에너지})]$J
> - 에너지 손실이 없다면 역학적 에너지는 어떠한 경우에도 변하지 않는다.
> - 공이 지표면에 도달할 때 위치에너지는 0이고, 운동에너지는 역학적 에너지와 같다.
> - 공이 튀어 오른 후 가장 높은 지점에서 운동에너지는 0이고, 위치에너지는 역학적 에너지와 같다.
> - 운동에너지와 위치에너지를 구하는 식에 대입하는 질량의 단위는 kg, 속력의 단위는 m/s, 중력가속도의 단위는 m/s^2, 높이의 단위는 m이다.

① 26J ② 28J

③ 30J ④ 32J

⑤ 34J

20 A부장이 시속 200km의 속력으로 달리는 기차로 1시간 30분 걸리는 출장지에 자가용을 타고 출장을 갔다. 시속 60km의 속력으로 가고 있는데, 속력을 유지한 채 가면 약속시간보다 1시간 늦게 도착할 수 있어 도중에 시속 90km의 속력으로 달려 약속시간보다 30분 일찍 도착하였다. A부장이 시속 90km의 속력으로 달린 거리는?(단, 달리는 동안 속력은 시속 60km로 달리는 도중에 시속 90km로 바뀌는 경우를 제외하고는 그 속력을 유지하는 것으로 가정한다)

① 180km   ② 210km

③ 240km   ④ 270km

⑤ 300km

21 S공장은 어떤 상품을 원가에 23%의 이익을 남겨 판매하였으나, 잘 팔리지 않아 판매가에서 1,300원 할인하여 판매하였다. 이때 얻은 이익이 원가의 10%일 때, 상품의 원가는?

① 10,000원   ② 11,500원

③ 13,000원   ④ 14,500원

⑤ 16,000원

22 A ~ G 7명은 일렬로 배치된 의자에 다음 〈조건〉과 같이 앉는다. 이때 가능한 경우의 수는?

> **조건**
> • A는 양 끝에 앉지 않는다.
> • G는 가운데에 앉는다.
> • B는 G의 바로 옆에 앉는다.

① 60가지   ② 72가지

③ 144가지   ④ 288가지

⑤ 366가지

23 S유치원에 다니는 아이 11명의 키는 평균 113cm이다. 키가 107cm인 원생이 유치원을 나가게 되어 원생이 10명이 되었을 때, 남은 유치원생 10명의 평균 키는?

① 113cm
② 113.6cm
③ 114.2cm
④ 114.8cm
⑤ 115.4cm

24 다음 글과 같이 한자어 및 외래어를 순화한 내용으로 적절하지 않은 것은?

> 열차를 타다 보면 한 번쯤은 다음과 같은 안내방송을 들어 봤을 것이다.
> "○○역 인근 '공중사상사고' 발생으로 KTX 열차가 지연되고 있습니다."
> 이때 들리는 안내방송 중 한자어인 '공중사상사고'를 한 번에 알아듣기란 일반적으로 쉽지 않다. 실제로 S교통공사 관계자는 승객들로부터 안내방송 문구가 적절하지 않다는 지적을 받아 왔다고 밝혔으며, 이에 S교통공사는 국토교통부와 협의를 거쳐 보다 이해하기 쉬운 안내방송을 전달하기 위해 문구를 바꾸는 작업에 착수하기로 결정하였다고 전했다.
> 우선 가장 먼저 수정하기로 한 것은 한자어 및 외래어로 표기된 철도 용어이다. 그중 대표적인 것이 '공중사상사고'이다. S교통공사 관계자는 이를 '일반인의 사상사고'나 '열차 운행 중 인명사고' 등과 같이 이해하기 쉬운 말로 바꿀 예정이라고 밝혔다. 이 외에도 열차 지연 예상 시간, 사고복구 현황 등 열차 내 안내방송을 승객에게 좀 더 알기 쉽고 상세하게 전달할 것이라고 전했다.

① 열차시격 → 배차간격
② 전차선 단전 → 선로 전기 공급 중단
③ 우회수송 → 우측 선로로 변경
④ 핸드레일(Handrail) → 안전손잡이
⑤ 키스 앤 라이드(Kiss and Ride) → 환승정차구역

25 다음 글에서 언급되지 않은 내용은?

전 세계적인 과제로 탄소중립이 대두되자 친환경적 운송수단인 철도가 주목받고 있다. 특히 국제에너지기구는 철도를 에너지 효율이 가장 높은 운송 수단으로 꼽으며, 철도 수송을 확대하면 세계 수송 부문에서 온실가스 배출량이 그렇지 않을 때보다 약 6억 톤이 줄어들 수 있다고 하였다.

특히 철도의 에너지 소비량은 도로의 22분의 1이고, 온실가스 배출량은 9분의 1에 불과해, 탄소 배출이 높은 도로 운행의 수요를 친환경 수단인 철도로 전환한다면 수송 부문 총배출량이 획기적으로 감소될 것이라 전망하고 있다.

이에 발맞춰 우리나라의 S철도공단도 '녹색교통'인 철도 중심 교통체계를 구축하기 위해 박차를 가하고 있으며, 정부 역시 '2050 탄소중립 실현' 목표에 발맞춰 저탄소 철도 인프라 건설·관리로 탄소를 지속적으로 감축하고자 노력하고 있다.

S철도공단은 철도 인프라 생애주기 관점에서 탄소를 감축하기 위해 먼저 철도 건설 단계에서부터 친환경·저탄소 자재를 적용해 탄소 배출을 줄이고 있다. 실제로 중앙선 안동 ~ 영천 간 궤도 설계 당시 철근 대신에 저탄소 자재인 유리섬유 보강근을 콘크리트 궤도에 적용했으며, 이를 통한 탄소 감축효과는 약 6,000톤으로 추정된다. 이 밖에도 저탄소 철도 건축물 구축을 위해 2025년부터 모든 철도건축물을 에너지 자립률 60% 이상(3등급)으로 설계하기로 결정했으며, 도심의 철도 용지는 지자체와 협업을 통해 도심 속 철길 숲 등 탄소 흡수원이자 지역민의 휴식처로 철도부지 특성에 맞게 조성되고 있다.

S철도공단은 이와 같은 철도로의 수송 전환으로 약 20%의 탄소 감축 목표를 내세웠으며, 이를 위해서는 정부의 노력도 필요하다고 강조하였다. 특히 수송 수단 간 공정한 가격 경쟁이 이루어질 수 있도록 도로 차량에 집중된 보조금 제도를 화물차의 탄소배출을 줄이기 위한 철도 전환교통 보조금으로 확대하는 등 실질적인 방안의 필요성을 제기하고 있다.

① 녹색교통으로 철도 수송이 대두된 배경
② 철도 수송 확대를 통해 기대할 수 있는 효과
③ 국내의 탄소 감축 방안이 적용된 설계 사례
④ 정부의 철도 중심 교통체계 구축을 위해 시행된 조치
⑤ S철도공단의 철도 중심 교통체계 구축을 위한 방안

26 다음 글의 주제로 가장 적절한 것은?

지난 5월 아이슬란드에 각종 파이프와 열교환기, 화학물질 저장탱크, 압축기로 이루어져 있는 '조지 올라 재생가능 메탄올 공장'이 등장했다. 이곳은 이산화탄소로 메탄올을 만드는 첨단 시설로, 과거 2011년 아이슬란드 기업 '카본리사이클링인터내셔널(CRI)'이 탄소 포집·활용(CCU) 기술의 실험을 위해서 지은 곳이다.

이곳에서는 인근 지열발전소에서 발생하는 적은 양의 이산화탄소(CO_2)를 포집한 뒤 물을 분해해 조달한 수소(H_2)와 결합시켜 재생 메탄올(CH_3OH)을 제조하였으며, 이때 필요한 열과 냉각수 역시 지열발전소의 부산물을 이용했다. 이렇게 만들어진 메탄올은 자동차, 선박, 항공 연료는 물론 플라스틱 제조 원료로 활용되는 등 여러 곳에서 활용되었다.

하지만 이렇게 메탄올을 만드는 것이 미래 원료 문제의 근본적인 해결책이 될 수는 없었다. 왜냐하면 메탄올이 만드는 에너지보다 메탄올을 만드는 데 들어가는 에너지가 더 필요하다는 문제점에 더하여 액화천연가스(LNG)를 메탄올로 변환할 경우 이전보다 오히려 탄소배출량이 증가하고, 탄소배출량을 감소시키기 위해서는 태양광과 에너지 저장장치를 활용해 메탄올 제조에 필요한 에너지를 모두 조달해야만 하기 때문이다.

또한 탄소를 포집해 지하에 영구 저장하는 탄소포집 저장방식과 달리, 탄소를 포집해 만든 연료나 제품은 사용 중에 탄소를 다시 배출할 가능성이 있어 이에 대한 논의가 분분한 상황이다.

① 탄소 재활용의 득과 실
② 재생 에너지 메탄올의 다양한 활용
③ 지열발전소에서 탄생한 재활용 원료
④ 탄소 재활용을 통한 미래 원료의 개발
⑤ 미래의 에너지 원료로 주목받는 재활용 원료, 메탄올

27 다음은 A ~ C철도사의 연도별 차량 수 및 승차인원에 대한 자료이다. 이에 대한 설명으로 옳지 않은 것은?

<표>

구분	2020년			2021년			2022년		
철도사	A	B	C	A	B	C	A	B	C
차량 수(량)	2,751	103	185	2,731	111	185	2,710	113	185
승차인원 (천 명/년)	775,386	26,350	35,650	768,776	24,746	33,130	755,376	23,686	34,179

〈철도사별 차량 수 및 승차인원〉

① C철도사가 운영하는 차량 수는 변동이 없다.
② 3년간 전체 승차인원 중 A철도사 철도를 이용하는 승차인원의 비율이 가장 높다.
③ A ~ C철도사의 철도를 이용하는 연간 전체 승차인원 수는 매년 감소하였다.
④ 3년간 차량 1량당 연간 평균 승차인원 수는 B철도사가 가장 적다.
⑤ C철도사의 차량 1량당 연간 승차인원 수는 200천 명 미만이다.

28 다음은 A ~ H국의 연도별 석유 생산량에 대한 자료이다. 이에 대한 설명으로 옳은 것은?

〈연도별 석유 생산량〉

(단위 : bbl/day)

국가	2018년	2019년	2020년	2021년	2022년
A	10,356,185	10,387,665	10,430,235	10,487,336	10,556,259
B	8,251,052	8,297,702	8,310,856	8,356,337	8,567,173
C	4,102,396	4,123,963	4,137,857	4,156,121	4,025,936
D	5,321,753	5,370,256	5,393,104	5,386,239	5,422,103
E	258,963	273,819	298,351	303,875	335,371
F	2,874,632	2,633,087	2,601,813	2,538,776	2,480,221
G	1,312,561	1,335,089	1,305,176	1,325,182	1,336,597
H	100,731	101,586	102,856	103,756	104,902

① 석유 생산량이 매년 증가한 국가의 수는 6개이다.
② 2018년 대비 2022년에 석유 생산량 증가량이 가장 많은 국가는 A이다.
③ 매년 E국가의 석유 생산량은 H국가 석유 생산량의 3배 미만이다.
④ 연도별 석유 생산량 상위 2개 국가의 생산량 차이는 매년 감소한다.
⑤ 2018년 대비 2022년에 석유 생산량 감소율이 가장 큰 국가는 F이다.

29 A씨는 최근 승진한 공무원 친구에게 선물로 개당 12만 원인 수석을 보내고자 한다. 다음 부정청탁 및 금품 등 수수의 금지에 관한 법률에 따라 선물을 보낼 때, 최대한 많이 보낼 수 있는 수석의 수는?(단, A씨는 공무원인 친구와 직무 연관성이 없는 일반인이며, 선물은 한 번만 보낸다)

> 금품 등의 수수 금지(부정청탁 및 금품 등 수수의 금지에 관한 법률 제8조 제1항)
> 공직자 등은 직무 관련 여부 및 기부·후원·증여 등 그 명목에 관계없이 동일인으로부터 1회에 100만 원 또는 매 회계연도에 300만 원을 초과하는 금품 등을 받거나 요구 또는 약속해서는 아니 된다.

① 7개   ② 8개
③ 9개   ④ 10개
⑤ 11개

30 S대리는 업무 진행을 위해 본사에서 거래처로 외근을 가고자 한다. 본사에서 거래처까지 가는 길이 다음과 같을 때, 본사에서 출발하여 C와 G를 거쳐 거래처로 간다면 S대리의 최소 이동거리는?(단, 어떤 곳을 먼저 가도 무관하다)

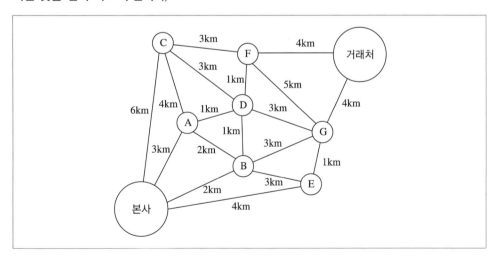

① 8km   ② 9km
③ 13km   ④ 16km
⑤ 18km

31 총무부에 근무하는 A사원은 각 부서에 필요한 사무용품을 조사한 결과, 볼펜 30자루, 수정테이프 8개, 연필 20자루, 지우개 5개가 필요하다고 한다. 다음 〈조건〉에 따라 비품을 구매할 때, 지불할 수 있는 가장 저렴한 금액은?(단, 필요한 비품 수를 초과하여 구매할 수 있고, 지불하는 금액은 배송료를 포함한다)

조건

• 볼펜, 수정테이프, 연필, 지우개의 판매 금액은 다음과 같다(단, 모든 품목은 낱개로 판매한다).

품목	가격(원/1EA)	비고
볼펜	1,000	20자루 이상 구매 시 개당 200원 할인
수정테이프	2,500	10개 이상 구매 시 개당 1,000원 할인
연필	400	12자루 이상 구매 시 연필 전체 가격의 25% 할인
지우개	300	10개 이상 구매 시 개당 100원 할인

• 품목당 할인을 적용한 금액의 합이 3만 원을 초과할 경우, 전체 금액의 10% 할인이 추가로 적용된다.
• 전체 금액의 10% 할인 적용 전 금액이 5만 원 초과 시 배송료는 무료이다.
• 전체 금액의 10% 할인 적용 전 금액이 5만 원 이하 시 배송료 5,000원이 별도로 적용된다.

① 51,500원 ② 51,350원
③ 46,350원 ④ 45,090원
⑤ 42,370원

32 S사는 개발 상품 매출 순이익에 기여한 직원에게 성과급을 지급하고자 한다. 기여도에 따른 성과급 지급 기준과 〈보기〉를 참고하여 성과급을 차등지급할 때, 가장 많은 성과급을 지급받는 직원은? (단, 팀장에게 지급하는 성과급은 기준 금액의 1.2배이다)

〈기여도에 따른 성과급 지급 기준〉

매출 순이익	개발 기여도			
	1% 이상 5% 미만	5% 이상 10% 미만	10% 이상 20% 미만	20% 이상
1천만 원 미만	–	–	매출 순이익의 1%	매출 순이익의 2%
1천만 원 이상 3천만 원 미만	5만 원	매출 순이익의 1%	매출 순이익의 2%	매출 순이익의 5%
3천만 원 이상 5천만 원 미만	매출 순이익의 1%	매출 순이익의 2%	매출 순이익의 3%	매출 순이익의 5%
5천만 원 이상 1억 원 미만	매출 순이익의 1%	매출 순이익의 3%	매출 순이익의 5%	매출 순이익의 7.5%
1억 원 이상	매출 순이익의 1%	매출 순이익의 3%	매출 순이익의 5%	매출 순이익의 10%

보기

직원	직책	매출 순이익	개발 기여도
A	팀장	4,000만 원	25%
B	팀장	2,500만 원	12%
C	팀원	1억 2,500만 원	3%
D	팀원	7,500만 원	7%
E	팀원	800만 원	6%

① A
② B
③ C
④ D
⑤ E

33 다음은 S시의 학교폭력 상담 및 신고 건수에 대한 자료이다. 이에 대한 설명으로 옳지 않은 것은?

〈학교폭력 상담 및 신고 건수〉

(단위 : 건)

구분	2022년 7월	2022년 8월	2022년 9월	2022년 10월	2022년 11월	2022년 12월
상담	977	805	3,009	2,526	1,007	871
상담 누계	977	1,782	4,791	7,317	8,324	9,195
신고	486	443	1,501	804	506	496
신고 누계	486	929	2,430	3,234	3,740	4,236
구분	2023년 1월	2023년 2월	2023년 3월	2023년 4월	2023년 5월	2023년 6월
상담	( )	( )	4,370	3,620	1,004	905
상담 누계	9,652	10,109	14,479	18,099	19,103	20,008
신고	305	208	2,781	1,183	557	601
신고 누계	4,541	4,749	7,530	( )	( )	( )

① 2023년 1월과 2023년 2월의 학교폭력 상담 건수는 같다.
② 학교폭력 상담 건수와 신고 건수 모두 2023년 3월에 가장 많다.
③ 전월 대비 학교폭력 상담 건수가 가장 크게 감소한 월과 학교폭력 신고 건수가 가장 크게 감소한 월은 다르다.
④ 전월 대비 학교폭력 상담 건수가 증가한 월은 학교폭력 신고 건수도 같이 증가하였다.
⑤ 2023년 6월까지의 학교폭력 신고 누계 건수는 10,000건 이상이다.

34 다음은 5년 동안 발전원별 발전량 추이에 대한 자료이다. 이에 대한 설명으로 옳지 않은 것은?

〈2018 ~ 2022년 발전원별 발전량 추이〉

(단위 : GWh)

자원	2018년	2019년	2020년	2021년	2022년
원자력	127,004	138,795	140,806	155,360	179,216
석탄	247,670	226,571	221,730	200,165	198,367
가스	135,072	126,789	138,387	144,976	160,787
신재생	36,905	38,774	44,031	47,831	50,356
유류·양수	6,605	6,371	5,872	5,568	5,232
계	553,256	537,300	550,826	553,900	593,958

① 매년 원자력 자원 발전량과 신재생 자원 발전량의 증감 추이는 같다.

② 석탄 자원 발전량의 전년 대비 감소폭이 가장 큰 해는 2021년이다.

③ 신재생 자원 발전량 대비 가스 자원 발전량이 가장 큰 해는 2018년이다.

④ 매년 유류·양수 자원 발전량은 전체 발전량의 1% 이상을 차지한다.

⑤ 전체 발전량의 전년 대비 증가폭이 가장 큰 해는 2022년이다.

35 다음 중 〈보기〉에 해당하는 문제해결방법이 바르게 연결된 것은?

> **보기**
>
> ㉠ 중립적인 위치에서 그룹이 나아갈 방향과 주제에 대한 공감을 이룰 수 있도록 도와주어 깊이 있는 커뮤니케이션을 통해 문제점을 이해하고 창조적으로 해결하도록 지원하는 방법이다.
> ㉡ 상이한 문화적 토양을 가진 구성원이 사실과 원칙에 근거한 토론을 바탕으로 서로의 생각을 직설적인 논쟁이나 협상을 통해 의견을 조정하는 방법이다.
> ㉢ 구성원이 같은 문화적 토양을 가지고 서로를 이해하는 상황에서 권위나 공감에 의지하여 의견을 중재하고, 타협과 조정을 통해 해결을 도모하는 방법이다.

	㉠	㉡	㉢
①	하드 어프로치	퍼실리테이션	소프트 어프로치
②	퍼실리테이션	하드 어프로치	소프트 어프로치
③	소프트 어프로치	하드 어프로치	퍼실리테이션
④	퍼실리테이션	소프트 어프로치	하드 어프로치
⑤	하드 어프로치	소프트 어프로치	퍼실리테이션

36 A ~ G 7명은 주말 여행지를 고르기 위해 투표를 진행하였다. 다음 〈조건〉과 같이 투표를 진행하였을 때, 투표를 하지 않은 사람을 모두 고르면?

> **조건**
>
> • D나 G 중 적어도 한 명이 투표하지 않으면, F는 투표한다.
> • F가 투표하면, E는 투표하지 않는다.
> • B나 E 중 적어도 한 명이 투표하지 않으면, A는 투표하지 않는다.
> • A를 포함하여 투표한 사람은 모두 5명이다.

① B, E ② B, F

③ C, D ④ C, F

⑤ F, G

37 다음과 같이 G마트에서 파는 물건을 상품코드와 크기에 따라 엑셀 프로그램으로 정리하였다. 상품
코드가 S3310897이고, 크기가 '중'인 물건의 가격을 구하는 함수로 옳은 것은?

	A	B	C	D	E	F
1						
2		상품코드	소	중	대	
3		S3001287	18,000	20,000	25,000	
4		S3001289	15,000	18,000	20,000	
5		S3001320	20,000	22,000	25,000	
6		S3310887	12,000	16,000	20,000	
7		S3310897	20,000	23,000	25,000	
8		S3311097	10,000	15,000	20,000	
9						

① =HLOOKUP(S3310897,$B$2:$E$8,6,0)

② =HLOOKUP("S3310897",$B$2:$E$8,6,0)

③ =VLOOKUP("S3310897",$B$2:$E$8,2,0)

④ =VLOOKUP("S3310897",$B$2:$E$8,6,0)

⑤ =VLOOKUP("S3310897",$B$2:$E$8,3,0)

38 다음 중 Windows Game Bar 녹화 기능에 대한 설명으로 옳지 않은 것은?

① 〈Windows 로고 키〉+〈Alt〉+〈G〉를 통해 백그라운드 녹화 기능을 사용할 수 있다.

② 백그라운드 녹화 시간은 변경할 수 있다.

③ 녹화한 영상의 저장 위치는 변경할 수 없다.

④ 각 메뉴의 단축키는 본인이 원하는 키 조합에 맞추어 변경할 수 있다.

⑤ 게임 성능에 영향을 줄 수 있다.

우리나라에서 500MW 규모 이상의 발전설비를 보유한 발전사업자(공급의무자)는 신재생에너지 공급의무화 제도(RPS; Renewable Portfolio Standard)에 의해 의무적으로 일정 비율 이상을 기존의 화석연료를 변환시켜 이용하거나 햇빛・물・지열・강수・생물유기체 등 재생 가능한 에너지를 변환시켜 이용하는 에너지인 신재생에너지로 발전해야 한다. 이에 따라 공급의무자는 매년 정해진 의무공급비율에 따라 신재생에너지를 사용하여 전기를 공급해야 하는데 의무공급비율은 매년 확대되고 있으므로 여기에 맞춰 태양광, 풍력 등 신재생에너지 발전설비를 추가로 건설하기에는 여러 가지 한계점이 있다. ___㉠___ 공급의무자는 의무공급비율을 외부 조달을 통해 충당하게 되는데 이를 인증하는 것이 신재생에너지 공급인증서(REC; Renewable Energy Certificates)이다. 공급의무자는 신재생에너지 발전사에서 판매하는 REC를 구매하는 것으로 의무공급비율을 달성하게 되며, 이를 이행하지 못할 경우 미이행 의무량만큼 해당 연도 평균 REC 거래가격의 1.5배 이내에서 과징금이 부과된다.

신재생에너지 공급자가 공급의무자에게 REC를 판매하기 위해서는 먼저 「신에너지 및 재생에너지 개발・이용・보급 촉진법(신재생에너지법)」 제12조의7에 따라 공급인증기관(에너지관리공단 신재생에너지센터, 한국전력거래소 등)으로부터 공급 사실을 증명하는 공급인증서를 신청해야 한다. 인증 신청을 받은 공급인증기관은 신재생에너지 공급자, 신재생에너지 종류별 공급량 및 공급기간, 인증서 유효기간을 명시한 공급인증서를 발급해 주는데, 여기서 공급인증서의 유효기간은 발급받은 날로부터 3년이며, 공급량은 발전방식에 따라 실제 공급량에 가중치를 곱해 표기한다. 이렇게 발급받은 REC는 공급인증기관이 개설한 거래시장인 한국전력거래소에서 거래할 수 있으며, 거래시장에서 공급의무자가 구매하여 의무공급량에 충당한 공급인증서는 효력을 상실하여 폐기하게 된다.

RPS 제도를 통한 REC 거래는 최근 더욱 확대되고 있다. 시행 초기에는 전력거래소에서 신재생에너지 공급자와 공급의무자 간 REC를 거래하였으나, 2021년 8월 이후 에너지관리공단에서 운영하는 REC 거래시장을 통해 한국형 RE100에 동참하는 일반기업들도 신재생에너지 공급자로부터 REC를 구매할 수 있게 되었고 여기서 구매한 REC는 기업의 온실가스 감축실적으로 인정되어 인센티브 등 다양한 혜택을 받을 수 있게 된다.

| 한국남동발전 / 의사소통능력

39 다음 중 윗글의 내용으로 적절하지 않은 것은?

① 공급의무자는 의무공급비율 달성을 위해 반드시 신재생에너지 발전설비를 건설해야 한다.

② REC 거래를 위해서는 먼저 공급인증기관으로부터 인증서를 받아야 한다.

③ 일반기업도 REC 구매를 통해 온실가스 감축실적을 인정받을 수 있다.

④ REC에 명시된 공급량은 실제 공급량과 다를 수 있다.

40 다음 중 빈칸 ㉠에 들어갈 접속부사로 가장 적절한 것은?

① 한편

② 그러나

③ 그러므로

④ 예컨대

41 다음 자료를 토대로 신재생에너지법상 바르게 거래된 것은?

〈REC 거래내역〉

(거래일 : 2023년 10월 12일)

설비명	에너지원	인증서 발급일	판매처	거래시장 운영소
A발전소	풍력	2020.10.06	E기업	에너지관리공단
B발전소	천연가스	2022.10.12	F발전	한국전력거래소
C발전소	태양광	2020.10.24	G발전	한국전력거래소
D발전소	수력	2021.04.20	H기업	한국전력거래소

① A발전소

② B발전소

③ C발전소

④ D발전소

※ 다음 기사를 읽고 이어지는 질문에 답하시오. [42~43]

N전력공사가 밝힌 에너지 공급비중을 살펴보면 2022년 우리나라의 발전비중 중 가장 높은 것은 석탄 (32.51%)이고, 두 번째는 액화천연가스(27.52%) 즉 LNG 발전이다. LNG의 경우 석탄에 비해 탄소 배출량이 적어 화석연료와 신재생에너지의 전환단계인 교량 에너지로서 최근 크게 비중이 늘었지만, 여전히 많은 양의 탄소를 배출한다는 문제점이 있다. 지구 온난화 완화를 위해 어떻게든 탄소 배출량을 줄여야 하는 상황에서 이에 대한 현실적인 대안으로 수소혼소 발전이 주목받고 있다. _____ (가)

수소혼소 발전이란 기존의 화석연료인 LNG와 친환경에너지인 수소를 혼합 연소하여 발전하는 방식이다. 수소는 지구에서 9번째로 풍부하여 고갈될 염려가 없고, 연소 시 탄소를 배출하지 않는 친환경에너지이다. 발열량 또한 1kg당 142MJ로, 다른 에너지원에 비해 월등이 높아 같은 양으로 훨씬 많은 에너지를 생산할 수 있다. _____ (나) _____

그러나 수소를 발전 연료로서 그대로 사용하기에는 여러 가지 문제점이 있다. 수소는 LNG에 비해 7 ~ 8배 빠르게 연소되므로 제어에 실패하면 가스 터빈에서 급격하게 발생한 화염이 역화하여 폭발할 가능성이 있다. 또한 높은 온도로 연소되므로 그만큼 공기 중의 질소와 반응하여 많은 질소산화물(NOx)을 발생시키는데, 이는 미세먼지와 함께 대기오염의 주요 원인이 된다. 마지막으로 연료로 사용할 만큼 정제된 수소를 얻기 위해서는 물을 전기분해해야 하는데, 여기에는 많은 전력이 들어가므로 수소 생산 단가가 높아진다는 단점이 있다. _____ (다) _____

이러한 수소의 문제점을 해결하기 위한 대안이 바로 수소혼소 발전이다. 인프라적인 측면에서 기존의 LNG 발전설비를 활용할 수 있기 때문에 수소혼소 발전은 친환경에너지로 전환하는 사회적·경제적 충격을 완화할 수 있다. 또한 수소를 혼입하는 비율이 많아질수록 그만큼 LNG를 대체하게 되므로 기술발전으로 인해 혼입하는 수소의 비중이 높아질수록 발전으로 인한 탄소의 발생을 줄일 수 있다. 아직 많은 기술적·경제적 문제점이 남아있지만, 세계의 많은 나라들은 탄소 배출량 저감을 위해 수소혼소 발전 기술에 적극적으로 뛰어들고 있다. 우리나라 또한 2024년 세종시에 수소혼소 발전이 가능한 열병합발전소가 들어설 예정이며, 한화, 포스코 등 많은 기업들이 수소혼소 발전 실현을 위해 사업을 추진하고 있다. _____ (라)

| 한국남동발전 / 의사소통능력

42 다음 중 윗글의 내용으로 적절하지 않은 것은?

① 수소혼소 발전은 기존 LNG 발전설비를 활용할 수 있다.
② 수소를 연소할 때에도 공해물질은 발생한다.
③ 수소혼소 발전은 탄소를 배출하지 않는 발전 기술이다.
④ 수소혼소 발전에서 수소를 더 많이 혼입할수록 탄소 배출량은 줄어든다.

| 한국남동발전 / 의사소통능력

43 다음 중 〈보기〉의 문장이 들어갈 위치로 가장 적절한 곳은?

> **보기**
> 따라서 수소는 우리나라의 2050 탄소중립을 실현하기 위한 최적의 에너지원이라 할 수 있다.

① (가)   ② (나)

③ (다)   ④ (라)

44 다음은 N사의 비품 구매 신청 기준이다. 부서별로 비품 수량 현황과 기준을 참고하여 비품을 신청해야 할 때, 비품 신청 수량이 바르게 연결되지 않은 부서는?

〈비품 구매 신청 기준〉

비품	연필	지우개	볼펜	수정액	테이프
최소 수량	30자루	45개	60자루	30개	20개

- 팀별 비품 보유 수량이 비품 구매 신청 기준 이하일 때, 해당 비품을 신청할 수 있다.
- 각 비품의 신청 가능한 개수는 최소 수량에서 부족한 수량 이상 최소 보유 수량의 2배 이하이다.

[예] 연필 20자루, 지우개 50개, 볼펜 50자루, 수정액 40개, 테이프 30개가 있다면 지우개, 수정액, 테이프는 신청할 수 없고, 연필은 10자루 이상 60자루 이하, 볼펜은 10자루 이상 120자루 이하를 신청할 수 있다.

〈N사 부서별 비품 수량 현황〉

팀＼비품	연필	지우개	볼펜	수정액	테이프
총무팀	15자루	30개	20자루	15개	40개
연구개발팀	45자루	60개	50자루	20개	30개
마케팅홍보팀	40자루	40개	15자루	5개	10개
인사팀	25자루	50개	80자루	50개	5개

	팀	연필	지우개	볼펜	수정액	테이프
①	총무팀	15자루	15개	40자루	15개	0개
②	연구개발팀	0자루	0개	100자루	20개	0개
③	마케팅홍보팀	20자루	10개	50자루	50개	40개
④	인사팀	45자루	0개	0자루	0개	30개

※ 다음은 N사 인근의 지하철 노선도 및 관련 정보이다. 이어지는 질문에 답하시오. **[45~47]**

〈N사 인근 지하철 노선도〉

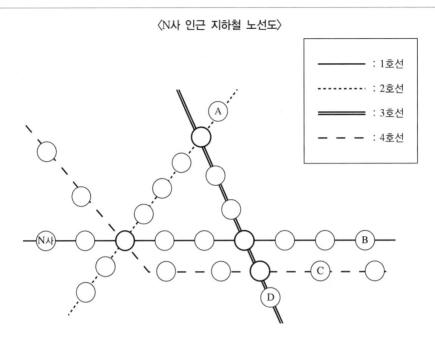

〈N사 인근 지하철 관련 정보〉

• 역간 거리 및 부과요금은 다음과 같다.

열차	역간 거리	기본요금	거리비례 추가요금
1호선	900m	1,200원	5km 초과 시 500m마다 50원 추가
2호선	950m	1,500원	5km 초과 시 1km마다 100원 추가
3호선	1,000m	1,800원	5km 초과 시 500m마다 100원 추가
4호선	1,300m	2,000원	5km 초과 시 1.5km마다 150원 추가

• 모든 노선에서 다음 역으로 이동하는 데 걸리는 시간은 2분이다.
• 모든 노선에서 환승하는 데 걸리는 시간은 3분이다.
• 기본요금이 더 비싼 열차로 환승할 때에는 부족한 기본요금을 추가로 부과하며, 기본요금이 더 저렴한 열차로 환승할 때에는 요금을 추가로 부과하거나 공제하지 않는다.
• 1회 이상 환승할 때의 거리비례 추가요금은 이용한 열차 중 기본요금이 가장 비싼 열차를 기준으로 적용한다.
  예 1호선으로 3,600m 이동 후 3호선으로 환승하여 3,000m 더 이동했다면, 기본요금 및 거리비례 추가요금은 3호선 기준이 적용되어 1,800+300=2,100원이다.

45 다음 중 N사와 A지점을 왕복하는 데 걸리는 최소 이동시간은?

① 28분   ② 34분

③ 40분   ④ 46분

46 다음 중 N사로부터 이동거리가 가장 짧은 지점은?

① A지점   ② B지점

③ C지점   ④ D지점

47 다음 중 N사에서 이동하는 데 드는 비용이 가장 적은 지점은?

① A지점   ② B지점

③ C지점   ④ D지점

SF 영화나 드라마에서만 나오던 3D 푸드 프린터를 통해 음식을 인쇄하여 소비하는 모습은 더 이상 먼 미래의 모습이 아니게 되었다. 2023년 3월 21일 미국의 컬럼비아 대학교에서는 3D 푸드 프린터와 땅콩버터, 누텔라, 딸기잼 등 7가지의 반죽형 식용 카트리지로 7겹 치즈케이크를 만들었다고 국제학술지 'NPJ 식품과학'에 소개하였다. (가) 특히 이 치즈케이크는 베이킹 기능이 있는 레이저와 식물성 원료를 사용한 비건식 식용 카트리지를 통해 만들어졌다. ㉠ 그래서 이번 발표는 대체육과 같은 다른 관련 산업에서도 많은 주목을 받게 되었다.

3D 푸드 프린터는 산업 현장에서 사용되는 일반적인 3D 프린터가 사용자가 원하는 대로 3차원의 물체를 만드는 것처럼 사람이 섭취가 가능한 페이스트, 반죽, 분말 등을 카트리지로 사용하여 사용자가 원하는 디자인으로 압출·성형하여 음식을 만들어 내는 것이다. (나) 현재 3D 푸드 프린터는 산업용 3D 프린터처럼 페이스트를 층층이 쌓아서 만드는 FDM(Fused Deposition Modeling) 방식, 분말형태로 된 재료를 접착제로 굳혀 찍어내는 PBF(Powder Bed Fusion), 레이저로 굳혀 찍어내는 SLS(Selective Laser Sintering) 방식이 주로 사용된다.

(다) 3D 푸드 프린터는 아직 대중화되지 않았지만, 많은 장점을 가지고 있어 미래에 활용가치가 아주 높을 것으로 예상되고 있다. ㉡ 예를 들어 증가하는 노령인구에 맞춰 씹고 삼키는 것이 어려운 사람을 위해 질감과 맛을 조정하거나, 개인별로 필요한 영양소를 첨가하는 등 사용자의 건강관리를 수월하게 해 준다. ㉢ 또한 우주 등 음식을 조리하기 어려운 곳에서 평소 먹던 음식을 섭취할 수 있게 하는 등 활용도는 무궁무진하다. 특히 대체육 부분에서 주목받고 있는데, 3D 푸트 프린터로 육류를 제작하게 된다면 동물을 키우고 도살하여 고기를 얻는 것보다 환경오염을 줄일 수 있다. (라) 대체육은 식물성 원료를 소재로 하는 것이므로 일반적인 고기보다는 맛은 떨어지게 된다. 실제로 대체육 전문 기업인 리디파인 미트(Redefine Meat)에서는 대체육이 축산업에서 발생하는 일반 고기보다 환경오염을 95% 줄일 수 있다고 밝히고 있다.

㉣ 따라서 3D 푸드 프린터는 개발 초기 단계이므로 아직 개선해야 할 점이 많다. 가장 중요한 것은 맛이다. 3D 푸드 프린터에 들어가는 식용 카트리지의 주원료는 식물성 재료이므로 실제 음식의 맛을 내기까지는 아직 많은 노력이 필요하다. (마) 디자인의 영역도 간과할 수 없는데, 길쭉한 필라멘트(3D 프린터에 사용되는 플라스틱 줄) 모양으로 성형된 음식이 '인쇄'라는 인식과 함께 음식을 섭취하는 데 심리적인 거부감을 주는 것도 해결해야 하는 문제이다. ㉤ 게다가 현재 주로 사용하는 방식은 페이스트, 분말을 레이저나 압출로 성형하는 것이므로 만들 수 있는 요리의 종류가 매우 제한적이며, 전력 소모 또한 많다는 것도 해결해야 하는 문제이다.

48 윗글의 내용에 대한 추론으로 적절하지 않은 것은?

① 설탕 케이크 장식 제작은 SLS 방식의 3D 푸드 프린터가 적절하다.

② 3D 푸드 프린터는 식감 등으로 발생하는 편식을 줄일 수 있다.

③ 3D 푸드 프린터는 사용자 맞춤 식단을 제공할 수 있다.

④ 현재 3D 푸드 프린터로 제작된 음식은 거부감을 일으킬 수 있다.

⑤ 컬럼비아 대학교에서 만들어 낸 치즈케이크는 PBF 방식으로 제작되었다.

49 윗글의 (가) ~ (마) 중 삭제해야 할 문장으로 가장 적절한 것은?

① (가) ② (나)

③ (다) ④ (라)

⑤ (마)

50 윗글의 접속부사 ㉠ ~ ㉤ 중 문맥상 적절하지 않은 것은?

① ㉠ ② ㉡

③ ㉢ ④ ㉣

⑤ ㉤

성공을 위해서는 가장 먼저 자신을 믿어야 한다.

－ 아리스토텔레스 －

PART 1

직무능력검사

CHAPTER 01
의사소통능력

의사소통능력은 평가하지 않는 공사·공단이 없을 만큼 필기시험에서 중요도가 높은 영역이다. 또한, 의사소통능력의 문제 출제 비중이 가장 높은 편이다. 이러한 점을 볼 때, 의사소통능력은 NCS를 준비하는 수험생이라면 반드시 정복해야 하는 과목이다.

국가직무능력표준에 따르면 의사소통능력의 세부 유형은 문서이해, 문서작성, 의사표현, 경청, 기초외국어로 나눌 수 있다. 문서이해·문서작성과 같은 제시문에 대한 주제, 일치 문제의 출제 비중이 높으며, 공문서·기획서·보고서·설명서 등 문서의 특성을 파악하는 문제도 출제되고 있다. 따라서 이러한 분석을 바탕으로 전략을 세우는 것이 매우 중요하다.

01 문제에서 요구하는 바를 먼저 파악하라!

의사소통능력에서 가장 중요한 것은 제한된 시간 안에 빠르고 정확하게 답을 찾아내는 것이다. 그러기 위해서는 우리가 의사소통능력을 공부하는 이유를 잊지 말아야 한다. 우리는 지식을 쌓기 위해 의사소통능력 지문을 보는 것이 아니다. 의사소통능력에서는 지문이 아니라 문제가 주인공이다! 지문을 보기 전에 문제를 먼저 파악해야 한다. 주제찾기 문제라면 첫 문장과 마지막 문장 또는 접속어를 주목하자! 내용일치 문제라면 지문과 문항의 일치 / 불일치 여부만 파악한 뒤 빠져나오자! 지문에 빠져드는 순간 소중한 시험 시간은 속절없이 흘러 버린다!

02 잠재되어 있는 언어능력을 발휘하라!

의사소통능력에는 끝이 없다! 의사소통의 방대함에 포기한 적이 있는가? 세상에 글은 많고 우리가 학습할 수 있는 시간은 한정적이다. 이를 극복할 수 있는 방법은 다양한 글을 접하는 것이다. 실제 시험장에서 어떤 내용의 지문이 나올지 아무도 예측할 수 없다. 따라서 평소에 신문, 소설, 보고서 등 여러 글을 접하는 것이 필요하다. 잠재되어 있는 글에 대한 안목이 시험장에서 빛을 발할 것이다.

03 상황을 가정하라!

업무 수행에 있어 상황에 따른 언어 표현은 중요하다. 같은 말이라도 상황에 따라 다르게 해석될 수 있기 때문이다. 그런 의미에서 자신의 의견을 효과적으로 전달할 수 있는 능력을 평가하는 것은 당연하다. 따라서 다양한 상황에서의 언어표현능력을 함양하기 위한 연습의 과정이 요구된다. 업무를 수행하면서 발생할 수 있는 여러 상황을 가정하고 그에 따른 올바른 언어표현을 정리하는 것이 필요하다. 의사표현 영역의 경우 출제 빈도가 높지는 않지만 상황에 따른 판단력을 평가하는 문항인 만큼 대비하는 것이 필요하다.

04 말하는 이의 입장에서 생각하라!

잘 듣는 것 또한 하나의 능력이다. 상대방의 이야기에 귀 기울이고 공감하는 태도는 업무를 수행하는 관계 속에서 필요한 요소이다. 그런 의미에서 다양한 상황에서의 듣는 능력을 평가하는 것이다. 말하는 이가 요구하는 듣는 이의 태도를 파악하고, 이에 따른 판단을 할 수 있도록 언제나 말하는 사람의 입장이 되는 연습이 필요하다.

05 반복만이 살길이다!

학창 시절 외국어를 공부하던 때를 떠올려 보자! 셀 수 없이 많은 표현들을 익히기 위해 얼마나 많은 반복의 과정을 거쳤는가? 의사소통능력 역시 그러하다. 하나의 문제 유형을 마스터하기 위해 가장 중요한 것은 바로 여러 번, 많이 풀어 보는 것이다.

01 | 문서이해 ①

다음 중 글의 내용을 잘못 이해한 것은?

우리 은하에서 가장 가까이 위치한 은하인 안드로메다은하까지의 거리는 220만 광년이다. 이처럼 엄청난 거리로 떨어져 있는 천체까지의 거리는 어떻게 측정한 것인가?

첫 번째 측정 방법은 삼각 측량법이다. 그러나 피사체가 매우 멀리 있는 경우라면 삼각형의 밑변이 충분히 길 필요가 있다. 지구는 1년에 한 바퀴씩 태양 주변을 공전하는데 우리는 이 공전 궤도 반경을 알고 있기 때문에 이를 밑변으로 삼아 별까지의 거리를 측정할 수 있다. ❸ 그러나 가까이 있는 별까지의 거리도 지구 궤도 반지름에 비하면 엄청나게 커서 연주 시차는 아주 작은 값이 되므로 측정하기가 쉽지 않다. 두 번째 측정 방법은 주기적으로 별의 밝기가 변하는 변광성의 주기와 밝기를 연구하는 과정에서 얻어졌다. 보통 별의 밝기는 거리의 제곱에 반비례해서 어두워지는데, 1등급과 6등급의 별은 100배의 밝기 차이가 있다. ❷ 그러나 밝은 별이 반드시 어두운 별보다 가까이 있는 것은 아니다. ❹ 별의 거리는 밝기의 절대 등급과 겉보기 등급의 비교를 통해 확정되기 때문이다. ❶ · ❹ 즉, 모든 별이 같은 거리에 놓여 있다고 가정하고, 밝기 등급을 매긴 것을 절대 등급이라 하는데, 만약 이 등급이 낮은(밝은) 별이 겉보기에 어둡다면 이 별은 매우 멀리 있는 것으로 볼 수 있다.

① 절대 등급과 겉보기 등급은 다를 수 있다.
② 별은 항상 같은 밝기를 가지고 있지 않다.
③ 삼각 측량법은 지구의 궤도 반경을 알아야 측정이 가능하다.
✔ 어두운 별은 밝은 별보다 항상 멀리 있기 때문에 밝기에 의해 거리의 차가 있다.

1) 질문의도
   지문 이해

2) 선택지 키워드 찾기

3) 지문독해
   선택지와 비교

4) 정답도출

유형 분석	• 주어진 지문을 읽고 일치하는 선택지를 고르는 전형적인 독해 문제이다.
	• 지문은 주로 신문기사(보도자료 등), 업무 보고서, 시사 등이 제시된다.
	• 대체로 지문이 긴 경우가 많아 푸는 시간이 많이 소요된다.
	응용문제 : 지문의 주제를 찾는 문제나, 지문의 핵심내용을 근거로 추론하는 문제가 출제된다.
풀이 전략	먼저 선택지의 키워드를 체크한 후, 지문의 내용과 비교하며 내용의 일치유무를 신속히 판단한다.

02 | 문서이해 ②

다음 글을 바탕으로 한 추론으로 옳은 것을 고르면?

> 예술의 각 사조는 특정한 역사적 현실 위에서, 특정한 이데올로기를 표현하기 위하여 등장한다. 따라서 특정한 예술 사조를 받아들일 때, 그 예술의 형식 뒤에 숨은 이데올로기를 충분히 소화하고 있느냐가 문제가 된다. 그렇지 못한 모방행위는 형식 미학 또는 관념 미학이 갖는 오류에서 벗어나지 못한다. 가령 어느 예술가가 인상파의 영향을 받았다면, 동시에 그는 그것의 시대적 한계와 약점까지 추적해야 한다. 그리고 그것을 자신이 사는 시대에 접목하였을 경우 현실의 문화적 풍토 위에서 성장할 수 있는가를 가늠해야 한다.

① 모방행위는 예술 사조에 포함되지 않는다.
② 예술 사조는 역사적 현실과 불가분의 관계이다.
③ 예술 사조는 현실적 가치만을 반영한다.
④ 예술 사조는 예술가가 현실과 조율한 타협점이다.
⑤ 모든 예술 사조는 오류를 피하고 완벽을 추구한다.

풀이순서

1) 질문의도
   내용추론 → 적용

2) 지문파악

4) 지문독해
   선택지와 비교

3) 선택지 키워드 찾기

5) 정답도출

유형 분석
- 주어진 지문에 대한 이해를 바탕으로 유추할 수 있는 내용을 고르는 문제이다.
- 지문은 주로 업무 보고서, 기획서, 보도자료 등이 제시된다.
- 일반적인 독해 문제와는 달리 선택지의 내용이 애매모호한 경우가 많으므로 꼼꼼히 살펴보아야 한다.

풀이 전략
주어진 지문이 어떠한 내용을 다루고 있는지 파악한 후 선택지의 키워드를 체크한다. 그리고 나서 지문의 내용에서 도출할 수 있는 내용을 선택지에서 찾아야 한다.

03 | 문서작성 ①

다음 밑줄 친 단어와 유사한 의미를 가진 단어로 적절한 것은?

> 같은 극의 자석이 지니는 동일한 자기적 속성과 그로 인해 발생하는 척력

☑ 성질 : 사람이 지닌 본바탕
② 성급 : 성질이 급함
③ 성찰 : 자신의 마음을 반성하고 살핌
④ 종속 : 자주성이 없이 주가 되는 것에 딸려 붙음
⑤ 예속 : 다른 사람의 지배 아래 매임

풀이순서

1) 질문의도
   유의어

2) 지문파악
   문맥을 보고 단어의
   뜻 유추

3) 정답도출

유형 분석	• 주어진 지문에서 밑줄 친 단어의 유의어를 찾는 문제이다.
	• 자료는 지문, 보고서, 약관, 공지 사항 등 다양하게 제시된다.
	• 다른 문제들에 비해 쉬운 편에 속하지만 실수를 하기 쉽다.
	응용문제 : 틀린 단어를 올바르게 고치는 등 맞춤법과 관련된 문제가 출제된다.
풀이 전략	앞뒤 문장을 읽어 문맥을 파악하여 밑줄 친 단어의 의미를 찾는다.

04 | 문서작성 ②

기획안을 작성할 때 유의할 점에 대해 김대리가 조언했을 말로 가장 적절하지 않은 것은?

풀이순서

1) 질문의도
문서작성 방법

발신인 : 김ㅁㅁ
수신인 : 이ㅇㅇ
ㅇㅇ씨, 김ㅁㅁ 대리입니다. 기획안 잘 받아봤어요. 검토가 더 필요해서 결과는 시간이 좀 걸릴 것 같고요, 기왕 메일을 드리는 김에 기획안을 쓸 때 지켜야 할 점들에 대해서 말씀드리려고요. 문서는 내용 못지않게 형식을 지키는 것도 매우 중요하니까 다음 기획안을 쓸 때 참고하시면 도움이 될 겁니다.

---

3) 정답도출

① 표나 그래프를 활용하는 경우에는 내용이 잘 드러나는지 꼭 점검하세요.

✓ 마지막엔 반드시 '끝'을 붙여 문서의 마지막임을 확실하게 전달해야 해요.
  → 문서의 마지막에 꼭 '끝'을 써야하는 것은 공문서이다.

③ 전체적으로 내용이 많은 만큼 구성에 특히 신경을 써야 합니다.

④ 완벽해야 하기 때문에 꼭 여러 번 검토를 하세요.

⑤ 내용 준비 이전에 상대가 요구하는 것이 무엇인지 고려하는 것부터 해야 합니다.

2) 선택지 확인
기획안 작성법

유형 분석	• 실무에서 적용할 수 있는 공문서 작성 방법의 개념을 익히고 있는지 평가하는 문제이다.
	• 지문은 실제 문서 형식, 조언하는 말하기, 조언하는 대화가 주로 제시된다.
	응용문제 : 문서 유형별 문서작성 방법에 대한 내용이 출제된다. 맞고 틀리고의 문제가 아니라 적합한 방법을 묻는 것이기 때문에 구분이 안 되어 있으면 틀리기 쉽다.
풀이 전략	각 문서의 작성법을 익히고 해당 내용이 올바르게 적용되었는지 파악한다.

05 | 경청

대화 상황에서 바람직한 경청의 방법으로 가장 적절한 것은?

① 상대의 말에 대한 원활한 대답을 위해 상대의 말을 들으면서 미리 대답할 말을 준비한다.

② 대화내용에서 상대방의 잘못이 드러나는 경우, 교정을 위해 즉시 비판적인 조언을 해준다.

❸ 상대의 말을 모두 들은 후에 적절한 행동을 하도록 한다.

④ 상대가 전달할 내용에 대해 미리 짐작하여 대비한다.

⑤ 대화내용이 지나치게 사적이다 싶으면 다른 대화주제를 꺼내 화제를 옮긴다.

풀이순서

1) 질문의도
   경청 방법

2) 선택지 확인
   적절한 경청 방법

3) 정답도출

유형 분석	• 경청 방법에 대해 이해하고 있는지를 묻는 문제이다. • 경청 방법에 대한 지식이 있어도 대화 상황이나 예가 제시되었을 때 그 자료를 해석하지 못하면 소용이 없다. 지식과 예를 연결 지어 학습해야 한다. 응용문제 : 경청하는 태도와 방법에 대한 질문, 경청을 방해하는 요인 등의 지식을 묻는 문제들이 출제된다.
풀이 전략	경청에 대한 지식을 익히고 문제에 적용한다.

06 | 의사표현

다음 중 김대리의 의사소통을 저해하는 요인으로 가장 적절한 것은?

> 김대리는 업무를 처리할 때 담당자들과 별도의 상의를 하지 않고 스스로 판단해서 업무를 지시한다. 담당자들은 김대리의 지시 내용이 실제 업무 상황에 적합하지 않다고 생각하지만, 김대리는 자신의 판단에 확신을 가지고 자신의 지시 내용에 변화를 주지 않는다.

✓ 의사소통 기법의 미숙
② 잠재적 의도
③ 선입견과 고정관념
④ 평가적이며 판단적인 태도
⑤ 과거의 경험

풀이순서

1) 질문의도
   의사소통 저해요인

2) 지문파악
   '일방적으로 말하고',
   '일방적으로 듣는' 무책임한 마음
   → 의사소통 기법의 미숙

3) 정답도출

유형 분석	• 상황에 적합한 의사표현법에 대한 이해를 묻는 문제이다.
	• 의사표현 방법에 대한 지식이 있어도 대화 상황이나 예가 제시되었을 때 그 자료를 해석하지 못하면 소용이 없다. 지식과 예를 연결지어 학습해야 한다.
	응용문제 : 의사표현방법, 의사표현을 방해하는 요인 등의 지식을 묻는 문제들이 출제된다.
풀이 전략	의사소통의 저해요인에 대한 지식을 익히고 문제에 적용한다.

01 | 기출예상문제

정답 및 해설 p.014

01 다음 글의 필자가 주장하는 바로 가장 적절한 것은?

> 인간과 자연환경의 운명이 순전히 시장 메커니즘 하나에 좌우된다면, 결국 사회는 폐허가 될 것이다. 구매력의 양과 사용을 시장 메커니즘에 따라 결정하는 것도 같은 결과를 낳는다. 이런 체제 아래에서 인간의 노동력을 소유자가 마음대로 처리하다 보면, 노동력이라는 꼬리표를 달고 있는 '인간'이라는 육체적·심리적·도덕적 실체마저 소유자가 마음대로 처리하게 된다. 인간들은 갖가지 문화적 제도라는 보호막이 모두 벗겨진 채 사회에 알몸으로 노출되고 결국 쇠락해 간다. 그들은 악덕, 범죄, 굶주림 등을 거치면서 격동하는 사회적 혼란의 희생물이 된다. 자연은 그 구성 원소들로 환원되어 버리고, 주거지와 경관은 더럽혀진다. 또 강이 오염되며, 군사적 안보는 위협당하고, 식량과 원자재를 생산하는 능력도 파괴된다.
> 마지막으로 구매력의 공급을 시장 기구의 관리에 맡기게 되면 영리 기업들은 주기적으로 파산하게 될 것이다. 원시 사회가 홍수나 가뭄으로 인해 피해를 보았던 것처럼 화폐 부족이나 과잉은 경기에 엄청난 재난을 가져올 수 있기 때문이다.
> 노동 시장, 토지 시장, 화폐 시장이 시장 경제에 필수적이라는 점은 의심할 여지가 없다. 하지만 인간과 자연이라는 사회의 실패와 경제 조직이 보호받지 못한 채 그 '악마의 맷돌'에 노출된다면, 어떤 사회도 무지막지한 상품 허구의 경제 체제가 몰고 올 결과를 한순간도 견뎌내지 못할 것이다.

① 무분별한 환경 파괴를 막기 위해 국가가 시장을 통제해야 한다.
② 구매력의 공급은 시장 기구의 관리에 맡기는 것이 합리적이다.
③ 시장 메커니즘은 인간의 존엄성을 파괴하는 제도이므로 철폐되어야 한다.
④ 시장 메커니즘을 맹신하기보다는 적절한 제도적 보호 장치를 마련하는 것이 바람직하다.

02 다음은 근대건축물에 관한 글이다. 글의 중심 내용으로 가장 적절한 것은?

전국의 많은 근대건축물은 그동안 제도적 지원과 보호로부터 배제되고 대중과 소유주의 무관심 등으로 방치되어 왔다. 일부를 제외한 다수의 근대건축물이 철거와 멸실의 위기에 처해 있는 것이 사실이다.

국민이 이용하기 편리한 공간으로 용도를 바꾸면서도, 물리적인 본 모습은 유지하려는 노력을 일반적으로 '보전 가치'로 규정한다. 근대건축물의 보전 가치를 높이기 위해서는 자산의 상태를 합리적으로 진단하고, 소유자 및 이용자가 건물을 효율적으로 활용할 수 있도록 지원하는 관리체계가 필수적이다.

하지만 지금까지 건축자산의 등록, 진흥계획 수립 등을 통해 관리주체를 공공화 하려는 노력은 있었으나 구체적인 관리 기법이나 모니터링에 대한 고민은 부족했다. 즉, 기초조사를 통해 현황을 파악하고 기본적인 관리를 하는 수준에만 그치고 있었던 것이다. 그중에는 오랜 시간이 지나 기록도 없이 건물만 존재하는 경우가 많다.

근대건축물은 현대 건물과는 다른 건축양식과 특성을 지니고 있어 단순 정보의 수집으로는 건물의 현황을 제대로 관리하기가 어렵다. 그렇다면 보전 가치를 높이기 위해서는 어떤 대책이 필요할까? 먼저 일반인이 개별 소유하고 있는 건축물의 현황정보를 통합하여 관리하기 위해서는 중립적이고 객관적인 공공의 참여와 지속적인 지원이 전제되어야 한다. 특히, 근대건축물은 현행 건축·도시 관련 법률 등과 관련되어 다양한 민원과 행정업무가 수반되므로, 법률 위반과 재정 지원 여부 등을 판단하는데 있어 객관성과 중립성이 요구된다. 또한 근대건축물 관리는 도시재생, 문화관광 등의 분야에서 개별 사업으로 추진될 가능성이 높아 일원화된 관리기준도 필요하다. 만약 그렇지 못하면 사업이 일회성으로 전개될 우려가 크기 때문이다. 근대건축물이 그 정체성을 유지하고 가치를 증진하기 위해서는 공공이 주축이 된 체계화·선진화된 관리방법론이 요구되는 이유이다.

① 근대건축물의 정의와 종류
② 근대건축물을 공공에 의해 체계적으로 관리해야 하는 이유
③ 근대건축물의 가치와 중요성
④ 현대 시민에게 요구되는 근대건축물에 대한 태도

03 다음 글의 주제로 가장 적절한 것은?

> 멸균이란 곰팡이, 세균, 박테리아, 바이러스 등 모든 미생물을 사멸시켜 무균 상태로 만드는 것을 의미한다. 멸균 방법에는 물리적, 화학적 방법이 있으며, 멸균 대상의 특성에 따라 적절한 멸균 방법을 선택하여 실시할 수 있다. 먼저 물리적 멸균법에는 열이나 화학약품을 사용하지 않고 여과기를 이용하여 세균을 제거하는 여과법, 병원체를 불에 태워 없애는 소각법, 100℃에서 10 ~ 20분간 물품을 끓이는 자비소독법, 미생물을 자외선에 직접 노출시키는 자외선 소독법, 160 ~ 170℃의 열에서 1 ~ 2시간 동안 건열 멸균기를 사용하는 건열법, 포화된 고압증기 형태의 습열로 미생물을 파괴시키는 고압증기 멸균법 등이 있다. 다음으로 화학적 멸균법은 화학약품이나 가스를 사용하여 미생물을 파괴하거나 성장을 억제하는 방법을 말한다. 여기에는 E.O 가스, 알코올, 염소 등 여러 가지 화학약품이 사용된다.

① 멸균의 중요성
② 뛰어난 멸균 효과
③ 다양한 멸균 방법
④ 멸균 시 발생할 수 있는 부작용

04 다음 글을 근거로 판단할 때 가장 적절한 것은?

> 종래의 철도는 일정한 간격으로 된 2개의 강철레일 위를 강철바퀴 차량이 주행하는 것이다. 반면 모노레일은 높은 지주 위에 설치된 콘크리트 빔(Beam) 위를 복렬(複列)의 고무타이어 바퀴 차량이 주행하는 것이다. 빔 위에 다시 레일을 고정하고, 그 위를 강철바퀴 차량이 주행하는 모노레일도 있다. 처음으로 실용화된 모노레일은 1880년경 아일랜드의 밸리뷰니온사(社)에서 건설한 것이었다. 1901년에는 현수장치를 사용하는 모노레일이 등장하였는데, 이 모노레일은 독일 부퍼탈시(市)의 전철교식 복선으로 건설되어 본격적인 운송수단으로서의 역할을 하였다. 그 후 여러 나라에서 각종 모노레일 개발 노력이 이어졌다. 제2차 세계대전이 끝난 뒤 독일의 알베그 사(社)를 창설한 베너그렌은 1952년 1/2.5 크기의 시제품을 만들고, 실험과 연구를 거듭하여 1957년 알베그식(式) 모노레일을 완성하였다.
> 그리고 1958년에는 기존의 강철레일 · 강철바퀴 방식에서 콘크리트 빔 · 고무타이어 방식으로 개량하여 최고 속력이 80km/h에 달하는 모노레일이 등장하기에 이르렀다. 프랑스에서도 1950년 말엽 사페즈 사(社)가 독자적으로 사페즈식(式) 모노레일을 개발하였다. 이것은 쌍레일 방식과 공기식 타이어차량 운용 경험을 살려 개발한 현수식 모노레일로, 1960년 오를레앙 교외에 시험선(線)이 건설되었다.

① 콘크리트 빔 · 고무타이어 방식은 1960년대까지 개발되지 않았다.
② 독일에서 모노레일이 본격적인 운송수단 역할을 수행한 것은 1950년대부터이다.
③ 주행에 강철바퀴가 이용되느냐의 여부에 따라 종래의 철도와 모노레일이 구분된다.
④ 베너그렌이 개발한 알베그식 모노레일은 오를레앙 교외에 건설된 사페즈식 모노레일 시험선보다 먼저 완성되었다.

05 산촌에 사는 B씨가 5월을 맞아 할 일이 아닌 것은?

산촌의 5월은 계절의 여왕이 선사하는 풍요로움과 분주함을 동시에 느낄 수 있는 시기다. 숲을 만드는 '조림' 작업은 5월이 적기다. 초목이 자라나는 시기를 활용해 숲을 가꾸어 놓아야 풍성한 가을을 맞이할 수 있기 때문이다. 쉬는 땅에 나무를 심는 일부터 나무 사이의 간격을 조정하고 잡목을 제거하기 위한 간벌사업까지 모두 5월에 이루어진다. 자연재해를 대비하는 것도 5월에 해야 할 일 중 하나다. 물이 모여 있는 골짜기나 산을 깎은 절개지 등 산사태 위험지역은 돌망태와 그물을 설치해 여름철 집중 호우 및 태풍에 대비해야 한다. 한편 5월은 산나물의 계절이기도 하다. 제철 맞은 곰취를 비롯해 곤드레, 고사리 등 향긋하고 맛깔 나는 산채는 5월부터 1차 수확에 들어간다. 산나물을 채취할 때는, 한 포기에 달려있는 잎을 모두 뜯으면 포기 전체가 죽을 수 있으므로 여러 포기에서 조금씩 뜯는 것이 좋다.

① 쉬는 땅에 나무를 심는다.
② 나무 사이의 간격을 조정하고 잡목을 제거한다.
③ 산사태 방지를 위해 돌망태와 그물을 설치한다.
④ 집중호우와 태풍에 대비해 골짜기를 깎는다.

06 다음 밑줄 친 부분의 맞춤법이 옳지 않은 것은?

① <u>쉬이</u> 넘어갈 문제가 아니다.
② 가정을 <u>소홀히</u> 해서는 안 된다.
③ 소파에 <u>깊숙이</u> 기대어 앉았다.
④ 헛기침이 <u>간간히</u> 섞여 나왔다.

생물학에서 반사란 '특정 자극에 대해 기계적으로 일어난 국소적인 반응'을 의미한다. 파블로프는 '벨과 먹이' 실험을 통해 동물의 행동에는 두 종류의 반사 행동, 즉 무조건 반사와 조건 반사가 존재한다는 결론을 내렸다. 뜨거운 것에 닿으면 손을 빼내는 것이나, 고깃덩이를 씹는 순간 침이 흘러나오는 것은 무조건 자극에 의한 반사이다. 하지만 모든 자극이 반사 행동을 일으키는 것은 아니다. 생명체에게 있어 반사 행동을 유발하지 않는 자극들을 중립 자극이라고 한다.

중립 자극도 무조건 자극과 짝지어지게 되면 생명체에게 반사 행동을 일으키는 조건 자극이 될 수 있다. 그것이 바로 조건 반사인 것이다. 예를 들어 벨 소리는 개에게 있어 중립 자극이기 때문에 처음에 개는 벨 소리에 반응하지 않는다. 개는 오직 벨 소리 뒤에 주어지는 먹이를 보며 침을 흘릴 뿐이다. 하지만 벨 소리 뒤에 먹이를 주는 행동을 반복하다 보면 벨 소리는 먹이가 나온다는 신호로 인식되며 이에 대한 반응을 일으키는 조건 자극이 되는 것이다. 이처럼 중립 자극을 무조건 자극과 연결시켜 조건 반사를 일으키는 과정을 '고전적 조건 형성'이라 한다.

그렇다면 이러한 조건 형성 반응은 왜 생겨나는 것일까? 이는 대뇌 피질이 '학습'을 할 수 있기 때문이다. 어떠한 의미 없는 자극이라 할지라도 그것이 의미 있는 자극과 결합되어 제시되면 대뇌 피질은 둘 사이에 연관성이 있다는 것을 파악하고 이를 기억하여 반응을 일으킨다. 하지만 대뇌 피질은 한번 연결되었다고 항상 유지되지는 않는다. 예를 들어 '벨 소리 – 먹이' 조건 반사가 수립된 개에게 벨 소리만 들려주고 먹이를 주지 않는 실험을 계속하다 보면 개는 벨 소리에 더 이상 반응하지 않게 되는 조건 반사의 '소거' 현상이 일어난다.

소거는 조건 자극이 무조건 자극 없이 충분히 자주 제시될 경우 조건 반사가 사라지는 현상을 말한다. 때문에 소거는 바람직하지 않은 조건 반사를 수정하는 방법으로 사용된다. 하지만 조건 반사는 통제할 수 있는 것이 아니기 때문에, 제거 역시 자연스럽게 이루어지지 않는다. 또한 소거가 일어나는 속도가 예측 불가능하고, 소거되었을 때조차도 자발적 회복을 통해 조건 반사가 다시 나타날 수 있다는 점에서 소거는 조건 반사를 제거하기 위한 수단으로 한계가 있다.

이때 바람직하지 않은 조건 반사를 수정하는 또 다른 방법으로 사용되는 것이 '역조건 형성'이다. 이는 기존의 조건 반사와 양립할 수 없는 새로운 반응을 유발하여 이전 조건 형성의 원치 않는 효과를 제거하는 것으로 자발적 회복이 잘 일어나지 않는다. 예를 들어, 토끼를 무서워하는 아이가 사탕을 먹을 때 처음에는 토끼가 아이로부터 멀리 위치하게 한다. 아이는 사탕을 먹는 즐거움 때문에 토끼에 대한 공포를 덜 느끼게 된다. 다음날에도 마찬가지로 아이에게 사탕을 먹게 한 후 토끼가 전날보다 좀 더 가까이 오게 한다. 이러한 절차를 여러 번 반복하면 토끼가 아주 가까이에 있어도 아이는 더 이상 토끼를 무서워하지 않게 되는 것이다.

07 다음 중 글의 내용으로 적절하지 않은 것은?

① 소거를 위해서는 반복된 행위가 필요하다.

② 조건 반사가 소거되는 현상도 발생할 수 있다.

③ 중립 자극이 무조건 자극으로 바뀐 것을 조건 반사라 한다.

④ 역조건 형성은 자발적 회복이 잘 일어나지 않는다.

08 다음 중 글의 설명 방식으로 가장 적절한 것은?

① 대상이 지닌 구성 요소들을 분석한 뒤 종합하고 있다.

② 정의와 예시를 통해 이론의 핵심 개념을 소개하고 있다.

③ 이론의 핵심 개념을 정의하고 그것이 갖는 장점을 논증하고 있다.

④ 현상의 원인을 밝히고 그에 대한 관점을 비판하고 필자의 견해를 주장하고 있다.

PART 1

09 L공사에서는 중소기업을 대상으로 열린 강좌를 실시할 예정이다. 담당자인 G대리는 열린 강좌 소개를 위한 안내문을 작성해 A차장의 결재를 기다리는 중이다. 다음 중 안내문을 본 A차장이 할 수 있는 말로 적절하지 않은 것은?

〈2023년 중소기업 대상 열린 강좌 교육 시행〉

중소기업 직원의 역량강화를 위한 무상교육을 다음과 같이 시행하오니 관심 있는 중소기업 임직원 여러분의 많은 참여 바랍니다.

1. **교육과정 및 강사**

일자	교육명	강사
2월 24일(목)	대중문화에서 배우는 경영 전략과 마케팅	E대표

2. **교육장소** : L공사 본사 1층 소강당
3. **신청기간 및 신청방법**
   가. 신청기간 : 2023년 2월 14일(월) ~ 18일(금)
   나. 신청방법 : 신청서 작성 후 E-mail(SDgosi@korea.com) 신청
4. **기타사항** : 교육 대상 인원 선착순 선발 후 안내 메일 발송
5. **담당자** : L공사 계약팀 G대리
   (E-mail : SDgosi@korea.com / Tel : 061-123-1234)

① 해당 강좌가 몇 시간 동안 진행되는지도 적어주는 것이 좋겠군.

② 강사에 대한 정보가 부족하군. 대략적인 경력사항을 첨부하도록 하게.

③ 본사에 오는 방법을 지도를 첨부하여 교통편을 안내하는 것이 좋을 것 같네.

④ 만약 궁금한 점이 있으면 누구에게 연락해야 하는지 담당자 연락처를 적어두게.

10 L공사의 신입사원 교육담당자인 A사원은 상사로부터 다음과 같은 메일을 받았다. 신입사원의 업무 역량을 향상시킬 수 있도록 교육할 내용으로 적절하지 않은 것은?

수신 : A사원 발신 : B대리
제목 : 신입사원 교육프로그램을 구성할 때 참고해 주세요. 내용 : A씨, 오늘 조간신문을 보다가 공감이 가는 내용이 있어서 보내드립니다. 신입사원 교육 때, 문서작성능력을 향상시킬 수 있는 프로그램이 추가되면 좋을 것 같습니다. 기업체 인사담당자들을 대상으로 한 조사에서 '신입사원의 국어 능력 만족도'는 '그저 그렇다'가 65.4%, '불만족'이 23.1%나 되었는데, 특히 '기획안과 보고서 작성능력'에서 '그렇다'의 응답 비율 (53.2%)이 가장 높았다. 기업들이 대학에 개설되기를 희망하는 교과 과정을 조사한 결과에서도 가장 많은 41.3%가 '기획문서 작성'을 꼽았다. 특히 인터넷 세대들은 '짜깁기' 기술엔 능해도 논리를 구축해 효과적으로 커뮤니케이션을 하고 상대를 설득하는 능력에선 크게 떨어진다. … 생략 …

① 문서의미를 전달하는 데 문제가 없다면 끊을 수 있는 부분은 가능한 끊어서 문장을 짧게 만들고, 실질적인 내용을 담을 수 있도록 한다.

② 상대방이 이해하기 어려운 글은 좋은 글이 아니므로, 우회적인 표현이나 현혹적인 문구는 되도록이면 쓰지 않도록 한다.

③ 중요하지 않은 경우 한자의 사용을 자제하도록 하되, 만약 사용할 경우 상용 한자의 범위 내에서 사용하도록 한다.

④ 문서의 중요한 내용을 미괄식으로 작성하는 것은 문서작성에 중요한 부분이다.

11 다음 글의 제목으로 가장 적절한 것은?

'5060세대'. 몇 년 전까지만 해도 그들은 사회로부터 '지는 해' 취급을 받았다. '오륙도'라는 꼬리표를 달아 일터에서 밀어내고, 기업은 젊은 고객만 왕처럼 대우했다. 젊은 층의 지갑을 노려야 돈을 벌 수 있다는 것이 기업의 마케팅 전략이었기 때문이다.

그러나 최근 들어 상황이 달라졌다. 5060세대가 새로운 소비 군단으로 주목되기 시작한 가장 큰 이유는 고령화 사회로 접어들면서 시니어(Senior) 마켓 시장이 급속도로 커지고 있는 데다 이들이 돈과 시간을 가장 넉넉하게 가진 세대이기 때문이다. 2010년이면 50대 이상 인구 비중이 30%에 이르면서 50대 이상을 겨냥한 시장 규모가 100조 원대까지 성장할 예정이다.

통계청이 집계한 가구주 나이별 가계수지 자료를 보면, 한국 사회에서는 50대 가구주의 소득이 가장 높다. 월평균 361만 500원으로 40대의 소득보다도 높은 것으로 집계되었다. 가구주 나이가 40대인 가구의 가계수지를 보면, 소득은 50대보다 적으면서도 교육 관련 지출(45만 6,400원)이 압도적으로 높아 소비 여력이 낮은 편이다. 그러나 50대 가구주의 경우 소득이 높으면서 소비 여력 또한 충분하다. 50대 가구주의 처분가능소득은 288만 7,500원으로 전 연령층에서 가장 높다.

이들이 신흥 소비군단으로 떠오르면서 '애플(APPLE)족'이라는 마케팅 용어까지 등장했다. 활동적이고(Active) 자부심이 강하며(Pride) 안정적으로(Peace) 고급문화(Luxury)를 즐기는 경제력(Economy) 있는 50대 이후 세대를 뜻하는 말이다. 통계청은 여행과 레저를 즐기는 5060세대를 '2008 주목해야 할 블루슈머※ 7' 가운데 하나로 선정했다. 과거 5060세대는 자식을 보험으로 여기며 자식에게 의존하면서 살아가는 전통적인 노인이었다. 그러나 애플족은 자녀로부터 독립해 자기만의 새로운 인생을 추구한다. 이러한 특성으로 최근 '통크족(TONK; Two Only, No Kids)'이라는 별칭이 붙게 되었다. 통크족이나 애플족은 젊은 층의 전유물로 여겨졌던 자기중심적이고 감각 지향적인 소비도 주저하지 않는다. 후반전 인생만은 자기가 원하는 일을 하며 멋지게 살아야 한다고 생각하기 때문이다.

애플족은 한국 국민 가운데 해외여행을 가장 많이 하는 세대이기도 하다. 통계청의 사회통계조사에 따르면 50대의 17.5%가 해외여행을 다녀왔다. 이는 20대, 30대보다 높은 수치이다. 그리고 그들은 어떤 지출보다 교양·오락비를 아낌없이 쓰는 것이 특징이다. 전문가들은 애플족의 교양·오락 및 문화에 대한 지출비용은 앞으로도 증가할 것으로 내다보고 있다. 한 사회학과 교수는 "고령사회로 접어들면서 성공적 노화 개념이 중요해짐에 따라 텔레비전 시청, 수면, 휴식 등 소극적 유형의 여가에서 게임 등 재미와 젊음을 찾을 수 있는 진정한 여가로 전환되고 있다."라고 말했다. 이 교수는 젊은이 못지않은 의식과 행동반경을 보이는 5060세대를 겨냥한 다양한 상품과 서비스에 대한 수요가 앞으로도 크게 늘 것이라고 내다보았다.

※ 블루슈머(Bluesumer) : 경쟁자가 없는 시장을 의미하는 블루오션(Blue Ocean)과 소비자(Consumer)의 합성어로 새로운 제품에 적응력이 높고 소비성향을 선도하는 소비자를 의미한다.

① 애플족의 소비 성향은 어떠한가?
② 5060세대의 사회·경제적 위상 변화
③ 다양한 여가 활동을 즐기는 5060세대
④ 애플족을 '주목해야 할 블루슈머 7'로 선정

12 A씨는 공기업 취업스터디에 가입하여 L공사를 맡아 공기업 분석을 하기로 하였다. 자료를 찾아보던 중 L공사의 친환경 활동에 대한 글을 보게 되었고 이에 대한 내용을 간략히 적어 발표하려고 한다. 다음 A씨가 정리한 주제 중 적절하지 않은 것은?

변전소 주거용 복합건물은 전자계에 의한 인체 영향 논란이 지속되는 현실에서 국민에게 전자계에 대한 올바른 정보를 제공하고 전력설비에 대한 새로운 인식을 심어주고자 도심 내에서 혐오시설로 인식되는 변전소를 지하에 배치시키고 그 위에 L공사 직원을 위한 아파트를 건설하는 사업입니다. 실제 주거용 복합건물의 전자계를 측정한 결과 우리가 일상생활에서 늘 사용하는 냉장고, TV같은 가전제품과 비교해도 현저히 낮은 수치가 발생하는 것이 입증되었습니다. L공사는 앞으로 환경, 사람, 지역과 조화를 이루는 전력설비 건설을 계속 추진해 나갈 계획입니다.

현재 지중에 설치된 맨홀은 배수시설이 없고 오염물이 유입되어 대부분의 맨홀이 심각하게 오염되었으며 청소 과정에서 주변지역으로 배출되기 때문에 주변환경오염에 심각한 원인이 될 수 있습니다. 이에 맨홀에서 발생하는 오수를 정화하여 방류하기 위해서 당사에서는 맨홀 청소와 오수처리 작업이 동시에 가능한 장비를 개발하였습니다. 장비의 개발로 인하여 기존 작업의 문제점을 해결하였고, 작업시간의 단축을 실현하였으며, 기존 인력작업으로 인한 경제적 손실을 장비의 활용으로 개선하고, 작업의 효율성을 증대하였습니다. 본 장비의 현장적용으로 작업자의 안전, 도로결빙, 차량정체, 민원발생 등 여러 문제점을 해결할 수 있을 것입니다.

기존의 전주는 회색콘크리트가 자연경관과 조화를 이루지 못하여 경관을 해치는 혐오시설로 인식되어 왔습니다. 이러한 인식을 불식시키고자 자연경관에 조화를 이루도록 녹색, 적갈색의 천연광물로 만든 도료로 색칠하여 환경친화적인 전주를 만들었습니다. 앞으로도 L공사는 환경과 조화를 이루는 전력설비 건설을 계속 추진해 나갈 계획입니다.

서울시내에 지상에 설치되어 있는 기기(변압기, 개폐기)에 대하여 주민들의 이설 및 설치 반대 민원이 증가하고 있습니다. 이에 L공사의 이미지를 압축한 지상기기 설치로 고객친화 홍보효과를 제고하기 위하여 기존의 특성과 기능을 유지한 채 미관을 고려한 새로운 외함을 개발하게 되었습니다. 이를 통하여 도심경관에서도 사랑 받을 수 있는 설비가 되도록 지속적으로 디자인을 개발하고 확대 보급할 예정입니다.

가공송전선로 건설공사의 철탑을 설치하기 위하여 필요한 건설 자재는 운반용 자재 운반로를 개설하여 시공하는 것이 경제적이며 일반적으로 적용하는 공법이나, 이로 인한 산림의 훼손이 불가피함에 따라 친환경적인 시공법에 대한 도입이 적극적으로 요구되고 있습니다. L공사는 산림자원 및 자연환경 보전에 대한 인식확산에 따라 가공송전선로 건설공사 시공 시 산림의 형질변경을 최소화하고자 삭도 및 헬기를 이용하여 공사용 자재를 운반함으로써 산림자원 보전에 기여하고 있습니다.

① 친환경 주거용 복합변전소 건설
② 배전용 맨홀 청소 및 오수 처리장비 개발
③ 환경친화 칼라전주 개발 사용
④ 도심미관을 해치는 지상기기의 최소화

13 A씨는 경부고속도로에서 신속한 사고 제보로 추가 사고를 막은 B씨를 의인상 후보로 추천하려고 한다. A씨가 이해한 것으로 적절하지 않은 것은?

〈고속도로 의인(義人)을 찾습니다〉

추천대상 안전한 고속도로를 만들기 위해 고속도로 현장에서 남다른 시민의식을 발휘한 개인 및 단체

※ L공사가 관리 중인 고속도로와 민자고속도로 포함

〈선정기준〉	
① 고속도로 교통사고 등 위급상황에서 인명을 구한 경우	② 사고 제보로 교통사고의 신속한 처리에 기여한 경우
③ 현장 구조·구급활동 지원으로 추가 피해를 방지한 경우	④ 기타 의로운 행동 및 남다른 선행으로 인정하는 경우

추천자격 개인 / 단체 등 누구나 추천 가능

※ 단, 개인 / 단체 등의 본인 추천은 불가능

추천기간 2022. 12. 31.까지(공적기간은 2022. 1. 1.부터 적용)

추천방법 '고속도로 義人賞' 추천서 작성 및 증빙자료(블랙박스 영상 등)와 함께 이메일 또는 우편 제출

※ 양식 등 세부내용은 L공사, 고속도로장학재단 홈페이지 참고

포상절차

국민 추천	일반 국민 의인상 추천서 작성 및 제출	▶	공적 심사	▶	포상
L공사 추천	L공사 (산하기관 등) 사실조사 후 추천	▶	① 1차 : L공사(홍보실) → 추천서 검토 및 심의위 상정 ② 2차 : 공적심의위원회 심의 → 대상자 확정		사유발생 후 최단 시일 내 시상

포상 공적에 따라, 감사패 및 포상금(1천만 원 ~ 1백만 원) 지급

※ 선정된 의인을 추천한 분에게는 소정의 상품 지급

문의 L공사 콜센터, 고속도로장학재단

---

① B씨의 선행을 본 게 2022년 2월이니까 추천기간에 포함되지 않으므로 추천이 불가능하군.

② B씨의 선행은 선정기준 ②에 해당하고 경부고속도로는 L공사에서 관리하므로 적절해.

③ 당시 상황이 찍힌 블랙박스 영상을 추천서와 함께 보내야지.

④ 심사는 추천자와 상관없이 두 차례에 걸쳐 진행되는군.

14 다음 글을 바탕으로 세미나를 개최하고자 한다. 세미나의 안내장에 들어갈 표제와 부제로 적절하지 않은 것은?

인간은 자연 속에서 태어나 살다가 자연으로 돌아간다. 이처럼 자연은 인간 삶의 무대요 안식처이다. 그러므로 자연과 인간의 관계는 불가분의 관계이다. 유교는 바로 이 점에 주목하여 인간과 자연의 원만한 관계를 추구하였다. 이는 자연이 인간을 위한 수단이 아니라 인간과 공존해야 할 대상이라는 것을 뜻한다.

유교는 자연을 인간의 부모로 생각하고 인간은 자연의 자식이라고 여겨왔다. 그러므로 유교에서는 인간의 본질적 근원을 천(天)에 두었다. 하늘이 명한 것을 성(性)이라 하고, 하늘이 인간에게 덕(德)을 낳아 주었다고 하였다. 이는 인간에게 주어진 본성과 인간에 내재한 덕이 하늘에서 비롯한 것임을 밝힌 것이다. 이와 관련하여 이이는 "사람이란 천지의 이(理)를 부여받아 성(性)을 삼고, 천지의 기(氣)를 나누어 형(形)을 삼았다."라고 하였다. 이는 인간 존재를 이기론(理氣論)으로 설명한 것이다. 인간은 천지의 소산자(所産者)이며 이 인간 생성의 모태는 자연이다. 그러므로 천지 만물이 본래 나와 한몸이라고 할 수 있는 것이다.

유교에서는 천지를 인간의 모범 혹은 완전자(完全者)로 이해하였다. 유교 사상에 많은 영향을 미친 『주역』에 의하면 성인(聖人)은 천지와 더불어 그 덕을 합한 자이며, 해와 달과 함께 그 밝음을 합한 자이고, 사시(四時)와 더불어 그 질서를 합한 자이다. 이에 대하여 이이는 '천지란 성인의 준칙이요 성인이란 중인의 준칙'이라 하여 천지를 성인의 표준으로 이해하였다. 따라서 성인의 덕은 하늘과 더불어 하나가 되므로 신묘하여 헤아릴 수 없다고 하였다. 이와 같이 천지는 인간의 모범으로 일컬어졌고, 인간은 그 천지의 본성을 부여받은 존재로 규정되었다. 그러므로 『중용』에서는 성(誠)은 하늘의 도(道)요, 성(誠)이 되고자 노력하는 것이 인간의 도리라고 하였다. 즉, 참된 것은 우주 자연의 법칙이며, 그 진실한 자연의 법칙을 좇아 살아가는 것은 인간의 도리라는 것이다. 이처럼 유교는 인간 삶의 도리를 자연의 법칙에서 찾았고, 자연의 질서에 맞는 인간의 도리를 이상으로 여겼다. 이렇게 볼 때, 유교에서는 인간과 자연을 하나로 알고 상호 의존하고 있는 유기적 존재로 인식함으로써 천인합일(天人合一)을 추구하였음을 알 수 있다. 이러한 바탕 위에서 유교는 자존과 공존의 자연관을 말하였다. 만물은 저마다 자기 생을 꾸려나간다. 즉, 인간은 인간대로, 동물은 동물대로, 식물은 식물대로 각기 자기 삶을 살아가지만 서로 해치지 않는다. 약육강식의 먹이 사슬로 보면 이러한 설명은 타당하지 않은 듯하다. 그러나 생태계의 질서를 살펴보면 먹고 먹히면서도 전체적으로는 평등하다는 것을 알 수 있다. 또한, 만물의 도는 함께 운행되고 있지만 전체적으로 보면 하나의 조화를 이루어 서로 어긋나지 않는다. 이것이야말로 자존과 공존의 질서가 서로 어긋나지 않으면서 하나의 위대한 조화를 이루고 있는 것이다. 나도 살고 너도 살지만, 서로 해치지 않는 조화의 질서가 바로 유교의 자연관인 것이다.

① 유교와 현대 철학 – 환경 파괴 문제에 관하여
② 우주를 지배하는 자연의 질서 – 자연이 보여준 놀라운 복원력
③ 유교에서 바라본 자연관 – 자연과 인간의 공존을 찾아서
④ 유교의 현대적인 의미 – 자연에서 발견하는 삶의 지혜

15 다음 중 〈보기〉의 밑줄 친 주장에 대해 반박하려고 할 때, 다음 글의 내용으로 보아 그 논거로 적절하지 않은 것은?

> 기자 : 교수님, 영국에서 탄생한 복제 양과 우리의 복제 송아지의 차이점은 무엇이라고 생각하시는지요.
>
> 교수 : 두 가지 차원에서 이야기할 수 있습니다. 지금까지는 생명을 복제하기 위해서 반드시 생식 세포를 이용해야 한다는 것이 정설이었습니다. 그런데 복제 양은 생식 세포가 아닌 일반 체세포, 그 중에서도 젖샘 세포를 이용했습니다. 이는 노화 등의 이유로 생식 세포가 죽은 개체들도 체세포를 통해 복제가 가능하다는 얘기가 됩니다. 체세포를 통한 복제는 기존 생물학적 개념을 완전히 바꾼 것입니다. 반면 산업적 측면에서는 문제가 있습니다. 동물 복제는 순수 발생학적 관심 못지않게 경제적으로도 중요합니다. 즉, 생산력이 뛰어난 가축을 적은 비용으로 복제 생산해야 한다는 것입니다. 이 점에서는 체세포를 통한 복제는 아직 한계가 있습니다. 경제적인 측면에서는 생식 세포를 이용한 복제가 훨씬 효과적입니다.
>
> 기자 : 이런 복제 기술들이 인간에게도 적용이 가능한가요?
>
> 교수 : 기술적으로는 그렇습니다. 그러나 인간에게 적용했을 때는 기존 인간관계의 근간을 파괴하는 사회 문제를 발생시킬 것입니다. 또 생명체 복제 기술의 적용 영역을 확대하다 보면, 자의로 또는 적용 과정에서 우연히 통제 불능한 생물체가 만들어질 가능성도 있습니다. 이것을 생물 재해라고 합니다. 생명공학에 종사하는 학자들은 이 두 가지 문제들을 늘 염두에 두어야 합니다. 물론 아직까지는 이런 문제들이 발생하지 않았지만, 어느 국가 또는 특정 집단이 복제 기술을 악용할 위험성을 배제할 수는 없습니다.

보기

미국 위스콘신 생명 윤리 연구 센터의 아서더스 박사는, '인간에게 동물 복제 기술을 적용하면 왜 안 되는지에 대한 논리적 이유가 없다.'고 하면서, 인간 복제를 규제한다 하더라도 대단한 재력가나 권력가는 이를 충분히 피해갈 것이라고 말했다.

---

① 사람들 사이의 믿음이 파괴된다.
② 범죄 집단에 악용될 위험이 있다.
③ 인구가 폭발적으로 증가할 염려가 있다.
④ 통제 불능한 인간을 만들어 낼 수 있다.

16 다음 중 빈칸에 들어갈 말로 가장 적절한 것은?

> 글은 회사에서 쓰는 보고서, 제안서, 품의서, 기획안, 발표문, 홍보문과 학창시절 써야 하는 자기소개서, 과제 리포트, 그리고 서평, 기행문 등 종류가 많다.
>
> 글을 쓸 때 가장 중요한 것은 독자가 무엇을 기대하는지 파악하는 것이다. 따라서 글에서 무엇을 알고 싶어 하는지, 무엇을 줘야 독자가 만족할 것인지를 파악하는 것이 중요하다. "독자가 무엇을 원하는지 안다는 것은 글을 어떻게 써야 하는지 아는 것이다." 그러나 대부분 이를 소홀히 한다. 글에 있어서 무게중심은 읽는 사람이 아니라, 쓰는 사람에게 있다. '내가 많이 알고 있는 것처럼 보여야겠다, 내가 글을 잘 쓰는 것처럼 보여야겠다.'라는 생각이 앞설수록 중언부언하게 되고, 불필요한 수식어와 수사법을 남발한다. 이때 독자는 헷갈리고 화가 나게 된다.
>
> 독자에게 필요한 것은 글이 자신에게 전하고자 하는 내용이 무엇인가 하는 것이다. 그리고 그 전하고자 하는 내용이 자신에게 어떤 도움을 주는가 하는 것이다. 모르던 것을 알게 해주는지, 새로운 관점과 해석을 제공해주는지, 통찰을 주는지, 감동을 주는지, 하다못해 웃음을 주는지 하는 것이다. 예를 들어 자기소개서를 읽었는데, 그 사람이 어떤 사람인지 확연히 그려지면 합격이다. 제안서를 읽고 제안한 내용에 관해 확신이 들면 성공이다.
>
> 그렇다면 글은 어떻게 써야 할까? 방법은 간단하다. 먼저 구어체로 쓰는 것이다. 그래야 읽는 사람이 말을 듣듯이 편하게 읽는다. 눈으로 읽는 것 같지만 독자는 스스로 소리 내 귀로 듣는다. 구어체로 쓰기 위해서는 누군가를 만나 먼저 말해보는 것이 중요하다. "내가 무슨 글을 써야 하는데, 주로 이런 내용이야." 이렇게 말하다 쓸거리가 정리될 뿐만 아니라 없던 생각도 새롭게 생겨난다. 그리고 말할 때 느낌이 글에서 살아난다.
>
> 글을 쓸 때도 독자를 앞에 앉혀놓고 써야 한다. 독자는 구체적으로 한 사람 정해놓고 쓰는 게 좋다. 연애편지 쓰는 것처럼. 그러면 그 사람의 목소리를 들으며 쓸 수 있다. '아, 됐고 결론이 뭐야?' 또는 '다짜고짜 무슨 말이야, 좀 쉽게 설명해봐.' 뭐 이런 소리 말이다. _____ 대상이 막연하지 않기 때문에 읽는 사람이 공감할 확률이 높아진다. 나를 위해 무언가를 전해주려고 노력한다는 것을 느끼면서 고마워한다. 말을 심하게 더듬는 사람이 내게 무엇인가를 전해주려고 노력하는 모습을 상상해보라. 그런 진심이 전해지면 된다. 글을 유려하게 잘 쓰고 박식한 것보다 더 독자의 심금을 울린다. 글에도 표정과 느낌이 있다. 독자를 위하는 마음으로 쓰면 그 마음이 전해진다.

① 무엇이 틀렸는지 알고 잘 고쳐 쓰면 된다.

② 독자를 정해놓고 쓰면 진정성이 살아난다.

③ 독자에게 주는 것이 없으면 백전백패다.

④ 글을 일정한 시간, 장소에서 습관적으로 쓰라.

17 다음 글을 읽고, 빈칸에 들어갈 말로 가장 적절한 것은?

몰랐지만 넘겨짚어 시험의 정답을 맞힌 경우와 제대로 알고 시험의 정답을 맞힌 경우를 구별할 수 있을까? 또 무작정 외워서 쓴 경우와 제대로 이해하고 쓴 경우는 어떤가? 전자와 후자는 서로 다르게 평가받아야 할까, 아니면 동등한 평가를 받아야 할까?

선택형 시험의 평가는 오로지 답안지에 표기된 선택지가 정답과 일치하는가의 여부에만 달려 있다. 이는 위의 첫 번째 물음에 대한 대답이 항상 긍정적이지는 않으리라는 사실을 말해준다. 그러나 만일 시험관에게 답안지를 놓고 응시자와 면담할 기회가 주어진다면, 시험관은 응시자에게 정답지를 선택한 근거를 물음으로써 그가 문제에 관해 올바른 정보와 추론 능력을 가지고 있는지 검사할 수 있을 것이다.

예를 들어 한 응시자가 '대한민국의 수도가 어디냐?'는 물음에 대해 '서울'이라고 답했다고 하자. 그렇게 답한 이유가 단지 '부모님이 사시는 도시라 이름이 익숙해서'였을 뿐, 정작 대한민국의 지리나 행정에 관해서는 아는 바 없다는 사실이 면접을 통해 드러났다고 하자. 이 경우에 시험관은 이 응시자가 대한민국의 수도에 관한 올바른 정보를 갖고 있다고 인정하기 어려울 것이다. 이 예는 응시자가 올바른 답을 제시하는 데 필요한 정보가 부족한 경우이다.

그렇다면 어떤 사람이 문제의 올바른 답을 추론해내는 데 필요한 모든 정보를 갖고 있었고 실제로도 정답을 제시했다고 해서, 그가 문제에 대한 올바른 추론 능력을 가지고 있다고 할 수 있는가?

어느 도난사건을 함께 조사한 홈즈와 왓슨이 사건의 모든 구체적인 세부사항, 예컨대 범행 현장에서 발견된 흙발자국의 토양 성분뿐 아니라 올바른 결론을 내리는 데 필요한 모든 일반적 정보, 예컨대 영국의 지역별 토양의 성분에 관한 정보 등을 똑같이 갖고 있었고, 실제로 동일한 용의자를 범인으로 지목했다고 하자. 이 경우 두 사람의 추론을 동등하게 평가해야 하는가? 그렇지 않다.

예컨대 왓슨은 모든 정보를 완비하고 있었음에도 불구하고, 이름에 모음의 수가 가장 적다는 엉터리 이유로 범인을 지목했다고 하자. 이런 경우에도 우리는 왓슨의 추론에 박수를 보낼 수 있을까? 아니다. 왜냐하면 _____

① 왓슨은 일반적으로 타당한 개인적 경험을 토대로 추론했기 때문이다.
② 왓슨은 올바른 추론의 방법을 알고 있음에도 불구하고 요행을 우선시했기 때문이다.
③ 왓슨은 추론에 필요한 전문적인 훈련을 받지 못해서 범인을 잘못 골랐기 때문이다.
④ 왓슨은 올바른 추론에 필요한 정보를 가지고 있긴 했지만 그 정보와 무관하게 범인을 지목했기 때문이다.

18 다음 글에서 〈보기〉의 문장이 들어갈 가장 적절한 곳은?

글을 잘 짓는 사람은 병법을 잘 알고 있는 것이로다. 글자는 말하자면 군사요, 뜻은 말하자면 장수에 해당한다.

제목은 적국이요, 전거(典據)로 삼을 지식은 전장(戰場)의 보루(堡壘)와 같다. 글자를 묶어서 구로 만들고 구를 합해서 문장을 이루는 것은 대열을 짓고 진을 짜는 것과 같으며, 운을 가다듬어 소리를 내고 수사로써 빛을 내는 것은 북과 종을 울리고 깃발을 펄럭이는 것과 같은 것이다. (가) 전투를 잘하는 사람에게는 버릴 군사가 없고 글을 잘 짓는 사람에게는 쓰지 못할 글자가 없다. 만약에 적당한 장수만 얻는다면 괭이, 자루, 막대기만 든 농군이 날래고 사나운 군사가 될 수 있다. (나) 마찬가지로 나름대로 이치를 담고만 있다면 집안에서 나누는 일상 대화도 교과서에 실을 수 있고 아이들 노래와 속담도 훌륭한 고전의 사전에 넣을 수 있다. (다) 그러므로 글이 정교하지 못한 것이 글자의 탓은 아니다.

글 지을 줄 모르는 사람이 속으로 아무런 요량도 없이 갑자기 글 제목을 만났다고 하자. 겁결에 산 위의 풀과 나무에 지레 걸려 넘어지듯 눈앞의 붓과 먹이 다 결딴나고, 머릿속에 기억하고 외우던 문자조차 쓸모없이 흩어져서 남는 것이 없으리라. 그래서 글을 짓는 사람의 걱정은 언제나 제풀에 갈팡질팡 길을 잃고 요령(要領)을 잡지 못하는 데 있는 것이다. 길을 잃어버리고 나면 한 글자도 어떻게 쓸 줄 모르는 채 더디고 까다로움만을 고되게 여기게 되고, 글의 전체 핵심을 잡지 못하면 겹겹으로 꼼꼼히 둘러싸 놓고서도 글이 허술하게 된다. (라) 한마디의 말만 가지고도 요점을 찌르며 나가면 마치 적의 아성(牙城)으로 감쪽같이 쳐들어가는 격이요, 단 한 구절의 말만 가지고도 핵심을 끌어낸다면 마치 적의 힘이 다 할 때를 기다렸다가 드디어 그 진지를 함락시키는 것과 같다. 글 짓는 묘리(妙理)는 바로 이와 같아야 최상이라 할 수 있다.

보기

비유해 말하자면 아무리 맹장이라도 군대가 한번 제 길을 잃어버릴 때에는 최후의 운명을 면치 못하며, 적의 움직임을 파악하지 못하면 아무리 물샐 틈 없이 포위한 때에라도 적이 빠져 도망칠 틈이 있는 것과 같다.

① (가)　　　　　　　　② (나)

③ (다)　　　　　　　　④ (라)

19 다음은 사원들이 기사를 읽고 나눈 대화이다. 다음 중 빈칸에 들어갈 말로 가장 적절한 것은?

PART 1

> ### 〈5억 년 전 지구는 주황색 별〉
>
> 초기 지구는 푸른색이 아니라 주황색이었다는 주장에 학계의 관심이 쏠리고 있다. 미국 워싱턴 대학 가상행성연구소에 의하면 25억 년 전 지구의 대기는 아지랑이나 안개 등으로 엷게 뒤덮여 있었으며, 이러한 대기가 달아오른 지구의 표면 온도를 낮추는 동시에 고대 생명체가 진화할 수 있는 역할을 담당했다.
>
> 이 안개는 자외선이 메탄 분자를 분해하면서 발생한 것으로 일명 '탄화수소 안개'로 알려져 있다. 당시의 생명체들은 부족한 산소 대신 메탄을 생존에 이용했을 것으로 추정된다. 또 당시 지구에는 오존층이 없어서 자외선을 직접적으로 흡수했기 때문에 표면 온도가 매우 높았다.
>
> 주황색 대기, 즉 '탄화수소 안개'는 이처럼 자외선 가림막 역할도 맡았다. 이 같은 가설로 미루어봤을 때 '탄화수소 안개'는 초기 지구 생명체 발견의 징후일 뿐만 아니라 훗날 복잡한 박테리아와 초기 동식물의 진화를 도운 중요한 역할을 하는 존재이다. 이후 지구 대기의 구성성분이 점차 변화 하면서 주황빛의 안개가 걷히고 '푸른별'이 된 것으로 추측된다.

보기

A사원 : 탄화수소 안개가 없었다면 지구에서 초기 박테리아나 고대 동식물들이 진화하기가 힘들었겠어요.

B대리 : 맞아요. 또 _____

C주임 : 그럼 고대 생명체들이 어떻게 메탄으로 호흡했는지 알아낸다면 외계 생명체 연구에 많은 도움이 되겠네요.

① 탄화수소 안개는 태양으로부터 직접적으로 발생되는 자외선을 막아주었고요.

② 탄화수소의 메탄은 산소가 부족한 지구에서 '제2의 산소' 역할을 해주기도 했고요.

③ 푸른색에서 주황색으로 지구의 색깔이 바뀌게 된 직접적인 원인이에요.

④ 메탄의 독성 성분이 고대 박테리아에 악영향을 미쳤을 것 같아요.

20 다음 빈칸에 들어갈 문장을 〈보기〉에서 골라 순서대로 바르게 나열한 것은?

어떤 한 규범은 그와 다른 규범보다 강하거나 약할 수 있다. 예를 들어, '재산을 빼앗지 말라.'는 규범은 '부동산을 빼앗지 말라.'는 규범보다 강하다. 다른 이의 재산을 빼앗지 않는 사람이라면 누구든지 부동산 또한 빼앗지 않을 것이지만, 그 역은 성립하지 않기 때문이다. 한편, '재산을 빼앗지 말라.'는 규범은 '해를 끼치지 말라.'는 규범보다 약하다. 다른 이에게 해를 끼치지 않는 사람이라면 누구든지 재산을 빼앗지 않을 것이지만, 그 역은 성립하지 않기 때문이다. 그렇다고 해서 모든 규범이 위의 두 예처럼 어떤 다른 규범보다 강하다거나 약하다고 말할 수 있는 것은 아니다. 예를 들어, '재산을 빼앗지 말라.'는 규범은 '운동 전에는 몸풀기를 충분히 하라.'는 일종의 규범에 비해 약하지도 강하지도 않다. 다른 이의 재산에 관한 규범을 준수하는 사람이라도 운동에 앞서 몸풀기를 게을리 할 수 있으며, 또 동시에 운동에 앞서 충분히 몸풀기하는 사람이라도 다른 이의 재산에 관한 규범을 어길 수 있기 때문이다.

규범 간의 이와 같은 강·약 비교는 일종의 규범인 교통법규에도 적용될 수 있다. 예를 들어, '도로에서는 시속 110km 이하로 운전하라.'는 _____보다 약하다. '도로의 교량 구간에서는 시속 80km 이하로 운전하라.'는 '도로에서는 시속 110km 이하로 운전하라.'보다는 약하다고 할 수 없지만, _____보다는 약하다. 한편, '도로의 교량 구간에서는 100m 이상의 차간 거리를 유지한 채 시속 80km 이하로 운전하라.'는 '도로의 교량 구간에서는 시속 80km 이하로 운전하라.'보다는 강하지만 _____보다는 강하다고 할 수 없다.

보기

㉠ '도로의 교량 구간에서는 시속 70km 이하로 운전하라.'
㉡ '도로에서는 시속 80km 이하로 운전하라.'
㉢ '도로의 교량 구간에서는 90m 이상의 차간 거리를 유지한 채 시속 90km 이하로 운전하라.'

① ㉠ - ㉡ - ㉢   ② ㉠ - ㉢ - ㉡
③ ㉡ - ㉠ - ㉢   ④ ㉡ - ㉢ - ㉠

우리가 해야 할 일은 끊임없이 호기심을 갖고
새로운 생각을 시험해보고 새로운 인상을 받는 것이다.

– 월터 페이터 –

CHAPTER 02
수리능력

합격 CHEAT KEY

수리능력은 사칙연산·통계·확률의 의미를 정확하게 이해하고 이를 업무에 적용하는 능력으로, 기초연산과 기초통계, 도표분석 및 작성의 문제 유형으로 출제된다. 수리능력 역시 채택하지 않는 공사·공단이 거의 없을 만큼 필기시험에서 중요도가 높은 영역이다.

수리능력은 NCS 기반 채용을 진행한 거의 모든 기업에서 다루었으며, 문항 수는 전체의 평균 16% 정도로 많이 출제되었다. 특히, 난이도가 높은 공사·공단의 시험에서는 도표분석, 즉 자료해석 유형의 문제가 많이 출제되고 있고, 응용수리 역시 꾸준히 출제하는 공사·공단이 많기 때문에 기초연산과 기초통계에 대한 공식의 암기와 자료해석능력을 기를 수 있는 꾸준한 연습이 필요하다.

01 응용수리능력의 공식은 반드시 암기하라!

응용수리능력은 지문이 짧지만, 풀이 과정은 긴 문제도 자주 볼 수 있다. 그렇기 때문에 응용수리능력의 공식을 반드시 암기하여 문제의 상황에 맞는 공식을 적절하게 적용하여 답을 도출해야한다. 따라서 문제에서 묻는 것을 정확하게 파악하여 그에 맞는 공식을 적절하게 적용하는 꾸준한 노력과 공식을 암기하는 연습이 필요하다.

02 통계에서의 사건이 동시에 발생하는지 개별적으로 발생하는지 구분하라!

통계에서는 사건이 개별적으로 발생했을 때, 경우의 수는 합의 법칙, 확률은 덧셈정리를 활용하여 계산하며, 사건이 동시에 발생했을 때, 경우의 수는 곱의 법칙, 확률은 곱셈정리를 활용하여 계산한다. 특히, 기초통계능력에서 출제되는 문제 중 순열과 조합의 계산 방법이 필요한 문제도 다수이므로 순열(순서대로 나열)과 조합(순서에 상관없이 나열)의 차이점을 숙지하는 것 또한 중요하다. 통계 문제에서의 사건 발생 여부만 잘 판단하여도 계산과 공식을 적용하기가 수월하므로 문제의 의도를 잘 파악하는 것이 중요하다.

03 자료의 해석은 자료에서 즉시 확인할 수 있는 지문부터 확인하라!

대부분의 취업준비생들이 어려워 하는 영역이 수리영역 중 도표분석, 즉 자료해석능력이다. 자료는 표 또는 그래프로 제시되고, 쉬운 지문은 증가 혹은 감소 추이, 간단한 사칙연산으로 풀이가 가능한 문제 등이 있고, 자료의 조사기간 동안 전년 대비 증가율 혹은 감소율이 가장 높은 기간을 찾는 문제들도 있다. 따라서 일단 증가·감소 추이와 같이 눈으로 확인이 가능한 지문을 먼저 확인한 후 복잡한 계산이 필요한 지문을 확인하는 방법으로 문제를 풀이한다면, 시간을 조금이라도 아낄 수 있다. 특히, 그래프와 같은 경우에는 그래프에 대한 특징을 알고 있다면, 그래프의 길이 혹은 높낮이 등으로 대강의 수치를 빠르게 확인이 가능하므로 이에 대한 숙지도 필요하다. 또한, 여러 가지 보기가 주어진 문제 역시 지문을 잘 확인하고 문제를 풀이한다면 불필요한 계산을 생략할 수 있으므로 항상 지문부터 확인하는 습관을 들여야 한다.

04 도표작성능력에서 지문에 작성된 도표의 제목을 반드시 확인하라!

도표작성은 하나의 자료 혹은 보고서와 같은 수치가 표현된 자료를 도표로 작성하는 형식으로 출제되는데, 대체로 표보다는 그래프를 작성하는 형태로 많이 출제된다. 지문을 살펴보면 각 지문에서 주어진 도표에도 소제목이 있는 경우가 대부분이다. 이때, 자료의 수치와 도표의 제목이 일치하지 않는 경우 함정이 존재하는 문제일 가능성이 높으므로 도표의 제목을 반드시 확인하는 것이 중요하다. 도표작성의 경우 대부분 비율 계산이 많이 출제되는데, 도표의 제목과는 다른 수치로 작성된 도표가 존재하는 경우가 있다. 그렇기 때문에 지문에서 작성된 도표의 소제목을 먼저 확인하는 연습을 하여 간단하지 않은 비율 계산을 두 번 하는 일이 없도록 해야 한다.

01 | 기초연산 ①

S출판사는 어떤 창고에 도서를 보관하기로 하였다. 창고 A에 보관 작업 시 작업자 3명이 5시간 동안 10,300권의 책을 보관ⓐ할 수 있다. 창고 B에는 작업자 5명을 투입ⓑ시킨다면 몇 시간 후에 일을 끝마치게 되며, 몇 권까지 보관이 되겠는가?(단, 〈보기〉에 주어진 조건을 고려한다)

풀이순서

1) 질문의도
   보관 도서 수 및 작업 시간

2) 조건확인
   ⓐ ~ ⓕ

〈창고 A〉

사이즈 : 가로 10m×세로 5m×높이 3mⓒ → $150m^3$: 10,300권

↓ 2배

〈창고 B〉

사이즈 : 가로 15m×세로 10m×높이 2mⓓ → $300m^3$: 20,600권

보기

1. 도서가 창고공간을 모두 차지한다고 가정ⓔ한다.
2. 작업자의 작업능력은 동일ⓕ하다.

보관 도서 수	시간
① 약 10,300권	약 5시간
② 약 10,300권	약 6시간
③ 약 20,600권	약 5시간
✓④ 약 20,600권	약 6시간
⑤ 약 25,100권	약 5시간

ⓐ 1시간 당 1명이 작업한 도서 수
   $10,300 \div 5 \div 3 = 686.67$권
ⓑ 1시간 당 보관 도서 수
   $686.67 \times 5 = 3,433.35$권
   ∴ $20,600 \div 3,433.35 = 6$시간

3) 계산

4) 정답도출

유형 분석
- 문제에서 제공하는 정보를 파악한 뒤 사칙연산을 활용하여 계산하는 응용수리 문제이다.
- 제시된 문제 안에 풀이를 위한 정보가 산재되어 있는 경우가 많으므로 문제 속 조건이나 보기 등을 꼼꼼히 읽어야 한다.
  응용문제 : 최소공배수 등 수학 이론을 활용하여 계산하는 문제도 자주 출제된다.

풀이 전략
문제에서 요구하는 답을 정확히 이해하고, 주어진 상황과 조건을 식으로 치환하여 신속하게 계산한다.

02 | 기초연산 ②

둘레의 길이가 10km@인 원형의 공원이 있다. 어느 지점에서 민수와 민희는 서로 반대 방향ⓑ으로 걷기 시작했다. 민수의 속력이 시속 3kmⓒ, 민희의 속력이 시속 2kmⓓ일 때, 둘은 몇 시간 후에 만나는가?

① 1시간
② 2시간
③ 2시간 30분
④ 2시간 50분
⑤ 3시간 20분

풀이순서

1) 질문의도
   만나는 데 걸린 시간

2) 조건확인
   @ ～ ⓓ

3) 계산

4) 정답도출

ⓒ 민수의 속력 : 3km/h
ⓓ 민희의 속력 : 2km/h
민수와 민희가 걸은 시간은 x시간으로 같다.

민수가 걸은 거리   민희가 걸은 거리
　　　 $3x$ 　　　　　　　 $2x$
|———————————————————|
　　　　　　 10km

$3x + 2x = 10 \rightarrow 5x = 10$
$\therefore \ x = 2$시간

유형 분석
- 문제에서 제공하는 정보를 파악한 뒤 방정식을 세워 계산하는 응용수리 문제이다.
- 거리, 속력, 시간의 상관관계를 이해하고 이를 바탕으로 원하는 값을 도출할 수 있는지를 확인하므로 기본적인 공식은 알고 있어야 한다.

응용문제 : 농도, 확률 등 방정식 및 수학 공식을 활용하여 계산하는 문제도 자주 출제된다.

풀이 전략
문제에서 요구하는 답을 미지수로 하여 방정식을 세우고, (거리)=(속력)×(시간) 공식을 통해 필요한 값을 계산한다.

03 | 통계분석

다음은 2019 ～ 2021년의 행정구역별 인구에 관한 자료이다. 전년 대비 2021년 의 대구 지역의 인구 증가율을 구하면?(단, 소수점 둘째 자리에서 반올림한다)

〈행정구역별 인구〉

(단위 : 천 명)

구분	2019년	2020년	2021년
전국	20,726	21,012	21,291
서울	4,194	4,190	4,189
부산	1,423	1,438	1,451
대구	971	982	994
(중략)			
경북	1,154	1,170	1,181
경남	1,344	1,367	1,386
제주	247	257	267

① 약 1.1%   ✔ 약 1.2%
③ 약 1.3%   ④ 약 1.4%
⑤ 약 1.5%

- 2020년 대구의 인구 수 : 982명
- 2021년 대구의 인구 수 : 994명
- 2021년 대구의 전년 대비 인구 수 증가율 : $\dfrac{994-982}{994} \times 100 ≒ 1.2\%$

풀이순서

1) 질문의도
   2021년 대구의 전년 대비 인구 증가율

2) 조건확인
   ⓐ 대구의 2020년 인구 수 : 982명
   ⓑ 대구의 2021년 인구 수 : 994명

3) 계산

4) 정답도출

유형 분석
- 표를 통해 제시된 자료를 해석하고 계산하는 자료계산 문제이다.
- 주어진 자료를 통해 증가율이나 감소율 등의 정보를 구할 수 있는지 확인하는 문제이다.

응용문제 : 주어진 자료에 대한 해석을 묻는 문제도 자주 출제된다.

풀이 전략
제시되는 자료의 양이 많지만 문제를 푸는 데 반드시 필요한 정보는 적은 경우가 많으므로 질문을 빠르게 이해하고, 필요한 정보를 먼저 체크하면 풀이 시간을 줄일 수 있다.

04 | 도표분석

다음은 2009 ~ 2021년 축산물 수입 추이를 나타낸 그래프이다. 이에 대한 설명으로 옳지 않은 것은?

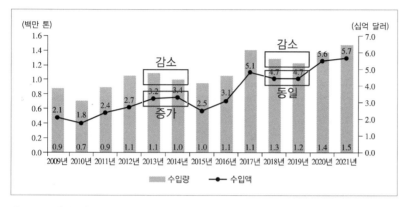

① 2021년 축산물 수입량은 2011년 대비 약 67% 증가하였다.
② 처음으로 2009년 축산물 수입액의 두 배 이상 수입한 해는 2017년이다.
③ 전년 대비 축산물 수입액의 증가율이 가장 높았던 해는 2017년이다.
✔ 축산물 수입량과 수입액의 변화 추세는 동일하다.
⑤ 2011년부터 2014년까지 축산물 수입액은 전년 대비 증가했다.

풀이순서

1) 질문의도
   도표분석

3) 도표분석
   축산물 수입량 / 수입
   액 추이

2) 선택지 키워드 찾기

4) 정답도출

유형 분석	• 제시된 도표를 분석하여 각 선택지의 정답 유무를 판단하는 자료해석 문제이다.
	• 막대 그래프, 꺾은선 그래프 등 다양한 형태의 그래프가 제시되며, 증감률·비율·추세 등을 확인하는 문제이다.
	• 경영·경제·산업 등 최신 이슈를 많이 다룬다.
	응용문제 : 표의 형식으로 자료를 제시하고 그래프로 변환하는 등의 문제도 자주 출제된다.
풀이 전략	각 선택지의 진위 여부를 파악하는 문제이므로 선택지 별로 필요한 정보가 무엇인지 빠르게 파악하고, 필요한 부분을 체크하여 혼동하지 않도록 한다.

02 | 기출예상문제

01 S씨는 뒷산에 등산을 갔다. 오르막길 A는 1.5km/h로 이동하였고, 내리막길 B는 4km/h로 이동하였다. A로 올라가 정상에서 쉬고, B로 내려오는 데 총 6시간 30분이 걸렸고, 정상에서 30분 동안 휴식을 하였다. 오르막길과 내리막길이 총 14km일 때, A의 거리는?

① 2km   ② 4km

③ 6km   ④ 8km

02 미주는 집에서 백화점에 가기 위해 시속 8km의 속력으로 집에서 출발했다. 미주가 집에서 출발한 지 12분 후에 지갑을 두고 간 것을 발견한 동생이 시속 20km의 속력으로 미주를 만나러 출발했다. 미주와 동생은 몇 분 후에 만나게 되는가?(단, 미주와 동생은 쉬지 않고 일정한 속력으로 움직인다)

① 11분   ② 14분

③ 17분   ④ 20분

03 A, B, C가 함께 작업하였을 때에는 6일이 걸리는 일이 있다. 이 일을 A와 B가 같이 작업하였을 때에는 12일이 걸리고, B와 C가 같이 작업하였을 때에는 10일이 걸린다. B가 혼자 일을 다 했을 때에는 며칠이 걸리겠는가?(단, A, B, C 모두 혼자 일했을 때의 능률과 함께 일했을 때의 능률은 같다)

① 62일   ② 60일

③ 58일   ④ 56일

04 다음 중 통계의 기능으로 옳지 않은 것은?

① 많은 수량적 자료를 처리가능한 형태로 축소시킨다.
② 표본을 통해 연구대상 집단의 특성을 유추한다.
③ 의사결정의 주요 수단이 된다.
④ 관찰가능한 자료를 통해 논리적으로 결론을 추출·검증한다.

PART 1

05 유진이네 반 학생 50명이 4문제로 된 수학시험을 보았다. 1, 2번 문제를 각 3점, 3, 4번 문제를 각 2점으로 채점하니 평균이 7.2점이었고, 2번 문제를 2점, 3번 문제를 3점으로 배점을 바꾸어서 채점하니 평균이 6.8점이었다. 또한 각 문제의 배점을 문제 번호와 같게 하여 채점하니 평균이 6점이었다. 1번 문제를 맞힌 학생은 48명일 때, 2번, 3번, 4번 문제를 맞힌 학생 수의 총합으로 옳은 것은?

① 82   ② 84
③ 86   ④ 88

06 양궁 대회에 참여한 진수, 민영, 지율, 보라 네 명의 최고점이 모두 달랐다. 진수의 최고점과 민영이 최고점의 2배를 합한 점수가 10점이었고, 지율이의 최고점과 보라 최고점의 2배를 합한 점수 35점이었다. 진수의 2배, 민영이의 4배와 지율이의 5배를 한 총점이 85점이었다면 보라의 최고점은 몇 점인가?

① 11점   ② 10점
③ 9점   ④ 8점

LX는 조직 개편을 하려고 한다. 5명을 한 팀으로 개편하면 2명이 팀에 편성되지 않고, 6명을 한 팀으로 개편하면 팀에 편성되지 않는 사람은 없지만, 5명을 한 팀으로 개편했을 때보다 2팀이 줄어든다. 5명을 한 팀으로 조직을 개편했을 때, 만들어지는 팀은 총 몇 팀인가?

① 12팀

② 13팀

③ 14팀

④ 15팀

08 다음은 J시, K시의 연도별 예산현황을 나타낸 자료이다. 이에 대한 설명으로 옳지 않은 것은?

〈J시, K시의 연도별 예산현황〉

(단위 : 백만 원)

구분	J시			K시		
	합계	일반회계	특별회계	합계	일반회계	특별회계
2018년	1,951,003	1,523,038	427,965	1,249,666	984,446	265,220
2019년	2,174,723	1,688,922	485,801	1,375,349	1,094,510	280,839
2020년	2,259,412	1,772,835	486,577	1,398,565	1,134,229	264,336
2021년	2,355,574	1,874,484	481,090	1,410,393	1,085,386	325,007
2022년	2,486,125	2,187,790	298,335	1,510,951	1,222,957	287,994

① J시의 전체 예산액이 증가한 시기에는 K시의 전체 예산액도 증가했다.

② J시의 일반회계 예산액은 항상 K시의 일반회계 예산액보다 1.5배 이상 더 많다.

③ 2020년 K시의 특별회계 예산액은 J시의 특별회계 예산액의 절반 이상이다.

④ 2021년 K시 전체 예산액에서 특별회계 예산액의 비중은 25% 이상이다.

09 다음은 민간부문의 공사완료 후 미분양된 면적별 주택 현황이다. 자료에 대한 〈보기〉의 설명으로 옳은 것을 모두 고르면?

〈공사완료 후 미분양된 면적별 민간부문 주택 현황〉

(단위 : 가구)

구분	면적별 주택유형			계
	$60m^2$ 미만	$60 \sim 85m^2$	$85m^2$ 초과	
전국	3,453	11,316	1,869	16,638
서울	–	16	4	20
부산	83	179	133	395
대구	–	112	1	113
인천	5	164	340	509
광주	16	27	–	43
대전	148	125	–	273
울산	38	56	14	108
세종	–	–	–	–
경기	232	604	1,129	1,965
기타	2,931	10,033	248	13,212

보기

ㄱ. 면적이 넓은 유형의 주택일수록 공사완료 후 미분양된 민간부문 주택이 많은 지역은 두 곳 뿐이다.

ㄴ. 부산의 공사완료 후 미분양된 민간부문 주택 중 면적이 $60 \sim 85m^2$에 해당하는 주택이 차지하는 비중은 면적이 $85m^2$를 초과하는 주택이 차지하는 비중보다 10%p 이상 높다.

ㄷ. 면적이 $60m^2$ 미만인 공사완료 후 미분양된 민간부문 주택 수 대비 면적이 $60 \sim 85m^2$에 해당하는 공사완료 후 미분양된 민간부문 주택 수의 비율은 광주가 울산보다 높다.

① ㄱ, ㄴ
② ㄱ, ㄷ
③ ㄴ, ㄷ
④ ㄱ, ㄴ, ㄷ

10 다음은 2017 ~ 2022년 소유자별 국토면적을 나타낸 자료이다. 이에 대한 설명으로 옳지 않은 것은?

<소유자별 국토면적>

(단위 : km²)

구분	2017년	2018년	2019년	2020년	2021년	2022년
민유지	56,457	55,789	54,991	54,217	53,767	53,357
국유지	23,033	23,275	23,460	23,705	23,891	24,087
도유지	2,451	2,479	2,534	2,580	2,618	2,631
군유지	4,741	4,788	4,799	4,838	4,917	4,971
법인	5,207	5,464	5,734	5,926	6,105	6,287
비법인	7,377	7,495	7,828	8,197	8,251	8,283
기타	380	389	374	365	348	417
전체	99,646	99,679	99,720	99,828	99,897	100,033

① 국유지 면적은 매년 증가하였고, 민유지 면적은 매년 감소하였다.
② 전년 대비 2018 ~ 2022년 군유지 면적의 증가량은 2021년에 가장 많다.
③ 2017년과 2022년을 비교했을 때, 법인보다 국유지 면적의 차이가 크다.
④ 전체 국토면적은 매년 조금씩 증가하고 있다.

11 올해 LX에 입사한 신입직원의 수는 작년에 입사한 사원 대비 남사원은 8% 증가, 여사원은 10% 감소했다. 작년에 입사한 총 사원의 수는 820명이고, 올해 입사자 수는 작년에 비해 10명이 감소하였다고 할 때, 작년에 입사한 남사원은 몇 명인가?

① 400명 ② 410명
③ 420명 ④ 430명

12 다음은 지역별 우정직 공무원 인원 현황을 나타낸 자료이다. 이에 대한 설명으로 옳은 것은?(단, 합계는 모든 지역의 총인원이며, 비율은 소수점 둘째 자리에서 반올림한다)

〈지역별 우정직 공무원 인원 현황 Ⅰ〉

(단위 : 명)

구분	합계	서울특별시	부산광역시	대구광역시	인천광역시	광주광역시	대전광역시	울산광역시
우정 3급	27	2	-	-	1	1	2	-
우정 4급	107	15	3	7	2	10	2	-
우정 5급	759	102	54	32	26	43	25	11
우정 6급	2,257	275	153	120	52	134	86	29
우정 7급	7,571	1,282	A	B	301	279	243	112
우정 8급	5,384	958	370	244	294	169	174	102
우정 9급	3,293	514	193	166	224	101	95	70
합계	19,398	3,148	1,287	989	900	737	627	324

〈지역별 우정직 공무원 인원 현황 Ⅱ〉

(단위 : 명)

구분	세종특별자치시	경기도	강원도	충청북도	충청남도	전라북도	전라남도	경상북도	경상남도
우정 3급	-	3	3	-	3	5	-	5	2
우정 4급	1	11	9	2	7	4	8	10	16
우정 5급	-	110	45	21	44	57	53	74	62
우정 6급	12	324	167	74	105	180	198	182	166
우정 7급	40	1,600	386	261	292	465	382	486	508
우정 8급	25	1,280	231	198	234	189	243	303	370
우정 9급	20	815	149	115	164	109	120	215	223
합계	98	4,143	( )	671	849	( )	1,004	1,275	1,347

※ 지역별 우정직 공무원 인원 현황 Ⅰ, Ⅱ는 연결된 자료이다.

① A, B에 들어갈 인원수의 합은 1,034명이다.
② 우정 4급 전체 인원에서 전체 광역시 우정직 공무원 인원의 비율은 32% 이상이다.
③ 강원도의 우정직 공무원 전체 인원수는 전라북도 우정직 공무원 전체 인원수보다 21명 적다.
④ 경기도의 우정직 공무원 전체 인원은 우정 8급 전체 인원의 70% 이상을 차지한다.

13 다음 자료는 A레스토랑의 신메뉴인 콥샐러드를 만들기 위해 필요한 재료의 단가와 B지점의 재료 주문 수량이다. B지점의 재료 구입비용의 총합은 얼마인가?

〈A레스토랑의 콥샐러드 재료 단가〉

재료명	단위	단위당 단가	구입처
올리브 통조림	1캔(3kg)	5,200원	A유통
메추리알	1봉지(1kg)	4,400원	B상사
방울토마토	1BOX(5kg)	21,800원	C농산
옥수수 통조림	1캔(3kg)	6,300원	A유통
베이비 채소	1BOX(500g)	8,000원	C농산

〈B지점의 재료 주문 수량〉

재료명	올리브 통조림	메추리알	방울토마토	옥수수 통조림	베이비 채소
주문 수량	15kg	7kg	25kg	18kg	4kg

① 267,600원 ② 268,600원
③ 269,600원 ④ 270,600원

14 다음은 공공도서관 현황에 대한 자료이다. 이에 대한 내용으로 옳지 않은 것은?

〈공공도서관 현황〉

구분	공공도서관 수 (개관)	1개관당 인구수 (명)	1인당 장서 수 (권)	장서 수 (천 권)	방문자 수 (천 명)
2019년	644	76,926	1.16	58,365	204,919
2020년	703	70,801	1.31	65,366	235,140
2021년	759	66,556	1.10	70,539	258,315
2022년	786	64,547	1.49	75,575	270,480

① 공공도서관 수는 점점 증가하고 있는 추세이다.
② 2022년 1인당 장서 수는 전년 대비 0.39권 증가하였다.
③ 2022년 1개관당 인구수는 2019년 대비 12,379명 증가했다.
④ 2021년 방문자 수는 전년 대비 9% 이상 증가했다.

※ 다음은 LX 직원 1,200명을 대상으로 출·퇴근 수단 이용률 및 출근 시 통근시간을 조사한 자료이다. 이어지는 질문에 답하시오. **[15~16]**

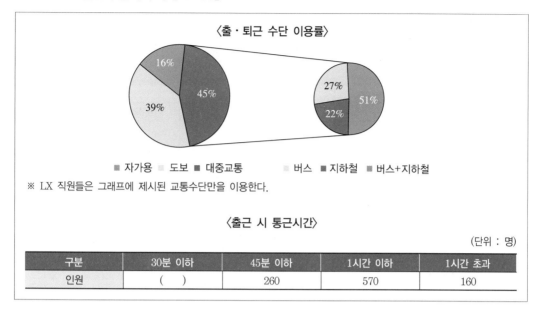

〈출·퇴근 수단 이용률〉

■ 자가용 ■ 도보 ■ 대중교통   ■ 버스 ■ 지하철 ■ 버스+지하철

※ LX 직원들은 그래프에 제시된 교통수단만을 이용한다.

〈출근 시 통근시간〉

(단위 : 명)

구분	30분 이하	45분 이하	1시간 이하	1시간 초과
인원	( )	260	570	160

15 다음 중 자료에 대한 설명으로 옳지 않은 것은?

① 통근시간이 30분 이하인 직원은 전체의 17.5%이다.

② 대중교통을 이용하는 인원 모두 통근시간이 45분을 초과하고, 그중 25%의 통근시간이 60분 초과일 때, 이 인원은 60분 초과 전체 인원의 80% 이상을 차지한다.

③ 버스와 지하철 모두 이용하는 직원 수는 도보를 이용하는 직원 수보다 174명 적다.

④ 통근시간이 45분 이하인 직원은 1시간 초과인 직원의 3.5배 미만이다.

16 도보 또는 버스만 이용하는 직원 중 25%는 통근시간으로 30분 초과 45분 이하가 소요된다. 통근시간이 30분 초과 45분 이하인 인원에서 도보 또는 버스만 이용하는 직원 외에는 모두 자가용을 이용한다고 할 때, 이 인원이 자가용으로 출근하는 전체 인원에서 차지하는 비중은 얼마인가?(단, 비율은 소수점 첫째 자리에서 반올림한다)

① 56%   ② 67%

③ 74%   ④ 80%

17 다음은 LX와 N연구소에서 조사한 북한의 주요 지하자원 가치를 비교한 것이다. 다음 중 자료에 대한 설명으로 옳지 않은 것은?

<그림의 주요 지하자원 가치>

<북한의 주요 지하자원 가치>

구분	광종	LX		N연구소	
		매장량	가치(억 달러)	매장량	가치(억 달러)
금속	금(톤)	2,000	780	698	272
	은(톤)	5,000	28	6,356	35
	철(억 톤)	50	2,920	25	1,440
	동(천 톤)	2,900	141	4,235	206
	아연(천 톤)	21,100	442	27,425	574
	납(천 톤)	10,600	198	9,988	187
	망간(천 톤)	300	5	2,989	46
	텅스텐(천 톤)	246	26	146	15
	몰리브덴(천 톤)	54	7	19	5
	니켈(천 톤)	36	4	148	14
비금속	마크네사이트(억 톤)	60	26,600	70	31,000
연료	무연탄(억 톤)	45	4,090	41	3,730
합계(억 달러)		35,241		37,524	

① 은의 경우 LX가 N연구소보다 더 높게 가치를 두고 있음을 알 수 있다.
② N연구소의 조사를 기준으로 무연탄 10억 톤의 가치는 약 908.9억 달러이다.
③ LX가 조사한 금속 중에서 N연구소보다 매장량이 더 많다고 판단한 금속은 5가지이다.
④ LX의 조사를 기준으로 아연 50만 톤의 가치는 약 10.5억 달러이다.

18 미국산 자동차의 평균 연비가 휘발유 1갤런당 20마일이고 한국산 자동차의 평균 연비가 이보다 20% 높다고 할 때, 한국산 자동차의 평균 연비는?(단, 1마일은 1.6km이고, 1갤런은 4L이다)

① 9.6km/L
② 10km/L
③ 10.5km/L
④ 15km/L

※ 다음은 2018 ~ 2022년 우리나라의 예산분야별 재정지출 추이를 나타낸 자료이다. 이어지는 질문에 답하시오. [19~20]

〈우리나라의 예산분야별 재정지출 추이〉

(단위 : 조 원, %)

구분	2018년	2019년	2020년	2021년	2022년	연평균 증가율
예산	137.3	147.5	153.7	165.5	182.8	7.4
기금	59.0	61.2	70.4	72.9	74.5	6.0
교육	24.5	27.6	28.8	31.4	35.7	9.9
사회복지·보건	32.4	49.6	56.0	61.4	67.5	20.1
R&D	7.1	7.8	8.9	9.8	10.9	11.3
SOC	27.1	18.3	18.4	18.4	18.9	−8.6
농림·해양·수산	12.3	14.1	15.5	15.9	16.5	7.6
산업·중소기업	11.4	11.9	12.4	12.6	12.6	2.5
환경	3.5	3.6	3.8	4.0	4.4	5.9
국방비	18.1	21.1	22.5	24.5	26.7	10.2
통일·외교	1.4	2.0	2.6	2.4	2.6	16.7
문화·관광	2.3	2.6	2.8	2.9	3.1	7.7
공공질서·안전	7.6	9.4	11.0	10.9	11.6	11.2
균형발전	5.0	5.5	6.3	7.2	8.1	12.8
기타	43.5	35.2	35.1	37.0	38.7	−2.9
총 지출	196.3	208.7	224.1	238.4	257.3	7.0

※ (총 지출)=(예산)+(기금)

19 다음 중 자료에 대한 설명으로 옳은 것은?(단, 비율은 소수점 첫째 자리에서 반올림한다)

① 교육 분야의 전년 대비 재정지출 증가율이 가장 높은 해는 2019년이다.

② 전년 대비 재정지출액이 증가하지 않은 해가 있는 분야는 5개이다.

③ 기금을 제외하면, 사회복지·보건 분야가 예산에서 차지하고 있는 비율은 언제나 가장 높다.

④ 기금의 연평균 증가율보다 낮은 연평균 증가율을 보이는 분야는 3개이다.

20 다음 중 2020년 대비 2021년 사회복지·보건 분야의 재정지출 증감률과 공공질서·안전 분야의 재정지출 증감률의 차이는 얼마인가?(단, 소수점 둘째 자리에서 반올림한다)

① 9.4%p

② 10.5%p

③ 11.2%p

④ 12.6%p

CHAPTER 03
문제해결능력

합격 CHEAT KEY

문제해결능력은 업무를 수행하면서 여러 가지 문제 상황이 발생하였을 때, 창의적이고 논리적인 사고를 통하여 이를 올바르게 인식하고 적절히 해결하는 능력을 말한다. 하위능력으로는 사고력과 문제처리능력이 있다.

문제해결능력은 NCS 기반 채용을 진행하는 대다수의 공사·공단에서 채택하고 있으며, 문항 수는 평균 24% 정도로 상당히 많이 출제되고 있다. 하지만 많은 수험생들은 더 많이 출제되는 다른 영역에 몰입하고 문제해결능력은 집중하지 않는 실수를 하고 있다. 다른 영역보다 더 많은 노력이 필요할 수는 있지만 그렇기에 차별화를 할 수 있는 득점 영역이므로 포기하지 말고 꾸준하게 노력해야 한다.

01 질문의 의도를 정확하게 파악하라!

문제해결능력은 문제에서 무엇을 묻고 있는지 정확하게 파악하여 먼저 풀이 방향을 설정하는 것이 가장 효율적인 방법이다. 특히, 조건이 주어지고 답을 찾는 창의적·분석적인 문제가 주로 출제되고 있기 때문에 처음에 정확한 풀이 방향이 설정되지 않는다면 시간만 허비하고 결국 문제도 풀지 못하게 되므로 첫 번째로 출제의도 파악에 집중해야 한다.

02 중요한 정보는 반드시 표시하라!

위에서 말한 출제의도를 정확히 파악하기 위해서는 문제의 중요한 정보는 반드시 표시나 메모를 하여 하나의 조건, 단서도 잊고 넘어가는 일이 없도록 해야 한다. 실제 시험에서는 시간의 압박과 긴장감으로 정보를 잘못 적용하거나 잊어버리는 실수가 많이 발생하므로 사전에 충분한 연습이 필요하다.
가령 명제 문제의 경우 주어진 명제와 그 명제의 대우를 본인이 한눈에 파악할 수 있도록 기호화, 도식화하여 메모하면 흐름을 이해하기가 더 수월하다. 이를 통해 자신만의 풀이 순서와 방향, 기준 또한 생길 것이다.

03 **반복 풀이를 통해 취약 유형을 파악하라!**

길지 않은 한정된 시간 동안 모든 문제를 다 푸는 것은 조금은 어려울 수도 있다. 따라서 고득점을 할 수 있는 효율적인 문제 풀이 방법을 찾아야 한다. 이때, 반복적인 문제 풀이를 통해 자신이 취약한 유형을 파악하는 것이 중요하다. 취약 유형 파악은 종료 시간이 임박했을 때 빛을 발할 것이다. 풀 수 있는 문제부터 빠르게 풀고 취약한 유형은 나중에 푸는 효율적인 문제 풀이를 통해 최대한의 고득점을 하는 것이 중요하다. 그러므로 본인의 취약 유형을 파악하기 위해서는 많은 문제를 풀어 봐야 한다.

04 **타고나는 것이 아니므로 열심히 노력하라!**

대부분의 수험생들이 문제해결능력은 공부해도 실력이 늘지 않는 영역이라고 생각한다. 하지만 그렇지 않다. 문제해결능력이야말로 노력을 통해 충분히 고득점이 가능한 영역이다. 정확한 질문 의도 파악, 취약한 유형의 반복적인 풀이, 빈출유형 파악 등의 방법으로 충분히 실력을 향상시킬 수 있다. 자신감을 갖고 공부하기 바란다.

01 | 사고력 ① – 창의적 사고

다음 〈보기〉 중 창의적 사고에 대한 설명으로 적절하지 않은 것을 모두 고르면?

풀이순서

1) 질문의도
   창의적 사고 이해

2) 보기(㉠ ～ ㉤) 확인

3) 정답도출

보기

㉠ 창의적 사고는 아무것도 없는 무에서 유를 만들어 내는 것이다.
　　　└▶ 창의적 사고는 끊임없이 참신하고 새로운 아이디어를
　　　　　만들어 내는 것

㉡ 창의적 사고는 끊임없이 참신한 아이디어를 산출하는 힘이다.

㉢ 우리는 매일 끊임없이 창의적 사고를 계속하고 있다.

㉣ 필요한 물건을 싸게 사기 위해서 하는 많은 생각들은 창의적 사고에 해당하지 않는다. └▶ 창의적 사고는 일상생활의 작은 것부터 위대한 것까지
　　　　　　　　　　　　　　　포함되며, 우리는 매일 창의적 사고를 하고 있음

㉤ 창의적 사고를 대단하게 여기는 사람들의 편견과 달리 창의적 사고는 누구에게나 존재한다.

① ㉠, ㉢

② ㉠, ㉣

③ ㉡, ㉣

④ ㉢, ㉤

⑤ ㉣, ㉤

유형 분석	• 주어진 설명을 통해 이론이나 개념을 활용하여 풀어가는 문제이다. 응용 문제 : 주로 빠른 시간 안에 정답을 도출하는 문제가 출제된다.
풀이 전략	모듈이론에 대한 전반적인 학습을 미리 해 두어야 하며, 이를 토대로 주어진 문제에 적용하여 문제를 해결해 나가도록 한다.

02 | 사고력 ② - 명제

게임 동호회 회장인 귀하는 주말에 진행되는 게임 행사에 동호회 회원인 A ~ E의 참여 가능 여부를 조사하려고 한다. 다음을 참고하여 E가 행사에 참여하지 않는다고 할 때, 행사에 참여 가능한 사람은 모두 몇 명인가?   ~e

풀이순서

1) 질문의도
  명제 추리

• A가 행사에 참여하지 않으면, B가 행사에 참여한다.   ~a → b의 대우
   ~a   b   : ~b → a

• A가 행사에 참여하면, C는 행사에 참여하지 않는다.
   a   ~c

• B가 행사에 참여하면, D는 행사에 참여하지 않는다.   b → ~d의 대우
   b   ~d   : d → ~b

• D가 행사에 참여하지 않으면, E가 행사에 참여한다.   ~d → e의 대우
   ~d   e   : ~e → d

---

2) 문장분석
  기호화

3) 정답도출
  ~e → d
  d → ~b
  ~b → a
  a → ~c
  ∴ 2명

① 0명   ② 1명

✓ 2명   ④ 3명

⑤ 4명

유형 분석   • 주어진 문장을 토대로 논리적으로 추론하여 참 또는 거짓을 구분하는 문제이다.
              • 대체로 연역추론을 활용한 명제 문제가 출제된다.

              응용문제 : 자료를 제시하고 새로운 결과나 자료에 주어지지 않은 내용을 추론해 가는 형식의 문제가 출제된다.

풀이 전략   명제와 관련한 기본적인 논법에 대해서는 미리 학습해 두며, 이를 바탕으로 각 문장에 있는 핵심단어 또는 문구를 기호화하여 정리한 후, 선택지와 비교하여 참 또는 거짓을 판단한다.

03 | 문제처리 ① - SWOT 분석

다음은 분식점에 대한 SWOT 분석 결과이다. 이에 대한 대응 방안으로 가장 적절한 것은?

풀이순서

1) 질문의도
   SWOT 분석

2) SWOT 분석

S(강점)	W(약점)
• 좋은 품질의 재료만 사용 • 청결하고 차별된 이미지	• 타 분식점에 비해 한정된 메뉴 • 배달서비스를 제공하지 않음
O(기회)	T(위협)
• 분식점 앞에 곧 학교가 들어설 예정 • 최근 TV프로그램 섭외 요청을 받음	• 프랜차이즈 분식점들로 포화 상태 • 저렴한 길거리 음식으로 취급하는 경향이 있음

① ST전략 : 비싼 재료들을 사용하여 가격을 올려 저렴한 길거리 음식이라는 인식을 바꾼다.
② WT전략 : 다른 분식점들과 차별화된 전략을 유지하기 위해 배달서비스를 시작한다.
✔ SO전략 : TV프로그램에 출연해 좋은 품질의 재료만 사용한다는 점을 부각시킨다.
           O   S

3) 정답도출

④ WO전략 : TV프로그램 출연용으로 다양한 메뉴를 일시적으로 개발한다.
⑤ WT전략 : 포화 상태의 시장에서 살아남기 위해 다른 가게보다 저렴한 가격으로 판매한다.

유형 분석	• 상황에 대한 환경 분석 결과를 통해 주요 과제를 도출하는 문제이다. • 주로 3C 분석 또는 SWOT 분석을 활용한 문제들이 출제되고 있으므로 해당 분석도구에 대한 사전 학습이 요구된다.
풀이 전략	문제에 제시된 분석도구를 확인한 후, 분석 결과를 종합적으로 판단하여 각 선택지의 전략 과제와 일치 여부를 판단한다.

04 | 문제처리 ② - 공정 관리

다음은 제품 생산에 소요되는 작업 시간을 정리한 자료이다. 〈조건〉이 다음과 같을 때, 이에 대한 설명으로 가장 적절한 것은?

풀이순서

1) 질문의도
   공정 관리 이해

3) 정답도출

〈제품 생산에 소요되는 작업 시간〉

(단위 : 시간)

작업 구분 제품	절삭 작업	용접 작업
a	2	1
b	1	2
c	3	3

조건

2) 조건확인

• a, b, c제품을 각 1개씩 생산한다.
• 주어진 기계는 절삭기 1대, 용접기 1대이다.
• 각 제품은 절삭 작업을 마친 후 용접 작업을 해야 한다.
• 총 작업 시간을 최소화하기 위해 제품의 제작 순서는 관계없다.

✔ 가장 적게 소요되는 총 작업 시간은 8시간이다.
┌── b → c → a의 순서
② 가장 많이 소요되는 총 작업 시간은 12시간이다.
    a → c → b의 순서 : 총 10시간
┌③ 총 작업 시간을 최소화하기 위해 제품 b를 가장 늦게 만든다.
└④ 총 작업 시간을 최소화하기 위해 제품 a를 가장 먼저 만든다.
⑤ b → c → a의 순서로 작업할 때, b 작업 후 1시간 동안 용접을 더 하면 작업
    시간이 늘어난다.
    b 작업 후 1시간의 유휴 시간이 있으므로 작업 시간 변함 없음

유형 분석	• 주어진 상황과 정보를 종합적으로 활용하여 풀어가는 문제이다. • 비용, 시간, 순서, 해석 등 다양한 주제를 다루고 있어 유형을 한 가지로 단일화하기 어렵다.
풀이 전략	문제에서 묻는 것을 정확히 파악한 후, 필요한 상황과 정보를 찾아 이를 활용하여 문제를 풀어간다.

03 | 기출예상문제

정답 및 해설 p.022

01 같은 회사에 근무 중인 L주임, O사원, C사원, J대리가 이번 달 직원 휴게실 청소 당번이 되었다. 서로 역할을 분담한 뒤 결정한 청소 당번 규칙이 다음 〈조건〉과 같을 때, 항상 참인 것은?

> **조건**
> - 담당자는 1명이며, 도와주는 것은 1명 이상이 될 수도 있다.
> - 커피를 타는 담당자는 커피 원두를 채우지 않는다.
> - 화분 관리를 담당하는 O사원은 주변 정돈을 담당하는 J대리를 도와준다.
> - 주변 정돈을 하고 있는 사람은 커피를 타지 않는다.
> - C사원은 주변 정돈을 도우면서 커피 원두를 채운다.

① O사원은 커피 원두를 채운다.
② J대리는 O사원의 화분 관리를 도와준다.
③ L주임이 바쁘면 커피를 타지 못한다.
④ C사원은 커피를 탄다.

02 G대리는 다음 분기에 참여할 연수프로그램을 결정하고자 한다. 〈조건〉에 따라 프로그램을 결정할 때, 항상 참인 것은?

> **조건**
> - 다음 분기 연수프로그램으로는 혁신역량강화, 조직문화, 전략적 결정, 일과 가정, 공사융합전략, 미래가치교육 6개가 있다.
> - G대리는 혁신역량강화에 참여하면, 조직문화에 참여하지 않는다.
> - G대리는 일과 가정에 참여하지 않으면, 미래가치교육에 참여한다.
> - G대리는 혁신역량강화와 미래가치교육 중 한 가지만 참여한다.
> - G대리는 조직문화, 전략적 결정, 공사융합전략 중 두 가지에 참여한다.
> - G대리는 조직문화에 참여한다.

① G대리가 참여할 프로그램 수는 최대 4개이다.
② G대리가 전략적 결정에 참여할 경우, 일과 가정에는 참여하지 않는다.
③ G대리는 혁신역량강화에 참여하고, 일과 가정에 참여하지 않는다.
④ G대리는 전략적 결정과 공사융합전략에 모두 참여한다.

03 L공사는 국제협력사업 10주년을 맞아 행사에 참여할 부서들을 선정 중이다. 다음 〈조건〉에 따라 참여부서를 선정하고자 할 때, 항상 참이 아닌 것은?

> **조건**
> - 기획지원부를 선정하면 통계개발부는 선정되지 않는다.
> - 해외기술부, 전략기획실, 인재개발부 중에 최소한 두 곳은 반드시 선정된다.
> - 비서실이 선정되면 전략기획실은 선정되지 않는다.
> - 인재개발부가 선정되면 통계개발부도 선정된다.
> - 대외협력부과 비서실 중 한 곳만 선정된다.
> - 비서실은 반드시 참여한다.

① 인재개발부는 선정된다.
② 해외기술부과 통계개발부는 행사에 참여한다.
③ 기획지원부는 선정되지 않는다.
④ 해외기술부와 전략기획실 모두 선정된다.

04 출근 후 매일 영양제를 챙겨 먹는 슬기는 요일에 따라 서로 다른 영양제를 섭취한다. 다음 〈조건〉에 따라 평일 오전에 비타민B, 비타민C, 비타민D, 비타민E, 밀크시슬 중 하나씩을 섭취한다고 할 때, 항상 참인 것은?

> **조건**
> - 밀크시슬은 월요일과 목요일 중에 섭취한다.
> - 비타민D는 비타민C를 먹은 날로부터 이틀 뒤에 섭취한다.
> - 비타민B는 비타민C와 비타민E보다 먼저 섭취한다.

① 월요일에는 비타민B를 섭취한다.
② 화요일에는 비타민E를 섭취한다.
③ 수요일에는 비타민C를 섭취한다.
④ 비타민E는 비타민C보다 먼저 섭취한다.

05 경찰관 또는 소방관이 직업인 A ~ D에 대한 다음 〈조건〉이 모두 참일 때, 항상 참인 것은?

> **조건**
>
> (가) A, B, C, D 중에는 같은 직장의 동료가 있다.
> (나) A가 소방관이면 B가 소방관이거나 C가 경찰관이다.
> (다) C가 경찰관이면 D는 소방관이다.
> (라) D는 A의 상관이다.

① A, B의 직업은 다르다.
② A, C의 직업은 다르다.
③ B, C의 직업은 같다.
④ C, D의 직업은 같다.

06 A ~ E는 부산에 가기 위해 서울역에서 저녁 7시에 출발하여 대전역과 울산역을 차례로 정차하는 부산행 KTX 열차를 타기로 했다. 이들 중 2명은 서울역에서 승차하였고, 다른 2명은 대전역에서, 나머지 1명은 울산역에서 각각 승차하였다. 〈보기〉의 대화를 바탕으로 항상 참인 것은?(단, 같은 역에서 승차한 경우 서로의 탑승 순서는 알 수 없다)

> **보기**
>
> A : 나는 B보다 먼저 탔지만, C보다 먼저 탔는지는 알 수 없어.
> B : 나는 C보다 늦게 탔어.
> C : 나는 가장 마지막에 타지 않았어.
> D : 나는 대전역에서 탔어.
> E : 나는 내가 몇 번째로 탔는지 알 수 있어.

① A는 대전역에서 승차하였다.
② B는 C와 같은 역에서 승차하였다.
③ C와 D는 같은 역에서 승차하였다.
④ E는 울산역에서 승차하였다.

07 L항공사는 현재 신입사원을 모집하고 있으며, 지원자격은 다음과 같다. 〈보기〉의 지원자 중 L항공사 지원자격에 부합하는 사람은 모두 몇 명인가?

〈L항공사 대졸공채 신입사원 지원자격〉

- 4년제 정규대학 모집대상 전공 중 학사학위 이상 소지한 자(졸업예정자 지원 불가)
- TOEIC 750점 이상인 자(국내 응시 시험에 한함)
- 병역필 또는 면제자로 학업성적이 우수하고, 해외여행에 결격사유가 없는 자
  ※ 공인회계사, 외국어 능통자, 통계 전문가, 전공 관련 자격 보유자 및 장교 출신 지원자 우대

모집분야		대상 전공
일반직	일반관리	• 상경, 법정 계열 • 통계/수학, 산업공학, 신문방송, 식품공학(식품 관련 학과) • 중국어, 러시아어, 영어, 일어, 불어, 독어, 서반아어, 포르투갈어, 아랍어
	운항관리	• 항공교통, 천문기상 등 기상 관련 학과 – 운항관리사, 항공교통관제사 등 관련 자격증 소지자 우대
전산직		• 컴퓨터공학, 전산학 등 IT 관련 학과
시설직		• 전기부문 : 전기공학 등 관련 전공 – 전기기사, 전기공사기사, 소방설비기사(전기) 관련 자격증 소지자 우대 • 기계부문 : 기계학과, 건축설비학과 등 관련 전공 – 소방설비기사(기계), 전산응용기계제도기사, 건축설비기사, 공조냉동기사, 건설기계기사, 일반기계기사 등 관련 자격증 소지자 우대 • 건축부문 : 건축공학 관련 전공(현장 경력자 우대)

보기

지원자	지원분야	학력	전공	병역사항	TOEIC 점수	참고사항
A	전산직	대졸	컴퓨터공학	병역필	820점	• 중국어, 일본어 능통자이다. • 해외 비자가 발급되지 않는 상태이다.
B	시설직 (건축부문)	대졸	식품공학	면제	930점	• 건축현장 경력이 있다. • 전기기사 자격증을 소지하고 있다.
C	일반직 (운항관리)	대재	항공교통학	병역필	810점	• 전기공사기사 자격증을 소지하고 있다. • 학업 성적이 우수하다.
D	시설직 (기계부문)	대졸	기계공학	병역필	745점	• 건축설비기사 자격증을 소지하고 있다. • 장교 출신 지원자이다.
E	일반직 (일반관리)	대졸	신문방송학	미필	830점	• 소방설비기사 자격증을 소지하고 있다. • 포르투갈어 능통자이다.

① 3명
③ 1명
② 2명
④ 0명

※ 한국국토정보공사에서는 직원들의 업무능력 개선을 위해 다음과 같이 연수 프로그램을 실시하고자 한다. 이어지는 질문에 답하시오. [8~9]

〈연수 프로그램〉

(단위 : 명, %)

프로그램명	정원	대상	비고
의사결정이론	2	차장 이상	−
연구협력사례	3	대리 혹은 사원	−
다각적 대응전략	1	제한 없음	−
전략적 관리법	2	과장 이하	−

08 혁신전략부에는 A부장, B차장, C차장, D과장, E대리, F대리, G사원, H사원이 있다. 혁신전략부가 이번 연수 프로그램에 참여한다고 할 때, 가능한 경우의 수는 모두 몇 가지인가?

① 4가지   ② 9가지

③ 12가지   ④ 16가지

09 대외협력부에는 A차장, B대리, C사원, D사원이 있고, 지적사업기획부에는 甲차장, 乙과장, 丙대리, 丁사원이 있다. 대외협력부와 지적사업기획부가 이번 연수 프로그램에 참여한다고 할 때, 다음 〈보기〉 중 옳은 것을 모두 고르면?

> **보기**
> ㄱ. 연구협력사례 프로그램에 참여할 수 있는 직원들의 경우의 수는 총 20가지이다.
> ㄴ. B와 丙이 연구협력사례 프로그램에 참여하면, 丁도 반드시 같은 프로그램에 참여한다.
> ㄷ. D가 다각적 대응전략 프로그램에 참여하면, 乙은 전략적 관리법 프로그램에 참여한다.
> ㄹ. 가능한 총 경우의 수는 30가지이다.

① ㄱ, ㄴ   ② ㄱ, ㄷ

③ ㄴ, ㄷ   ④ ㄷ, ㄹ

10 다음은 L기술원 소속 인턴들의 직업선호 유형 및 책임자의 관찰 사항에 대한 자료이다. 이를 참고할 때, 소비자들의 불만을 접수해서 처리하는 업무를 맡기기에 가장 적절한 인턴은 누구인가?

〈직업선호 유형 및 책임자의 관찰 사항〉

구분	유형	유관 직종	책임자의 관찰 사항
A인턴	RI	DB개발, 요리사, 철도기관사, 항공기 조종사, 직업군인, 운동선수, 자동차 정비원	부서 내 기기 사용에 문제가 생겼을 때 해결방법을 잘 찾아냄
B인턴	AS	배우, 메이크업 아티스트, 레크리에이션 강사, 광고기획자, 디자이너, 미술교사, 사회복지사	자기주장이 강하고 아이디어가 참신한 경우가 종종 있었음
C인턴	CR	회계사, 세무사, 공무원, 비서, 통역가, 영양사, 사서, 물류전문가	무뚝뚝하나 잘 흥분하지 않으며, 일 처리가 신속하고 정확함
D인턴	SE	사회사업가, 여행안내원, 교사, 한의사, 응급구조 요원, 스튜어디스, 헤드헌터, 국회의원	부서 내 사원들에게 인기 있으나 일 처리는 조금 늦은 편임

① A인턴　　　　　　　　　　　② B인턴
③ C인턴　　　　　　　　　　　④ D인턴

11 A ~ C상자에 금화 13개가 나뉘어 들어가 있는데, 금화는 A상자에 가장 적게 있고 C상자에 가장 많이 들어있다. 각 상자에는 금화가 하나 이상 있으며, 개수는 서로 다르다는 사실을 알고 있는 갑 ~ 병이 다음과 같은 순서로 각 상자를 열어본 후 말했다. 이들의 말이 모두 진실일 때, B상자에 들어있는 금화의 개수는?

갑이 A상자를 열어본 후 말했다.
"B와 C에 금화가 각각 몇 개 있는지 알 수 없어."
을은 갑의 말을 듣고 C상자를 열어본 후 말했다.
"A와 B에 금화가 각각 몇 개 있는지 알 수 없어."
병은 갑과 을의 말을 듣고 B상자를 열어본 후 말했다.
"A와 C에 금화가 각각 몇 개 있는지 알 수 없어."

① 3개　　　　　　　　　　　② 4개
③ 5개　　　　　　　　　　　④ 6개

※ 다음은 H씨가 올해 1 ~ 5월간 사용한 지출 내역이다. 이어지는 질문에 답하시오. **[12~13]**

<1 ~ 5월 지출 내역>

종류	내역
신용카드	2,500,000원
체크카드	3,500,000원
현금영수증	-

※ 연봉의 25%를 초과한 금액에 한해 신용카드 15% 및 현금영수증·체크카드 30% 공제
※ 공제는 초과한 금액에 대해 공제율이 높은 종류를 우선 적용

12 H씨의 연봉 예상 금액이 35,000,000원일 때, 연말정산에 대비하기 위한 전략 또는 위 표에 대한 설명으로 옳지 않은 것은?

① 신용카드와 체크카드 사용금액이 연봉의 25%를 넘어야 공제가 가능하다.

② 2,750,000원보다 더 사용해야 소득공제가 가능하다.

③ 만약 체크카드를 5,000,000원 더 사용한다면, 2,250,000원이 소득공제금액에 포함되고 공제액은 675,000원이다.

④ 신용카드 사용금액이 더 적기 때문에 체크카드보다 신용카드를 많이 사용하는 것이 공제에 유리하다.

13 H씨는 5월 이후로 신용카드를 4,000,000원 더 사용했고, 현금영수증 금액을 확인해 보니 5,000,000원이었다. 또한 연봉이 40,000,000원으로 상승하였다. 다음의 세율표를 적용하여 신용카드, 현금영수증 등 소득공제 금액에 대한 세금을 구하면 얼마인가?

과표	세율
연봉 1,200만 원 이하	6%
연봉 4,600만 원 이하	15%
연봉 8,800만 원 이하	24%
연봉 15,000만 원 이하	35%
연봉 15,000만 원 초과	38%

① 90,000원

② 225,000원

③ 247,500원

④ 450,000원

14 다음은 중국에 진출한 프렌차이즈 커피전문점에 대해 SWOT 분석을 한 것이다. (가) ~ (라)에 들어갈 전략을 순서대로 바르게 나열한 것은?

S(Strength)		W(Weakness)	
• 풍부한 원두커피의 맛 • 독특한 인테리어 • 브랜드 파워 • 높은 고객 충성도		• 낮은 중국 내 인지도 • 높은 시설비 • 비싼 임대료	
O(Opportunity)		T(Threat)	
• 중국 경제 급성장 • 서구문화에 대한 관심 • 외국인 집중 • 경쟁업체 진출 미비		• 중국의 차 문화 • 유명 상표 위조 • 커피 구매 인구의 감소	

(가)	(나)
• 브랜드가 가진 미국 고유문화 고수 • 독특하고 차별화된 인테리어 유지 • 공격적 점포 확장	• 외국인 많은 곳에 점포 개설 • 본사 직영으로 인테리어
(다)	(라)
• 고품질 커피로 상위 소수고객에 집중	• 녹차 향 커피 • 개발 상표 도용 감시

	(가)	(나)	(다)	(라)
①	SO전략	ST전략	WO전략	WT전략
②	WT전략	ST전략	WO전략	SO전략
③	SO전략	WO전략	ST전략	WT전략
④	ST전략	WO전략	SO전략	WT전략

※ 다음은 하수처리시설 평가 기준 및 결과에 대한 자료이다. 이어지는 질문에 답하시오. **[15~16]**

〈하수처리시설 평가 기준〉

구분	정상	주의	심각
생물화학적 산소요구량	5 미만	5 이상	15 이상
화학적 산소요구량	20 미만	20 이상	30 이상
부유물질	10 미만	10 이상	20 이상
질소 총량	20 미만	20 이상	40 이상
인 총량	0.2 미만	0.2 이상	1.0 이상

〈A ~ C처리시설의 평가 결과〉

구분	생물화학적 산소요구량	화학적 산소요구량	부유물질	질소 총량	인 총량
A처리시설	4	10	15	10	0.1
B처리시설	9	25	25	22	0.5
C처리시설	18	33	15	41	1.2

※ '정상' 지표 4개 이상 : 우수
※ '주의' 지표 2개 이상 또는 '심각' 지표 2개 이하 : 보통
※ '심각' 지표 3개 이상 : 개선필요

15 다음 중 평가 기준으로 보았을 때, 하수처리시설에 대한 평가로 옳은 것은?

① A처리시설 – 우수, B처리시설 – 보통
② A처리시설 – 보통, C처리시설 – 보통
③ B처리시설 – 개선필요, C처리시설 – 개선필요
④ B처리시설 – 보통, C처리시설 – 보통

16 다음 글을 읽고 B처리시설의 문제점 및 개선방향을 지적한 내용으로 옳은 것은?

B처리시설은 C처리시설에 비해 좋은 평가를 받았지만, '정상' 지표는 없었다. 그렇기 때문에 관련된 시설분야에 대한 조사와 개선이 필요하다. 지적사항으로 '심각' 지표를 가장 우선으로 개선하고, 최종적으로 '우수' 단계로 개선해야 한다.

① 생물화학적 산소요구량은 4로 '정상' 지표이기 때문에 개선할 필요가 없다.
② 화학적 산소요구량은 25로 '주의' 지표이기 때문에 가장 먼저 개선해야 한다.
③ 질소 총량과 인 총량을 개선한다면 평가 결과 '우수' 지표를 받을 수 있다.
④ 부유물질은 가장 먼저 개선해야 하는 '심각' 지표이다.

17 D씨의 9월과 10월 전력 사용량은 다음과 같다. 이를 참고하여 두 달의 요금 차이를 바르게 계산한 것은?

[자료 1]

주택용 누진제 개선

주택용 누진제도는 1973년 석유파동을 계기로 에너지 다소비층에 대한 소비절약 유도와 저소득층 보호를 위하여 시행되었습니다. 최근 전열기 등 가전기기 보급 확대와 대형화로 가구당 전력사용량이 증가함에 따라, 사용량이 많은 고객은 전기요금이 증가하는 추세입니다. 이에 한전에서는 저소득층 보호취지, 전력수급 상황, 국민여론, 최근의 전력소비 추이변화 등을 종합적으로 고려하여 누진제 완화방안을 검토해 나갈 예정입니다.

[자료 2]

산업통상자원부는 서민층과 중소 업체의 전기요금 부담 경감을 위해 가정용 전기요금을 오는 7 ~ 9월 한시 인하하고 산업용 전기요금은 8월 1일부터 1년간 할인한다고 21일 밝혔다. 여름철 냉방이 집중되는 시기인 7 ~ 9월에 4구간 요금을 3구간 요금으로 인하함으로써 서민들의 전기요금 걱정을 한층 덜어줄 것으로 예상된다.

〈가정용 전기요금 한시적 인하안〉

누진단계	현행	인하된 개선안
1구간 100 이하 kWh	기본요금 410원	동일
	사용요금 60.7원/kWh	
2구간 101 ~ 200kWh	기본요금 910원	
	사용요금 125.9원/kWh	
3구간 201 ~ 300kWh	기본요금 1,600원	
	사용요금 187.9원/kWh	
4구간 301 ~ 400kWh	기본요금 3,850원	기본요금 1,600원
	사용요금 280.6원/kWh	사용요금 187.9원/kWh

※ (청구금액)=[요금합계(기본요금+전력량요금)]+[부가가치세(요금합계의 10%)]+[전력산업기반기금(요금합계의 3.7%)]

※ 국고금단수법에 의해 모든 금액의 10원 미만은 절사한다.

[자료 3]

〈전력량계 지침〉

| 3 | 5 | 4 | 3 | 6 | kWh |

8월

| 3 | 8 | 6 | 3 | 2 | kWh |

9월

| 4 | 1 | 8 | 3 | 4 | kWh |

10월

※ (당월 사용량)=(당월지침)−(전월지침)

※ 전력량계 지침의 마지막 자리는 소수점이므로 절사한다.

① 4,650원 ② 4,670원
③ 5,280원 ④ 5,400원

※ 한국국토정보공사에서 일하는 A대리는 해외 출장을 앞두고 이용할 항공사의 초과수하물 규정을 찾아보았다. 이어지는 질문에 답하시오. [18~19]

〈미주 출발 · 도착 초과수하물 규정〉

무료 허용량
• 기내수하물 : 12kg(초과 불가능)
• 위탁수하물 : 각 20kg, 최대 2개

구분	위탁수하물 1개 초과 시	21 ~ 34kg	35 ~ 45kg	45kg 초과
초과요금	개당 20만 원	15만 원	20만 원	불가능

〈유럽 출발 · 도착 초과수하물 규정〉

무료 허용량
• 기내수하물 : 8kg(초과 불가능)
• 위탁수하물 : 23kg, 최대 1개

구분	위탁수하물 1개 초과 시	24 ~ 34kg	35 ~ 45kg	45kg 초과
초과요금	개당 15만 원	15만 원	23만 원	불가능

18 미국 출장을 가는 A대리의 가방 무게는 기내용이 1kg, 위탁용이 각각 3kg, 4kg이다. 가방 무게를 제외한 짐의 총 무게가 60kg일 때, 가장 저렴한 가격으로 짐을 보내려면 어떻게 짐을 나누어 담아야 하는가?(단, 짐은 1kg 단위로 나누고 가방의 용량은 고려하지 않는다)

	기내용 1kg	위탁용 3kg	위탁용 4kg
①	10kg	33kg	17kg
②	10kg	18kg	32kg
③	11kg	29kg	20kg
④	11kg	33kg	16kg

19 A대리의 출장지가 미국에서 유럽으로 바뀌었다. 수하물의 총무게와 가방 무게가 변함이 없다고 한다면, 유럽으로 보내는 수하물 요금과 미국으로 보내는 수하물 요금의 차이는 얼마인가?(단, 둘 다 최저요금으로 산정한다)

① 10만 원   ② 13만 원
③ 15만 원   ④ 18만 원

20 A씨는 전세계약을 한 집으로 이사를 하루 앞두고 이사 시 유의사항을 찾아보다가 전기 사용자가 바뀌면 명의변경 신청을 해야 한다는 사실을 알게 되었다. 다음을 참고하여 이사갈 집의 계약전력이 3kW인 경우 A씨가 준비해야 할 구비서류로 적절한 것을 〈보기〉에서 모두 고르면?

매매 등으로 전기사용자가 변경되는 경우 신·구고객은 변경내용을 발생 후 14일 이내에 한전에 통지하여야 합니다. 매매, 임대차 등에 의해서 고객이 변동되고 신고객이 명의변경에 따른 사용자별 요금 구분청구를 신청할 경우에는 변동일을 기준으로 신·구고객별로 각각 계산하여 청구하게 되므로, 구고객의 전기요금을 신고객이 납부하실 필요가 없습니다. 명의변경 신청은 구고객의 이사일 하루 전 한전 근무시간까지 아래의 구비서류를 갖추고 관할 한전에 직접 내방 또는 우편이나 FAX로 신청하시면 됩니다(단, 1주택 수가구 및 종합계약아파트 고객은 신청불가).

[구비서류]
가. 계약전력 5kW 이하 고객(전화신청 가능)
　• 소유자로 변동된 경우
　　－ 전기사용변경신청서(한전 양식)
　　－ 고객변동일을 입증할 수 있는 서류 : 매매계약서 또는 건물(토지)등기부 등본 등
　• 사용자로 변동된 경우
　　－ 전기사용변경신청서(한전 양식)
　　－ 고객변동일을 입증할 수 있는 서류 : 임대차계약서(법원 확정필인 날인) 또는 사업자등록증 사본(전기사용장소와 동일주소지 사업장)
나. 계약전력 6kW 이상 고객
　• 소유자로 변동된 경우
　　－ 전기사용변경신청서(한전 양식)
　　－ 매매계약서 또는 건물(토지)등기부 등본 등
　• 사용자로 변경된 경우
　　－ 전기사용변경신청서(한전 양식) : 소유주 동의 날인
　　－ 사용자 주민등록등본(또는 법인 등기부등본)
　　－ 고객변동을 확인할 수 있는 서류 : 임대차계약서, 건축물대장
　　－ 계약전력 20kW 초과 고객의 경우 전기요금 보증서류(현금 원칙, 고객희망 시 이행보증보험, 지급보증 및 연대보증으로 가능)
　　－ 소유주 주민등록증 사본(또는 법인 인감증명원)
　　－ 사업자등록증 사본(필요시)
다. "나"의 경우 저압으로 공급받는 고객은 소유주 동의 날인과 소유주 관련 서류는 생략 가능
※ 변동일 이후에 사용자별 요금 구분청구를 신청할 경우에는 미납요금에 한하여 신·구고객별로 각각 계산하여 청구합니다(변동일이 속한 월의 신·구고객별 사용전력량은 고객과 한전이 협의 결정합니다).

보기

　㉠ 전기사용변경신청서　　　　　㉡ 건축물대장
　㉢ 임대차계약서　　　　　　　　㉣ 주민등록증 사본
　㉤ 전기요금 보증서류　　　　　　㉥ 매매계약서

① ㉠, ㉤　　　　　　　　　　　② ㉠, ㉢
③ ㉠, ㉥　　　　　　　　　　　④ ㉡, ㉣

CHAPTER 04
자원관리능력

합격 CHEAT KEY

자원관리능력은 현재 많은 NCS 기반 채용을 진행하는 공사·공단에서 핵심영역으로 자리 잡아, 일부를 제외한 대부분의 시험에서 출제 영역으로 꼽히고 있다. 전체 문항수의 10 ~ 15% 비중으로 출제되고 있고, 난이도가 상당히 높기 때문에 NCS를 치를 수험생이라면 반드시 준비해야 할 필수 과목이다.

실제 시험 기출 키워드를 살펴보면 비용 계산, 해외파견 지원금 계산, 주문 제작 단가 계산, 일정 조율, 일정 선정, 행사 대여 장소 선정, 최단거리 구하기, 시차 계산, 소요시간 구하기, 해외파견 근무 기준에 부합한 또는 부합하지 않는 직원 고르기 등 크게 자원계산, 자원관리문제 유형이 출제된다. 대표유형문제를 바탕으로 응용되는 방식의 문제가 출제되고 있기 때문에 비슷한 유형을 계속해서 풀어보면서 감을 익히는 것이 중요하다.

01 시차를 먼저 계산하자!

시간자원관리문제의 대표유형 중 시차를 계산하여 일정에 맞는 항공권을 구입하거나 회의시간을 구하는 문제에서는 각각의 나라 시간을 한국 시간으로 전부 바꾸어 계산하는 것이 편리하다. 조건에 맞는 나라들의 시간을 전부 한국 시간으로 바꾸고 한국 시간과의 시차만 더하거나 빼주면 시간을 단축하여 풀 수 있다.

02 보기를 활용하자!

예산자원관리문제의 대표유형에서는 계산을 해서 값을 요구하는 문제들이 있다. 이런 문제유형에서는 문제 보기를 먼저 본 후 자리 수가 몇 단위로 끝나는지 확인한다. 예를 들어 412,300원, 426,700원, 434,100원, 453,800원인 보기가 있다고 하자. 이 보기는 100원 단위로 끝나기 때문에 제시된 조건에서 100원 단위로 나올 수 있는 항목을 찾아 그 항목만 계산하여 시간을 단축시키는 방법이 있다.
또한, 일일이 계산하는 문제가 많은데 예를 들어 640,000원, 720,000원, 810,000원 등의 수를 이용해 푸는 문제가 있다고 하자. 만 원 단위를 절사하고 계산하여 64, 72, 81처럼 요약하여 적는 것도 시간을 단축하는 방법이다.

03 최적의 값을 구하는 문제인지 파악하자!

물적자원관리문제의 대표유형에서는 제한된 자원 내에서 최대의 만족 또는 이익을 얻을 수 있는 방법을 강구하는 문제가 출제된다. 이때, 구하고자 하는 값을 x, y로 정하고 연립방정식을 이용해 x, y값을 구한다. 최소 비용으로 목표생산량을 달성하기 위한 업무 및 인력 할당, 정해진 시간 내에 최대 이윤을 낼 수 있는 업체 선정, 정해진 인력으로 효율적 업무 배치 등을 구하는 문제에서 사용되는 방법이다.

04 각 평가항목을 비교해보자!

인적자원관리문제의 대표유형에서는 각 평가항목을 비교하여 기준에 적합한 인물을 고르거나, 저렴한 업체를 선정하거나, 총점이 높은 업체를 선정하는 문제가 출제된다. 이런 문제를 해결할 때는 평가항목에서 가격이나 점수 차이에 영향을 많이 미치는 항목을 찾아 지우면 1 ~ 2개의 보기를 삭제하고 3 ~ 4개의 보기만 계산하여 시간을 단축할 수 있다.

05 문제의 단서를 이용하자!

자원관리능력은 계산문제가 많기 때문에, 복잡한 계산은 딱 떨어지게끔 조건을 제시하는 경우가 많다. 단서를 보고 보기에서 부합하지 않는 보기를 1 ~ 2개 먼저 소거한 뒤 계산을 하는 것도 시간을 단축하는 방법이다.

01 | 시간자원관리

H공사는 한국 현지 시각 기준으로 오후 4시부터 5시까지 외국 지사와 화상 회의를 진행하려고 한다. 모든 지사는 각국 현지 시각으로 오전 8시부터 오후 6시까지 근무한다고 할 때, 다음 중 회의에 참석할 수 없는 지사는?(단, 서머타임을 시행하는 국가는 +1:00을 반영한다)

국가	시차	국가	시차
파키스탄	−4:00	불가리아	−6:00
호주	+1:00	영국	−9:00
싱가포르	−1:00		

※ 오후 12시부터 1시까지는 점심시간이므로 회의를 진행하지 않는다.
※ 서머타임 시행 국가 : 영국

☑ 파키스탄 지사(오후 12 ~ 1시) → 회의 참석 불가능(점심시간)
② 호주 지사(오후 5 ~ 6시) → 회의 참석 가능
③ 싱가포르 지사 (오후 3 ~ 4시) → 회의 참석 가능
④ 불가리아 지사(오전 10 ~ 11시) → 회의 참석 가능
⑤ 영국 지사(오전 8 ~ 9시) → 회의 참석 가능

풀이순서

1) 질문의도
   회의에 참석할 수 없는 지사

2) 조건확인
   (ⅰ) 오후 12시부터 1시까지 점심시간
   : 회의 ×
   (ⅱ) 서머타임 시행 국가 : 영국

3) 조건적용

4) 정답도출

유형 분석
- 시간자원과 관련된 다양한 정보를 활용하여 문제풀이를 이어간다.
- 대체로 교통편 정보나 국가별 시차 정보가 제공되며, 이를 근거로 '회의에 참석할 수 없는 지사'를 고르는 문제가 출제된다.
- 업무수행에 필요한 기술의 개념·원리·절차, 관련 용어, 긍정적·부정적 영향에 대한 이해를 평가한다.

풀이 전략
먼저 문제에서 묻는 것을 정확히 파악한다. 특히 제한사항에 대해서는 빠짐없이 확인해 두어야 한다. 이후 제시된 정보(시차 등)에서 필요한 것을 선별하여 문제를 풀어간다.

02 | 예산자원관리

K공사 임직원은 신입사원 입사를 맞아 워크숍을 가려고 한다. 총 <u>13명</u>의 임직원이 워크숍에 참여한다고 할 때, 다음 중 <u>가장 저렴한 비용</u>으로 이용할 수 있는 <u>교통편의 조합</u>은 무엇인가?

풀이순서

1) 질문의도
   가장 저렴한 비용인
   교통편의 조합

2) 조건확인
   비고란

3) 조건적용

4) 정답도출

〈이용 가능한 교통편 현황〉

구분	탑승 인원	비용	주유비	비고
소형버스	10명	200,000원	0원	1일 대여 비용
대형버스	40명	500,000원	0원	–
렌터카	5명	80,000원(대당)	50,000원	동일 기간 3대 이상 렌트 시 렌트비용 5% 할인
택시	3명	120,000원(편도)	0원	–
대중교통	제한 없음	13,400원 (1인당, 편도)	0원	10명 이상 왕복티켓 구매 시 총금액에서 10% 할인

① 대형버스 1대 → 500,000원
② 소형버스 1대, 렌터카 1대 → 200,000+130,000=330,000원
③ 소형버스 1대, 택시 1대 → 200,000+(120,000×2)=440,000원
④ 렌터카 3대 → (80,000×3×0.95)+(50,000×3)=378,000원
☑ 대중교통 13명 → 13,400×13×2×0.9=313,560원

유형 분석	• 가장 저렴한 비용으로 예산관리를 수행할 수 있는 업무에 대해 묻는 문제이다.
풀이 전략	제한사항인 예산을 고려하여 문제에서 묻는 것을 정확히 파악한 후 제시된 정보에서 필요한 것을 선별하여 문제를 풀어간다.

03 | 물적자원관리

대학교 입학을 위해 지방에서 올라온 대학생 S씨는 자취방을 구하려고 한다. 대학교 근처 자취방의 월세와 대학교까지 거리는 아래와 같다. 한 달을 기준으로 S씨가 지출하게 될 자취방 월세와 자취방에서 대학교까지 왕복 시 거리비용을 합산할 때, S씨가 선택할 수 있는 가장 저렴한 비용의 자취방은?

구분	월세	대학교까지 거리
A자취방	330,000원	1.8km
B자취방	310,000원	2.3km
C자취방	350,000원	1.3km
D자취방	320,000원	1.6km
E자취방	340,000원	1.4km

※ 대학교 통학일(한 달 기준)=15일
※ 거리비용=1km당 2,000원

풀이순서

1) 질문의도
   조건에 적합한 가장 저렴한 비용의 장소 찾기

2) 조건확인
   ① 대학교 통학일(한 달 기준)=15일
   ② 거리비용=1km 당 2,000원

3) 조건적용

4) 정답도출

① A자취방
   $330,000+(1.8 \times 2,000 \times 2 \times 15)=438,000$원
② B자취방
   $310,000+(2.3 \times 2,000 \times 2 \times 15)=448,000$원
③ C자취방
   $350,000+(1.3 \times 2,000 \times 2 \times 15)=428,000$원
✔ D자취방
   $320,000+(1.6 \times 2,000 \times 2 \times 15)=416,000$원
⑤ E자취방
   $340,000$원$+(1.4km \times 2,000$원$\times 2($왕복$) \times 15$일$)=424,000$원

유형 분석	• 물적자원과 관련된 다양한 정보를 활용하여 풀어가는 문제이다. • 주로 공정도 · 제품 · 시설 등에 대한 가격 · 특징 · 시간 정보가 제시되며, 이를 종합적으로 고려하는 문제가 출제된다.
풀이 전략	문제에서 묻고자 하는 바를 정확히 파악하는 것이 중요하다. 문제에서 제시한 물적자원의 정보를 문제의 의도에 맞게 선별하면서 풀어간다.

04 | 인적자원관리

다음은 어느 회사의 승진대상과 승진 규정이다. 다음의 규정에 따를 때, 2022년 현재 직급이 대리인 사람은?

풀이순서

1) 질문의도
   현재 직급 확인

2) 조건확인
   ⓐ~ⓔ

3) 조건적용

4) 정답도출

〈승진규정〉

- 2021년까지 근속연수가 3년 이상인 자ⓐ를 대상으로 한다.
- 출산 휴가 및 병가 기간은 근속 연수에서 제외ⓑ한다.
- 평가연도 업무평가 점수가 80점 이상ⓒ인 자를 대상으로 한다.
- 평가연도 업무평가 점수는 직전연도 업무평가 점수에서 벌점을 차감한 점수ⓓ이다.
- 벌점은 결근 1회당 −10점, 지각 1회당 −5점ⓔ이다.

〈승진후보자 정보〉

구분	근무기간	작년 업무평가	근태현황 지각	근태현황 결근	기타
사원 A	1년 4개월	79	1	−	−
주임 B	3년 1개월	86	−	1	출산휴가 35일
대리 C	7년 1개월	89	1	1	병가 10일
과장 D	10년 3개월	82	−	−	−
차장 E	12년 7개월	81	2	−	−

① A
② B
✔ C
④ D
⑤ E

유형 분석
- 인적자원과 관련된 다양한 정보를 활용하여 문제를 풀어가는 문제이다.
- 주로 근무명단, 휴무일, 업무할당 등의 주제로 다양한 정보를 활용하여 종합적으로 풀어나가는 문제가 출제된다.

풀이 전략
문제에서 근무자배정 혹은 인력배치 등의 주제가 출제될 경우에는 주어진 규정 혹은 규칙을 꼼꼼히 확인하여야 한다. 이를 근거로 각 선택지가 어긋나지 않는지 검토하며 문제를 풀어간다.

04 | 기출예상문제

정답 및 해설 p.028

01 헤어진 두 남녀가 집으로 돌아가다가 마음을 바꾸고 동시에 다시 만나기 위해 달려가고 있다. 두 남녀 간의 거리는 10km이며, 여자는 남자가 있는 곳으로 4km/h의 속도로 달려가고 있고, 남자는 여자가 있는 곳으로 6km/h의 속도로 가고 있다. 여자는 가는 도중 30분을 쉬었다가 달려서 두 남녀가 다시 만났다면, 두 남녀가 다시 만나는 데 걸리는 시간은?

① 1시간
② 1시간 4분
③ 1시간 12분
④ 1시간 18분

02 다음은 개발부에서 근무하는 K사원의 4월 근태기록이다. 다음 규정을 참고했을 때, K사원이 받을 시간외근무수당은 얼마인가?(단, 정규근로시간은 09:00 ~ 18:00이다)

〈시간외근무규정〉

- 시간외근무(조기출근 포함)는 1일 4시간, 월 57시간을 초과할 수 없다.
- 시간외근무수당은 1일 1시간 이상 시간외근무를 한 경우에 발생하며, 18시 이후 1시간을 공제한 후 매분 단위까지 합산하여 계산한다(단, 월 단위 계산 시 1시간 미만은 절사함).
- 시간외근무수당 지급단가 : 사원(7,000원), 대리(8,000원), 과장(10,000원)

〈K사원의 4월 근태기록(출근시간 / 퇴근시간)〉

- 4월 1일부터 4월 15일까지의 시간외근무시간은 12시간 50분(1일 1시간 공제 적용)이다.

18일(월요일)	19일(화요일)	20일(수요일)	21일(목요일)	22일(금요일)
09:00 / 19:10	09:00 / 18:00	08:00 / 18:20	08:30 / 19:10	09:00 / 18:00
25일(월요일)	**26일(화요일)**	**27일(수요일)**	**28일(목요일)**	**29일(금요일)**
08:00 / 19:30	08:30 / 20:40	08:30 / 19:40	09:00 / 18:00	09:00 / 18:00

※ 주말 특근은 고려하지 않음

① 112,000원
② 119,000원
③ 126,000원
④ 133,000원

03 B대리의 집에서 회사까지의 거리는 8km이다. B대리가 집을 출발하여 처음에는 시속 3km로 걷다가 어느 지점에서부터 시속 6km로 달려서 1시간 30분 이내에 회사에 도착하려고 한다. B대리는 집에서 몇 km 지점까지 시속 3km로 걸어갈 수 있는가?

① 0.5km

② 1.5km

③ 2km

④ 1km

04 L공사는 신규 사업을 위해 협력업체를 선정하려고 한다. 협력업체 후보 갑, 을, 병 중 총점이 가장 높은 업체를 선정할 것이다. 업체 평가 기준과 지원업체 정보를 근거로 회의를 하고 있는 L공사의 직원 중 적절하지 않은 내용을 말하고 있는 사람은?

〈업체 평가 기준〉

• 평가항목과 배점비율

평가항목	품질	가격	직원규모	합계
배점비율	50%	40%	10%	100%

• 가격 점수

가격(만 원)	500 미만	500 ~ 549	550 ~ 599	600 ~ 649	650 ~ 699	700 이상
점수(점)	100	98	96	94	92	90

• 직원규모 점수

직원규모(명)	100 초과	100 ~ 91	90 ~ 81	80 ~ 71	70 ~ 61	60 이하
점수(점)	100	97	94	91	88	85

〈지원업체 정보〉

업체	품질 점수(점)	가격(만 원)	직원규모(명)
갑	88	575	93
을	85	450	95
병	87	580	85

※ 품질 점수는 원점수를 활용한다.

김대리 : 총점이 가장 높은 업체는 을이고, 가장 낮은 업체는 병이네요.
최부장 : 갑과 을의 직원규모는 달라도 같은 점수를 얻었구만.
박과장 : 갑이 현재보다 가격을 30만 원 더 낮게 제시한다면, 을보다 더 높은 총점을 얻을 수 있을 것 같은데.
정대리 : 병이 현재보다 직원규모를 10명 더 늘린다면, 갑보다 더 높은 총점을 받을 수 있겠네요.

① 김대리

② 최부장

③ 박과장

④ 정대리

05 자동차 부품을 생산하는 L기업은 반자동과 자동생산라인을 하나씩 보유하고 있다. 최근 일본의 자동차 회사와 수출계약을 체결하여 자동차 부품 34,500개를 납품하였다. 다음 L기업의 생산조건을 고려할 때, 일본에 납품할 부품을 생산하는 데 소요된 시간은 얼마인가?

〈자동차 부품 생산조건〉

• 반자동라인은 4시간에 300개의 부품을 생산하며, 그 중 20%는 불량품이다.
• 자동라인은 3시간에 400개의 부품을 생산하며, 그 중 10%는 불량품이다.
• 반자동라인은 8시간마다 2시간씩 생산을 중단한다.
• 자동라인은 9시간마다 3시간씩 생산을 중단한다.
• 불량 부품은 생산 후 폐기하고 정상인 부품만 납품한다.

---

① 260시간   ② 250시간
③ 240시간   ④ 230시간

06 L사는 현재 신입사원을 채용하고 있다. 서류전형과 면접전형을 마치고 다음의 평가 결과를 얻었다. 평가지표별 가중치를 이용하여 각 지원자의 최종 점수를 계산하고, 점수가 가장 높은 두 지원자를 채용하려고 할 때, 채용될 두 지원자는?

〈지원자별 평가 결과〉

(단위 : 점)

구분	면접 점수	영어 실력	팀내 친화력	직무 적합도	발전 가능성	비고
A지원자	3	3	5	4	4	군필자
B지원자	5	5	2	3	4	군필자
C지원자	5	3	3	3	5	–
D지원자	4	3	3	5	4	군필자
E지원자	4	4	2	5	5	군 면제자

※ 군필자(만기제대)에게는 5점의 가산점을 부여한다.

〈평가지표별 가중치〉

구분	면접 점수	영어 실력	팀내 친화력	직무 적합도	발전 가능성
가중치	3	3	5	4	5

※ 가중치는 해당 평가지표 결과 점수에 곱한다.

① A, D지원자   ② B, C지원자
③ B, E지원자   ④ C, D지원자

07 다음 대화 내용을 읽고 A팀장과 B사원이 함께 시장조사를 하러 갈 수 있는 가장 적절한 시간은 언제인가?(단, 근무시간은 09:00 ~ 18:00, 점심시간은 12:00 ~ 13:00이다)

> A팀장 : B씨, 저번에 우리가 함께 진행했던 제품이 오늘 출시된다고 하네요. 시장에서 어떤 반응이 있는지 조사하러 가야 할 것 같아요.
>
> B사원 : 네, 팀장님. 그런데 오늘 갈 수 있을지 의문입니다. 우선 오후 4시에 사내 정기강연이 예정되어 있고 초청강사가 와서 시간관리 강의를 한다고 합니다. 아마 두 시간 정도 걸릴 것 같은데, 저는 강연준비로 30분 정도 일찍 가야 할 것 같습니다. 그리고 부서장님께서 요청하셨던 기획안도 오늘 퇴근 전까지 제출해야 하는데, 팀장님 검토시간까지 고려하면 두 시간 정도 소요될 것 같습니다.
>
> A팀장 : 오늘도 역시 할 일이 참 많네요. 지금이 11시니까 열심히 업무를 하면 한 시간 정도는 시장에 다녀올 수 있겠네요. 먼저 기획안부터 마무리 짓도록 합시다.
>
> B사원 : 네, 알겠습니다. 팀장님, 오늘 점심은 된장찌개 괜찮으시죠? 바쁘니까 예약해두겠습니다.

① 11:00 ~ 12:00   ② 13:00 ~ 14:00

③ 14:00 ~ 15:00   ④ 15:00 ~ 16:00

08 인사팀의 4월 월간 일정표와 〈조건〉을 고려하여 인사팀의 1박 2일 워크숍 날짜를 결정하려고 한다. 다음 중 인사팀의 워크숍 날짜로 가장 적절한 것은?

〈4월 월간 일정표〉

월	화	수	목	금	토	일
	1	2 오전 10시 연간 채용계획 발표(A팀장)	3	4 오전 10시 주간업무보고 오후 7시 B대리 송별회	5	6
7	8 오후 5시 총무팀과 팀 연합회의	9	10	11 오전 10시 주간업무보고	12	13
14 오전 11시 승진대상자 목록 취합 및 보고(C차장)	15	16	17 A팀장 출장	18 오전 10시 주간업무보고	19	20
21 오후 1시 팀미팅(30분 소요 예정)	22	23 D사원 출장	24 외부인사 방문 일정	25 오전 10시 주간업무보고	26	27
28 E대리 휴가	29	30				

조건
- 워크숍은 평일로 한다.
- 워크숍에는 모든 팀원들이 빠짐없이 참석해야 한다.
- 워크숍 일정은 첫날 오후 3시 출발부터 다음날 오후 2시까지이다.
- 다른 팀과 함께 하는 업무가 있는 주에는 워크숍 일정을 잡지 않는다.
- 매월 말일에는 월간 업무 마무리를 위해 워크숍 일정을 잡지 않는다.

① 4월 9 ~ 10일
② 4월 18 ~ 19일
③ 4월 21 ~ 22일
④ 4월 28 ~ 29일

09 다음은 L학교의 성과급 기준표이다. 표에 제시된 기준들을 적용해 L학교 교사들의 성과급 배점을 계산하고자 할 때, 〈보기〉의 A ~ D교사 중 가장 높은 배점을 받을 교사는?

〈성과급 기준표〉

항목	평가 사항	배점 기준		배점
수업지도	주당 수업시간	24시간 이하	14점	20점
		25시간	16점	
		26시간	18점	
		27시간 이상	20점	
	수업 공개 유무	교사 수업 공개	10점	10점
		학부모 수업 공개	5점	
생활지도	담임 유무	담임교사	10점	10점
		비담임교사	5점	
담당업무	업무 곤란도	보직교사	30점	30점
		비보직교사	20점	
경력	호봉	10호봉 이하	5점	30점
		11 ~ 15호봉	10점	
		16 ~ 20호봉	15점	
		21 ~ 25호봉	20점	
		26 ~ 30호봉	25점	
		31호봉 이상	30점	

※ 수업지도 항목에서 교사 수업 공개, 학부모 수업 공개를 모두 진행했을 경우 10점으로 배점하며, 수업 공개를 하지 않았을 경우 배점은 없다.

보기

구분	주당 수업시간	수업 공개 유무	담임 유무	업무 곤란도	호봉
A교사	20시간	–	담임교사	비보직교사	32호봉
B교사	29시간	–	비담임교사	비보직교사	35호봉
C교사	26시간	학부모 수업 공개	비담임교사	보직교사	22호봉
D교사	22시간	교사 수업 공개	담임교사	보직교사	17호봉

① A교사

② B교사

③ C교사

④ D교사

※ 다음은 월드마린센터 홍보관 안내문과 예약 내역이다. 이어지는 질문에 답하시오. [10~11]

▶ 관람 안내
- 관람일시 : 매주 월 ~ 금요일 / 09:00 ~ 17:40(약 30분 소요)
- 휴일(토·일·공휴일)은 홍보관 휴관(2018년 4월부터 시행)

구분	기존	변경	비고
평일	09:00 ~ 17:00	09:00 ~ 17:40	–
토요일(공휴일)	09:00 ~ 17:00	휴관	18. 4. 1부터 시행
일요일	09:00 ~ 12:00(오전)	휴관	18. 4. 1부터 시행

- 홍보관 위치 : 전라남도 광양시 항만대로 465 월드마린센터 19층
- 장소가 협소하여 최대 45명까지 동시 관람이 가능하며, 45인 이상인 경우는 30분씩 교대로 관람 가능
- 1일 최대 관람인원은 70명임

〈9월 예약 내역〉

일	월	화	수	목	금	토
1	2	3 13시 7명	4	5	6 16시 32명	7
8	9 12시 65명	10	11 15시 18명	12 11시 8명	13	14
15	16	17 17시 70명	18 16시 38명	19	20	21
22	23	24 13시 5명	25	26	27	28
29	30					

10 L고등학교는 신청자에 한해 현장학습을 진행한다. 월드마린센터 홍보관을 현장학습 장소로 선정해 다음 〈조건〉에 따라 예약하려고 한다. 다음 중 관람예약일로 가장 적절한 날은?

조건
- 1 ~ 3학년의 현장학습일은 동일하다.
- 신청자 중 1학년은 33명, 2학년은 27명, 3학년은 3명이다.
- 학사일정상 최대한 빠른 주에 예약한다.
- 홀수 주는 현장학습을 할 수 없다.
- 매주 금요일은 모의고사가 있어 3학년은 현장학습을 할 수 없다.

① 10일 ② 13일
③ 19일 ④ 24일

11 월드마린센터 예약 관리를 담당하는 C대리는 새롭게 변경된 휴관일과 관람시간을 추가한 안내문을 만들었다. 안내 내용으로 적절하지 않은 것은?

① 평일 관람 시간은 하루 기준 40분 더 늘었으니 조금 더 여유로운 관람이 가능합니다.

② 홍보관 휴관일은 휴일에 한정하며 토·일·공휴일이 포함됩니다.

③ 월드마린센터는 서울과 광양 두 곳에 위치하므로 예약 시 지점을 잘 확인해 주세요.

④ 홍보관 관람 시 평균적으로 30분이 소요됩니다.

12 다음은 L공사 직원들의 이번 주 추가근무 계획표이다. 하루에 5명 이상 추가근무를 할 수 없고, 직원들은 각자 일주일에 10시간을 초과하여 추가근무를 할 수 없다고 한다. 한 사람만 추가근무 일정을 수정할 수 있을 때, 규칙에 어긋난 요일과 그 날에 속한 사람 중 변경해야 할 직원은 누구인가?(단, 주말은 1시간당 1.5시간으로 계산한다)

〈추가근무 계획표〉

성명	추가근무 일정	성명	추가근무 일정
김혜정	월요일 3시간, 금요일 3시간	김재건	수요일 1시간
이설희	토요일 6시간	신혜선	수요일 4시간, 목요일 3시간
임유진	토요일 3시간, 일요일 1시간	한예리	일요일 6시간
박주환	목요일 2시간	정지원	월요일 6시간, 목요일 4시간
이지호	화요일 4시간	최명진	화요일 5시간
김유미	금요일 6시간, 토요일 2시간	김우석	목요일 1시간
이승기	화요일 1시간	차지수	금요일 6시간
정해리	월요일 5시간	이상엽	목요일 6시간, 일요일 3시간

	요일	직원		요일	직원
①	월요일	김혜정	②	화요일	정지원
③	화요일	신혜선	④	목요일	이상엽

※ L공사는 본사 근무환경개선을 위해 보수공사를 시행할 업체를 선정하고자 한다. 이어지는 질문에 답하시오. [13~14]

〈공사 시행업체 선정방식〉

- 평가점수는 적합성점수와 실적점수, 가격점수를 1 : 2 : 1의 비율로 합산하여 도출한다.
- 평가점수가 가장 높은 업체 한 곳을 최종 선정한다.
- 적합성점수는 각 세부항목의 점수를 합산하여 도출한다.
- 입찰가격은 가장 낮은 곳부터 10점, 8점, 6점, 4점을 부여한다.
- 평가점수가 동일한 경우, 실적점수가 우수한 업체에 우선순위를 부여한다.

〈업체별 입찰정보 및 점수〉

평가항목	업체	A	B	C	D
적합성 점수(30점)	운영건전성(8점)	8	6	8	5
	근무효율성개선(10점)	8	9	6	7
	환경친화설계(5점)	2	3	4	5
	미적만족도(7점)	4	6	5	3
실적점수(10점)	최근 2년 시공실적(10점)	6	9	7	8
입찰점수(10점)	입찰가격(억 원)	7	12	11	8

※ 미적만족도 항목은 지난달에 시행한 내부 설문조사 결과에 기반함

13 다음 중 공사 시행업체 선정방식에 따라 시공업체를 선정할 때, 최종 선정될 업체는?

① A   ② B
③ C   ④ D

14 L공사는 근무환경개선 취지를 살리기 위해 보수공사 시행업체 선정방식을 다음과 같이 수정하였다. 수정된 선정방식에 따라 최종 선정될 업체는?

〈공사 시행업체 선정방식〉

- 평가점수는 적합성점수와 실적점수, 가격점수를 1 : 1 : 1의 비율로 합산하여 도출한다.
- 적합성점수 평가항목 중 만점을 받은 세부항목이 있는 업체는 적합성점수 총점에 가점 2점을 부여한다.
- 적합성점수는 각 세부항목의 점수를 합산하여 도출한다.
- 입찰가격은 가장 낮은 곳부터 9점, 8점, 7점, 6점을 부여한다.
- 평가점수가 높은 순으로 세 업체를 중간 선정한다.
- 중간 선정된 업체 중 근무효율성개선 점수가 가장 높은 업체를 선정한다.

① A   ② B
③ C   ④ D

15 L공사는 후문 유휴지 개발을 위한 시공업체를 선정하고자 한다. 업체 선정방식 및 참가업체에 대한 평가정보가 다음과 같을 때, 최종적으로 선정될 업체는?

〈선정방식〉

- 최종점수가 가장 높은 업체를 선정한다.
- 업체별 최종점수는 경영건전성 점수, 시공실적 점수, 전력절감 점수, 친환경 점수를 합산한 값의 평균에 가점을 가산하여 산출한다.
- 해당 업체의 평가항목별 점수는 심사위원들이 부여한 점수의 평균값이다.
- 다음의 경우에 해당되는 경우 가점을 부여한다.

내용	가점
최근 5년 이내 무사고	1점
디자인 수상 실적 1회 이상	2점
입찰가격 150억 원 이하	2점

〈참가업체 평가정보〉

(단위 : 점)

구분	A업체	B업체	C업체	D업체
경영건전성 점수	85	91	79	88
시공실적 점수	79	82	81	71
전력절감 점수	71	74	72	77
친환경 점수	88	75	85	89
최근 5년 이내 사고 건수	1	–	3	–
디자인 수상 실적	2	1	–	–
입찰가격(원)	220억	172억	135억	110억

① A업체　　　　　　　　　　② B업체
③ C업체　　　　　　　　　　④ D업체

16 L공사 문화홍보부 A대리는 부서 출장 일정에 맞춰 업무 시 사용할 렌터카를 대여하려고 한다. 제시된 자료를 참고하여 A대리가 일정에 사용할 렌터카로 옳게 짝지어진 것은?

〈문화홍보부 출장 일정〉

일자	내용	인원	짐 무게
2023-01-04(월)	보령화력 3부두 방문	2명	6kg
2023-01-05(화)	임금피크제 도입 관련 세미나 참여	3명	3kg
2023-01-06(수)	신서천화력 건설사업	5명	-
2023-01-07(목)	햇빛새싹발전소(학교태양광) 발전사업 대상지 방문	3명	3kg
2023-01-08(금)	제주 LNG복합 건설사업 관련 좌담회	8명	2kg
2023-01-11(월)	H그린파워 제철 부생가스 발전사업 관련 미팅	10명	3kg
2023-01-12(화)	방만경영 개선 이행실적 발표회	4명	1kg
2023-01-13(수)	보령항로 준설공사현장 방문	3명	2kg
2023-01-14(목)	보령 본사 방문	4명	6kg

※ 짐 무게 3kg당 탑승인원 1명으로 취급한다.

〈렌터카 요금 안내〉

구분	요금	유류	최대 탑승인원
A렌터카	45,000원	경유	4명
B렌터카	60,000원	휘발유	5명
C렌터카	55,000원	LPG	8명
D렌터카	55,000원	경유	6명

※ 렌터카 선정 시 가격을 가장 우선으로 하고, 최대 탑승인원을 다음으로 한다.
※ 1월 1일 ~ 1월 8일까지는 신년할인행사로 휘발유 차량을 30% 할인한다.

보내는 이 : A대리
안녕하십니까, 문화홍보부 A대리입니다.
금주 문화홍보부에서 참여하는 햇빛새싹발전소 발전사업 대상지 방문과 차주 보령 본사 방문에 관련된 정보를 첨부합니다. 해당 사항 확인해주시기 바랍니다. 감사합니다.
받는 이 : 총무부

① A렌터카, B렌터카
② B렌터카, D렌터카
③ B렌터카, C렌터카
④ A렌터카, D렌터카

17 L공사에서는 신입사원 2명을 채용하기 위하여 서류와 필기 전형을 통과한 갑, 을, 병, 정 4명의 최종 면접을 실시하려고 한다. 다음 표와 같이 4개 부서의 팀장이 각각 네 명을 모두 면접하여 채용 우선순위를 결정하였다. 면접 결과에 대한 〈보기〉의 설명으로 적절한 것을 모두 고르면?

〈면접 결과〉

면접관 순위	인사팀장	경영관리팀장	영업팀장	회계팀장
1순위	을	갑	을	병
2순위	정	을	병	정
3순위	갑	정	정	갑
4순위	병	병	갑	을

※ 우선순위가 높은 사람순으로 2명을 채용한다.
※ 동점자는 인사, 경영관리, 영업, 회계팀장 순서로 부여한 고순위자로 결정한다.
※ 각 팀장이 매긴 순위에 대한 가중치는 모두 동일하다.

보기
㉠ '을' 또는 '정' 중 한 명이 입사를 포기하면 '갑'이 채용된다.
㉡ 인사팀장이 '을'과 '정'의 순위를 바꿨다면 '갑'이 채용된다.
㉢ 경영관리팀장이 '갑'과 '병'의 순위를 바꿨다면 '정'은 채용되지 못한다.

① ㉠

② ㉠, ㉡

③ ㉠, ㉢

④ ㉡, ㉢

18 다음의 교통수단별 특징을 고려할 때, 오전 9시에 회사에서 출발해 전주역까지 가장 먼저 도착하는 방법은 무엇인가?(단, 도보는 고려하지 않는다)

〈회사 · 서울역 간 교통 현황〉

구분	소요시간	출발 시간
A버스	24분	매시 20분, 40분
B버스	40분	매시 정각, 20분, 40분
지하철	20분	매시 30분

〈서울역 · 전주역 간 교통 현황〉

구분	소요시간	출발 시간
새마을호	3시간	매시 정각부터 5분 간격
KTX	1시간 32분	9시 정각부터 45분 간격

① A버스 – 새마을호
② B버스 – KTX
③ 지하철 – KTX
④ B버스 – 새마을호

19 K사원은 영국시각으로 1월 3일 오후 4시에 시작되는 세미나 참석을 위해 런던으로 출장을 다녀왔다. 세미나에 참석하기 전 경유지인 베이징에서 S대리를 만났는데, 그때 시각은 공항 전광판 기준 오전 10시였다. K사원과 S대리가 세미나에 늦지 않게 참석했을 때, K사원이 탄 항공으로 가장 적절한 것은?

〈비행 스케줄〉

항공	출발도시 / 현지시간	도착도시
A항공	서울 / 2018 – 01 – 03(수) 08:40	베이징
	베이징 / 2018 – 01 – 03(수) 11:25	런던
B항공	서울 / 2018 – 01 – 03(수) 09:30	베이징
	베이징 / 2018 – 01 – 03(수) 13:50	런던
C항공	서울 / 2018 – 01 – 03(수) 08:20	베이징
	베이징 / 2018 – 01 – 03(수) 11:15	런던
D항공	서울 / 2018 – 01 – 03(수) 07:30	베이징
	베이징 / 2018 – 01 – 03(수) 12:40	런던

〈시차〉

기준도시	비교도시	시차
서울	이슬라마바드	−4
모스크바	런던	−3
두바이	파리	−3
이슬라마바드	베이징	+3
서울	모스크바	−6
싱가포르	케이프타운	−6
서울	두바이	−5
케이프타운	런던	−2

※ 비행시간은 서울 – 베이징 2시간, 베이징 – 런던 12시간이다.
※ 런던 히드로공항에서 학회장까지 이동시간은 40분이다.
※ 이외에 나머지 시간은 고려하지 않는다.

① A항공
② B항공
③ C항공
④ D항공

20 L공사는 올해 4분기 성과급을 지급하고자 한다. 성과급 지급 기준과 김대리의 성과평가 결과가 다음과 같을 때, 김대리가 4분기에 지급받을 성과급으로 가장 적절한 것은?

〈성과급 지급 기준〉

• 성과급은 직원의 성과평가 점수에 따라 지급한다.
• 성과평가는 다음 항목들이 아래의 비율로 구성되어 있다.

구분	성과평가				
	분기실적	직원평가	연수내역	조직기여도	계
일반직	70%	30%	20%	10%	100%
	총점의 70% 반영				
특수직	60%	40%	20%	30%	100%
	총점의 50% 반영				

• 각 평가등급에 따른 가중치

(단위 : 점)

구분	분기실적	직원평가	연수내역	조직기여도
최우수	10	10	10	10
우수	8	6	8	8
보통	6	4	5	6
미흡	4	2	3	4

• 성과평가 점수에 따른 성과급 지급액

점수구간	성과급 지급액	
	일반직	특수직
8.4 이상	120만 원	150만 원
7.6 이상 8.4 미만	105만 원	115만 원
6.8 이상 7.6 미만	95만 원	100만 원
6.0 이상 6.8 미만	80만 원	85만 원
6.0 미만	65만 원	75만 원

〈성과평가 결과〉

구분	부서	분기실적	직원평가	연수내역	조직기여도
김대리	시설관리 (특수직)	우수	최우수	보통	보통

① 105만 원 ② 115만 원
③ 100만 원 ④ 95만 원

CHAPTER 05
정보능력

합격 CHEAT KEY

정보능력은 업무를 수행함에 있어 기본적인 컴퓨터를 활용하여 필요한 정보를 수집, 분석, 활용하는 능력을 의미한다. 또한 업무와 관련된 정보를 수집하고, 이를 분석하여 의미있는 정보를 얻는 능력이다.

국가직무능력표준에 따르면 정보능력의 세부 유형은 컴퓨터 활용 능력 · 정보처리능력으로 나눌 수 있다.

정보능력은 NCS 기반 채용을 진행한 곳 중 52% 정도가 다뤘으며, 문항 수는 전체에서 평균 6% 정도 출제되었다.

01 평소에 컴퓨터 활용 스킬을 틈틈이 익혀라!

윈도우(OS)에서 어떠한 설정을 할 수 있는지, 응용프로그램(엑셀 등)에서 어떠한 기능을 활용할 수 있는지를 평소에 직접 사용해 본다면 문제를 보다 수월하게 해결할 수 있다. 여건이 된다면 컴퓨터활용능력에 관련된 자격증 공부를 하는 것도 이론과 실무를 익히는 데 도움이 될 것이다.

02 문제의 규칙을 찾는 연습을 하라!

일반적으로 코드체계나 시스템 논리체계를 제공하고 이를 분석하여 문제를 해결하는 유형이 출제된다. 이러한 문제는 문제해결능력과 같은 맥락으로 규칙을 파악하여 접근하는 방식으로 연습이 필요하다.

03 현재 보고 있는 그 문제에 집중하자!

정보능력의 모든 것을 공부하려고 한다면 양이 너무나 방대하다. 그렇기 때문에 수험서에서 본인
이 현재 보고 있는 문제들을 집중적으로 공부하고 기억하려고 해야 한다. 그러나 엑셀의 함수
수식, 연산자 등 암기를 필요로 하는 부분들은 필수적으로 암기를 해서 출제가 되었을 때 오답률
을 낮출 수 있도록 한다.

04 사진·그림을 기억하자!

컴퓨터 활용 능력을 파악하는 영역이다 보니 컴퓨터 속 옵션, 기능, 설정 등의 사진·그림이 문제
에 같이 나오는 경우들이 있다. 그런 부분들은 직접 컴퓨터를 통해서 하나하나 확인을 하면서
공부한다면 더 기억에 잘 남게 된다. 조금 귀찮더라도 한 번씩 클릭하면서 확인을 해보도록 한다.

01 | 엑셀 함수

「=INDEX(배열로 입력된 셀의 범위, 배열이나 참조의 행 번호, 배열이나 참조의 열 번호)」

다음 시트에서 [E10] 셀에 수식 「=INDEX(E2:E9, MATCH(0,D2:D9,0))」를 입력했을 때, [E10] 셀에 표시되는 결괏값은?

「=MATCH(찾으려고 하는 값, 연속된 셀 범위, 되돌릴 값을 표시하는 숫자)」

풀이순서

1) 질문의도
   엑셀 함수의 활용
   방법

2) 자료비교

	A	B	C	D	E
1	부서	직위	사원명	근무연수	근무월수
2	재무팀	사원	이수연	2	11
3	교육사업팀	과장	조민정	3	5
4	신사업팀	사원	최지혁	1	3
5	교육컨텐츠팀	사원	김다연	0	2
6	교육사업팀	부장	민경희	8	10
7	기구설계팀	대리	김형준	2	1
8	교육사업팀	부장	문윤식	7	3
9	재무팀	대리	한영혜	3	0
10					

① 0

② 1

③ 2

④ 3

⑤ 4

「=INDEX(E2:E9,MATCH(0,D2:D9,0))'」을 입력하면
근무연수가 0인 사람의 근무월수가 셀에 표시된다.
따라서 2가 표시된다.

3) 정답도출

유형 분석	• 주어진 상황에 사용할 적절한 엑셀 함수가 무엇인지 묻는 문제이다.
	• 주로 업무 수행 중에 많이 활용되는 대표적인 엑셀 함수가 출제된다.
	응용문제 : 엑셀시트를 제시하여 각 셀에 들어갈 함수식을 고르는 문제가 출제된다.
풀이 전략	제시된 조건의 엑셀 함수를 파악 후, 함수를 적용하여 값을 구한다. 엑셀 함수에 대한 기본적인 지식을 익혀 두면 풀이시간을 단축할 수 있다.

02 | 프로그램 언어(코딩)

다음 프로그램의 결괏값으로 옳은 것은?

```c
#include <stdio.h>

int main(){
        int i = 4;
        int k = 2;
        switch(i) {
                case 0:
                case 1:
                case 2:
                case 3: k = 0;
                case 4: k += 5;
                case 5: k -= 20;
                default: k++;
        }
        printf("%d", k);
}
```

i가 4기 때문에 case 4부터 시작한다. k는 2이고, k+=5를 하면 7이 된다. case 5에서 k-=20을 하면 -13이 되고, default에서 1이 증가하여 결괏값은 -12가 된다.

① 12
③ 10
⑤ -11

✓ -12
④ -10

풀이순서

1) 질문의도
   C언어 연산자의 이해

2) 자료비교
   · 연산자 +
   · 연산자 -
   · 연산자 ++

3) 정답도출

유형 분석	• 주어진 정보를 통해 결괏값이 무엇인지 묻는 문제이다. • 주로 C언어 연산자를 적용하여 나오는 값을 구하는 문제가 출제된다. 응용문제 : 정보를 제공하지 않고, 기본적인 C언어 지식을 통해 결괏값을 구하는 문제가 출제된다.
풀이 전략	제시된 C언어 연산자를 파악 후, 연산자를 적용하여 값을 구한다. C언어에 대한 기본적인 지식을 익혀 두면 코딩 및 풀이시간을 줄일 수 있다.

05 | 기출예상문제

정답 및 해설 p.034

※ 정보운영부에 근무하는 김대리는 랜섬웨어에 대한 대비책을 직원들에게 전파하려고 한다. 이어지는 질문에 답하시오. [1~2]

발신 : 김○○대리(정보운영부, ***@lx.or.kr) 2022.06.30 14:25:32

수신 : 전 임직원
참조 :
제목 : [긴급 공지] 랜섬웨어 유포 관련 주의사항

내용 :
안녕하십니까? 정보운영부 김○○대리입니다.
최근 해외에서 기승을 부리던 랜섬웨어가 국내로까지 확장되고 있다는 보도가 나왔습니다. 이와 관련하여 직원 여러분들께 관련 보도자료와 몇 가지 주의사항을 당부 드리고자 합니다.

〈보도자료〉

랜섬웨어(Ransomware)란 몸값을 의미하는 랜섬(Ransom)과 소프트웨어(Software)의 합성어로 금전 갈취를 목표로 하는 신종 악성코드(Malware)의 일종이다. 랜섬웨어에 감염된 컴퓨터는 시스템에 대한 접근이 제한되고 이를 해결하기 위해서는 랜섬웨어 제작자에게 대가로 금품을 제공해야 한다. 이러한 랜섬웨어가 확산되기 시작하면서 컴퓨터 보안업계에 비상이 걸렸다. 그간 미국, 일본, 영국 등 해외에서 기승을 부리던 랜섬웨어가 이제는 한국어 버전으로 출현해 국내도 더 이상 안전지대가 아니라는 게 전문가들의 지적이다. 특히 문서, 사진, 동영상 등 데이터를 암호화하는 '크립토 랜섬웨어(Crypto Ransomware)'는 한번 감염되면 복구가 쉽지 않아 보안이 허술한 중소기업 등의 경영 활동에 걸림돌이 될 수 있다는 우려도 제기된다.

〈주의사항〉

이외 랜섬웨어 대응에 관해 궁금한 점이 있으시면 언제든지 정보운영부로 연락주시기 바랍니다. 감사합니다.
정보운영부 김○○ 드림

01 다음 중 김대리가 보낸 메일의 빈칸에 들어갈 주의사항으로 옳지 않은 것은?

① 모바일 OS나 인터넷 브라우저 등을 최신 버전으로 유지하십시오.
② 출처가 명확하지 않은 앱이나 프로그램은 설치하지 마십시오.
③ 비트코인 등 전자 화폐를 구입하라는 메시지는 즉시 삭제하고, 유사 사이트에 접속하지 마십시오.
④ 파일이 랜섬웨어에 감염되면 복구 프로그램을 활용해서 최대한 빨리 복구하십시오.

02 메일을 발송하려던 중 랜섬웨어와 같은 컴퓨터 악성코드에 대해 잘 모르는 직원들을 위해 조금 더 설명을 추가하기로 하였다. 다음 중 김대리가 메일 내용에 포함시키기에 옳지 않은 것은?

① 악성코드는 악의적인 용도로 사용될 수 있는 유해 프로그램을 말합니다.

② 악성코드는 외부 침입을 탐지하고 분석하는 프로그램으로 잘못된 정보를 남발할 수 있습니다.

③ 악성코드는 때로 실행하지 않은 파일을 저절로 삭제하거나 변형된 모습으로 나타나게 합니다.

④ 악성코드에는 대표적으로 스파이웨어, 트로이 목마 같은 것이 있습니다.

03 다음 중 정보처리 절차에 대한 설명으로 옳지 않은 것은?

① 정보의 기획은 정보의 입수대상, 주제, 목적 등을 고려하여 전략적으로 이루어져야 한다.

② 정보처리는 기획 → 수집 → 활용 → 관리의 순서로 이루어진다.

③ 다양한 정보원으로부터 목적에 적합한 정보를 수집해야 한다.

④ 정보 관리 시에 고려하여야 할 3요소는 목적성, 용이성, 유용성이다.

04 다음 중 빈칸에 들어갈 용어로 옳은 것은?

> 기업이 경쟁우위를 확보하기 위하여 구축, 이용하는 정시시스템. 기존의 정보시스템이 기업 내 업무의 합리화나 효율화에 역점을 두었던 것에 반하여, 기업이 경쟁에서 승리하여 살아남기 위한 필수적인 시스템이라는 뜻에서 _____이라고 한다. 그 요건으로는 경쟁우위의 확보, 신규 사업의 창출이나 상권의 확대, 업계 구조의 변혁 등을 들 수 있다. 실례로는 금융기관의 대규모 온라인시스템, 항공 회사의 좌석예약시스템, 슈퍼마켓(체인점) 등에서의 판매시점관리(POS)를 들 수 있다. 최근에는 대외지향적인 전략시스템뿐만 아니라 기업 구조의 재구축을 위한 업무 재설계(BPR)와 같이 경영 전략을 수립하여 그에 맞는 정보시스템을 재구축하는 접근 방식을 채용하고 있다.

① 비지니스 프로세스 관리(BPM; Business Process Management)

② 전사적 자원관리(ERP; Enterprise Resource Planning)

③ 경영정보시스템(MIS; Management Information System)

④ 전략정보시스템(SIS; Strategic Information System)

05 L공단 경영지원실에서 근무하는 S사원은 워드프로세서 프로그램을 사용해 결재 문서를 작성해야 하는데, 결재란을 페이지마다 넣고 싶다. 다음 중 S사원이 사용해야 하는 워드프로세서 기능은?

① 머리말
② 미주
③ 스타일
④ 쪽 번호

06 제시문은 정보·자료·지식의 차이점에 대한 글이다. 다음 중 정보에 해당하는 것을 〈보기〉에서 모두 고르면?

'자료'란 객관적 실제의 반영이며, 그것을 전달할 수 있도록 기호화한 것이고, '정보'란 해당 자료를 특정한 목적과 문제 해결에 도움이 되도록 가공한 것이다. 그리고 이러한 정보를 집적하고 체계화하여 장래의 일반적인 사항에 대비하여 보편성을 갖도록 정리한 것을 '지식'이라고 한다.

> **보기**
> ㄱ. 보유 스마트폰 기종
> ㄴ. 중년층의 스마트폰 교체 기간
> ㄷ. 10대의 스마트폰 보유율
> ㄹ. 20대가 원하는 스마트폰 요금제 출시
> ㅁ. 주간 스마트폰 사용시간

① ㄱ, ㄴ
② ㄴ, ㄷ
③ ㄷ, ㄹ
④ ㄷ, ㅁ

07 시트에서 근무점수가 70점대인 직원의 수를 출력하려고 한다. 다음 중 [B14] 셀에 입력할 함수식으로 옳은 것은?

	A	B	C
1	직원 근무 평가		
2	성명	입사일	근무점수
3	박정호	1994-06-06	73
4	신정희	1997-04-01	69
5	김용태	1999-11-01	93
6	김진영	1995-05-06	65
7	유현숙	1998-01-01	69
8	최정철	1998-06-10	80
9	강창희	1997-09-11	86
10	천영주	1996-05-10	70
11	박연수	1998-05-06	63
12			
13		70점대	
14		2	

① $=\text{COUNTIF}(\text{C3:C11}, ">=70") - \text{COUNTIF}(\text{C3:C11}, ">=80")$

② $=\text{COUNTIF}(\text{C3}, ">=70") - \text{COUNTIF}(\text{C3}, ">=80")$

③ $=\text{IF}(\text{C3:C11}>70, "2")$

④ $=\text{LEFT}(\text{C3}, 2, 1)$

08 L공사에 근무하고 있는 C사원은 우리나라 국경일을 CONCATENATE 함수를 이용하여 다음과 같이 입력하고자 한다. [C2] 셀에 입력해야 하는 함수식으로 옳은 것은?

	A	B	C
1	국경일	날짜	우리나라 국경일
2	3·1절	매년 3월 1일	3·1절(매년 3월 1일)
3	제헌절	매년 7월 17일	제헌절(매년 7월 17일)
4	광복절	매년 8월 15일	광복절(매년 8월 15일)
5	개천절	매년 10월 3일	개천절(매년 10월 3일)
6	한글날	매년 10월 9일	한글날(매년 10월 9일)

① $=\text{CONCATENATE}(\text{A2}, \text{B2})$

② $=\text{CONCATENATE}(\text{A2}, (, \text{B2},))$

③ $=\text{CONCATENATE}(\text{B2}, (, \text{A2},))$

④ $=\text{CONCATENATE}(\text{A2}, "(", \text{B2}, ")")$

09 다음 중 함수식에 대한 결괏값으로 옳지 않은 것은?

	함수식	결괏값
①	=TRIM("1/4분기 수익")	1/4분기 수익
②	=SEARCH("세","세금 명세서",3)	5
③	=PROPER("republic of korea")	REPUBLIC OF KOREA
④	=LOWER("Republic of Korea")	republic of korea

10 신입사원인 귀하는 선배로부터 엑셀을 활용하여 자료를 정리하는 일이 많다고 들었다. 그래서 귀하는 업무능률을 향상시키기 위해서 기초적인 함수부터 익히고자 한다. 다음 제시된 함수식의 결괏값으로 옳지 않은 것은?

	A	B	C	D	E	F
1						
2		120	200	20	60	
3		10	60	40	80	
4		50	60	70	100	
5						
6		함수식			결괏값	
7		=MAX(B2:E4)			A	
8		=ROUND(B2,−1)			B	
9		=LARGE(B2:E4,3)			C	
10		=COUNTIF(B2:E4,E4)			D	
11						
12						

① A=200

② B=100

③ C=100

④ D=1

11 다음 중 데이터 유효성 검사에 대한 설명으로 옳지 않은 것은?

① 목록의 값들을 미리 지정하여 데이터 입력을 제한할 수 있다.

② 입력할 수 있는 정수의 범위를 제한할 수 있다.

③ 목록으로 값을 제한하는 경우 드롭다운 목록의 너비를 지정할 수 있다.

④ 유효성 조건 변경 시 변경 내용을 범위로 지정된 모든 셀에 적용할 수 있다.

12 다음은 L공사의 인사부에서 정리한 사원 목록이다. 이에 대한 설명으로 옳은 것을 〈보기〉에서 모두 고르면?

	A	B	C	D
1	사원번호	성명	직책	부서
2	869872	조재영	부장	경영팀
3	890531	정대현	대리	경영팀
4	854678	윤나리	사원	경영팀
5	812365	이민지	차장	기획팀
6	877775	송윤희	대리	기획팀
7	800123	김가을	사원	기획팀
8	856123	박슬기	부장	영업팀
9	827695	오종민	차장	영업팀
10	835987	나진원	사원	영업팀
11	854623	최윤희	부장	인사팀
12	847825	이경서	사원	인사팀
13	813456	박소미	대리	총무팀
14	856123	최영수	사원	총무팀

보기

㉠ 부서를 기준으로 내림차순으로 정렬되었다.
㉡ 직책은 사용자 지정 목록을 이용하여 부장, 차장, 대리, 사원 순으로 정렬되었다.
㉢ 부서를 우선 기준으로, 직책을 다음 기준으로 정렬하였다.
㉣ 성명을 기준으로 내림차순으로 정렬되었다.

① ㉠, ㉡
② ㉠, ㉢
③ ㉠, ㉣
④ ㉡, ㉢

13 각 워크시트에서 채우기 핸들을 [A3] 셀로 드래그했을 때, [A3] 셀에 입력되는 값으로 옳지 않은 것은?

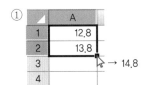 → 14.8

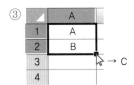 → 13.8

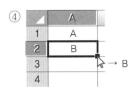 → C

④

14 다음 중 엑셀에서 연속된 영역의 셀을 선택할 때와 불연속적인 셀을 선택할 때, 마우스와 함께 사용되는 키로 옳게 짝지어진 것은?

① 연속 – 〈Alt〉, 불연속 – 〈Ctrl〉

② 연속 – 〈Shift〉, 불연속 – 〈Ctrl〉

③ 연속 – 〈Alt〉, 불연속 – 〈Shift〉

④ 연속 – 〈Ctrl〉, 불연속 – 〈Shift〉

15 다음과 같이 셀 값을 입력하기 위해서 [A1] 셀에 숫자 1을 입력하고, 채우기 핸들을 아래 방향으로 드래그하려고 한다. 이때, 숫자가 증가하여 입력되도록 하기 위해 함께 눌러줘야 하는 키로 옳은 것은?

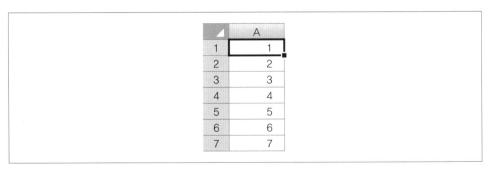

① 〈Alt〉　　　　　　　　　② 〈Ctrl〉

③ 〈Shift〉　　　　　　　　④ 〈Tab〉

16 다음 중 Windows에 설치된 프린터의 [인쇄 관리자] 창에서 할 수 있는 작업으로 옳지 않은 것은?

① 인쇄 중인 문서도 강제로 종료시킬 수 있다.

② 인쇄 중인 문서를 일시 중지하고, 다른 프린터로 출력하도록 할 수 있다.

③ 현재 사용 중인 프린터를 기본 프린터로 설정할 수 있다.

④ 현재 사용 중인 프린터를 공유하도록 설정할 수 있다.

PART 1

17 다음 상황에서 B사원이 제시해야 할 해결 방안으로 옳은 것은?

> A팀장 : 어제 부탁한 보고서 작성은 다 됐나?
> B사원 : 네, 제 컴퓨터의 '문서' 폴더를 공유해 놓았으니 보고서를 내려 받으시면 됩니다.
> A팀장 : 내 컴퓨터의 인터넷은 잘 되는데, 혹시 자네 인터넷이 지금 문제가 있나?
> B사원 : (모니터를 들여다보며) 아닙니다. 잘 되는데요?
> A팀장 : 네트워크 그룹에서 자네의 컴퓨터만 나타나지 않네. 어떻게 해야 하지?

① 공유폴더의 사용권한 수준을 소유자로 지정해야 합니다.

② 화면 보호기를 재설정해야 합니다.

③ 디스크 검사를 실행해야 합니다.

④ 네트워크상의 작업 그룹명을 동일하게 해야 합니다.

18 다음 워크시트에서 [틀 고정] 기능을 통해 A열과 1행을 고정하고자 할 때, 어느 셀을 클릭한 후 틀 고정해야 하는가?

	A	B	C
1	코드번호	성명	취미
2	A001	이몽룡	컴퓨터
3	A002	홍길동	축구
4	A003	성춘향	미술
5	A004	변학도	컴퓨터
6	A005	임꺽정	농구

① [A1]
② [A2]
③ [B1]
④ [B2]

19 다음 시트의 [B9] 셀에 [B2:C8] 영역의 평균을 계산하고, 백의 자리에서 올림하여 결괏값을 출력하려고 할 때, 다음 중 [B9] 셀에 입력할 함수식으로 옳은 것은?

	A	B	C
1	1/4분기	2/4분기	3/4분기
2	91,000	91,000	91,000
3	81,000	82,000	83,000
4	71,000	72,000	73,000
5	61,000	62,000	63,000
6	51,000	52,000	53,000
7	41,000	42,000	43,000
8	91,000	91,000	91,000
9			

① = ROUNDUP(AVERAGE(B2:C8), − 3)

② = ROUND(AVERAGE(B2:C8), − 3)

③ = ROUNDUP(AVERAGE(B2:C8), 3)

④ = ROUND(AVERAGE(B2:C8), 3)

20 다음 중 엑셀에서 [데이터 유효성] 대화 상자의 [설정] 탭 중 제한 대상 목록에 해당하지 않는 것은?

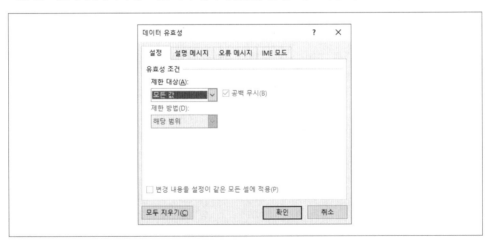

① 정수　　　　　　　　　　② 날짜

③ 시간　　　　　　　　　　④ 분수

행운이란 100%의 노력 뒤에 남는 것이다.

- 랭스턴 콜먼 -

CHAPTER 06
조직이해능력

조직이해능력은 업무를 원활하게 수행하기 위해 조직의 체제와 경영을 이해하고 국제적인 추세를 이해하는 능력이다. 현재 많은 공사·공단에서 출제 비중을 높이고 있는 영역이기 때문에 미리 대비하는 것이 중요하다. 실제 업무 능력에서 조직이해능력을 요구하기 때문에 중요도는 점점 높아 질것이다.

국가직무능력표준 홈페이지 자료에 따르면 조직이해능력의 세부 유형은 조직체제이해능력·경영이해능력·업무이해능력·국제감각으로 나눌 수 있다. 조직도를 제시하는 문제가 출제되거나 조직의 체계를 파악해 경영의 방향성을 예측하고, 업무의 우선순위를 파악하는 문제가 출제된다.

조직이해능력은 NCS 기반 채용을 진행한 곳 중 70% 정도가 다뤘으며, 문항 수는 전체에서 평균 5% 정도로 상대적으로 적게 출제되었다.

01 문제 속에 정답이 있다!

경력이 없는 경우 조직에 대한 이해가 낮을 수밖에 없다. 그러나 문제 자체가 실무적인 내용을 담고 있어도 문제 안에는 해결의 단서가 주어진다. 부담을 갖지 않고 접근하는 것이 중요하다.

02 경영·경제학원론 정도의 수준은 갖추도록 하라!

지원한 직군마다 차이는 있을 수 있으나, 경영·경제이론을 접목시킨 문제가 꾸준히 출제되고 있다. 따라서 기본적인 경영·경제이론은 익혀 둘 필요가 있다.

03 지원하는 공사·공단의 조직도를 파악하자!

출제되는 문제는 각 공사·공단의 세부내용일 경우가 많기 때문에 지원하는 공사·공단의 조직도를 파악해 두어야 한다. 조직이 운영되는 방법과 전략을 이해하고, 조직을 구성하는 체제를 파악하고 간다면 조직이해능력 영역에서 조직도가 나올 때 단기간에 문제를 풀 수 있을 것이다.

04 실제 업무에서도 요구되므로 이론을 익혀두자!

각 공사·공단의 직무 특성상 일부 영역에 중요도가 가중되는 경우가 있어서 많은 취업준비생들이 일부 영역에만 집중하지만, 실제 업무 능력에서 직업기초능력 10개 영역이 골고루 요구되는 경우가 많고, 현재는 필기시험에서도 조직이해능력을 출제하는 기관의 비중이 늘어나고 있기 때문에 미리 이론을 익혀 둔다면 모듈형 문제에서 고득점을 노릴 수 있다.

01 | 경영전략

다음은 경영전략 추진과정 을 나타낸 내용이다. (가)에 대한 사례 중 그 성격이 다른 것은?

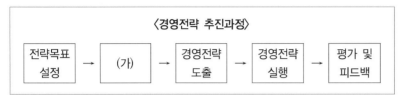

〈경영전략 추진과정〉

전략목표 설정 → (가) → 경영전략 도출 → 경영전략 실행 → 평가 및 피드백

✅ 제품 개발을 위해 우리가 가진 예산의 현황을 파악해야 한다. → 내부 환경
② 우리 제품의 시장 개척을 위해 법적으로 문제가 없는지 확인해 봐야 한다. → 외부 환경
③ 이번에 발표된 정부의 정책으로 우리 제품이 어떠한 영향을 받을 수 있는지 확인해 볼 필요가 있다. → 외부 환경
④ 신제품 출시를 위해 경쟁사들의 동향을 파악해 봐야 한다. → 외부 환경
⑤ 우리가 공급받고 있는 원재료들의 원가를 확인해야 한다. → 외부 환경

풀이순서

1) 질문의도
   내부 환경과 외부 환경의 구분

2) 선택지분석
   • 내부 환경 : 회사 내부의 제어할 수 있는 강점과 약점
   • 외부 환경 : 회사 외부의 제어할 수 없는 기회와 위협

3) 정답도출

유형 분석
• 경영전략 추진과정에 대한 이해를 묻는 문제이다.
• 경영전략을 추진하는 순서와 각 단계에 따른 세부적인 내용을 알고 있어야 한다.

풀이 전략
선택지를 보며 해당 단계의 절차와 맞는지 확인한다.

02 | 조직구조

대학생인 지수의 일과인 다음 〈조건〉을 통해 알 수 있는 사실로 가장 적절한 것은?

풀이순서

1) 질문의도
  조직 유형 이해

2) 조건확인
  조직별 유형 분류

3) 정답도출

조건

지수는 화요일에 학교 수업, 아르바이트, 스터디, 봉사활동 등을 한다.
다음은 지수의 화요일 일과이다.

• 오전 11시부터 오후 4시까지 수업이 있다. → 5시간
  학교 : 공식조직, 비영리조직, 대규모조직
• 수업이 끝나고 학교 앞 프랜차이즈 카페에서 아르바이트를 3시간 동안 한다.
  카페 : 공식조직, 영리조직, 대규모조직
• 아르바이트를 마친 후, NCS 공부를 하기 위해 스터디를 2시간 동안 한다.
  스터디 : 비공식조직, 비영리조직, 소규모조직

① 비공식조직이면서 소규모조직에 3시간 있었다.
② 하루 중 공식조직에서 9시간 있었다.
✔ 비영리조직이면서 대규모조직에서 5시간 있었다. → 학교
④ 영리조직에서 2시간 있었다.
⑤ 비공식조직이면서 비영리조직에서 3시간 있었다.

유형 분석	• 조직의 유형을 분류하는 문제이다. • 조직의 개념과 그 특징에 대한 문제가 자주 출제된다.
풀이 전략	주어진 조건을 면밀하게 분석해야 한다. 해당 조직이 어떤 유형인지 확인한 후 선택지와 비교하면서 풀어야 한다.

03 | 업무 지시사항

다음 중 제시된 업무 지시사항에 대한 판단으로 적절하지 않은 것은?

> 은경씨, 금요일 오후 2시부터 10명의 인·적성검사 합격자의 1차 면접이 진행
> ③
>
> 될 예정입니다. 5층 회의실 사용 예약을 지금 미팅이 끝난 직후 해 주시고, 2명
> 씩 5개 조로 구성하여 10분씩 면접을 진행하니 지금 드리는 지원 서류를 참고하
> ①
>
> 시어 수요일 오전까지 5개 조를 구성한 보고서를 저에게 주십시오. 그리고 2명의
> ②
>
> 면접 위원님께 목요일 오전에 면접 진행에 대해 말씀드려 미리 일정 조정을 완료
> ⑤
>
> 해 주시기 바랍니다.

① 면접은 10분씩 진행된다.
② 은경씨는 수요일 오전까지 보고서를 제출해야 한다.
③ 면접은 금요일 오후에 10명을 대상으로 실시된다.
☑ 인·적성검사 합격자는 본인이 몇 조인지 알 수 있다.
⑤ 은경씨는 면접 위원님에게 면접 진행에 대해 알려야 한다.

풀이순서

1) 질문의도
   업무 지시사항의
   이해

2) 선택지분석
   지시사항 확인

3) 정답도출

유형 분석	• 제시된 지시사항을 제대로 이해하고 있는지 확인하는 문제이다. 응용 문제 : 여러 가지 지시사항을 제시하고 일의 처리 순서를 나열하는 문제가 출제된다.
풀이 전략	제시문에 나오는 키워드를 찾고 선택지와 비교하여 풀어야 한다. 이때 제시문을 정확하게 파악하는 것이 중요하다.

04 | 국제동향

언어적 커뮤니케이션과 달리 상대국의 문화적 배경의 생활양식, 행동규범, 가치관 등을 이해하여 서로 다른 문화적 배경을 지닌 사람과 소통하는 것을 비언어적 커뮤니케이션이라고 한다. 다음 중 적절하지 않은 비언어적 커뮤니케이션은?

① 스페인에서는 악수할 때 손을 강하게 잡을수록 반갑다는 의미를 가지고 있다. 따라서 스페인 사람과 첫 협상 시에는 강하게 악수하여 반가움을 표현하는 것이 적절하다.

☑ 이탈리아에서는 연회 시 소금이나 후추 등이 다른 사람 손에 거치면 좋지 않다는 풍습이 있다. 따라서 이탈리아에서 연회 참가 시 소금과 후추가 필요할 때는 웨이터를 부르도록 한다.

　→ 웨이터를 부르는 것보다 자신이 직접 가져오는 것이 적절함

③ 일본에서 칼은 관계의 단절을 의미한다. 따라서 일본인에게 선물할 때 칼은 피하는 것이 좋다.

④ 중국에서는 상대방이 선물을 권할 때 선뜻 받기보다 세 번 정도 거절하는 것이 예의라고 생각한다. 따라서 중국인에게 선물할 때 세 번 거절당하더라도 한 번 더 받기를 권하는 것이 좋다.

⑤ 키르키즈스탄에서는 왼손을 더러운 것으로 느끼는 풍습이 있다. 따라서 키르키즈스탄인에게 명함을 건넬 때는 반드시 오른손으로 주도록 한다.

풀이순서

1) 질문의도
국제 매너 이해 및 행동

2) 선택지분석
문화별 가치관에 부합하지 않는 행동 선택

3) 정답도출

유형 분석	• 국제 매너에 대한 이해를 묻는 문제이다. • 국제 공통 예절과 국가별 예절을 구분해서 알아야 하며, 특히 식사 예절은 필수로 알아 두어야 한다.
풀이 전략	문제에서 묻는 내용(적절한, 적절하지 않은)을 분명히 확인한 후 문제를 풀어야 한다.

06 | 기출예상문제

정답 및 해설 p.036

01 다음 중 경영참가제도에 대한 설명으로 적절하지 않은 것은?

① 목적은 경영의 민주성을 제고하는 것으로 근로자 또는 노동조합이 경영과정에 참여하여 자신의 의사를 반영함으로써 공동으로 문제를 해결하고, 노사 간의 세력 균형을 이루는 것이다.

② 유형으로는 경영참가, 이윤참가, 자본참가 등이 있다.

③ 경영자의 고유한 권리인 경영권을 강화시키고 분배문제를 해결함으로써 노동조합의 단체교섭 기능이 강화될 수 있다는 장점이 있다.

④ 대표로 참여하는 근로자가 조합원들의 권익을 지속적으로 보장할 수 있는가의 문제점이 있다.

02 다음은 L가구(주)의 시장 조사 결과 보고서이다. 회사가 마련해야 할 마케팅 전략으로 적절한 것을 〈보기〉에서 모두 고르면?

- 조사 기간 : 2022. 06. 11. ~ 2022. 06. 21.
- 조사 품목 : 돌침대
- 조사 대상 : 주부 1,000명
- 조사 결과
  - 소비자의 건강에 대한 관심 증대
  - 소비자는 가격보다 제품의 기능을 우선적으로 고려
  - 취급 점포가 너무 많아서 점포 관리가 체계적이지 못함
  - 자사 제품의 가격이 낮아서 품질도 떨어지는 것으로 인식됨

보기

ㄱ. 유통 경로를 늘린다.
ㄴ. 고급화 전략을 추진한다.
ㄷ. 박리다매 전략을 이용한다.
ㄹ. 전속적 또는 선택적 유통 전략을 도입한다.

① ㄱ, ㄴ   ② ㄱ, ㄷ

③ ㄴ, ㄷ   ④ ㄴ, ㄹ

03 다음 글을 읽고 브레인스토밍에 대한 설명으로 적절하지 않은 것을 고르면?

> 집단에서 의사결정을 하는 대표적인 방법으로 브레인스토밍이 있다. 브레인스토밍은 일정한 테마에 관하여 회의형식을 채택하고, 구성원의 자유발언을 통해 아이디어의 제시를 요구하여 발상을 찾아내려는 방법으로 볼 수 있다.

① 다른 사람이 아이디어를 제시할 때, 비판을 통해 새로운 아이디어를 창출한다.
② 아이디어는 적게 나오는 것 보다는 많이 나올수록 좋다.
③ 자유분방하고 엉뚱하기까지 한 의견을 출발점으로 해서 아이디어를 전개시켜 나갈 수 있다.
④ 문제에 대한 제안은 자유롭게 이루어질 수 있다.

04 다음 (가)와 (나)의 조직구조의 형태를 이해한 것으로 적절하지 않은 것은?

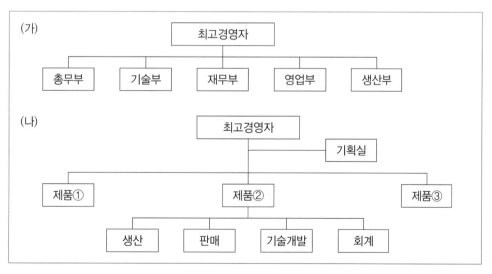

① (가)의 경우는 업무의 내용이 유사하고 관련성이 있는 것들이 결합되어 형태를 이루고 있다.
② (가)는 (나)보다 분권화된 의사결정이 가능한 사업별 조직구조이다.
③ (나)는 (가)보다 제품별 차이에 신속하게 적용하기 위한 조직구조이다.
④ (나)는 (가)보다 급변하는 환경변화에 효과적으로 대응할 수 있는 조직구조이다.

05 유기농 식품 회사에 근무하는 A씨에게 어느 고객이 신제품에 대한 문의를 해왔다. A씨가 제품에 부착된 설명서를 참고하여 고객에게 꼭 안내해야 할 내용으로 가장 적절한 것은?

> - 제품명 : 그린너트 마카다미아넛츠
> - 식품의 유형 : 땅콩 또는 견과류 가공품
> - 내용량 : 25g
> - 원재료명 및 함량 : 구운 아몬드[아몬드(미국) 100%] 50%, 호두(수입산) 20%, 마카다미아(호주) 15%, 건크랜베리(미국) 15%[크랜베리 55%, 설탕 44%, 해바라기유 1%]
> - 보관 및 취급사항 : 직사광선을 피하고 건조하고 서늘한 곳에 보관하십시오. 남은 제품을 보관하실 경우 밀폐용기에 넣어 냉장 보관해 주십시오.
> - 본 제품은 대두, 땅콩, 밀, 메밀, 호두, 아몬드를 사용한 제품과 같은 제조시설에서 포장하였습니다.
> - 본 제품은 공정거래위원회 고시 소비분쟁해결 기준에 의거 교환 또는 보상받을 수 있습니다.
> - 부정·불량식품 신고는 국번 없이 1399

① 합성첨가물은 사용되지 않았지만 원재료 그대로가 아닌 가공된 제품입니다.
② 보관하실 때에는 햇빛과 습기를 피하십시오.
③ 고객의 단순 변심은 교환 또는 보상의 조건이 되지 않습니다.
④ 같은 제조시설에서 포장된 것에 어떤 재료들이 쓰였는지 꼭 확인하시기 바랍니다.

06 L공사는 경영진과 직원의 자유로운 소통, 부서 간 화합 등을 통해 참여와 열린 소통의 조직문화를 조성하고자 노력한다. 이러한 조직문화는 조직의 방향을 결정하고 조직을 존속하게 하는 데 중요한 요인 중의 하나이다. 다음 중 조직문화에 대한 설명으로 적절하지 않은 것은?

① 조직구성원들에게 일체감과 정체성을 부여하고, 결속력을 강화시킨다.
② 조직구성원들의 조직몰입을 높여준다.
③ 대부분의 조직들은 서로 비슷한 조직문화를 만들기 위해 노력한다.
④ 조직구성원들의 생활양식이나 가치를 의미한다.

07 김팀장은 박대리에게 다음과 같은 업무지시를 내렸다. 다음 중 박대리가 가장 먼저 처리해야 할 일은 무엇인가?

박대리, 지난주에 요청했던 사업계획서는 문제없이 진행되고 있나요? 이번 주 금요일까지 완료해서 부장님께 제출해 주세요. 그리고 오늘 오후 5시에는 본사에서 진행되는 금년도 사업현황보고 회의에 함께 참석해야 합니다. 따라서 금일 업무 보고는 오후 6시가 아닌 오후 4시에 받도록 하겠습니다. 오후 4시까지 금일 업무 보고서를 작성해서 전달해 주세요. 참! 이틀 전 박 대리가 예약한 회의실이 본사 2층의 대회의실이었나요? 혹시 모를 상황에 대비하여 적어도 회의 시작 3시간 전에 사내 인트라넷의 회의실 예약 현황을 확인하고, 변동사항이 있다면 저에게 알려주세요.

① 회의실 예약 현황 확인
② 본사 사업현황보고 회의 참석
③ 본사 대회의실 사용 신청
④ 부장님께 사업계획서 제출

08 다음 중 집단 의사 결정의 특징에 대한 내용으로 적절하지 않은 것은?

① 한 사람이 가진 지식보다 집단의 지식과 정보가 더 많기 때문에 보다 효과적인 결정을 할 확률이 높다.
② 의사를 결정하는 과정에서 구성원 간의 갈등은 불가피하다.
③ 여럿의 의견을 일련의 과정을 거쳐 모은 것이기 때문에 결과는 얻을 수 있는 것 중에서 최선이다.
④ 구성원 각자의 시각으로 문제를 바라보기 때문에 다양한 견해를 가지고 접근할 수 있다.

09 다음 중 마이클 포터(Michael E. Porter)의 본원적 경쟁전략에 대한 설명으로 가장 적절한 것은?

① 해당 사업에서 경쟁우위를 확보하기 위한 전략이다.
② 집중화 전략에서는 대량생산을 통해 단위 원가를 낮추거나 새로운 생산기술을 개발할 필요가 있다고 본다.
③ 원가우위 전략에서는 연구개발이나 광고를 통하여 기술, 품질, 서비스 등을 개선할 필요가 있다고 본다.
④ 차별화 전략은 특정 산업을 대상으로 한다.

10 L기업의 상황을 고려할 때, 다음 중 경영활동과 활동의 사례로 적절하지 않은 것은?

〈상황〉

- L기업은 국내 자동차 제조업체이다.
- L기업은 최근 인도네시아의 자동차 판매업체와 계약을 하여, 내년부터 인도네시아로 차량을 수출할 계획이다.
- L기업은 중국의 자동차 부품 제조업체와 협력하고 있는데, 최근 중국 내 전염병 확산으로 현지 업체들의 가동률이 급락하였다.
- L기업은 최근 내부 설문조사를 실시한 결과, 사내 유연근무제 도입을 희망하는 직원의 비율은 72%, 희망하지 않는 직원의 비율이 20%, 무응답이 8%였다.
- L기업의 1분기 생산라인 피드백 결과, 엔진 조립 공정에서 진행속도를 20% 개선할 경우, 생산성이 12% 증가하는 것으로 나타났다.

	경영활동	사례
①	외부경영활동	인도네시아 시장의 자동차 구매성향 파악
②	내부경영활동	국내 자동차 부품 제조업체와의 협력안 검토
③	내부경영활동	인도네시아 현지 자동차 법규 및 제도 조사
④	내부경영활동	엔진 조립 공정 개선을 위한 공정 기술 연구개발

※ 다음은 L회사의 회의록이다. 이어지는 질문에 답하시오. [11~12]

<회의록>

회의일시	2023년 1월 13일	부서	생산팀, 연구팀, 마케팅팀	작성자	이○○
참석자	생산팀 팀장·차장, 연구팀 팀장·차장, 마케팅팀 팀장·차장				
회의안건	제품에서 악취가 난다는 고객 불만에 따른 원인 조사 및 대책방안				
회의내용	주문폭주로 인한 물량증가로 잉크가 덜 마른 포장상자를 사용해 냄새가 제품에 스며든 것으로 추측				
결정사항	[생산팀] 내부 비닐 포장, 외부 종이상자 포장이었던 기존방식에서 내부 2중 비닐포장, 외부 종이상자 포장으로 교체 [마케팅팀] 1. 주문 물량이 급격히 증가했던 일주일 동안 생산된 제품 전격 회수 2. 제품을 공급한 매장에 사과문 발송 및 100% 환불·보상 공지 [연구팀] 포장재질 및 인쇄된 잉크의 유해성분 조사				

11 다음 중 회의록을 보고 알 수 있는 내용으로 가장 적절한 것은?

① 이 조직은 6명으로 이루어져 있다.

② 회의 참석자는 총 3명이다.

③ 연구팀에서 제품을 전격 회수해 포장재질 및 인쇄된 잉크의 유해성분을 조사하기로 했다.

④ 주문량이 많아 잉크가 덜 마른 포장상자를 사용한 것이 문제 발생의 원인으로 추측된다.

12 다음 중 회의 후 가장 먼저 해야 할 일은 무엇인가?

① 해당 브랜드의 전 제품 회수

② 포장재질 및 인쇄된 잉크 유해성분 조사

③ 새로 도입하는 포장방식 홍보

④ 주문 물량이 급격히 증가한 일주일 동안 생산된 제품 파악

13 다음은 L공사의 직무전결표의 일부분이다. 이에 따라 문서를 처리하였을 경우 적절하지 않은 것은?

직무 내용	대표이사	위임 전결권자		
		전무이사	상무이사	부서장
정기 월례 보고				○
각 부서장급 인수인계		○		
3천만 원 초과 예산 집행	○			
3천만 원 이하 예산 집행		○		
각종 위원회 위원 위촉				
해외 출장			○	

① 인사부장의 인수인계에 관하여 전무이사에게 결재받은 후 시행하였다.
② 인사징계위원회 위원을 위촉하기 위하여 대표이사 부재중에 전무이사가 전결하였다.
③ 영업팀장의 해외 출장을 위하여 상무이사에게 사인을 받았다.
④ 3천만 원에 해당하는 물품 구매를 위하여 전무이사 전결로 처리하였다.

14 L회사에 근무하는 B씨가 다음의 기사를 읽고 기업의 사회적 책임에 대해 생각해 보았다고 할 때, B씨의 생각으로 적절하지 않은 것은?

세계 자동차 시장 점유율 1위를 기록했던 도요타 자동차는 2010년 11월 가속페달의 매트 끼임 문제로 미국을 비롯해 전 세계적으로 1,000만 대가 넘는 사상 초유의 리콜을 했다. 도요타 자동차의 리콜 사태에 대한 원인으로 기계적 원인과 더불어 무리한 원가절감, 과도한 해외생산 확대 안일한 경영 등 경영상의 요인들이 제기되고 있다. 또 도요타 자동차는 급속히 성장하면서 제기된 문제들을 소비자의 관점이 아닌 생산자의 관점에서 해결하려고 했고, 늦은 리콜 대응 등 문제 해결에 미흡했다는 지적을 받고 있다. 이런 대규모 리콜 사태로 인해 도요타 자동차가 지난 수십 년간 세계적으로 쌓은 명성은 하루아침에 모래성이 됐다. 이와 다른 사례로 존슨앤드존슨의 타이레놀 리콜사건이 있다. 1982년 9월말 미국 시카고 지역에서 존슨앤드존슨의 엑스트라 스트렝스 타이레놀 캡슐을 먹고 4명이 사망하는 사건이 발생하자, 존슨앤드존슨은 즉각적인 대규모 리콜을 단행했다. 그 결과 존슨앤드존슨은 소비자들의 신뢰를 다시 회복했다.

① 상품에서 결함이 발견됐다면 기업은 그것을 인정하고 책임지는 모습이 필요해.
② 소비자의 관점이 아닌 생산자의 관점에서 문제를 해결할 때, 소비자들의 신뢰를 회복할 수 있어.
③ 이윤창출은 기업의 유지에 필요하지만, 수익만을 위해 움직이는 것은 여러 문제를 일으킬 수 있어.
④ 존슨앤드존슨은 사회의 기대와 가치에 부합하는 윤리적 책임을 잘 이행하였어.

15 다음 글에서 제시된 조직의 특성으로 가장 적절한 것은?

> 한국국토정보공사의 사내 봉사 동아리에 소속된 70여 명의 임직원이 연탄 나르기 봉사 활동을 펼쳤다. 이날 임직원들은 지역 주민들이 보다 따뜻하게 겨울을 날 수 있도록 연탄 총 3,000장과 담요를 직접 전달했다. 사내 봉사 동아리에 소속된 A대리는 "매년 진행하는 연말 연탄 나눔 봉사활동을 통해 지역사회에 도움의 손길을 전할 수 있어 기쁘다."며 "오늘의 작은 손길이 큰 불씨가 되어 많은 분들이 따뜻한 겨울을 보내길 바란다."고 말했다.

① 인간관계에 따라 형성된 자발적인 조직
② 이윤을 목적으로 하는 조직
③ 규모와 기능 그리고 규정이 조직화되어 있는 조직
④ 조직 구성원들의 행동을 통제할 장치가 마련되어 있는 조직

16 다음 중 비영리조직에 해당하는 것을 〈보기〉에서 모두 고르면?

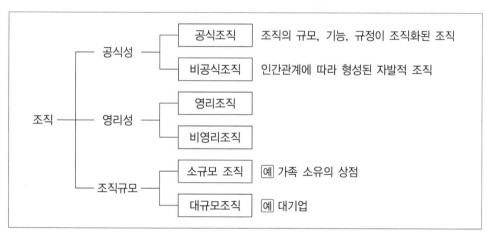

> **보기**
> ㉠ 사기업 　　　　　　　㉡ 정부조직
> ㉢ 비영리 병원 　　　　　㉣ 대학
> ㉤ 시민단체

① ㉠, ㉢
② ㉠, ㉢, ㉣
③ ㉡, ㉣, ㉤
④ ㉢, ㉣, ㉤

17 다음 중 민츠버그가 구분한 경영자에 대한 설명으로 적절하지 않은 것은?

① 민츠버그는 대인적 · 정보적 · 의사결정적 활동의 3가지로 경영자의 역할을 나누었다.

② 대인적 역할은 상징자 혹은 지도자로서 대외적으로 조직을 대표하고, 자원배분자 등의 역할을 의미한다.

③ 정보적 역할은 조직을 둘러싼 외부환경의 변화를 모니터링하고, 이를 조직에 전달하는 정보전달자의 역할을 의미한다.

④ 의사결정적 역할은 조직 내 문제를 해결하고 대외적 협상을 주도하는 협상가 등의 역할을 의미한다.

18 인사팀 팀장인 귀하는 신입사원 채용 면접관으로 참가하게 되었다. 귀하의 회사는 조직 내 팀워크를 가장 중요하게 생각하고 있다. 지원자 중 귀하의 회사에 채용되기에 적절하지 않은 사람은?

① A지원자 : 최선보다는 최고! 무조건 뛰어난 사원이 되도록 하겠습니다.

② B지원자 : 조직 내에서 반드시 필요한 일원이 되겠습니다.

③ C지원자 : 동료와 함께 부족한 부분을 채워나간다는 생각으로 일하겠습니다.

④ D지원자 : 회사의 목표가 곧 제 목표라는 생각으로 모든 업무에 참여하겠습니다.

19 다음 중 수직적 체계에 따른 경영자의 역할에 대한 설명으로 가장 적절한 것은?

① 최고경영자는 재무관리, 생산관리, 인사관리 등과 같이 경영부문별로 경영목표 · 전략 · 정책을 집행하기 위한 제반활동을 수행하게 된다.

② 중간경영자는 조직의 최상위층으로 조직의 혁신기능과 의사결정기능을 조직 전체의 수준에서 담당하게 된다.

③ 하위경영자는 현장에서 실제로 작업을 하는 근로자를 직접 지휘 · 감독하는 경영층을 의미한다.

④ 수직적 체계에 따라 최고경영자, 중간경영자, 하위경영자, 최하위경영자로 나눌 수 있다.

20 다음은 경영에 대한 설명이다. 빈칸 ㉠, ㉡에 들어갈 내용을 바르게 연결한 것은?

> 경영이란 조직의 목적을 달성하기 위한 ___㉠___ 활동으로 특정 조직에게 적합한 특수경영과 조직의 특성에 관계없이 적용될 수 있는 일반경영이 있다. 경영은 ___㉡___ 의 4요소로 구성되며, 경영계획, 경영실행 및 경영평가의 단계를 거친다.

<table>
<tr><td></td><td>㉠</td><td>㉡</td></tr>
<tr><td>①</td><td>조직, 계획, 운영</td><td>관리기법, 인력, 설비, 자본</td></tr>
<tr><td>②</td><td>조직, 계획, 운영</td><td>경영목적, 인적자원, 자금, 전략</td></tr>
<tr><td>③</td><td>전략, 관리, 운영</td><td>경영관리, 재무, 투자, 조직</td></tr>
<tr><td>④</td><td>전략, 관리, 운영</td><td>경영목적, 인적자원, 자금, 전략</td></tr>
</table>

CHAPTER 07
기술능력

기술능력은 업무를 수행함에 있어 도구, 장치 등을 포함하여 필요한 기술에 어떠한 것들이 있는지 이해하고, 실제 업무를 수행함에 있어 적절한 기술을 선택하여 적용하는 능력이다. 사무직을 제외한 특수 직렬을 지원하는 수험생이라면 전공을 포함하여 반드시 준비해야 하는 영역이다.

국가직무능력표준에 따르면 기술능력의 세부 유형은 기술이해능력·기술선택능력·기술적용능력으로 나눌 수 있다. 제품설명서나 상황별 매뉴얼을 제시하는 문제 또는 명령어를 제시하고 규칙을 대입할 수 있는지 묻는 문제가 출제되기 때문에 이런 유형들을 공략할 수 있는 전략을 세워야 한다. 기술능력은 NCS 기반 채용을 진행한 기업 중 50% 정도가 채택했으며, 문항 수는 전체에서 평균 2% 정도 출제되었다.

01 긴 지문이 출제될 때는 보기의 내용을 미리 보자!

기술능력에서 자주 출제되는 제품설명서나 상황별 매뉴얼을 제시하는 문제에서는 기술을 이해하고, 상황에 알맞은 원인 및 해결방안을 고르는 문제가 출제된다. 실제 시험장에서 문제를 풀 때는 시간적 여유가 없기 때문에 보기를 먼저 읽고, 그 다음 긴 지문을 보면서 동시에 보기와 일치하는 내용이 나오면 확인해 가면서 푸는 것이 좋다.

02 모듈형에 대비하라!

모듈형 문제의 비중이 늘어나는 추세이므로 공기업을 준비하는 취업준비생이라면 모듈형 문제에 대비해야 한다. 기술능력의 모듈형 이론 부분을 학습하고 모듈형 문제를 풀어보고 여러 번 읽으며 이론을 확실히 익혀두면 실제 시험장에서 이론을 묻는 문제가 나왔을 때 단번에 답을 고를 수 있다.

03 전공 이론도 익혀두자!

지원하는 직렬의 전공 이론이 기술능력으로 출제되는 경우가 많기 때문에 전공 이론을 익혀두는 것이 좋다. 깊이 있는 지식을 묻는 문제가 아니더라도 출제되는 문제의 소재가 전공과 관련된 내용일 가능성이 크기 때문에 최소한 지원하는 직렬의 전공 용어는 확실히 익혀두어야 한다.

04 포기하지 말자!

직업기초능력에서 주요 영역이 아니면 소홀한 경우가 많다. 시험장에서 기술능력을 읽어보지도 않고 포기하는 경우가 많은데 차근차근 읽어보면 지문만 잘 읽어도 풀 수 있는 문제들이 출제되는 경우가 있다. 이론을 모르더라도 풀 수 있는 문제인지 파악해보자.

01 | 기술선택능력

다음은 기술선택을 위한 절차를 나타낸 것이다. (ㄱ) ~ (ㄹ)에 들어갈 내용을 바르게 짝지은 것은?

풀이순서

1) 질문의도
   기술선택 절차

2) 기술선택 절차 파악

4) 정답도출

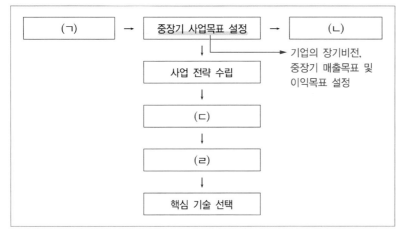

	(ㄱ)	(ㄴ)	(ㄷ)	(ㄹ)
①	내부 역량 분석	외부 환경 분석	요구 기술 분석	기술 전략 수립
②	내부 역량 분석	외부 환경 분석	기술 전략 수립	요구 기술 분석
✓③	외부 환경 분석	내부 역량 분석	요구 기술 분석	기술 전략 수립
	수요변화 및 경쟁자 변화, 기술변화 등을 분석	기술능력, 생산능력, 마케팅 · 영업능력, 재무능력 등	제품 설계 · 디자인 기술, 제품 생산 공정, 원재료 · 부품 제조기술에 대한 분석	핵심 기술을 선택하거나, 기술 획득 방법을 결정
④	외부 환경 분석	내부 역량 분석	기술 전략 수립	요구 기술 분석
⑤	외부 환경 분석	기술 전략 수립	내부 역량 분석	요구 기술 분석

3) 선택지분석

유형 분석	• 제시된 지문만으로 해결하기 어려울 수 있으므로, 사전에 관련 개념과 특징을 숙지하고 있어야 한다. • 업무수행에 필요한 기술의 개념 · 원리 · 절차, 관련 용어, 긍정적 · 부정적 영향에 대한 이해를 평가한다.
풀이 전략	질문을 읽고 문제에서 묻는 바를 이해한 뒤 선택지와 지문의 내용을 하나씩 대조하며 정답을 도출한다.

02 | 기술적용능력

E사원은 회사의 기기를 관리하는 업무를 맡고 있다. 어느 날, 동료 사원들로부터 전자레인지를 사용할 때 가끔씩 불꽃이 튀고 음식이 잘 데워지지 않는다는 이야기를 들었다. 서비스를 접수하기 전에 점검할 사항 으로 옳지 않은 것은?

증상	원인	조치 방법
전자레인지가 작동하지 않는다.	• 전원 플러그가 콘센트에 바르게 꽂혀 있습니까? • 문이 확실히 닫혀 있습니까? • 배전판 퓨즈나 차단기가 끊어지지 않았습니까? • 조리방법을 제대로 선택하셨습니까?	• 전원 플러그를 바로 꽂아주십시오. • 문을 다시 닫아 주십시오. • 끊어졌으면 교체하고 연결시켜 주십시오. • 취소를 누르고 다시 시작하십시오.
동작 시 불꽃이 튄다.	• ❹ 조리실 내벽에 금속 제품 등이 닿지 않았습니까? • ❷ 금선이나 은선으로 장식된 그릇을 사용하고 계십니까? • ❶ 조리실 내에 찌꺼기가 있습니까?	• 벽에 닿지 않도록 하십시오. • 금선이나 은선으로 장식된 그릇은 사용하지 마십시오. • 깨끗이 청소해 주십시오.
조리 상태가 나쁘다.	• ❺ 조리 순서, 시간 등 사용 방법을 잘 선택하셨습니까?	• 요리책을 다시 확인하고 사용해 주십시오.
회전 접시가 불균일하게 돌거나 돌지 않는다.	• 회전 접시와 회전 링이 바르게 놓여 있습니까?	• 각각을 정확한 위치에 놓아 주십시오.
불의 밝기나 동작 소리가 불균일하다.	• 출력의 변화에 따라 일어난 현상이니 안심하고 사용하셔도 됩니다.	

① 조리실 내 위생 상태 점검
② 사용 가능 용기 확인
③ 사무실, 전자레인지 전압 확인
④ 조리실 내벽 확인
⑤ 조리 순서, 시간 확인

풀이순서

1) 질문의도
   원인 → 점검 사항

2) 지문파악
   전자레인지 설명서

4) 정답도출
   사무실, 전자레인지 전압 확인 → 증상에 따른 원인으로 제시되지 않은 사항

3) 선택지분석
   주어진 증상에 대한 원인과 조치 방법 확인

유형 분석
• 제품설명서 등을 읽고 제시된 문제 상황에 적절한 해결 방법을 찾는 문제이다.
• 직업생활에 필요한 기술은 그대로 적용하고 불필요한 기술은 버릴 수 있는지 평가한다.
• 지문의 길이가 길고 복잡하므로, 문제에서 요구하는 정보를 놓치지 않도록 주의해야 한다.

풀이 전략
질문을 읽고 문제 상황을 파악한 뒤 지문에 제시된 선택지를 하나씩 소거하며 정답을 도출한다.

07 | 기출예상문제

정답 및 해설 p.039

01 다음 (가) ~ (마)에 대한 사례 중 지속가능한 기술의 사례로 적절한 것을 모두 고르면?

> (가) A사는 카메라를 들고 다니지 않으면서도 사진을 찍고 싶어 하는 소비자들을 위해, 일회용 카메라 대신 재활용이 쉽고, 재사용도 가능한 카메라를 만들어내는 데 성공했다.
>
> (나) 잉크, 도료, 코팅에 쓰이던 유기 용제 대신에 물로 대체한 수용성 수지를 개발한 B사는 휘발성 유기화합물의 배출이 줄어듦과 동시에 대기오염 물질을 줄임으로써 소비자들로부터 찬사를 받고 있다.
>
> (다) C사는 가구처럼 맞춤 제작하는 냉장고를 선보였다. 맞춤 양복처럼 가족 수와 식습관, 라이프스타일, 주방 형태 등을 고려해 1도어부터 4도어까지 여덟 가지 타입의 모듈을 자유롭게 조합하고, 세 가지 소재와 아홉 가지 색상을 매치해 공간에 어울리는 나만의 냉장고를 꾸밀 수 있게 되었다.
>
> (라) D사는 기존에 소각 처리해야 했던 석유화학 옥탄올 공정을 변경하여 폐수처리로 전환하고, 공정 최적화를 통해 화약 제조 공정에 발생하는 총 질소의 양을 원천적으로 감소시키는 공정 혁신을 이루었다. 이로 인해 연간 4천 톤의 오염 물질 발생량을 줄였으며, 약 60억 원의 원가도 절감했다.
>
> (마) 등산 중 갑작스러운 산사태를 만나거나 길을 잃어서 조난 상황이 발생한 경우 골든타임 확보가 무척 중요하다. 이를 위해 E사는 조난객의 상황 파악을 위한 5G 통신 모듈이 장착된 비행선을 선보였다. 이 비행선은 현재 비행거리와 시간이 짧은 드론과 비용과 인력 소모가 많이 드는 헬기에 비해 매우 효과적일 것으로 기대하고 있다.

① (가), (나), (마)
② (가), (나), (라)
③ (가), (다), (라)
④ (나), (다), (라)

02 다음은 기술시스템의 발전단계이다. 각 단계에 대한 사례로 적절하지 않은 것은?

1단계 : 발명, 개발, 혁신의 단계 - 기술 시스템이 탄생하고 성장	① 에디슨이 전구를 발명하였다. ② 에디슨은 자신의 전구 조명 시스템이 경쟁력을 갖도록 고안하였다.
↓	
2단계 : 기술 이전의 단계 - 성공적인 기술이 다른 지역으로 이동	③ 영국에서 발명된 변압기를 본 헝가리 간쯔 앤 컴퍼니는 변압기를 다시 설계하여 실용적인 변압기를 만들었다.
↓	
3단계 : 기술 경쟁의 단계 - 기술 시스템 사이의 경쟁	에디슨과 조력자들은 파격적인 발명을 해낸 다른 발명가들과 경쟁을 하면서 새로운 것을 발명해냈다.
↓	
4단계 : 기술 공고화 단계 - 경쟁에서 승리한 기술 시스템의 관성화	④ 에디슨이 전등회사, 전구 생산 회사 등을 설립하고 통합하는 등 다양한 회사들을 소유·통제하였다.

03 다음 글을 읽고 추론할 수 있는 기술혁신의 특성으로 가장 적절한 것은?

> 인간의 개별적인 지능과 창의성, 상호학습을 통해 발생하는 새로운 지식과 경험은 빠른 속도로 축적되고 학습되지만, 이러한 지식은 문서화되기 어렵기 때문에 다른 사람들에게 쉽게 전파될 수 없다. 따라서 연구개발에 참가한 연구원과 엔지니어들이 그 기업을 떠나는 경우 기술과 지식의 손실이 크게 발생하여 기술 개발을 지속할 수 없는 경우가 종종 발생한다.

① 기술혁신은 그 과정 자체가 매우 불확실하다.
② 기술혁신은 장기간의 시간을 필요로 한다.
③ 기술혁신은 지식 집약적인 활동이다.
④ 기술혁신 과정의 불확실성과 모호함은 기업 내에서 많은 갈등을 유발할 수 있다.

04 다음 글을 읽고 이해한 내용으로 가장 적절한 것은?

> 최근 환경오염의 주범이었던 화학회사들이 환경 보호 정책을 표방하고 나섰다. 기업의 분위기가 변하면서 대학의 엔지니어뿐만 아니라 기업에 고용된 엔지니어들도 점차 대체기술, 환경기술, 녹색 디자인 등을 추구하는 방향으로 전환해 가고 있는 것이다.
> 또한, 최근 각광받고 있는 3R의 구호[줄이고(Reduce), 재사용하고(Reuse), 재처리하자(Recycle)]는 엔지니어로 하여금 미래 사회를 위한 자신들의 역할에 대해 방향을 제시해주고 있다.

① 개발이라는 이름으로 행해지는 개발독재의 사례로 볼 수 있어.
② 자연과학기술에 대한 연구개발의 사례로 적절하구나.
③ 균형과 조화를 위한 지속가능한 개발의 사례로 볼 수 있어.
④ 기술이나 자금을 위한 개발수입의 사례인 것 같아.

05 다음은 산업재해의 어떤 원인인가?

> 시설물 자체 결함, 전기 시설물의 누전, 구조물의 불안정, 소방기구의 미확보, 안전보호장치 결함, 복장·보호구의 결함, 시설물의 배치 및 장소 불량, 작업 환경 결함, 생산 공정의 결함, 경계 표시 설비의 결함 등

① 교육적 원인　　　　　　　　　　　　② 기술적 원인
③ 불안전한 행동　　　　　　　　　　　④ 불안전한 상태

06 K팀장은 신입사원을 대상으로 기업이 기술을 선택하는 데 있어 중요하게 고려해야 할 부분이 무엇인지에 대해 설명을 하고 있다. K팀장의 설명에서 빈칸에 들어갈 말로 적절하지 않은 것은?

> K팀장 : 어떤 기술을 획득하고 활용할 것인지는 업무를 수행하고 있는 본인뿐만 아니라 기업 전체의 경쟁력을 결정짓는 데에도 영향을 끼칩니다. 기술을 선택할 경우에는 주어진 시간과 자원의 제약 하에서 선택 가능한 대안들 중 최적이 아닌 최선의 대안을 선택하는 합리적인 의사결정이 필요합니다. 특히 최선의 기술을 선택하는 데 있어 우선순위를 고려해야 하는데, 그 기준으로는 _____ 등이 있습니다.

① 제품의 성능이나 원가에 미치는 영향력이 얼마나 큰 기술인지 여부
② 가장 최근에 개발된 기술인지 여부
③ 아무나 쉽게 구현할 수 없는 기술인지 여부
④ 다른 기업에서 모방하기 어려운 기술인지 여부

07 다음은 LPG 차량의 동절기 관리 요령에 대해 설명한 자료이다. 이를 통해 이해한 내용으로 적절하지 않은 것은?

〈LPG 차량의 동절기 관리 요령〉

LPG 차량은 가솔린이나 경유에 비해 비등점이 낮은 특징을 갖고 있기 때문에 대기온도가 낮은 겨울철에 시동성이 용이하지 못한 결점이 있습니다. 동절기 시동성 향상을 위해 다음 사항을 준수하시기 바랍니다.

▶ **LPG 충전**
동절기에 상시 운행지역을 벗어나 추운지방을 이동할 경우에는 도착지 LPG 충전소에서 연료를 완전 충전하시면 다음날 시동이 보다 용이합니다. 이는 지역별로 외기온도에 따라 시동성 향상을 위해 LPG 내에 포함된 프로판 비율이 다르며, 추운 지역의 LPG는 프로판 비율이 높습니다 (동절기에는 반드시 프로판 비율이 15 ~ 35%를 유지하도록 관련 법규에 명문화되어 있습니다).

▶ **주차시 요령**
가급적 건물 내 또는 주차장에 주차하는 것이 좋으나, 부득이 옥외에 주차할 경우에는 엔진 위치가 건물벽 쪽을 향하도록 주차하거나, 차량 앞쪽을 해가 뜨는 방향으로 주차함으로써 태양열의 도움을 받을 수 있도록 하는 것이 좋습니다.

▶ **시동 요령**
• 엔진 시동 전에 반드시 안전벨트를 착용하여 주십시오.
• 주차 브레이크 레버를 당겨 주십시오.
• 모든 전기장치는 OFF하여 주십시오.
• 점화스위치를 'ON' 위치로 하여 주십시오.
• 저온(혹한기) 조건에서는 계기판에 PTC 작동 지시등이 점등됩니다.
  – PTC 작동 지시등의 점등은 차량 시동성 향상을 위한 것으로 부품의 성능에는 영향이 없습니다.
  – 주행 후 단시간 시동시에는 점등되지 않을 수 있습니다.
• PTC 작동 지시등이 소등되었는지 확인 후, 엔진 시동을 걸어 주십시오.

▶ **시동시 주의 사항**
시동이 잘 안 걸리면 엔진 시동을 1회에 10초 이내로만 실시하십시오. 계속해서 엔진 시동을 걸면 배터리가 방전될 수 있습니다.

▶ **시동직후 주의 사항**
• 저온시 엔진 시동 후 계기판에 가속방지 지시등이 점등됩니다.
• 가속방지 지시등의 점등은 주행성 향상을 위한 것으로 부품의 성능에는 영향이 없습니다.
• 가속방지 지시등 점등 시 고속 주행을 삼가십시오.
• 가속방지 지시등 점등 시 급가속, 고속주행은 연비하락 및 엔진꺼짐 등의 문제가 발생할 수 있습니다.
• 가급적 가속방지 지시등 소등 후에 주행하여 주시길 바랍니다.

---

① 옥외에 주차할 경우 차량 앞쪽을 해가 뜨는 방향에 주차하는 것이 좋다.
② 동절기에 LPG 충전소에서 연료를 완전 충전하면 다음날 시동이 용이하다.
③ 추운 지역의 LPG는 따뜻한 지역보다 프로판 비율이 낮다.
④ 가속방지 지시등 점등 시 고속 주행을 삼가도록 한다.

08 기술개발팀에서 근무하는 귀하는 차세대 로봇에 사용할 주행 알고리즘을 개발하고 있다. 주행 알고리즘과 예시를 참고하였을 때 이동한 로봇의 경로로 가장 적절한 것은?

<주행 알고리즘>

회전과 전진만이 가능한 로봇이 미로에서 목적지까지 길을 찾아가도록 구성하였다. 미로는 (4단위)×(4단위)의 정방형 단위구역(Cell) 16개로 구성되며 미로 중앙부에는 1단위구역 크기의 도착지점이 있다. 도착지점에 이르기 전 로봇은 각 단위구역과 단위구역 사이를 이동할 때 벽의 유무를 탐지하여 벽이 없음이 감지되는 방향으로 주행한다. 로봇은 주명령을 수행하고, 이에 따라 주행할 수 없을 때만 보조명령을 따른다.
- 주명령 : 현재 단위구역(Cell)에서 로봇은 왼쪽, 앞쪽, 오른쪽 순서로 벽의 유무를 탐지하여 벽이 없음이 감지되는 방향의 단위구역을 과거에 주행한 기록이 없다면 해당 방향으로 한 단위구역만큼 주행한다.
- 보조명령 : 현재 단위구역에서 로봇이 왼쪽, 앞쪽, 오른쪽, 뒤쪽 순서로 벽의 유무를 탐지하여 벽이 없음이 감지되는 방향의 단위구역에 벽이 없음이 감지되는 방향과 반대 방향의 주행기록이 있을 때만, 로봇은 그 방향으로 한 단위구역만큼 주행한다.

<예시>

로봇이 A → B → C → B → A로 이동한다고 가정할 때, A에서 C로의 이동은 주명령에 의한 것이고 C에서 A로의 이동은 보조명령에 의한 것이다.

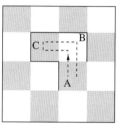

①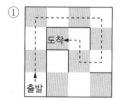

②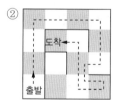

③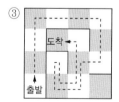

④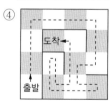

※ 귀하는 사무실에서 사용 중인 기존 공유기에 새로운 공유기를 추가하여 무선 네트워크 환경을 개선하려
   고 한다. 이어지는 질문에 답하시오. [9~10]

〈공유기를 AP/스위치(허브)로 변경하는 방법〉

[안내]
공유기 2대를 연결하기 위해서는 각각의 공유기가 다른 내부 IP를 사용하여야 하며, 이를 위해 스위치(허브)
로 변경하고자 하는 공유기에 내부 IP 주소 변경과 DHCP 서버 기능을 중단해야 합니다.

[절차요약]
– 스위치(허브)로 변경하고자 하는 공유기의 내부 IP 주소 변경
– 스위치(허브)로 변경하고자 하는 공유기의 DHCP 기능 중지
– 인터넷에 연결된 공유기에 스위치(허브)로 변경한 공유기를 연결

[세부절차 설명]
(1) 공유기의 내부 IP 주소 변경
   • 공유기의 웹 설정화면에 접속하여 [관리도구] – [고급설정] – [네트워크관리] – [내부 네트워크 설정]
     을 클릭합니다.
   • 내부 IP 주소의 끝자리를 임의적으로 변경한 후 [적용 후 시스템 다시 시작] 버튼을 클릭합니다.
(2) 공유기의 DHCP 기능 중지
   • 변경된 내부 IP 주소로 재접속 후 [관리도구] – [고급설정] – [네트워크관리] – [내부 네트워크 설정]을
     클릭합니다.
   • 하단의 [DHCP 서버 설정]을 [중지]로 체크 후 [적용]을 클릭합니다.
(3) 스위치(허브)로 변경된 공유기의 연결

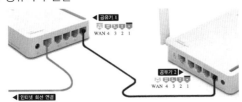

   • 위의 그림과 같이 스위치로 변경된 〈공유기 2〉의 LAN 포트 1 ~ 4 중 하나를 원래 인터넷에 연결되어
     있던 〈공유기 1〉의 LAN 포트 1 ~ 4 중 하나에 연결합니다.
   • 〈공유기 2〉는 스위치로 동작하게 되므로 〈공유기 2〉의 WAN 포트에는 아무것도 연결하지 않습니다.

[최종점검]
이제 스위치(허브)로 변경된 공유기를 기존 공유기에 연결하는 모든 과정이 완료되었습니다. 설정이 완료된
상태에서 정상적으로 인터넷 연결이 되지 않는다면 상단 네트워크 〈공유기 1〉에서 IP 할당이 정상적으로
이루어지지 않는 경우입니다. 이와 같은 경우 PC에서 IP 갱신을 해야 하며 PC를 재부팅하거나 공유기를
재시작하시기 바랍니다.

[참고]
(1) Alpha 3/Alpha 4의 경우는 간편설정이 가능하므로 (1) ~ (2) 과정을 쉽게 할 수 있습니다.
(2) 스위치(허브)로 변경되어 연결된 공유기가 무선 공유기로 필요에 따라 무선 연결 설정이 필요한 경우
   〈공유기 1〉 또는 〈공유기 2〉에 연결된 PC 어디에서나 〈공유기 2〉의 변경된 IP 주소를 인터넷 탐색기의
   주소란에 입력하면 공유기 관리도구에 쉽게 접속할 수 있으며 필요한 무선 설정을 진행할 수 있습니다.

09 귀하는 새로운 공유기를 추가로 설치하기 전 판매업체에 문의하여 위와 같은 설명서를 전달받았다. 다음 중 설명서에 대한 내용으로 적절하지 않은 것은?

① 새로 구매한 공유기가 Alpha 3 또는 Alpha 4인지 먼저 확인한다.

② 네트워크를 접속할 때 IP를 동적으로 할당받을 수 있도록 하는 DHCP 기능이 활성화되도록 설정한다.

③ 기존에 있는 공유기의 내부 IP 주소와 새로운 공유기의 내부 IP 주소를 서로 다르게 설정한다.

④ 기존 공유기와 새로운 공유기를 연결할 때, 새로운 공유기의 LAN 포트를 기존에 있는 공유기의 LAN 포트에 연결한다.

10 귀하는 설명서 내용을 토대로 새로운 공유기를 기존 공유기와 연결하고 설정을 마무리하였지만 제대로 작동하지 않았다. 귀하의 동료 중 IT기술 관련 능력이 뛰어난 A주임에게 문의를 한 결과, 다음과 같은 답변을 받았다. 다음 중 답변으로 적절하지 않은 것은?

① "기존 공유기와 새로운 공유기를 연결하는 LAN선이 제대로 꽂혀 있지 않네요."

② "PC에서 IP 갱신이 제대로 되지 않은 것 같습니다. 공유기와 PC 모두 재시작해보는 게 좋을 것 같습니다."

③ "기존 공유기로부터 연결된 LAN선이 새로운 공유기에 LAN 포트에 연결되어 있네요. 이를 WAN 포트에 연결하면 될 것 같습니다."

④ "기존 공유기에서 DHCP 서버가 발견될 경우 DHCP 서버 기능을 중단하도록 설정되어 있어서 오작동한 것 같아요. 해당 설정을 해제하면 될 것 같습니다."

※ 논리연산자를 다음과 같이 정의할 때, 이어지는 질문에 답하시오. [11~12]

- AND(논리곱) : 둘 다 참일 때만 참, 나머지는 모두 거짓
- OR(논리합) : 둘 다 거짓일 때만 거짓, 나머지는 모두 참
- NAND(부정논리곱) : 둘 다 참일 때만 거짓, 나머지는 모두 참
- NOR(부정논리합) : 둘 다 거짓일 때만 참, 나머지는 모두 거짓
- XOR(배타적 논리합) : 둘의 참 / 거짓이 다르면 참, 같으면 거짓

11 다음과 같은 입력 패턴 A, B를 〈조건〉에 따라 원하는 출력 패턴으로 합성하고자 한다. (가)에 들어 갈 논리 연산자로 옳은 것은?

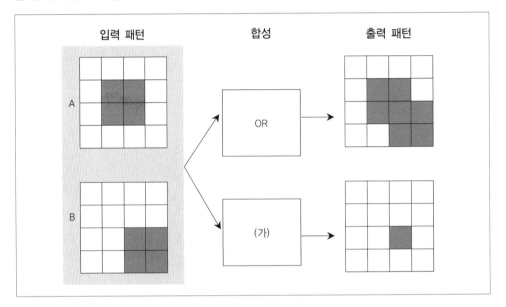

조건

- ■은 패턴값 '1'로, □은 패턴값 '0'으로 변환하여 합성에 필요한 논리 연산을 한 후, '1'은 ■으로 '0'은 □으로 표시한다.
- 합성은 두 개의 입력 패턴 A, B를 겹쳐서 1 : 1로 대응되는 위치의 패턴값끼리 논리 연산을 수행하여 이루어진다.
- 입력 패턴 A, B와 출력 패턴의 회전은 없다.

① AND   ② NOR

③ XOR   ④ NAND

12 다음과 같은 패턴 A, B를 〈조건〉에 따라 합성하였을 때, 결과로 옳은 것은?

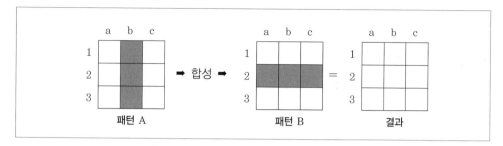

조건

- ■는 1, □는 0이다.
- 패턴 A, B의 회전은 없다.
- 패턴 A, B에서 대응되는 행과 열은 1 : 1로 각각 겹쳐 합성한다.
  - 예 패턴 A(1, b)의 ■는 패턴 B(1, b)의 □에 대응된다.
- 패턴 A와 B의 합성은 NOR 연산으로 처리한다.

①

②

③

④

※ 다음은 정수기 사용 설명서이다. 이어지는 질문에 답하시오. [13~15]

〈제품규격〉

모델명	SDWP-8820
전원	AC 220V/60Hz
외형치수	260(W)×360(D)×1100(H)(단위 : mm)

〈설치 시 주의사항〉

• 낙수, 우수, 목욕탕, 샤워실, 옥외 등 제품에 물이 닿거나 습기가 많은 장소에는 설치하지 마십시오.
• 급수호스가 꼬이거나 꺾이게 하지 마십시오.
• 화기나 직사광선은 피하십시오.
• 단단하고 수평한 곳에 설치하십시오.
• 제품은 반드시 냉수배관에 연결하십시오.
• 설치 위치는 벽면에서 20cm 이상 띄워 설치하십시오.

〈필터 종류 및 교환시기〉

구분	1단계	2단계	3단계	4단계
필터	세디먼트	프리카본	UF중공사막	실버블록카본
교환시기	약 4개월	약 8개월	약 20개월	약 12개월

〈청소〉

세척 부분	횟수	세척방법
외부	7일 1회	플라스틱 전용 세척제 및 젖은 헝겊으로 닦습니다(시너 및 벤젠은 제품의 변색이나 표면이 상할 우려가 있으므로 사용하지 마십시오).
물받이통	수시	중성세제로 닦습니다.
취수구	1일 1회	히든코크를 시계 반대 방향으로 돌려서 분리하고 취수구를 멸균 면봉을 사용하여 닦습니다. 히든코크는 젖은 헝겊을 사용하여 닦습니다.
피팅(연결구)	2년 1회 이상	필터 교환 시 피팅 또는 튜빙을 점검하고 필요 시 교환합니다.
튜빙(배관)		

〈제품 이상 시 조치방법〉

현상	예상원인	조치방법
온수 온도가 낮음	공급 전원 낮음	공급 전원이 220V인지 확인하고 아니면 전원을 220V로 맞춰 주십시오.
	온수 램프 확인	온수 램프에 전원이 들어오는지 확인하고 제품 뒷면의 온수 스위치가 켜져 있는지 확인하십시오.
냉수가 안 됨	공급 전원 낮음	공급 전원이 220V인지 확인하고 아니면 전원을 220V로 맞춰 주십시오.
	냉수 램프 확인	냉수 램프에 전원이 들어오는지 확인하고 제품 뒷면의 냉수 스위치가 켜져 있는지 확인하십시오.
물이 나오지 않음	필터 수명 종료	필터 교환 시기를 확인하고 서비스센터에 연락하십시오.
	연결 호스 꺾임	연결 호스가 꺾인 부분이 있으면 그 부분을 펴 주십시오.
냉수는 나오는데 온수는 나오지 않음	온도 조절기 차단	제품 뒷면의 온수 스위치를 끄고 서비스센터에 연락하십시오.
	히터 불량	

정수물이 너무 느리게 채워짐	필터 수명 종료	서비스센터에 연락하고 필터를 교환하십시오.
제품에서 누수 발생	조립 부위 불량	원수밸브를 잠근 후 작동을 중지시키고 서비스센터에 연락하십시오.
불쾌한 맛이나 냄새 발생	냉수 탱크 세척 불량	냉수 탱크를 세척하여 주십시오.

13 다음 설명서를 기준으로 판단할 때, 정수기에 대한 설명으로 적절하지 않은 것은?

① 정수기 청소는 하루에 최소 2곳을 해야 한다.

② 불쾌한 맛이나 냄새가 발생하면 냉수 탱크를 세척하면 된다.

③ 적정 시기에 필터를 교환하지 않으면 발생할 수 있는 문제는 2가지이다.

④ 정수기의 크기는 가로 26cm, 깊이 36cm, 높이 110cm이다.

14 다음 중 제품에 문제가 발생했을 때, 서비스센터에 연락해야만 해결이 가능한 현상으로 적절하지 않은 것은?

① 정수물이 너무 느리게 채워진다.

② 물이 나오지 않는다.

③ 제품에서 누수가 발생한다.

④ 냉수는 나오는데 온수가 나오지 않는다.

15 다음 설명서를 기준으로 판단할 때, 〈보기〉 중 정수기에 대한 설명으로 적절한 것을 모두 고르면?

> **보기**
>
> ㄱ. 정수기에 사용되는 필터는 총 4개이다.
> ㄴ. 급한 경우에는 시너나 벤젠을 사용하여 정수기 외부를 청소해도 된다.
> ㄷ. 3년 사용할 경우 프리카본 필터는 3번 교환해야 한다.
> ㄹ. 벽면과의 간격을 10cm로 하여 정수기를 설치하면 문제가 발생할 수 있다.

① ㄱ, ㄴ

② ㄱ, ㄷ

③ ㄱ, ㄹ

④ ㄴ, ㄷ

※ L공사에서는 사무실의 복합기를 K복합기로 교체하면서, 추후 문제가 생길 것을 대비해 신형 복합기의 문제 해결법을 인트라넷에 게시하였다. 이어지는 질문에 답하시오. [16~17]

〈문제 해결법〉

Q. 복합기가 비정상적으로 종료됩니다.

A. 제품의 전원 어댑터가 전원 콘센트에 정상적으로 연결되었는지 확인하십시오.

Q. 제품에서 예기치 못한 소음이 발생합니다.

A. 복합기의 자동 서비스 기능으로 프린트 헤드의 수명을 관리할 때에 제품에서 예기치 못한 소음이 발생할 수 있습니다.
  ▲ 참고
  • 프린트 헤드의 손상을 방지하려면, 복합기에서 인쇄하는 동안에는 복합기를 끄지 마십시오.
  • 복합기의 전원을 끌 때에는 반드시 전원 버튼을 사용하고, 복합기가 정지할 때까지 기다린 후 전원을 끄십시오.
  • 잉크 카트리지를 모두 바르게 장착했는지 확인합니다.
  • 잉크 카트리지가 하나라도 없을 경우, 복합기는 프린트 헤드를 보호하기 위해 자동으로 서비스 기능을 수행할 수 있습니다.

Q. 복합기가 응답하지 않습니다(인쇄되지 않음).

A. 1. 인쇄 대기열에 걸려 있는 인쇄 작업이 있는지 확인하십시오.
    • 인쇄 대기열을 열어 모든 문서 작업을 취소한 다음 PC를 재부팅합니다.
    • PC를 재부팅한 후 인쇄를 다시 시작합니다.
  2. K복합기 소프트웨어 설치를 확인하십시오.
    • 인쇄 도중 복합기가 꺼지면 PC 화면에 경고 메시지가 나타납니다.
    • 메시지가 나타나지 않을 경우 K복합기 소프트웨어가 제대로 설치되지 않았을 수 있습니다.
    • K복합기 소프트웨어를 완전히 제거한 다음 다시 설치합니다. 자세한 내용은 [프린터 소프트웨어 삭제하기]를 참고하십시오.
  3. 케이블 및 연결 상태를 확인하십시오.
    ① USB 케이블이 복합기와 PC에 제대로 연결되었는지 확인합니다.
    ② 복합기가 무선 네트워크에 연결되어 있을 경우 복합기와 PC의 네트워크 연결 상태를 확인합니다.
    ③ PC에 개인 방화벽 소프트웨어가 설치되어 있는지 확인합니다.
    ④ 개인 소프트웨어 방화벽은 외부 침입으로부터 PC를 보호하는 보안 프로그램입니다.
    ⑤ 방화벽으로 인해 PC와 복합기의 통신이 차단될 수 있습니다.
    ⑥ 복합기와 통신이 문제가 될 경우에는 방화벽을 일시적으로 해제하십시오. 해제 후에도 문제가 발생하면 방화벽에 의한 문제가 아닙니다. 방화벽을 다시 실행하십시오.

Q. 인쇄 속도가 느립니다.

A. 1. 인쇄 품질 설정을 확인하십시오.
- 인쇄 품질(해상도)이 최상 및 최대 DPI로 설정되었을 경우 인쇄 품질이 향상되나 인쇄 속도가 느려질 수 있습니다.
  2. 잉크 카트리지의 잉크 잔량을 확인하십시오.
- 잉크 카트리지에 남아 있는 예상 잉크량을 확인합니다.
- 잉크 카트리지가 소모된 상태에서 인쇄를 할 경우 인쇄 속도가 느려질 수 있습니다.
- 위와 같은 방법으로 해결되지 않을 경우 복합기에 문제가 있을 수 있으므로, K복합기 서비스센터에 서비스를 요청하십시오.

16 A사원은 K복합기 복합기에서 소음이 발생하자 문제 해결법을 통해 복합기의 자동 서비스 기능으로 프린트 헤드의 수명을 관리할 때 소음이 발생할 수 있다는 것을 알았다. A사원이 숙지할 수 있는 참고 사항이 아닌 것은?

① 프린트 헤드의 손상을 방지하려면, 복합기에서 인쇄하는 동안에는 복합기를 끄지 않는다.
② 복합기의 전원을 끌 때에는 반드시 전원 버튼을 사용하고, 복합기가 정지할 때까지 기다린 후 전원을 끈다.
③ 잉크 카트리지를 모두 바르게 장착했는지 확인한다.
④ 프린트 헤드 정렬 및 청소를 불필요하게 실시하면 많은 양의 잉크가 소모된다.

17 팀장에게 보고서를 제출하기 위해 인쇄를 하려던 Z사원은 보고서가 인쇄되지 않는다는 것을 알았다. Z사원이 복합기 문제를 해결할 수 있는 방안으로 적절하지 않은 것은?

① 인쇄 작업이 대기 중인 문서가 있는지 확인한다.
② 복합기 소프트웨어를 완전히 제거한 다음 다시 설치한다.
③ USB 케이블이 복합기와 PC에 연결이 되어 있는지 확인한다.
④ 잉크 카트리지에 남아 있는 예상 잉크량을 확인한다.

※ 다음은 신입사원에게 전화기 사용법을 알려주기 위한 매뉴얼이다. 이어지는 질문에 답하시오.
[18~19]

<사내전화기 사용방법>

■ 전화걸기
  • 수화기를 들고 전화번호를 입력한 후 2초간 기다리거나 [#] 버튼을 누른다.
  • 이전 통화자와 다시 통화하기를 원하면 수화기를 들고 [재다이얼] 버튼을 누른다.
  • 통화 중인 상태에서 다른 곳으로 전화를 걸기 원하면 [메뉴 / 보류] 버튼을 누른 뒤 새로운 번호를 입력한 후 2초간 기다리거나 [#] 버튼을 누른다. 다시 이전 통화자와 연결을 원하면 [메뉴 / 보류] 버튼을 누른다.

■ 전화받기
  • 벨이 울릴 때 수화기를 들어 올린다.
  • 통화 중에 다른 전화를 받기를 원하면 [메뉴 / 보류] 버튼을 누른다. 다시 이전 통화자와 연결을 원하면 [메뉴 / 보류] 버튼을 누른다.

■ 통화내역 확인
  • [통화내역] 버튼을 누르면 LCD 창에 '발신', '수신', '부재중' 3가지 메뉴가 뜨며, [볼륨조절] 버튼으로 원하는 메뉴에 위치한 후 [통화내역] 버튼을 눌러 내용을 확인한다.

■ 당겨받기
  • 다른 전화가 울릴 때 자신의 전화로 받을 수 있는 기능이며, 동일 그룹 안에 있는 경우만 가능하다.
  • 수화기를 들고 [당겨받기] 버튼을 누른다.

■ 돌려주기
  • 걸려온 전화를 다른 전화기로 돌려주는 기능이다.
  • 통화 중일 때 [돌려주기] 버튼을 누른 뒤 돌려줄 번호를 입력하고 [#] 버튼을 누르면 새 통화가 연결되며, 그 후에 수화기를 내려놓는다.
  • 즉시 돌려주기를 할 경우에는 위 통화 중일 때 [돌려주기] 버튼을 누른 후 돌려줄 번호를 입력하고 수화기를 내려놓는다.

■ 3자통화
  • 동시에 3인과 통화할 수 있는 기능이다.
  • 통화 중일 때 [메뉴 / 보류] 버튼을 누르고 통화할 번호를 입력한 후, [#] 버튼을 눌러 새 통화가 연결되면 [3자통화] 버튼을 누른다.
  • 통화 중일 때 다른 전화가 걸려 왔다면, [메뉴 / 보류] 버튼을 누른 후 새 통화가 연결되면 [3자통화] 버튼을 누른다.

■ 수신전환
  • 전화가 오면 다른 전화기로 받을 수 있도록 하는 기능으로, 무조건・통화중・무응답 세 가지 방법으로 설정할 수 있다.
  • 전화기 내 [수신전환] 버튼을 누른 뒤 [볼륨조절] 버튼으로 전환방법을 선택한 후 [통화내역] 버튼을 누르고 다른 전화기 번호를 입력한 후 다시 [통화내역] 버튼을 누른다.
  • 해제할 경우에는 [수신전환] 버튼을 누르고 [볼륨조절] 버튼으로 '사용 안 함' 메뉴에 위치한 후 [통화내역] 버튼을 누른다.

18 다음 중 옆 자리에서 전화기가 울릴 때, 활용할 수 있는 기능으로 가장 적절한 것은?

① 전화걸기   ② 3자통화

③ 돌려주기   ④ 당겨받기

PART 1

19 귀하가 근무한 지 벌써 두 달이 지나 새로운 인턴사원이 입사하게 되었다. 귀하가 새로운 인턴에게 전화기 사용법 매뉴얼을 전달하고자 한다. 더욱 쉽게 이해할 수 있도록 그림을 추가하고자 할 때, 다음 중 전화걸기 항목에 들어갈 그림으로 가장 적절한 것은?

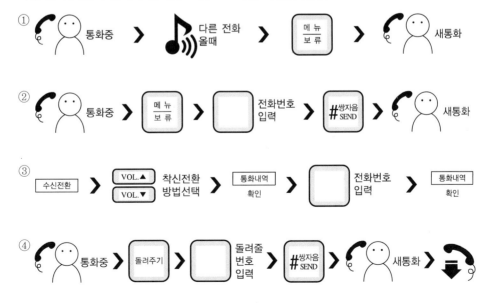

20 L공사는 건물 내 신재생에너지, 양방향 원격검침 인프라(AMI), 전기차(EV) 충전장치 등을 실시간 모니터링하고 효율적으로 제어하는 시스템인 스마트그리드 스테이션을 세계 최초로 구축하였다. 다음 자료를 참고했을 때, 스마트그리드 스테이션이 불러일으킬 변화로 적절하지 않은 것은?

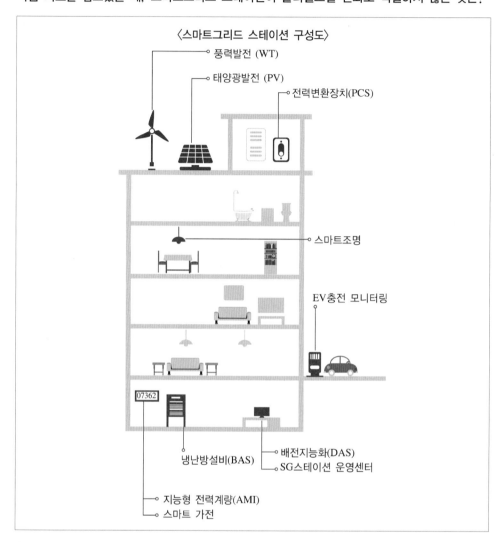

〈스마트그리드 스테이션 구성도〉

① 온실가스 감축 효과

② 전기차 충전 인프라 확대

③ 에너지의 효율적 관리

④ 발전 설비의 중앙 집중화

PART 2

최종점검 모의고사

제1회 최종점검

모의고사(기획경영직)

※ LX 한국국토정보공사 최종점검 모의고사는 채용공고를 기준으로 구성한 것으로
  실제 시험과 다를 수 있습니다.

※ LX 한국국토정보공사 제1회 최종점검 모의고사는 기획경영직 시험 영역으로
  구성되어 있습니다.

■ 취약영역 분석

번호	O/×	영역	번호	O/×	영역	번호	O/×	영역
1			21			41		
2			22			42		
3			23			43		자원관리능력
4			24			44		
5			25			45		
6			26		문제해결능력	46		
7			27			47		
8		의사소통능력	28			48		
9			29			49		
10			30			50		
11			31			51		
12			32			52		
13			33			53		조직이해능력
14			34			54		
15			35			55		
16			36		자원관리능력	56		
17			37			57		
18		문제해결능력	38			58		
19			39			59		
20			40			60		

평가문항	60문항	평가시간	60분
시작시간	:	종료시간	:
취약영역			

01 다음 글의 내용으로 가장 적절한 것은?

> 방사성 오염 물질은 크기가 초미세먼지(2.5마이크로미터)의 1만 분의 1 정도로 작은 원자들이다. 제논−125처럼 독립된 원자 상태로 존재하는 경우도 있지만, 대부분은 다른 원소들과 화학적으로 결합한 분자 상태로 존재한다. 전기적으로 중성인 경우도 있고, 양전하나 음전하를 가진 이온의 상태로 존재하기도 한다. 기체 상태로 공기 중에 날아다니기도 하고, 물에 녹아있기도 하고, 단단한 고체에 섞여있는 경우도 있다.
>
> 후쿠시마 원전 사고 부지에서 흘러나오는 '오염수'도 마찬가지다. 후쿠시마 원전 오염수는 2011년 3월 동일본 대지진으로 발생한 쓰나미(지진해일)로 파괴되어 땅속에 묻혀있는 원자로 3기의 노심(연료봉)에서 녹아나온 200여 종의 방사성 핵종이 들어있는 지하수다. 당초 섭씨 1,000도 이상으로 뜨거웠던 노심은 시간이 지나면서 천천히 차갑게 식어있는 상태가 되었다. 사고 직후에는 하루 470t씩 흘러나오던 오염수도 이제는 하루 140t으로 줄어들었다. 단단한 합금 상태의 노심에서 녹아나오는 방사성 핵종의 양도 시간이 지나면서 점점 줄어들고 있다. 현재 후쿠시마 사고 현장의 탱크에는 125만t의 오염수가 수거되어 있다.
>
> 일본은 처리수를 충분히 희석시켜서 삼중수소의 농도가 방류 허용기준보다 훨씬 낮은 리터당 1,500 베크렐로 저감시킬 계획이다. 125만t의 오염수를 400배로 희석시켜서 5억t으로 묽힌 후에 30년에 걸쳐서 느린 속도로 방류하겠다는 것이다. 파괴된 노심을 완전히 제거하는 2051년까지 흘러나오는 오염수도 같은 방법으로 정화·희석 시켜서 방류한다는 것이 일본의 계획이다.
>
> 희석을 시키더라도 시간이 지나면 방사성 오염물질이 다시 모여들 수 있다는 주장은 엔트로피 증가의 법칙을 무시한 억지다. 물에 떨어뜨린 잉크는 시간이 지나면 균일하게 묽어진다. 묽어진 잉크는 아무리 시간이 지나도 다시 모여들어서 진해지지 않는다. 태평양으로 방류한 삼중수소도 마찬가지다. 시간이 지나면 태평양 전체로 퍼져버리게 된다. 태평양 전체에 퍼져버린 삼중수소가 방출하는 모든 방사선에 노출되는 일은 현실적으로 불가능하다.

① 방사성 오염 물질은 초미세먼지와 비슷한 크기이다.

② 방사성 오염 물질은 보통 독립된 원자 상태로 존재한다.

③ 방사성 물질이 이온 상태로 존재하는 경우는 거의 없다.

④ 오염수를 희석시켜 방류하면 일정 시간 후 다시 오염물질이 모여들 걱정을 하지 않아도 된다.

02 다음 글의 내용이 참일 때 항상 거짓인 것은?

> 생태학에서 생물량, 또는 생체량으로 번역되어 오던 단어인 바이오매스(Biomass)는, 태양 에너지를 받은 식물과 미생물의 광합성에 의해 생성되는 식물체, 균체, 그리고 이를 자원으로 삼는 동물체 등을 모두 포함한 생물 유기체를 일컫는다. 그리고 이러한 바이오매스를 생화학적, 또는 물리적 변환과정을 통해 액체, 가스, 고체연료, 또는 전기나 열에너지 형태로 이용하는 기술을 화이트 바이오 테크놀로지(White Biotechnology), 줄여서 '화이트 바이오'라고 부른다.
>
> 옥수수나 콩, 사탕수수와 같은 식물자원을 이용해 화학제품이나 연료를 생산하는 기술인 화이트 바이오는 재생이 가능한 데다 기존 화석원료를 통한 제조방식에서 벗어나 이산화탄소 배출을 줄일 수 있는 탄소중립적인 기술로 주목받고 있다. 한편 산업계에서는 미생물을 활용한 화이트 바이오를 통해 산업용 폐자재나 가축의 분뇨, 생활폐기물과 같이 죽은 유기물이라 할 수 있는 유기성 폐자원을 바이오매스 자원으로 활용하여 에너지를 생산하고자 연구하고 있어, 온실가스 배출, 악취 발생, 수질오염 등 환경적 문제는 물론 그 처리비용 문제도 해결할 수 있을 것으로 기대를 모으고 있다.
>
> 비록 보건 및 의료 분야의 바이오산업인 레드 바이오나, 농업 및 식량 분야의 그린 바이오보다 늦게 발전을 시작했지만, 한국과학기술기획평가원이 발간한 보고서에 따르면 화이트 바이오 관련 산업은 연평균 18%의 빠른 속도로 성장하며 기존의 화학 산업을 대체할 것으로 전망하고 있다.

① 생태학에서 정의하는 바이오매스와 산업계에서 정의하는 바이오매스는 다르다.
② 산업계는 화이트 바이오를 통해 환경오염 문제를 해결할 수 있을 것으로 기대를 모으고 있다.
③ 가정에서 나온 폐기물은 바이오매스 자원으로 고려되지 않는다.
④ 화이트 바이오 산업은 아직 다른 두 바이오산업에 비해 규모가 작을 것이다.

03 다음 중 밑줄 친 부분의 띄어쓰기가 잘못된 것은?

① 날이 흐리니 비가 <u>올 듯하다</u>.
② 발표일이 다가오니 심장이 <u>터질듯하다</u>.
③ 떠난 그가 <u>돌아올 듯하다</u>.
④ 일이 그럭저럭 <u>되어 가는듯하다</u>.

※ 다음 글을 읽고 이어지는 질문에 답하시오. [4~5]

과거 수도 시설이 보편화되기 이전에는 가정마다 수동 펌프로 물을 끌어올려 사용했는데, 펌프질만으로는 물을 끌어올리기 어려워 물 한 바가지를 넣어 펌프질을 했다. 이때 펌프에서 물이 나오게끔 도움을 주는 소량의 물이 바로 마중물이다. 이렇게 마중물과 같이 작은 자극이 원인이 되어 더 큰 효과를 일으키는 것을 마중물 효과라 한다.

처음 정부의 마중물 효과는 경제 불황의 극복을 위해 일시적으로 재정 지출을 확대하거나 재정수입을 감소하는 등의 자극을 주어 경제 활동을 활성화시켜 침체된 경기가 회복되도록 하는 것이었다. 이런 마중물 효과는 정부의 경제 활성화 정책을 넘어 장학 사업 같은 사회사업 분야 및 기업의 마케팅 활동 등 우리 생활 전반에까지 그 영역이 확대되었다. 특히 기업은 마중물 효과를 마케팅 전략으로 활발히 사용하게 되었다. 기업이 마중물 효과를 통해 도달해야 하는 목표는 단순한 단기간의 이윤 증대가 아니다. 기업은 다양한 종류의 마중물을 이용해 타사 제품에 비해 자사 제품이 가지고 있는 제품의 가치를 홍보하여 자사 제품에 대한 소비자의 긍정적 평가를 높이려 한다. 이를 바탕으로 마중물의 제공이 중단되더라도 소비자의 꾸준한 구매를 통해 기업의 이익이 장기적으로 지속되도록 하는 것이 마중물을 활용한 마케팅의 궁극적인 목표이자 마중물 효과이다. 그래서 기업은 적지 않은 자금을 투입하여 제품 체험 행사, 1개를 사면 1개를 더 주는 덤 마케팅, 대형 마트의 시식 행사, 할인 쿠폰 제공 등 다양한 형태의 마중물로 소비자의 구매를 유도한다. 이때 소비자가 마중물을 힘들이지 않고 거저 얻은 것으로 생각하여, 지나친 소비 활동을 하는 공돈 효과※를 일으킨다면 기업은 더 큰 이윤 창출을 기대할 수도 있다.

하지만 기업의 마중물 마케팅이 항상 성공적인 결과를 얻는 것은 아니다. 기업의 의도가 소비자에게 제대로 전달되지 못하여 마중물을 제공하지 않자 제품에 대한 구매가 원상태로 돌아가거나 오히려 하락했다면, 마중물 효과는 단지 광고나 판매 촉진 활동과 같은 일시적인 매출 증대 행위에 그칠 수밖에 없다. 또한 마중물에 투입한 비용이 과도하여 매출은 증가하였지만 이윤이 남지 않는 경우와 마중물을 투입하였는데도 기업의 매출에 변화가 없어서 오히려 기업의 이윤이 감소하는 경우가 있다. 뿐만 아니라 마중물이 일반 소비자들에게 골고루 혜택을 주지 못하고 일부 체리피커※들에게 독점된다면 기업의 이윤 창출은 더욱 어려워질 수도 있다.

그러나 이런 위험을 알면서도 지금도 많은 기업에서는 소비자의 지갑이 열리기를 기대하며 다양한 마중물을 동원하여 이익을 극대화하는 데에 총력을 기울인다. 그러므로 소비자는 할인이나 끼워주기와 같은 기업의 조삼모사(朝三暮四)식 가격 정책에 흔들리기보다는 합리적인 소비를 해야 한다. 단순하게 마중물이 주는 혜택에 집중하기보다는 자신에게 꼭 필요한 상품을 꼭 필요한 만큼만 구매하려는 소비자의 현명한 선택이 필요한 것이다.

※ 공돈 효과 : 기대하지 않았던 이익(공돈)을 얻게 되면 전보다 더 위험을 감수하려는 현상
※ 체리피커 : 상품의 구매 실적은 낮으면서 제공되는 다양한 부가 혜택이나 서비스를 최대한 활용하는 소비자

04 다음 중 글의 집필 의도로 가장 적절한 것은?

① 대상에 대한 통념의 반박을 통해 기업의 의식 개선을 유도하기 위해
② 효과적인 마케팅 방법의 안내를 통해 기업의 이익을 극대화하기 위해
③ 마중물 효과 이론의 변천사를 구체적 사례 제시를 통해 설명하기 위해
④ 대상이 지닌 특성을 설명함으로써 소비자가 갖추어야 할 바람직한 태도를 당부하기 위해

05 다음 중 글에 대한 내용으로 가장 적절한 것은?

① 마중물 효과는 기업의 마케팅 전략으로 처음 시작되었다.

② 마중물 효과로 기업이 이익을 높이는 데 체리피커들은 큰 기여를 한다.

③ 마중물로 제공되는 혜택이 크면 클수록 마중물 효과는 더욱 잘 일어난다.

④ 마중물 효과는 상품 구매에 대한 소비자의 심리 변화를 기반으로 발생한다.

PART 3

06 다음 글의 '이반 일리치'의 분석으로부터 도출할 수 있는 결론으로 적절하지 않은 것은?

> 자동차나 비행기 덕분에 우리 삶에서 이동 시간이 얼마나 줄었는가 하는 문제에 대해 이반 일리치라는 학자는 흥미로운 분석을 한 바 있다. 그는 자신의 집에서 어디론가 이동하는 데 몇 시간이 걸리는지를 알고자 수십 개의 미개 사회를 분석하였다. 미개인들은 대략 시속 4.5km로 이동하며, 이동에 사용하는 시간은 하루 활동 시간의 5% 정도이다. 이에 비해 근대 산업 사회의 문명인들은 하루 활동 시간 중 약 22%를 이동하는 데 소비한다. 그리고 차까지 걸어가는 시간, 차 안에 앉아 있는 시간, 자동차 세금을 내러 가는 시간, 차를 수리하는 데 드는 시간, 차표나 비행기표를 사러 가는 시간, 교통사고로 소비하는 시간, 자동차를 움직이는 데 드는 비용을 버는 시간 등을 모두 포함하면 문명인들은 고작 시속 6km로 움직인다는 것이 그의 분석이다.

① 현대 문명은 미개 문명보다 시간당 1.5km 더 빨리 움직인다.

② 현대 문명은 미개 문명보다 이동하는 데 4배 이상의 시간을 소비한다.

③ 현대인의 삶은 미개인의 삶보다 더 많은 시간을 낭비한다.

④ 교통수단의 발달로 문명인의 삶은 비교할 수 없이 빨라졌다.

07 B씨는 곧 있을 발표를 위해 다음 글을 기반으로 PT용 자료를 만들고자 한다. B씨가 만든 자료 중 적절하지 않은 것은?

〈저탄소 에너지 저감형 도시 계획 요소〉

1. 토지이용 및 교통부문

토지이용 및 교통부문에 해당하는 저탄소 에너지 저감 도시 계획 요소로는 기능집약형 토지이용 요소, 환경친화적 공간 계획 요소, 에너지 저감형 교통 계획 요소 등이 있다. 기능집약형 토지이용은 도시 시설의 고밀 이용, 직주근접형 토지 이용과 공간 계획 등을 통하여 교통 수요를 저감시켜 에너지 소비를 줄이게 되는데, 이는 적정규모 밀도 개발, 지역 역량을 고려한 개발지역 선정 등을 통하여 실현될 수 있다.

환경친화적 공간 계획은 충분한 오픈스페이스 확보, 바람길 활용을 위한 건물 배치, 우수한 자연환경의 보전 등을 통하여 환경에 대한 부정적 영향을 최소화하는 동시에 에너지 및 탄소 저감을 위한 도시 형성에 기여한다. 에너지 저감형 교통 계획의 경우 대중교통 중심의 교통 네트워크를 강화하고 보행 및 자전거 이용을 촉진하여 교통 부문의 에너지 소비를 저감하는 데 그 목적이 있다. 주요 계획 요소로는 자전거 도로 설치, 대중교통 지향형 개발, 보행자 전용도로 설치 등이 있다.

2. 건축부문

건축부문의 에너지 저감을 위해서는 고단열 및 고기밀 자재 사용을 통해 에너지 투입이 최소화되도록 하며, 자연 채광과 자연 환기가 되도록 건축물의 평면과 입면 계획, 배치 계획을 유도하는 것이 필요하다. 이를 통해 기존 건물의 에너지 손실이 많은 천정, 바닥, 벽개구부 등의 단열 및 기밀성을 향상하고 단열재의 성능을 개선하여 건물의 에너지 효율을 증가시키고 에너지 저감형 건축이 가능하도록 한다.

3. 녹지부문

저탄소 에너지 저감을 위한 녹지부문의 도시 계획 요소로는 그린네트워크 및 생태녹화시스템 요소, 인공지반 및 건물 녹화 요소 등이 있다. 그린네트워크 시스템은 기존 녹지 보전 및 새로운 녹지 조성을 통한 그린네트워크 조성, 녹지공간 확충, 보행녹도, 생태면적율 확대 등을 통해 실현하며, 인공 지반 및 건물 녹화의 경우 입체 녹화, 투수성 주차장 조성, 사면 생태 녹화 등을 통해 이루어질 수 있다. 이는 탄소 흡수를 통한 온실가스 저감과 함께 대기 기후 온도를 낮추는 데 기여하여 도시의 쾌적한 환경을 조성하고 건물에서의 냉방 에너지 소비 수요를 줄이는 데 기여한다.

4. 에너지부문

에너지 생산과 관련된 에너지부문에서는 신재생 에너지 생산 및 이용 확대, 집단 에너지 이용 요소 등이 주요한 저탄소 에너지 저감 도시 계획 요소이다. 신재생 에너지 생산 및 이용 확대는 태양열 및 태양광 시스템, 풍력 에너지 이용 시스템, 지열 환경 시스템 등의 신규 설치 및 용량 확대를 통해 이루어질 수 있다. 집단 에너지의 경우 열병합 발전소, 자원 회수시설 등 1개소 이상의 에너지 생산시설에서 생산되는 복수의 에너지를 공급하는 것으로 최근 분산형 에너지 시스템의 확대와 함께 늘어나고 있는 경향이다.

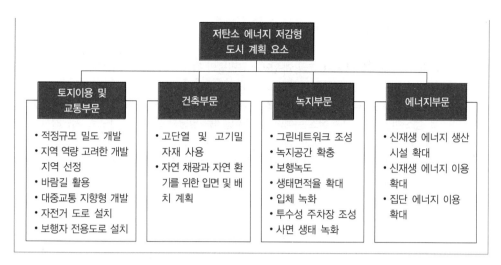

① 없음

② 토지이용 및 교통부문

③ 건축부문

④ 녹지부문

08 다음 글에 대한 내용으로 적절하지 않은 것은?

〈폐자원 에너지화, 환경을 지키는 신기술〉

사람들이 살아가기 위해서는 물, 토양, 나무 등 수많은 자원을 소비해야 한다. 산업이 발전하면서 소비되는 자원들의 종류와 양도 급격히 늘어났다. 그만큼 폐기물도 꾸준히 발생했고, 자원고갈과 폐기물 처리는 인간의 지속 가능한 삶을 위해 중요한 문제로 떠올랐다. 우리나라에서 하루 평균 발생하는 폐기물은 약 40만 5천 톤으로 추정된다. 건설폐기물, 사업장폐기물, 생활폐기물 등 종류도 다양하다. 과거에는 폐기물을 소각하거나 매립했지만 이로 인해 또 다른 환경오염이 추가로 발생해 사람들의 삶을 위협하는 수준까지 이르렀다.

폐자원 에너지화(Waste to Energy)는 폐기물을 이용해 다시 에너지로 만드는 친환경적인 방법이다. 고형연료 제조, 열분해, 바이오가스, 소각열 회수 등 다양한 폐기물 에너지화 기술이 대표적이다. 화석연료 등 한정된 자원의 사용빈도를 줄이고 폐기물을 최대한 재이용 또는 재활용함으로써 폐기물의 부피를 줄이는 장점이 있다. 또한, 폐기물 처리 비용이 획기적으로 줄어들어 폐자원 에너지화는 환경을 지키는 대안으로 주목받고 있다. 하지만 우리나라는 이와 관련한 대부분 핵심기술을 해외에 의지하고 있다. 전문 인력의 수도 적어 날로 발전하는 환경기술 개발과 현장 대응에 어려움을 겪는 상황이다.

---

① 폐기물 소각 시 또 다른 환경오염을 일으킬 수 있어서, 소각 또는 매립하는 것이 고민이었다.

② 폐기물을 다시 에너지화하여 재활용한다면 폐기물 처리 비용이 줄어들 수 있다.

③ 우리나라에서는 하루 평균 약 40만 5천 톤의 폐기물이 발생하는데, 여기에는 건설폐기물, 사업장 폐기물, 생활폐기물 등이 있다.

④ 우리나라에서는 폐자원 에너지화에 대한 기술과 전문 인력이 부족해 현재 시행하지 않고 있다.

09 다음 기사문의 제목으로 가장 적절한 것은?

L사는 극심한 미세먼지가 연일 계속되고 국민들의 걱정이 높아지는 가운데, 고속도로 미세먼지를 줄이기 위한 다양한 대책을 시행하고 있다.

L사는 3월 7일부터 9일간을 집중 청소 주간으로 정하고, 전국 고속도로 노면과 휴게소를 대대적으로 청소한다. 이번 집중 청소는 예년보다 2주일가량 앞당겨 실시하는 것으로, 지난해까지는 제설작업이 끝나는 3월 중순부터 노면 청소를 실시했다. 고속도로 노면 및 휴게소 집중 청소에는 총 4,000여 명의 인원과 2,660여 대의 장비가 동원되며, 지난해 청소 결과로 미루어 볼 때 약 660t 이상의 퇴적물이 제거될 것으로 보인다. 또한 올해부터는 연간 노면 청소의 횟수도 2배가량 늘려 연간 10~15회(월 2회 이상) 노면 청소를 실시하고, 미세먼지가 '나쁨' 수준일 때는 비산먼지를 발생시키는 공사도 자제할 계획이다.

미세먼지 농도가 더 높은 고속도로 터널 내부는 L사가 자체 기술로 개발한 무동력 미세먼지 저감 시설을 추가로 설치할 계획이다. 미세먼지 저감 시설은 터널 천장에 대형 롤 필터를 설치하여 차량 통행으로 자연스럽게 발생하는 교통풍[※]을 통해 이동하는 미세먼지를 거르는 방식으로 별도의 동력이 필요 없으며, 비슷한 처리용량의 전기 집진기와 비교했을 때 설치비는 1/13 수준으로 유지관리도 경제적이다. 지난해 10월 서울 외곽고속도로 수리터널에 시범 설치해 운영한 결과 연간 190kg의 미세먼지를 제거할 수 있었고, 하루 공기 정화량은 4백 50만m³로 도로분진흡입청소차 46대를 운영하는 것과 같은 효과를 보였다. L사는 터널 미세먼지 저감 시설을 현재 1개소 외 올해 3개소를 추가로 설치할 계획이다.

한편 고속도로 휴게소의 경우 미세먼지 발생을 최소화하고 외부 공기로부터 고객들을 보호할 방안을 추진한다. 매장 내에는 공기청정기와 공기정화 식물을 확대 비치하고, 외부의 열린 매장에는 임시차단막을 설치하여 매장을 내부화할 계획이다. 또한 휴게소 매장 주방에는 일산화탄소와 미세먼지의 발생 위험이 있는 가스레인지 대신 인덕션을 도입할 계획이다.

L사는 이 밖에도 요금수납원들에게 지난해와 올해 미세먼지 방지 마스크 8만 매를 무상지원하고 요금소 근무 시 마스크 착용을 권고하고 있으며, 건강검진 시 폐활량 검사를 의무적으로 시행하도록 하는 등 고속도로 근무자들의 근무환경 개선을 위한 노력도 기울이고 있다.

L사 사장은 "최근 계속되는 미세먼지로 국민들이 야외 활동을 하지 못하는 심각한 상황이다. 따라서 고객들이 안심하고 고속도로를 이용할 수 있도록 모든 노력을 기울이겠다."라고 말했다.

※ 교통풍 : 차량 통행에 의해 주변 공기가 밀려나면서 발생하는 바람을 말하며, 통행이 원활한 경우 초속 4~8m 이상의 교통풍이 상시 존재한다.

① 봄철 미세먼지, 무엇이 문제인가?
② 미세먼지 주범을 찾아라.
③ 고속도로 휴게소 이렇게 바뀝니다.
④ 고속도로 미세먼지를 줄여라.

10 다음 중 빈칸에 들어갈 말로 가장 적절한 것은?

> 죄가 언론 보도의 주요 소재가 되고 있다. 그 이유는 언론이 범죄를 취잿감으로 찾아내기가 쉽고 편의에 따라 기사화할 수 있을 뿐만 아니라, 범죄 보도를 통하여 시청자의 관심을 끌 수 있기 때문이다. 이러한 보도는 범죄에 대한 국민의 알 권리를 충족시키는 공적 기능을 수행하기 때문에 사회적으로 용인되는 경향이 있다. 그러나 지나친 범죄 보도는 범죄자나 범죄 피의자의 초상권을 침해하여 법적·윤리적 문제를 일으키기도 한다.
>
> 일반적으로 초상권은 얼굴 및 기타 사회 통념상 특정인임을 식별할 수 있는 신체적 특징을 타인이 함부로 촬영하여 공표할 수 없다는 인격권과 이를 광고 등에 영리적으로 이용할 수 없다는 재산권을 포괄한다. 언론에 의한 초상권 침해의 유형으로는 본인의 동의를 구하지 않은 무단 촬영·보도, 승낙의 범위를 벗어난 촬영·보도, 몰래 카메라를 동원한 촬영·보도 등을 들 수 있다.
>
> 법원의 판결로 이어진 대표적인 사례로는 교내에서 불법으로 개인 지도를 하던 대학 교수를 현행범으로 체포하려는 현장을 방송 기자가 경찰과 동행하여 취재하던 중 초상권을 침해한 경우를 들 수 있다. 법원은 '원고의 동의를 구하지 않고, 연습실을 무단으로 출입하여 취재한 것은 원고의 사생활과 초상권을 침해하는 행위'라고 판시했다. 더불어 취재의 자유를 포함하는 언론의 자유는 다른 법익을 침해하지 않는 범위 내에서 인정되며, 비록 취재 당시 원고가 현행범으로 체포되는 상황이라 하더라도, 원고의 연습실과 같은 사적인 장소는 수사 관계자의 동의 없이는 출입이 금지되고, 이를 무시한 취재는 원칙적으로 불법이라고 판결했다.
>
> 이 사례는 법원이 언론의 자유와 초상권 침해의 갈등을 어떤 기준으로 판단하는지 보여 주고 있다. 또한 이 판결은 사적 공간에서의 취재 활동이 어디까지 허용되는가에 대한 법적 근거를 제시하고 있다. 언론 보도에 노출된 범죄 피의자는 경제적·직업적·가정적 불이익을 당할 뿐만 아니라, 인격이 심하게 훼손되거나 심지어는 생명을 버리기까지도 한다. 따라서 사회적 공기(公器)인 언론은 개인의 초상권을 존중하고 언론 윤리에 부합하는 범죄 보도가 될 수 있도록 신중을 기해야 한다.
>
> 범죄 보도가 초래하는 법적·윤리적 논란은 언론계 전체의 신뢰도에 치명적인 손상을 가져올 수도 있다. 이는 범죄가 언론에는 매혹적인 보도 소재이지만, 자칫 _____이/가 될 수도 있음을 의미한다.

① 시금석　　　　　　　　　　　② 부메랑
③ 아킬레스건　　　　　　　　　④ 악어의 눈물

(가) 탁월함은 어떻게 습득되는가, 그것을 가르칠 수 있는가? 이 물음에 대하여 아리스토텔레스는 지성의 탁월함은 가르칠 수 있지만, 성품의 탁월함은 비이성적인 것이어서 가르칠 수 없고, 훈련을 통해서 얻을 수 있다고 대답한다.

(나) 그는 좋은 성품을 얻는 것을 기술을 습득하는 것에 비유한다. 그에 따르면, 리라(Lyra)를 켬으로써 리라를 켜는 법을 배우며 말을 탐으로써 말을 타는 법을 배운다. 어떤 기술을 얻고자 할 때 처음에는 교사의 지시대로 행동한다. 그리고 반복 연습을 통하여 그 행동이 점점 더 하기 쉽게 되고 마침내 제2의 천성이 된다. 이와 마찬가지로 어린아이는 어떤 상황에서 어떻게 행동해야 진실되고 관대하며 에의를 차리게 되는지 일일이 배워야 한다. 훈련과 반복을 통하여 그런 행위들을 연마하다 보면 그것들을 점점 더 쉽게 하게 되고, 결국에는 스스로 판단할 수 있게 된다.

(다) 그는 올바른 훈련이란 강제가 아니고 그 자체가 즐거움이 되어야 한다고 지적한다. 또한 그렇게 훈련받은 사람은 일을 바르게 처리하는 것을 즐기게 되고, 일을 바르게 처리하고 싶어 하게 되며, 올바른 일을 하는 것을 어려워하지 않게 된다. 이처럼 성품의 탁월함이란 사람들이 '하는 것'만이 아니라 사람들이 '하고 싶어 하는 것'과도 관련된다. 그리고 한두 번 관대한 행동을 한 것으로 충분하지 않으며, 늘 관대한 행동을 하고 그런 행동에 감정적으로 끌리는 성향을 갖고 있어야 비로소 관대함에 관하여 성품의 탁월함을 갖고 있다고 할 수 있다.

(라) 다음과 같은 예를 통해 아리스토텔레스의 견해를 생각해 보자. 갑돌이는 성품이 곧고 자신감이 충만하다. 그가 한 모임에 참석하였는데, 거기서 다수의 사람들이 옳지 않은 행동을 한다고 생각했을 때, 그는 다수의 행동에 대하여 비판의 목소리를 낼 것이며 그렇게 하는 데에 별 어려움을 느끼지 않을 것이다. 한편, 수줍어하고 우유부단한 병식이도 한 모임에 참석하였는데, 그 역시 다수의 행동이 잘못되었다는 판단을 했다고 하자. 이런 경우에 병식이는 일어나서 다수의 행동이 잘못되었다고 말할 수 있겠지만, 그렇게 하려면 엄청난 의지를 발휘해야 할 것이고 자신과 힘든 싸움도 해야 할 것이다. 그런데도 병식이가 그렇게 행동했다면 우리는 병식이가 용기 있게 행동하였다고 칭찬할 것이다. 그러나 아리스토텔레스가 보기에 성품의 탁월함을 가진 사람은 갑돌이다. 왜냐하면 _____

우리가 어떠한 사람을 존경할 것인가가 아니라, 우리 아이를 어떤 사람으로 키우고 싶은가라는 질문을 받는다면 우리는 아리스토텔레스의 견해에 가까워질 것이다. 왜냐하면 우리는 우리 아이들을 갑돌이와 같은 사람으로 키우고 싶어 할 것이기 때문이다.

11 다음 중 글의 빈칸에 들어갈 말로 가장 적절한 것은?

① 그는 옳은 일을 하는 천성을 타고났기 때문이다.

② 그는 내적인 갈등이 없이 옳은 일을 하기 때문이다.

③ 그는 주체적 판단에 따라 옳은 일을 하기 때문이다.

④ 그는 자신이 옳다는 확신을 가지고 옳은 일을 하기 때문이다.

12 다음 중 (가) ~ (라)의 서술 방식에 대한 설명으로 적절하지 않은 것은?

① (가)는 논제를 설정하기 위해 개념을 구분하고 있다.
② (나)는 함축된 의미를 분명히 하기 위해 개념을 정의하고 있다.
③ (다)는 논점을 명료하게 하기 위해 개념의 차이를 부각시키고 있다.
④ (라)는 논점에 대한 이해를 돕기 위해 구체적인 예화를 사용하고 있다.

PART 3

13 다음 중 〈보기〉를 바탕으로 글에 나타난 아리스토텔레스의 입장을 비판한 것으로 가장 적절한 것은?

> **보기**
>
> 어떤 행위가 도덕적인 행위가 되기 위해서는 그것이 도덕 법칙을 지키려는 의지에서 비롯된 것이어야 한다. 도덕 법칙에 부합하는 행위라고 해도 행위자의 감정이나 욕구 또는 성향이 행위의 동기에 영향을 미쳤다면, 그것은 훌륭한 행위일 수는 있어도 도덕적인 행위는 아닌 것이다.

① 훈련으로 얻게 되는 성품에서 나오는 행동은 대개 이성적 성찰을 거치지 않으므로, 도덕적인 행동이라고 말하기 어렵다.
② 훈련의 결과 언제나 탁월한 성품을 얻게 되는 것은 아니므로, 탁월한 성품에 도달하지 못한 경우에는 결국 본성에 기댈 수밖에 없다.
③ 도덕적 행동을 하기 위해서 자신과의 싸움을 이겨 내야 한다. 옳은 행동을 즐겨하는 사람은 거의 없으며, 따라서 탁월한 성품을 갖춘 사람을 찾기란 어렵다.
④ 탁월한 성품에서 비롯된 행위는 행위자의 성향에 의해서 결정된 것이지 도덕 법칙을 지키려는 의지에 의해 결정된 행위가 아니므로, 도덕적인 행위라고 볼 수 없다.

14 다음 제시된 단락을 읽고, 이어질 단락을 논리적 순서대로 바르게 나열한 것은?

> 초콜릿은 많은 사람이 좋아하는 간식이다. 어릴 때 초콜릿을 많이 먹으면 이가 썩는다는 부모님의 잔소리를 안 들어본 사람은 별로 없을 것이다. 그렇다면 이러한 초콜릿은 어떻게 등장하게 된 것일까?

> (가) 한국 또한 초콜릿의 열풍을 피할 수는 없었는데, 한국에 초콜릿이 전파된 것은 개화기 이후 서양 공사들에 의해서였다고 전해진다. 일제강점기 이후 한국의 여러 제과회사는 다양한 변용을 통해 다채로운 초콜릿 먹거리를 선보이고 있다.
>
> (나) 초콜릿의 원료인 카카오 콩의 원산지는 남미로 전해진다. 대항해시대 이전, 즉 유럽인들이 남미에 진입하기 이전에는 카카오 콩은 예식의 예물로 선물하기도 하고 의약품의 대용으로 사용하는 등 진귀한 대접을 받는 물품이었다.
>
> (다) 유럽인들이 남미로 진입한 이후, 여타 남미산 작물이 그러하였던 것처럼 카카오 콩도 유럽으로 전파되어 선풍적인 인기를 끌게 된다. 다만 남미에서 카카오 콩에 첨가물을 넣지 않았던 것과는 달리 유럽에서는 설탕을 넣어 먹었다고 한다.
>
> (라) 카카오 콩에 설탕을 넣어 먹은 것이 바로 우리가 간식으로 애용하는 초콜릿의 원형이라고 생각된다. 설탕과 카카오 콩의 결합물로서의 초콜릿은 알다시피 이후 세계를 풍미하는 간식의 대표주자가 된다.

① (나) – (다) – (라) – (가)　　　　② (나) – (라) – (다) – (가)

③ (나) – (라) – (가) – (다)　　　　④ (다) – (나) – (라) – (가)

15 다음 중 글에 대한 내용으로 적절하지 않은 것은?

> '갑'이라는 사람이 있다고 하자. 이때 사회가 갑에게 강제적 힘을 행사하는 것이 정당화되는 근거는 무엇일까? 그것은 갑이 다른 사람에게 미치는 해악을 방지하려는 데에 있다. 특정 행위가 갑에게 도움이 될 것이라든가, 이 행위가 갑을 더욱 행복하게 할 것이라든가 또는 이 행위가 현명하다든가 혹은 옳은 것이라든가 하는 이유를 들면서 갑에게 이 행위를 강제하는 것은 정당하지 않다. 갑에게 권고하거나 이치를 이해시키거나 무엇인가를 간청하거나 하는 데는 충분한 이유가 된다. 그러나 갑에게 강제를 가하는 이유 혹은 어떤 처벌을 가할 이유는 되지 않는다. 이와 같은 사회적 간섭이 정당화되기 위해서는 갑이 행하려는 행위가 다른 어떤 이에게 해악을 끼칠 것이라는 점이 충분히 예측되어야 한다. 한 사람이 행하고자 하는 행위 중에서 그가 사회에 대해서 책임을 져야 할 유일한 부분은 다른 사람에게 관계되는 부분이다.

① 개인에 대한 사회의 간섭은 어떤 조건이 필요하다.

② 행위 수행 혹은 행위 금지의 도덕적 이유와 법적 이유는 구분된다.

③ 한 사람의 행위는 타인에 대한 행위와 자신에 대한 행위로 구분된다.

④ 사회는 개인의 해악에 관해서는 관심이 있지만, 그 해악을 방지할 강제성의 근거는 가지고 있지 않다.

16 방역당국은 코로나19 확진 판정을 받은 확진자의 동선을 파악하기 위해 역학조사를 실시하였다. 역학조사 결과 확진자의 지인 A~F 6명에 대하여 다음 〈조건〉과 같은 정보를 확인하였을 때, 항상 참인 것은?

> **조건**
> ㉠ C나 D를 만났으면 A와 B를 만났다.
> ㉡ B나 E를 만났으면 F를 만났다.
> ㉢ C와 E 중 한 명만 만났다.

① 확진자는 A를 만났다.
② 확진자는 B를 만났다.
③ 확진자는 E를 만났다.
④ 확진자는 F를 만났다.

17 다음 〈조건〉이 모두 참일 때, 항상 참인 것은?

> **조건**
> • 김팀장이 이번 주 금요일에 월차를 쓴다면, 최대리는 이번 주 금요일에 월차를 쓰지 못한다.
> • 최대리가 이번 주 금요일에 월차를 쓰지 못한다면, 강사원의 프로젝트 마감일은 이번 주 금요일이다.

① 강사원의 프로젝트 마감일이 이번 주 금요일이 아니라면 김팀장은 이번 주 금요일에 월차를 쓰지 않을 것이다.
② 강사원의 프로젝트 마감일이 금요일이라면 최대리는 이번 주 금요일에 월차를 쓰지 않을 것이다.
③ 강사원의 프로젝트 마감일이 금요일이라면 김팀장은 이번 주 금요일에 월차를 쓰지 않을 것이다.
④ 최대리가 이번 주 금요일에 월차를 쓰지 않는다면 김팀장은 이번 주 금요일에 월차를 쓸 것이다.

18 L공사의 갑 ~ 정은 각각 다른 팀에 근무하고 있으며, 각 팀은 2층, 3층, 4층, 5층에 위치하고 있다. 다음 〈조건〉을 참고할 때, 항상 참인 것은?

> **조건**
>
> • 갑, 을, 병, 정 중 2명은 부장, 1명은 과장, 1명은 대리이다.
> • 대리의 사무실은 을보다 높은 층에 있다.
> • 을은 과장이다.
> • 갑은 대리가 아니다.
> • 갑의 사무실이 가장 높다.

① 부장 중 한 명은 반드시 2층에 근무한다.
② 갑은 부장이다.
③ 대리는 4층에 근무한다.
④ 을은 2층에 근무한다.

19 A ~ D 네 명은 한 판의 가위바위보를 한 후 그 결과에 대해 다음 〈보기〉와 같이 각각 두 가지의 진술을 하였다. 두 가지의 진술 중 하나는 반드시 참이고, 하나는 반드시 거짓이라고 할 때, 항상 참인 것은?

> **보기**
>
> A : C는 B를 이길 수 있는 것을 냈고, B는 가위를 냈다.
> B : A는 C와 같은 것을 냈지만, A가 편 손가락의 수는 나보다 적었다.
> C : B는 바위를 냈고, 그 누구도 같은 것을 내지 않았다.
> D : A, B, C 모두 참 또는 거짓을 말한 순서가 동일하다. 이 판은 승자가 나온 판이었다.

① B와 같은 것을 낸 사람이 있다.
② 보를 낸 사람은 1명이다.
③ D는 혼자 가위를 냈다.
④ B가 기권했다면 가위를 낸 사람이 지는 판이다.

※ 다음 자료를 보고 이어지는 질문에 답하시오. [20~22]

〈블랙박스 시리얼 번호 체계〉

개발사		제품		메모리 용량		제조년월				일련번호	PCB버전
값	의미	값	의미	값	의미	값	의미	값	의미	값	값
A	아리스	BD	블랙박스	1	4GB	A	2018년	1~9	1~9월	00001	1
S	성진	BL	LCD 블랙박스	2	8GB	B	2019년	O	10월	00002	2
B	백경	BP	IPS 블랙박스	3	16GB	C	2020년	N	11월	…	3
C	천호	BE	LED 블랙박스	4	32GB	D	2021년	D	12월	09999	–
M	미강테크	–	–	–	–	E	2022년	–	–	–	–

※ 예시 : ABD2B6000101 → 아리스 블랙박스, 8GB, 2019년 6월 생산, 10번째 모델, PCB 1번째 버전

〈A/S 접수 현황〉

분류 1	분류 2	분류 3	분류 4
ABD1A2001092	MBE2E3001243	SBP3CD012083	ABD4B3007042
BBD1DD000132	MBP2CO120202	CBE3C4000643	SBE4D5101483
SBD1D9000082	ABE2D0001063	BBD3B6000761	MBP4C6000263
ABE1C6100121	CBL2C3010213	ABP3D8010063	BBE4DN020473
CBP1C6001202	SBD2B9001501	CBL3S8005402	BBL4C5020163
CBL1BN000192	SBP2C5000843	SBD3B1004803	CBP4D6100023
MBD1A2012081	BBL2BO010012	MBE3E4010803	SBE4E4001613
MBE1DB001403	CBD2B3000183	MBL3C1010203	ABE4DO010843

20 A/S가 접수되면 수리를 위해 각 제품을 해당 제조사로 전달한다. 그런데 제품 시리얼 번호를 확인하는 과정에서 조회되지 않는 번호가 있다는 것을 발견하였다. 총 몇 개의 시리얼 번호가 잘못 기록되었는가?

① 6개   ② 7개
③ 8개   ④ 9개

21 A/S가 접수된 제품 중 2018~2019년도에 생산된 것에 대해 무상으로 블루투스 기능을 추가해주는 이벤트를 진행하고 있다. A/S접수가 된 블랙박스 중에서 이벤트에 해당하는 제품은 모두 몇 개인가?

① 6개   ② 7개
③ 8개   ④ 9개

22 당사의 제품을 구매한 고객이 A/S를 접수하면, 상담원은 제품 시리얼 번호를 확인하여 기록해 두고 있다. 제품 시리얼 번호는 특정 기준에 의해 분류하여 기록하고 있는데, 다음 중 그 기준은 무엇인가?

① 개발사   ② 제품

③ 메모리 용량   ④ 제조년월

23 다음 〈조건〉에 따라 오피스텔 입주민들이 쓰레기 배출한다고 할 때, 옳지 않은 것은?

> **조건**
> • 5개 동 주민들은 모두 다른 날에 쓰레기를 버린다.
> • 쓰레기 배출은 격일로 이루어진다.
> • 5개 동 주민들은 A동, B동, C동, D동, E동 순서대로 쓰레기를 배출한다.
> • 규칙은 A동이 첫째 주 일요일에 쓰레기를 배출하는 것으로 시작한다.

① A와 E는 같은 주에 쓰레기를 배출할 수 있다.

② 10주 차 일요일에는 A동이 쓰레기를 배출한다.

③ A동은 모든 요일에 쓰레기를 배출한다.

④ B동이 처음으로 수요일에 쓰레기를 버리는 주는 8주 차이다.

24 L구청의 K씨는 현재 구청에서 폐기물 처리 업무를 맡고 있다. 다음은 L구청의 대형폐기물 수거기준 및 비용에 대한 자료의 일부이며, 〈보기〉와 같이 L구 주민의 문의전화를 받았을 때, K씨가 자료를 참고하여 안내해야 할 폐기물 처리 비용은 얼마인가?

〈L구청의 대형폐기물 수거기준 및 비용〉

(단위 : 원)

분야	품목	규격	수수료
가구류	문갑	길이 1m당	3,000
	비키니옷장	–	2,000
	서랍장	1단당	1,000
	소파	1인용당	3,000
	신발장	높이 50cm당	1,000
	오디오 장식장	폭 1m당	2,000
	옷걸이	행거, 스탠드	2,000
	의자	–	2,000
	장롱	폭 30cm당	2,000
	장식장	폭 50cm당	2,000
	침대	1인용 매트리스	5,000
		2인용 매트리스	8,000
		2인용 침대틀	7,000
		1인용 침대틀	5,000
	텔레비전 받침	길이 1m당	3,000
	화장대	–	3,000

PART 3

보기

안녕하세요. 이번에 저희 집이 이사를 가게 되면서 대형폐기물들을 처리하고자 합니다. 폐기물 품목은 길이 2m에 해당하는 문갑 1개와 폭 1.5m에 해당하는 장롱 2개, 어머니가 쓰시던 화장대 2개가 있고요. 또 스탠드형 옷걸이 3개, 2인용 침대의 매트리스 1개와 침대틀 1개, 1인용 매트리스 1개가 있습니다. 텔레비전 받침도 1개 있는데 한 2m 정도 되는 것 같네요. 그리고 2m 높이의 신발장도 2개 처리하려고 합니다. 총 처리 비용이 어떻게 될까요?

① 68,000원
② 70,000원
③ 72,000원
④ 74,000원

※ 다음은 멀티플렉스 체인 영화관인 L영화관과 C영화관이 상영하는 영화장르에 따라 얻는 월 수익을 정리한 자료이다. 이어지는 질문에 답하시오. [25~26]

〈영화장르별 월 수익〉

(단위 : 억 원)

구분		C영화관			
		SF	공포	코미디	로맨스
L영화관	SF	(3, 5)	(4, −2)	(−1, 6)	(0, 2)
	공포	(−1, 6)	(2, 3)	(7, 4)	(−4, 0)
	코미디	(6, 4)	(8, −4)	(2, −1)	(5, 3)
	로맨스	(3, −7)	(5, 1)	(−4, 8)	(2, 1)

※ 괄호 안의 숫자는 L영화관과 C영화관이 영화 상영으로 얻는 월 수익을 의미한다(L영화관의 월 수익, C영화관의 월 수익).

예 L영화관이 공포물을 상영하고 C영화관이 코미디물을 상영했을 때, L영화관의 월 수익은 7억 원이고 C영화관의 월 수익은 4억 원이다.

〈분기별 소비자 선호 장르〉

구분	1분기	2분기	3분기	4분기
선호 장르	SF	공포	코미디	로맨스

※ 소비자가 선호하는 장르를 상영하면 월 수익은 50% 증가하고, 월 손해는 50% 감소한다.

25 L영화관의 2분기 상영영화 정보를 알 수 없다고 할 때, C영화관이 2분기 기대수익 평균을 가장 크게 하려면 어떤 장르의 영화를 상영해야 하는가?

① SF
② 공포
③ 코미디
④ 로맨스

26 소비자의 선호 장르를 재조사한 결과, 3분기에 소비자들은 코미디물과 로맨스물을 둘 다 선호하는 것으로 나타났다. 3분기에 영화를 상영할 때, L영화관과 C영화관의 3분기 기대수익 차이가 가장 큰 경우는 언제인가?

	L영화관	C영화관
①	로맨스	SF
②	로맨스	코미디
③	코미디	로맨스
④	코미디	공포

27 한국국토정보공사는 워크숍에서 팀을 나눠 배드민턴 게임을 하기로 했다. 배드민턴 규칙은 실제 복식 경기방식을 따르기로 하고, 전략팀 직원 A, B와 총무팀 직원 C, D가 먼저 대결을 한다고 할 때, 다음과 같은 경기상황에 이어질 서브 방향 및 선수 위치로 옳은 것은?

〈배드민턴 복식 경기방식〉

• 점수를 획득한 팀이 서브권을 갖는다. 다만 서브권이 상대팀으로 넘어가기 전까지는 팀 내에서 같은 선수가 연속해서 서브권을 갖는다.
• 서브하는 팀은 자신의 팀 점수가 0이거나 짝수인 경우는 우측에서, 점수가 홀수인 경우는 좌측에서 서브한다.
• 서브하는 선수로부터 코트의 대각선 위치에 선 선수가 서브를 받는다.
• 서브를 받는 팀은 자신의 팀으로 서브권이 넘어오기 전까지는 팀 내에서 선수끼리 서로 코트 위치를 바꾸지 않는다.

※ 좌측, 우측은 각 팀이 네트를 바라보고 인식하는 좌, 우이다.

〈경기상황〉

• 전략팀(A · B), 총무팀(C · D) 간 복식 경기 진행
• 3 : 3 동점 상황에서 A가 C에 서브하고 전략팀(A · B)이 1점 득점

점수	서브 방향 및 선수 위치	득점한 팀
3 : 3		전략팀

①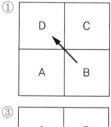

②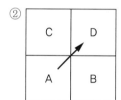

③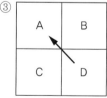

④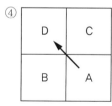

28 다음은 일본의 주택용 태양광 발전시스템 도입량 예측에 대한 자료이다. 〈보기〉 중 옳은 것을 모두 고르면?

〈일본의 주택용 태양광 발전시스템 도입량 예측〉

(단위 : 천 건, MW)

구분		2017년		2022년			
				현재 성장을 유지할 경우		설비 도입을 촉진할 경우	
		건수	도입량	건수	도입량	건수	도입량
기존주택	10kW 미만	94.1	454	145.4	778	165	884
	10kW 이상	23.3	245	4.6	47	5	51
신축주택	10kW 미만	86.1	407	165.3	1,057	185.2	1,281
	10kW 이상	9.2	98	4.7	48	4.2	49
합계		212.7	1,204	320	1,930	359.4	2,265

보기

ㄱ. 2022년에 10kW 이상의 설비를 사용하는 신축주택은 도입을 촉진할 경우 유지할 경우보다 건수당 도입량이 커질 것이다.

ㄴ. 2017년 기존주택의 건수당 도입량은 10kW 이상이 10kW 미만보다 더 적다.

ㄷ. 2022년에 태양광 설비 도입을 촉진할 경우, 총 신축주택에서의 10kW 이상 신축주택의 비중은 유지했을 경우보다 0.5%p 이상이 하락한다.

ㄹ. 2022년에 태양광 설비 도입을 촉진하게 되면 10kW 미만 기존주택의 도입 건수는 현재 성장을 유지할 경우보다 15% 이상 높다.

① ㄱ, ㄴ

② ㄱ, ㄹ

③ ㄴ, ㄷ

④ ㄱ, ㄷ

29 갑과 을이 다음 〈조건〉에 따라 게임을 할 때, 이에 대한 설명으로 옳지 않은 것은?

조건

• 갑과 을은 다음과 같이 시각을 표시하는 하나의 시계를 가지고 게임을 한다.

0	9	:	1	5

• 갑, 을 각자가 일어났을 때, 시계에 표시된 4개의 숫자를 더하여 숫자의 합이 더 작은 사람이 이기는 방식으로 게임의 승패를 결정한다(단, 숫자의 합이 같을 때에는 비긴 것으로 간주한다).

• 갑은 오전 6:00 ～ 오전 6:59에 일어나고, 을은 오전 7:00 ～ 오전 7:59에 일어난다.

① 갑이 오전 6시 정각에 일어나면, 반드시 갑이 이긴다.

② 을이 오전 7시 59분에 일어나면, 반드시 을이 진다.

③ 을이 오전 7시 30분에 일어나고, 갑이 오전 6시 30분 전에 일어나면 반드시 갑이 이긴다.

④ 갑과 을이 정확히 50분 간격으로 일어나면, 갑과 을은 비긴다.

30 국내 금융그룹의 SWOT 분석 결과가 다음과 같을 때, 분석 결과에 대응하는 전략과 그 내용이 바르게 짝지어진 것은?

국내 금융그룹 SWOT 분석	
〈S(강점)〉	〈W(약점)〉
• 탄탄한 국내 시장 지배력 • 뛰어난 위기관리 역량 • 우수한 자산건전성 지표 • 수준 높은 금융 서비스	• 은행과 이자수익에 편중된 수익구조 • 취약한 해외 비즈니스와 글로벌 경쟁력 • 낙하산식 경영진 교체와 관치금융 우려 • 외화 자금 조달 리스크
〈O(기회)〉	〈T(위협)〉
• 해외 금융시장 진출 확대 • 기술 발달에 따른 핀테크의 등장 • IT 인프라를 활용한 새로운 수익 창출 • 계열사 간 협업을 통한 금융 서비스	• 새로운 금융 서비스의 등장 • 은행의 영향력 약화 가속화 • 글로벌 금융사와의 경쟁 심화 • 비용 합리화에 따른 고객 신뢰 저하

① SO전략 : 해외 비즈니스TF팀 신설로 상반기 해외 금융시장 진출 대비

② ST전략 : 금융 서비스를 다방면으로 확대해 글로벌 경쟁사와의 경쟁에서 우위 차지

③ WO전략 : 국내의 탄탄한 시장점유율을 기반으로 핀테크 사업 진출

④ WT전략 : 국내금융사의 우수한 자산건전성 지표를 홍보하여 고객 신뢰 회복

31 등산을 하는 데 올라갈 때는 시속 3km로 걷고, 내려올 때는 올라갈 때보다 5km 더 먼 길을 시속 4km로 걷는다. 올라갔다가 내려올 때 총 3시간이 걸렸다면, 올라갈 때 걸은 거리는 몇 km인가?

① 3km

② 4km

③ 5km

④ 6km

32 거래처까지 갈 때는 국도를 이용하여 속력 80km/h로, 회사로 돌아갈 때는 고속도로를 이용하여 속력 120km/h로 왔다. 1시간 이내로 왕복하려면 거래처는 회사에서 최대 몇 km 떨어진 곳에 있어야 하는가?

① 44km

② 46km

③ 48km

④ 50km

33 지우네 가족은 명절을 맞아 주말에 할머니 댁에 가기로 하였다. 다음 교통편에 따른 금액 및 세부사항을 참고하여 〈조건〉에 맞는 교통편을 고를 때, 교통편과 그에 따라 지불해야 할 총 교통비는 얼마인가?

<교통편별 비용 및 세부사항>

구분	왕복 금액	걸리는 시간	집과의 거리	비고
비행기	119,000원	45분	1.2km	3인 이상 총 금액 3%할인
E열차	134,000원	2시간 11분	0.6km	4인 가족 총 금액 5%할인
P버스	116,000원	2시간 25분	1.0km	
K버스	120,000원	3시간 02분	1.3km	1,000원씩 할인 프로모션

※ 걸리는 시간은 편도기준이며, 집과의 거리는 집에서 교통편까지 거리이다.

조건
- 지우네 가족은 성인 4명이다.
- 집에서 교통편 타는 곳까지 1.2km 이하여야 한다.
- 계획한 총 교통비는 50만 원 이하이다.
- 왕복 시간은 5시간 이하이다.
- 가장 저렴한 교통편을 이용한다.

	교통편	총교통비
①	비행기	461,720원
②	비행기	461,620원
③	E열차	461,720원
④	P버스	464,000원

34 새롭게 비품관리를 담당하게 된 A사원은 기존에 거래하던 H문구와 다른 업체들과의 가격 비교를 위해 I문구와 J문구에 견적서를 요청한 뒤 세 곳을 비교하려고 한다. 비품의 성능 차이는 다르지 않으므로, 비교 후 가격이 저렴한 곳과 거래할 예정이다. 가능한 혜택을 모두 적용할 때 견적서의 총 합계금액과 최종적으로 거래할 업체를 바르게 짝지은 것은?(단, 배송료는 총 주문금액 계산 이후 더하며 백 원 미만은 절사한다)

H문구	(사업자 702-34-2345 / 전화 02-324-2234)		
품명	수량	단가	공급가액
MLT – D209S[호환]	1	28,000원	32,000원
A4 복사용지 80G(2박스 묶음)	1	18,900원	31,900원
친환경 진행 문서 파일	1	1,500원	2,500원

※ 총 주문금액에서 20% 할인 쿠폰 사용 가능
※ 배송료 : 4,000원(10만 원 이상 구매 시 무료 배송)

I문구	(사업자 702-98-4356 / 전화 02-259-2413)		
품명	수량	단가	공급가액
PGI – 909 – PINK[호환]	1	20,000원	25,000원
더블비 A4 복사용지 80G(2박스 묶음)	1	17,800원	22,800원
친환경 진행 문서 파일	1	1,200원	1,800원

※ 회원가 구매 시 판매가의 7% 할인
※ 배송료 : 2,500원(7만 원 이상 구매 시 무료 배송)

J문구	(사업자 470-14-0097 / 전화 02-763-9263)		
품명	수량	단가	공급가액
MST – D128S	1	20,100원	24,100원
A4 복사용지 75G(2박스 묶음)	1	18,000원	28,000원
문서 파일	1	1,600원	3,600원

※ 첫 구매 적립금 4,000포인트 사용 가능
※ 45,000원 이상 구매 시 문서 파일 1개 무료 증정
※ 배송료 : 4,500원(6만 원 이상 구매 시 무료 배송)

① H문구 – 49,000원
② I문구 – 46,100원
③ J문구 – 48,200원
④ I문구 – 48,600원

※ 다음은 한국국토정보공사의 성과급 지급기준 및 경영지원팀 A팀장, B대리, C주임, D주임, E사원에 대한 성과평가 결과에 대한 자료이다. 이어지는 질문에 답하시오. [35~36]

〈성과급 지급 기준〉

• 직원들의 성과급은 평정점수에 따라 지급한다.
• 평정점수는 성과평가 결과에 따라 다음 5등급으로 나눈 평가항목별 기준점수에 해당하는 각 점수의 총합으로 계산한다.

〈평가항목별 기준점수〉

(단위 : 점)

구분	업무량	업무수행 효율성	업무협조성	업무처리 적시성	업무결과 정확성
탁월	10	25	25	20	20
우수	8	20	20	16	16
보통	6	15	15	12	12
부족	4	10	10	8	8
열등	2	5	5	4	4

〈평정점수 구간에 따른 직책별 성과급 지급액〉

구분	80점 이상	80점 미만 75점 이상	75점 미만 70점 이상	70점 미만
팀장	120만 원	100만 원	75만 원	40만 원
팀원	90만 원	80만 원	70만 원	45만 원

〈경영지원팀 성과평가 결과〉

구분	업무량	업무수행 효율성	업무협조성	업무처리 적시성	업무결과 정확성
A팀장	탁월	부족	우수	보통	탁월
B대리	우수	열등	보통	우수	탁월
C주임	우수	탁월	탁월	열등	우수
D주임	탁월	부족	우수	보통	부족
E사원	우수	탁월	보통	우수	탁월

35 다음 〈보기〉 중 경영지원팀의 각 팀원에게 지급될 성과급에 대한 설명으로 옳은 것을 모두 고르면?

> **보기**
>
> ㄱ. 평정점수가 높은 직원일수록 더 많은 성과급을 지급받는다.
> ㄴ. 동일한 금액의 성과급을 지급받는 직원이 2명 이상 있다.
> ㄷ. A팀장이 지급받을 성과급은 D주임이 지급받을 성과급의 2배 이상이다.
> ㄹ. E사원이 가장 많은 성과급을 지급받는다.

① ㄱ, ㄴ   ② ㄱ, ㄷ
③ ㄴ, ㄹ   ④ ㄷ, ㄹ

36 성과급 지급액을 산정하던 중 성과평가 과정에서 오류가 발견되어, 성과평가를 다시 실시하였다. 그 결과 다음과 같이 평가 결과가 수정되었다고 할 때, 두 번째로 많은 성과급을 지급받을 직원은 누구인가?

- B대리의 업무량 평가 : 우수 → 보통
- C주임의 업무처리 적시성 평가 : 열등 → 우수
- D주임의 업무수행 효율성 평가 : 부족 → 열등
- E사원의 업무결과 정확성 평가 : 탁월 → 보통

① B대리   ② C주임
③ D주임   ④ E사원

37 다음 자료는 한국국토정보공사 인사팀의 하계휴가 스케줄이다. A사원은 휴가를 신청하기 위해 하계휴가 스케줄을 확인하였다. 인사팀 팀장인 P부장이 25 ~ 28일은 하계워크숍 기간이므로 휴가 신청이 불가능하며, 하루에 6명 이상은 사무실에 반드시 있어야 한다고 팀원들에게 공지했다. A사원이 휴가를 쓸 수 있는 기간으로 가장 적절한 것은?

구분	3 월	4 화	5 수	6 목	7 금	10 월	11 화	12 수	13 목	14 금	17 월	18 화	19 수	20 목	21 금	24 월	25 화	26 수	27 목	28 금
P부장	■	■	■																	
K차장								■	■											
J과장	■	■	■	■	■															
H대리											■	■	■							
A주임														■	■	■				
B주임										■	■	■								
A사원																				
B사원						■	■	■												

※ A사원은 4일 이상 휴가를 사용해야 한다(토, 일 제외).

① 8월 7일 ~ 8월 11일   ② 8월 6일 ~ 8월 11일
③ 8월 11일 ~ 8월 16일   ④ 8월 13일 ~ 8월 18일

38 한국국토정보공사에서는 매월 초 인트라넷을 통해 윤리경영 자기진단을 실시한다. 아침 회의 시 본부장은 오늘 내에 부서 구성원이 모두 참여할 수 있는 별도의 시간을 정하여 가능한 빨리 완료할 것을 지시하였다. 이에 부서장은 귀하에게 다음의 업무 스케줄을 보고 적당한 시간을 확인하여 보고할 것을 당부하였다. 자기진단 시간으로 1시간이 소요될 때 가장 적절한 시간은 언제인가?

<업무 스케줄>

시간	직급별 스케줄				
	부장	차장	과장	대리	사원
09:00 ~ 10:00	부서장 회의				
10:00 ~ 11:00					
11:00 ~ 12:00			타부서 협조회의		
12:00 ~ 13:00	점심식사				
13:00 ~ 14:00	부서 업무 회의				비품 신청
14:00 ~ 15:00					
15:00 ~ 16:00				일일 업무 결산	
16:00 ~ 17:00		업무보고			
17:00 ~ 18:00	업무보고				

① 15:00 ~ 16:00

② 14:00 ~ 15:00

③ 12:00 ~ 13:00

④ 10:00 ~ 11:00

※ A씨는 해외시장 조사를 위해 중국으로 출장을 간다. 다음 상황과 〈조건〉을 참고하여 이어지는 질문에 답하시오. [39~40]

〈상황〉

A씨는 퇴근 후 다음날 있을 출장을 준비하던 중 서류 하나를 회사에 두고 왔다는 것을 발견하였다. 회사 동료에게 전화를 하니 모두 퇴근하였다며 다음날 출근하자마자 자신이 A씨 집으로 퀵서비스를 보내주겠다고 하였다. A씨는 다음 날 아침 일찍 일어나 회사에 들러 직접 서류를 챙긴 후 공항으로 가는 것이 좋을지, 동료의 말대로 퀵서비스를 기다린 후 공항으로 가는 것이 좋을지 고민에 빠졌다.

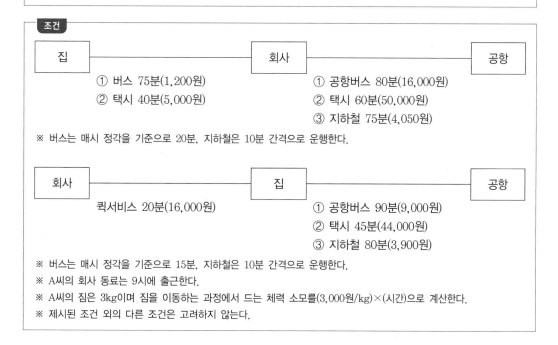

조건

| 집 | 회사 | 공항 |

① 버스 75분(1,200원)
② 택시 40분(5,000원)

① 공항버스 80분(16,000원)
② 택시 60분(50,000원)
③ 지하철 75분(4,050원)

※ 버스는 매시 정각을 기준으로 20분, 지하철은 10분 간격으로 운행한다.

| 회사 | 집 | 공항 |

퀵서비스 20분(16,000원)

① 공항버스 90분(9,000원)
② 택시 45분(44,000원)
③ 지하철 80분(3,900원)

※ 버스는 매시 정각을 기준으로 15분, 지하철은 10분 간격으로 운행한다.
※ A씨의 회사 동료는 9시에 출근한다.
※ A씨의 짐은 3kg이며 짐을 이동하는 과정에서 드는 체력 소모를 (3,000원/kg)×(시간)으로 계산한다.
※ 제시된 조건 외의 다른 조건은 고려하지 않는다.

39 A씨의 비행기는 정오에 출발하므로, 오전 10시에는 공항에 도착하려고 한다. A씨는 적어도 몇 시에 집에서 출발해야 하는가?

① 6시 50분　　　　　　　　② 7시 20분
③ 7시 45분　　　　　　　　④ 8시 20분

40 비행기 시간을 고려하지 않는다면, A씨가 공항까지 가는 최소 비용은 얼마인가?(단, A씨가 회사에 들를 경우 오전 7시에 집에서 출발한다)

① 31,500원　　　　　　　　② 30,800원
③ 27,400원　　　　　　　　④ 26,300원

41 영업팀 B사원은 업무 특성상 외근이 잦은 편이다. 다음은 출발지 – 목적지간 거리와 B씨가 이용하는 차종의 연비를 제시한 표와, 휘발유·경유의 분기별 리터당 공급가를 나타낸 그래프이다. 3분기에 경유로 거래처를 순회한다면, 10만 원의 예산으로 주행할 수 있는 총거리는 몇 km인가?

〈출발지 – 목적지간 거리와 차종별 연비〉

출발지 – 목적지	거리(km)	차종	연비(km/L)
본사 – A사	25	001	20
A사 – B사	30	002	15
B사 – C사	25	003	15
C사 – D사	40	004	10
D사 – E사	30	005	10
E사 – F사	50	006	25

〈휘발유·경유의 분기별 리터당 공급가〉

	1분기	2분기	3분기	4분기
■ 휘발유	1,500	2,000	2,500	1,900
□ 경유	1,200	1,800	2,000	1,300

① 1,220km

② 1,230km

③ 1,240km

④ 1,250km

42 일본 도쿄에 있는 거래처에 방문한 K씨는 회사에서 삿포로에 위치한 거래처에도 다녀오라는 연락을 받았다. 이 때 K씨가 선택할 수 있는 A~D교통편과 결정조건이 다음과 같을 때, K씨가 선택할 교통편은?(단, 소수점 셋째 자리에서 반올림한다)

〈교통수단별 시간 및 요금〉

구분	교통수단	시간(시간)	편안함 계수	요금(원)
A	일반열차	10	5	50,000
B	일반열차	8	5	60,000
C	고속열차	6	7	80,000
D	고속열차	5	7	100,000

※ 편안함 계수 : 1~10까지의 숫자로 산정하며, 계수가 클수록 편안하다.

〈교통수단의 결정조건〉

• 결정조건계수 : $\dfrac{(\text{편안함 계수})\times 700}{(\text{시간})\times 1{,}000 + (\text{요금})\times 0.5}$

• 결정조건계수가 큰 교통수단을 선택한다.

① A ② B
③ C ④ D

K대리는 세미나에 참석하기 위해 7월 3일부터 5일까지 대전으로 출장을 갈 예정이다. 다음 〈조건〉에 따라 출장 기간에 이용할 숙소를 예약하고자 할 때, K대리가 예약 가능한 숙소로만 짝지어진 것은?

〈호텔 예약정보〉

호텔명	가격 (원/1박)	숙박 기준인원	세미나실 대여비용 (원/1일)	비고
글래드 대전	78,000	1명	4인실(25,000) 8인실(48,000)	숙박 기준인원 초과 시 초과인원 1인당 10,000원 추가지급
호텔 아뜰리에	81,000	2명	4인실(40,000) 10인실(70,000)	보수공사로 인해 10인 세미나실 이용불가 (6월 10일부터 7월 5일까지)
스카이뷰 호텔	80,000	2명	6인실(50,000)	연박 시 1박당 10% 할인
대전 베일리쉬	92,000	1명	4인실(32,000)	10주년 기념 1박당 8% 할인 (7월 4일부터 7월 20일까지)
이데아 호텔	85,000	1명	6인실(30,000) 8인실(45,000)	출장목적 투숙객 1박당 5% 할인
대전 하운드	80,000	2명	10인실(80,000)	세미나실 대여 시 대여료 40% 할인 (2박 이상 투숙객 대상)

조건

- K대리가 숙소 예약 및 세미나실 대여에 사용가능한 총경비는 200,000원이다.
- 7월 4일에는 A팀장과 B주임, C주임, D책임연구원이 방문하여 K대리로부터 중간보고를 받을 예정이므로, 세미나실이 필요하다.
- K대리의 숙소는 K대리 혼자 이용한다.
- 숙소 예약과 세미나실 대여는 동일한 호텔에서 한다.

① 글래드 대전, 호텔 아뜰리에
② 글래드 대전, 스카이뷰 호텔
③ 스카이뷰 호텔, 이데아 호텔
④ 대전 베일리쉬, 대전 하운드

44 한국국토정보공사 자재관리팀에 근무 중인 귀하는 행사에 사용할 배너를 제작하는 업무를 맡았다. 다음 상황을 보고 상사의 추가 지시에 따라 계산한 현수막 제작 비용은?

- 다음은 행사 장소를 나타낸 도면이다.

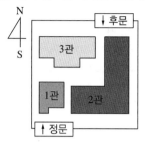

- 행사 장소 : 본 건물 3관

- 배너 제작 비용(배너 거치대 포함)
  - 일반 배너 한 장당 15,000원
  - 양면 배너 한 장당 20,000원

- 현수막 제작 비용
  - 기본 크기[(세로)×(가로)] : 1m×3m
    → 5,000원
  - 기본 크기에서 추가 시
    → 1m²당 3,000원씩 추가

상사 : 행사장 위치를 명확하게 알리려면 현수막도 설치하는 것이 좋을 것 같네요. 정문하고 후문에 하나씩 걸고 2관 건물 입구에도 하나를 답시다. 정문하고 후문에는 3m×8m 크기로 하고, 2관 건물 입구에는 1m×4m의 크기가 적당할 것 같아요. 견적 좀 부탁할게요.

① 98,000원   ② 108,000원

③ 120,000원   ④ 144,000원

45 대구에서 광주까지 편도운송을 하는 L사는 다음과 같이 화물차량을 운용한다. 수송비 절감을 통해 경영에 필요한 예산을 확보하기 위하여 적재효율을 기존 1,000상자에서 1,200상자로 높여 운행 횟수를 줄인다면, L사가 얻을 수 있는 월 수송비 절감액은?

〈L사의 화물차량 운용 정보〉

- 차량 운행대수 : 4대
- 1대당 1일 운행횟수 : 3회
- 1대당 1회 수송비 : 100,000원
- 월 운행일수 : 20일

① 3,500,000원   ② 4,000,000원

③ 4,500,000원   ④ 5,000,000원

46 다음 사례를 통해 P전자가 TV 시장에서 경쟁력을 잃게 된 주요 원인으로 가장 적절한 것은?

> 평판 TV 시장에서 PDP TV가 주력이 되리라 판단한 P전자는 2007년에 세계 최대 규모의 PDP 생산설비를 건설하기 위해 3조 원 수준의 막대한 투자를 결정한다. 당시 L전자와 S전자는 LCD와 PDP 사업을 동시에 수행하면서도 성장성이 높은 LCD TV로 전략을 수정하는 상황이었지만 P전자는 익숙한 PDP 사업에 더욱 몰입한 것이다. 하지만 주요 기업들의 투자가 LCD에 집중되면서, 새로운 PDP 공장이 본격 가동될 시점에 PDP의 경쟁력은 이미 LCD에 뒤처지게 됐다.
>
> 결국, 활용가치가 현저하게 떨어진 PDP 생산설비는 조기에 상각함을 고민할 정도의 골칫거리로 전락했다. P전자는 2011년에만 11조 원의 적자를 기록했으며, 2012년에도 10조 원 수준의 적자가 발생되었다. 연이은 적자는 P전자의 신용등급을 투기 등급으로 급락시켰고, P전자의 CEO는 '디지털 가전에서 패배자가 되었음'을 인정하며 고개를 숙였다. TV를 포함한 가전제품 사업에서 P전자가 경쟁력을 회복하기 어려워졌음은 말할 것도 없다.

① 사업 환경의 변화 속도가 너무나 빨라졌고, 변화의 속성도 예측이 어려워져 따라가지 못하였다.
② 차별성을 지닌 새로운 제품을 기획하고 개발하는 것에 대한 성공 가능성이 낮아져 주저했다.
③ 기존 사업영역에 대한 강한 애착으로 신사업이나 신제품에 대해 낮은 몰입도를 보였다.
④ 실패가 두려워 새로운 도전보다 안정적이며 실패 확률이 낮은 제품을 위주로 미래를 준비하였다.

47 총무부의 K부장은 주말 간 출장을 떠나며, 다음 주 월요일의 부서 업무를 다음과 같이 정리하였고, 스케줄을 바탕으로 부서원에게 해당 업무를 배정할 수 있도록 G과장에게 업무 메일을 남겼다. 처리해야 할 업무가 잘못 배정된 사람은?(단, 한 명당 하나의 업무만 배정한다)

〈K부장의 E-mail 내용〉

G과장, 내가 이번 주말 간 지방 순회 출장을 가서 다음 주 월요일 오전에 회사에 복귀할 예정이야. 현안 업무 중 다음 주 전사 행사 준비, 전사 사무비품 보충, 지난 달 완료한 ○○프로젝트 보고서 초안 작성이 시급한데, 내가 출장 준비 때문에 사원들에게 일일이 업무를 부여하지 못했네. 첨부파일로 우선 다음 주 월요일에 해야 할 업무와 부서원의 스케줄을 정리해 놨으니 확인하고 월요일 오전에는 내 대신 부서장 회의에 참석하고, 이후에 부서원들에게 업무지시를 좀 해줘야겠어. 사무비품 주문서의 경우는 작성만 확실히 해 두면 내가 오후에 직접 결재하고 발송할 테니 오류 없도록 G과장이 다시 한 번 확인해 줘.

〈총무부 월요일 업무〉

- 부서장 회의 참석(09:00 ~ 10:00)
- 사무비품 주문서 작성 및 주문 메일 발송
  ※ 주문서 최종 결재자 : K부장, 메일은 퇴근 전에 발송할 것
- 행사 용품 오배송건 반품
  ※ 택배 접수 마감 시간 16:00
- ○○프로젝트 보고서 초안 작성
- 행사 참여 안내문 등기 발송
  ※ 우체국 영업시간(09:00 ~ 18:00) 내 방문

〈총무부 월요일 스케줄〉

시간	K부장	G과장	J대리	L사원	O사원
09:00 ~ 10:00	출장 복귀	○○프로젝트 성과분석회의	오전반차	사내 교육 프로그램 참여	
10:00 ~ 11:00					
11:00 ~ 12:00					
12:00 ~ 13:00	점심시간				
13:00 ~ 14:00			오전반차		
14:00 ~ 15:00	외근		행사 진행 업체 사전미팅		
15:00 ~ 16:00					
16:00 ~ 17:00					
17:00 ~ 18:00	업무 보고			비품 정리	

① G과장 : 부서장 회의 참석
② G과장 : ○○프로젝트 보고서 초안 작성
③ J대리 : 행사 용품 오배송건 반품
④ L사원 : 우체국 방문 및 등기 발송

48 조직구조의 형태 중 사업별 조직구조는 제품이나 고객별로 부서를 구분하는 것이다. 다음 중 사업별 조직구조의 형태로 적절하지 않은 것은?

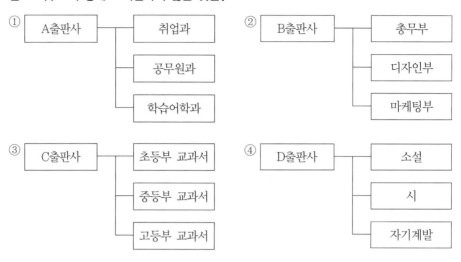

① A출판사 — 취업과 / 공무원과 / 학습어학과

② B출판사 — 총무부 / 디자인부 / 마케팅부

③ C출판사 — 초등부 교과서 / 중등부 교과서 / 고등부 교과서

④ D출판사 — 소설 / 시 / 자기계발

49 다음 중 인터뷰를 위한 주혜정의 업무처리 내용으로 준비 우선순위가 가장 낮은 것은?

> Henry Thomas의 부하직원 주혜정은 Mr. Thomas와 국내 방송사 기자와의 인터뷰 일정을 최종점검 중이다. 다음은 기자와의 통화내용이다.
>
> 주혜정 : 공진호 기자님 안녕하세요. 저는 Sun Capital의 주혜정입니다. Mr. Thomas와의 인터뷰 일정 확인 차 연락드립니다. 지금 통화 가능하세요?
>
> 공진호 : 네, 말씀하세요.
>
> 주혜정 : 인터뷰 예정일이 7월 10일 오후 2시인데 변동사항이 있나 확인하고자 합니다.
>
> 공진호 : 네, 예정된 일정대로 진행 가능합니다. Sun Capital의 회의실에서 하기로 했죠?
>
> 주혜정 : 맞습니다. 인터뷰 준비 관련해서 저희 측에서 더 준비해야 하는 사항이 있나요?
>
> 공진호 : 카메라 기자와 함께 가니 회의실 공간이 좀 넓어야 하겠고, 회의실 배경이 좀 깔끔해야할 텐데 준비가 가능할까요?

① 총무팀에 연락하여 인터뷰 당일 회의실 예약을 미리 해놓는다.

② 기자에게 인터뷰의 방영 일자를 확인하여 인터뷰 영상 내용을 자료로 보관하도록 한다.

③ 인터뷰 당일 Mr. Thomas의 점심 식사 약속은 될 수 있는대로 피하도록 한다.

④ 인터뷰 진행 시 통역이 필요한지 아닌지 확인하고, 질문지를 사전에 받아 Mr. Thomas에게 전달한다.

50 다음 빈칸에 들어갈 용어에 대한 설명으로 적절하지 않은 것은?

> 조직과 환경은 영향을 주고받는다. 조직도 환경에 영향을 미치기는 하지만, 환경은 조직의 생성, 지속 및 발전에 지대한 영향력을 가지고 있다. 오늘날 조직을 둘러싼 환경은 급변하고 있으며, 조직은 생존하기 위하여 이러한 환경의 변화를 읽고 적응해 나가야 한다. 이처럼 환경의 변화에 맞춰 조직이 새로운 아이디어나 행동을 받아들이는 것을 _____라고 한다.

① 환경의 변화를 인지하는 데에서 시작된다.

② 조직의 세부목표나 경영방식을 수정하거나, 규칙이나 규정 등을 새로 제정하기도 한다.

③ 조직의 목적과 일치시키기 위해 구성원들의 사고방식 변화를 방지한다.

④ 신기술의 발명을 통해 생산성을 높일 수도 있다.

51 다음 조직의 체제를 구성하는 요소들에 대한 설명으로 적절한 것은 총 몇 개인가?

> • 조직목표는 조직이 달성하려는 장래의 상태이다.
> • 조직의 구조는 조직 내의 부문 사이에 형성된 관계로 조직 구성원들의 공유된 생활양식이나 가치이다.
> • 조직도는 조직 구성원들의 임무, 수행과업, 일하는 장소들을 알아보는 데 유용하다.
> • 조직의 규칙과 규정은 조직 구성원들의 행동범위를 정하고 일관성을 부여하는 역할을 한다.

① 1개　　　　　　　　　　② 2개

③ 3개　　　　　　　　　　④ 4개

52 다음은 G화장품(주)의 신제품 판매 동향 보고서이다. 이 기업이 가장 중점을 두어야 할 대책으로 가장 적절한 것은?

> • 대상제품 : 새로 개발한 상황버섯 로션
> • 영업활동 : 발매와 동시에 대규모 광고 시행
> • 판매실적 : 예상판매 목표의 50% 미만으로 매우 부진
> • 원인분석 : 소비자들이 자사 브랜드를 잘 알고 있지만 상황버섯의 독특한 향이 싫어서 판매실적이 부진한 것으로 보임

① 제품 특성을 개선한다.

② 판매 가격을 인하한다.

③ 판매 점포를 확대한다.

④ 홍보 자료를 배포한다.

※ 다음은 I공항공사 운항시설처의 업무분장표이다. 이어지는 질문에 답하시오. [53~54]

〈운항시설처 업무분장표〉

구분		업무분장
운항시설처	운항안전팀	• 이동지역 안전관리 및 지상안전사고 예방 안전 활동 • 항공기 이착륙시설 및 계류장 안전점검, 정치장 배정 및 관리 • 이동지역 차량 / 장비 등록, 말소 및 계류장 사용료 산정 • 야생동물 위험관리업무(용역관리 포함) • 공항안전관리시스템(SMS)운영계획 수립 · 시행 및 자체검사 시행 · 관리
	항공등화팀	• 항공등화시설 운영계획 수립 및 시행 • 항공등화시스템(A-SMGCS) 운영 및 유지관리 • 시각주기안내시스템(VDGS) 운영 및 유지관리 • 계류장조명등 및 외곽보안등 시설 운영 및 유지관리 • 에어사이드지역 전력시설 운영 및 유지관리 • 항공등화시설 개량계획 수립 및 시행
	기반시설팀	• 활주로 등 운항기반시설 유지관리 • 지하구조물(지하차도, 공동구, 터널, 배수시설) 유지관리 • 운항기반시설 녹지 및 계측관리 • 운항기반시설 제설작업 및 장비관리 • 운항기반시설 공항운영증명 기준관리 • 전시목표(활주로 긴급 복구) 및 보안시설 관리

53 다음은 I공항공사와 관련된 보도 자료의 제목이다. 다음 중 운항시설처의 업무로 적절하지 않은 것은?

① I공항, 관계기관 합동 종합제설훈련 실시

② I공항, 전시대비 활주로 긴급 복구훈련 실시

③ I공항공사, 항공등화 핵심장비 국산화 성공

④ 골든타임을 사수하라! I공항 항공기 화재진압훈련 실시

54 I공항공사의 운항안전팀에서는 안전회보를 발간한다. 다음 달에 발간하는 안전회보 제작을 맡게 된 A사원은 회보에 실을 내용을 고민하고 있다. 다음 중 안전회보에 실릴 내용으로 적절하지 않은 것은?

① I공항 항공안전 캠페인 시행 – 이동지역 안전문화를 효과적으로 정착시키기 위한 분기별 캠페인 및 합동 점검 실시

② 안전관리시스템 위원회 개최 – 이동지역 안전 증진을 위해 매년 안전관리시스템 위원회 개최

③ 대테러 종합훈련 실시 – 여객터미널 출국장에서 폭발물 연쇄테러를 가정하여 이에 대응하는 훈련 진행

④ 이동지역 운전교육용 시뮬레이터 운영개시 – 이동지역 지형 · 지물에 대한 가상체험 공간 제공으로 운전교육 효과 극대화

55 다음은 L행사기획업체의 행사안전 점검표이다. 점검내용을 확인한 후 다음과 같이 확인란에 체크 표시를 하였을 때, 점검표에 대한 설명으로 적절하지 않은 것은?

〈행사안전 점검표〉

구분	점검내용	확인	비고
1	바닥이 미끄러운 곳은 없는가?	✔	미끄럼방지 패드 구매 필요
2	위험한 장소에 보호망이 있는가?		
3	모든 시설, 설비는 잘 고정되어 흔들리지 않는가?	✔	
4	문이 부드럽게 열리고 닫히며 손 끼임 방지장치가 있는가?	✔	
5	실외 놀이기구는 바닥에 안전하게 고정되어 있는가?	✔	
6	비상시 연락할 수 있는 휴대전화가 있는가?	✔	
7	유아들의 안전을 관리할 성인이 항상 있는가?		
8	비가 올 때 천장이나 벽에서 누수되는 곳은 없는가?	✔	
9	깨진 유리창이 없고 창틀에 파손된 부분은 없는가?		
10	창문에 안전장치와 방충망이 되어 있는가?	✔	
11	놀이기구에 유해색소가 칠해져 있거나 칠이 벗겨져 있는 부분은 없는가?	✔	친환경 페인트 구매 필요
12	약품이나 교사용 물품 등 위험한 물건이 영유아의 손이 닿지 않는 곳에 보관되어 있는가?		
13	앰프설비는 영유아가 열지 못하도록 잠금장치가 되어 있는가?	✔	더 안전한 잠금장치 구매 필요

① 보호망과 창틀에 대한 확인이 필요한 상황이다.
② 유아들의 안전 관리를 위한 성인의 존재와 휴대전화 여부의 확인이 필요하다.
③ 미끄럼방지 패드와 친환경 페인트에 대한 구매가 요구된다.
④ 문에 손 끼임 방지장치 설치 여부와 앰프설비의 잠금 여부는 확인되었다.

56 다음 중 조직의 환경적응에 대한 설명으로 적절하지 않은 것을 〈보기〉에서 모두 고르면?

> **보기**
>
> ㄱ. 세계화의 기업에 대한 영향은 진출시장, 투자대상 확대 등 기업의 대외적 경영 측면으로 국한된다.
> ㄴ. 특정 국가에서의 업무 동향 점검 시에는 거래 기업에 대한 정보와 시장의 특성 뿐 아니라 법규에 대하여도 파악하는 것이 필수적이다.
> ㄷ. 이문화 이해는 곧 상이한 문화와의 언어적 소통을 가리키므로 현지에서의 인사법 등 예절에 주의하여야 한다.
> ㄹ. 이문화 이해는 특정 타 지역에 오랜 기간 형성된 문화를 이해하는 것으로, 단기간에 집중적인 학습으로 신속하게 수월한 언어적 능력을 갖추는 것이 최선이다.

① ㄱ

② ㄱ, ㄷ

③ ㄱ, ㄷ, ㄹ

④ ㄴ, ㄷ, ㄹ

PART 3

57 L회사의 연구용역 업무를 담당하는 정 대리는 연구비 총액 6,000만 원이 책정된 용역업체와의 계약을 체결하였다. 규정을 준수하는 정 대리의 상사 최 부장은 계약 체결건에 대해 확인하기 위해 정 대리에게 전화를 걸었다. 다음 중 통화 내용에서 적절하지 않은 부분은?

〈규정〉

제00조(용역발주의 방식) 연구비 총액 5,000만 원 이상의 연구용역은 경쟁입찰 방식을 따르되, 그 외의 연구용역은 담당자에 의한 수의계약 방식으로 발주한다.

제00조(용역방침결정서) 용역 발주 전에 담당자는 용역방침결정서를 작성하여 부서장의 결재를 받아야 한다.

제00조(책임연구원의 자격) 연구용역의 연구원 중에 책임연구원은 대학교수 또는 박사학위 소지자이어야 한다.

제00조(계약실시요청 공문작성) 연구자가 결정된 경우, 담당자는 연구용역 계약실시를 위해 용역수행계획서와 예산계획서를 작성하여 부서장의 결재를 받아야 한다.

제00조(보안성 검토) 담당자는 연구용역에 참가하는 모든 연구자에게 보안서약서를 받아야 하며, 총액 3,000만 원을 초과하는 연구용역에 대해서는 감사원에 보안성 검토를 의뢰해야 한다.

제00조(계약실시요청) 담당자는 용역방침결정서, 용역수행계획서, 예산계획서, 보안성 검토결과를 첨부하여 운영지원과에 연구용역 계약실시요청 공문을 발송해야 한다.

제00조(계약의 실시) 운영지원과는 연구용역 계약실시를 요청받은 경우 지체없이 계약업무를 개시하여야 하며, 계약과정에서 연구자와의 협의를 통해 예산계획서상의 예산을 10% 이내의 범위에서 감액할 수 있다.

정대리 : 네, ××과 정○○ 대리입니다.

최부장 : 이번에 연구용역 계약 체결은 다 완료되었나?

정대리 : 네, ㉠ 경쟁입찰 방식으로 용역 발주하였습니다. 용역방침결정서도 부서장님께 결재받았습니다.

최부장 : 그래, 연구원들은 총 몇 명이나 되나?

정대리 : ㉡ ××대학교 교수님이 책임연구원으로 계시고, 밑에 석사과정생 3명이 있습니다.

최부장 : 예산은 어느 정도로 책정되었나?

정대리 : ㉢ 처음에 6,000만 원으로 책정되었는데 계약과정에서 연구자와 협의해보니 5,000만 원까지 감액할 수 있을 것 같습니다.

최부장 : 운영지원과에 공문은 발송했나?

정대리 : ㉣ 아직 감사원으로부터 보안성 검토결과가 오지 않아 발송하지 못하였고, 오는 대로 공문 발송하겠습니다.

최부장 : 그럼 업무는 언제부터 시작하나?

정대리 : 운영지원과에 연구용역 계약실시요청 공문을 발송한 즉시 바로 업무 개시될 예정입니다.

① ㉠

② ㉡

③ ㉢

④ ㉣

58 다음 〈보기〉의 사례와 직업의 특성이 바르게 연결된 것은?

> **보기**
>
> ㉠ 단기간의 아르바이트와 달리 일정 기간 수행되어야 한다.
> ㉡ 직업을 통해 사회 구성원의 필요를 충족시키며, 사회에 봉사하게 된다.
> ㉢ 직업을 통해 일정한 수입을 얻고, 경제발전에 기여하여야 한다.

	㉠	㉡	㉢
①	연속성	봉사성	수익성
②	연속성	봉사성	경제성
③	지속성	공공성	경제성
④	계속성	사회성	경제성

59 다음 조직의 정의를 나타내는 글에서 알 수 있는 조직의 사례로 적절하지 않은 것은?

> 조직은 두 사람 이상이 공동의 목표를 달성하기 위해 의식적으로 구성된 상호작용과 조정을 행하는 행동의 집합체이다. 그러나 단순히 사람들이 모였다고 해서 조직이라고 하지는 않는다. 조직은 목적을 가지고 있고, 구조가 있으며, 목적을 달성하기 위해 구성원들은 서로 협동적인 노력을 하며 외부 환경과도 긴밀한 관계를 가지고 있다. 조직은 일반적으로 재화나 서비스의 생산이라는 경제적 기능과 조직구성원들에게 만족감을 주고 협동을 지속시키는 사회적 기능을 갖는다.

① 병원에서 일하고 있는 의사와 간호사
② 유기견을 구조하고 보호하는 시민단체
③ 백화점에 모여 있는 직원과 고객
④ 편의점을 운영 중인 가족

60 다음 중 정직에 대한 설명으로 적절하지 않은 것은?

① 정직은 신뢰를 형성하고 유지하는 데 가장 기본적이고 필수적인 규범이다.
② 정직한 것은 성공을 이루는 기본 조건이다.
③ 정직과 신용을 구축하기 위해 부정직한 관행은 인정하지 말아야 한다.
④ 다른 사람이 전하는 말이나 행동이 사실과 부합한다는 신뢰가 없어도 사회생활을 하는 데 별로 지장이 없다.

제2회 최종점검
모의고사(국토정보직)

※ LX 한국국토정보공사 최종점검 모의고사는 채용공고를 기준으로 구성한 것으로 실제 시험과 다를 수 있습니다.

※ LX 한국국토정보공사 제2회 최종점검 모의고사는 국토정보직 시험 영역으로 구성되어 있습니다.

■ 취약영역 분석

번호	O/×	영역	번호	O/×	영역	번호	O/×	영역
1			21			41		
2			22			42		
3			23			43		정보능력
4			24			44		
5			25			45		
6			26		문제해결능력	46		
7			27			47		
8		수리능력	28			48		
9			29			49		
10			30			50		
11			31			51		
12			32			52		
13			33			53		기술능력
14			34			54		
15			35			55		
16			36		정보능력	56		
17			37			57		
18		문제해결능력	38			58		
19			39			59		
20			40			60		

평가문항	60문항	평가시간	60분
시작시간	:	종료시간	:
취약영역			

모의고사(국토정보직)

🕐 응시시간 : 60분 　📋 문항 수 : 60문항

※ 다음은 다문화 신혼부부의 성별 출신국적 현황이다. 이어지는 질문에 답하시오. **[1~2]**

〈다문화 신혼부부의 성별 출신국적 현황〉

(단위 : 명)

주요국적 순위별	2021년				2022년			
	남편		아내		남편		아내	
	국적	인원수	국적	인원수	국적	인원수	국적	인원수
합계	합계	22,114	합계	38,745	합계	21,792	합계	36,766
1순위	중국	9,597	중국	10,239	중국	9,335	중국	9,928
2순위	미국	3,725	베트남	6,456	미국	3,549	베트남	5,234
3순위	베트남	1,531	필리핀	5,897	베트남	1,911	필리핀	4,872
4순위	일본	1,443	일본	3,037	일본	1,194	일본	2,992
5순위	캐나다	1,018	캄보디아	2,575	캐나다	968	캄보디아	2,534
6순위	대만	518	미국	1,933	대만	530	태국	2,417
7순위	영국	478	태국	1,775	영국	490	미국	1,962
8순위	파키스탄	430	우즈벡	1,038	파키스탄	375	우즈벡	1,002
9순위	호주	384	대만	919	호주	348	대만	993
10순위	프랑스	278	몽골	799	프랑스	295	몽골	781
11순위	뉴질랜드	248	캐나다	618	뉴질랜드	236	캐나다	627
기타	기타	2,464	기타	3,459	기타	2,561	기타	3,424

01 다음 〈보기〉의 설명 중 자료에 대한 설명으로 옳지 않은 것을 모두 고르면?

> **보기**
> ㄱ. 영국 출신의 남편의 수는 2021년과 2022년에 동일하다.
> ㄴ. 남편의 국적과 아내의 국적의 인원이 많은 순위는 각각 2021년과 2022년에 동일하다.
> ㄷ. 프랑스 출신의 남편의 수는 2021년보다 2022년에 많다.
> ㄹ. 2021년 다문화 신혼부부 중 중국 국적인 남편의 수는 필리핀 국적인 아내의 수의 2배 이상이다.

① ㄱ, ㄷ
② ㄴ, ㄹ
③ ㄱ, ㄴ, ㄹ
④ ㄱ, ㄷ, ㄹ

02 2021년과 2022년 다문화 신혼부부 중 호주 국적의 남편의 수의 합과 미국 출신 아내의 수의 합의 합계로 옳은 것은?

① 2,810명

② 3,759명

③ 4,210명

④ 4,627명

※ 다음은 2022년도 관측지점별 기상 평년값을 나타낸 자료이다. 이어지는 질문에 답하시오. **[3~4]**

〈관측지점별 기상 평년값〉

(단위 : ℃, mm)

구분	평균 기온	최고 기온	최저 기온	강수량
속초	12.2	16.2	8.5	1,402
철원	10.2	16.2	4.7	1,391
춘천	11.1	17.2	5.9	1,347
강릉	13.1	17.5	9.2	1,464
동해	12.6	16.8	8.6	1,278
충주	11.2	17.7	5.9	1,212
서산	11.9	17.3	7.2	1,285

03 관측지점 중 최고 기온이 17℃ 이상이며, 최저 기온이 7℃ 이상인 지점의 강수량의 합은 몇 mm인가?

① 3,027mm

② 2,955mm

③ 2,834mm

④ 2,749mm

04 다음 중 표에 대한 설명으로 옳은 것은?

① 동해의 최고 기온과 최저 기온의 평균은 12.7℃이다.

② 속초는 관측지점 중 평균 기온이 두 번째로 높고, 강수량도 두 번째로 많다.

③ 최고 기온과 최저 기온의 차이가 가장 큰 지점은 서산이다.

④ 평균 기온, 최고 · 최저 기온이 가장 높고, 강수량도 가장 많은 지점은 강릉이다.

〈인구 고령화 추이〉

(단위 : %)

구분	2001년	2006년	2011년	2016년	2021년
노인부양비	5.2	7.0	11.3	15.6	22.1
고령화지수	19.7	27.6	43.1	69.9	107.1

※ [노인부양비(%)]=(65세 이상 인구)÷(15 ~ 64세 인구)×100
※ [고령화지수(%)]=(65세 이상 인구)÷(0 ~ 14세 인구)×100

05 2001년 0 ~ 14세 인구가 50,000명이었을 때, 2001년 65세 이상 인구는 몇 명인가?

① 8,650명
② 8,750명
③ 9,850명
④ 9,950명

06 다음 중 2021년 고령화지수는 2016년 대비 몇 % 증가하였는가?(단, 소수점 첫째 자리에서 반올림한다)

① 약 45%
② 약 50%
③ 약 53%
④ 약 57%

07 다음 자료에 대한 〈보기〉의 설명으로 옳은 내용을 모두 고르면?

> **보기**
> ㉠ 노인부양비 추이는 5년 단위로 계속 증가하고 있다.
> ㉡ 고령화지수 추이는 5년 단위로 같은 비율로 증가하고 있다.
> ㉢ 2011년의 2006년 대비 노인부양비 증가폭은 4.3%p이다.
> ㉣ 5년 단위의 고령화지수 증가폭은 2021년의 2016년 대비 증가폭이 가장 크다.

① ㉠, ㉡
② ㉠, ㉢
③ ㉡, ㉢
④ ㉠, ㉢, ㉣

08 다음은 시도별 전입자 수 및 전입률에 대한 자료이다. 이에 대한 설명으로 옳지 않은 것은?

〈시도별 전입자 수〉

(단위 : 명)

지역	전국	서울	부산	대구	인천	광주
이동자 수	650,197	132,012	42,243	28,060	40,391	17,962

〈시도별 전입률〉

(단위 : %)

지역	전국	서울	부산	대구	인천	광주
전입률	1.27	1.34	1.21	1.14	1.39	1.23

① 서울의 전입자 수는 전국 전입자 수의 약 20.3%이다.
② 서울, 부산, 대구, 인천, 광주 중 대구의 전입률이 가장 낮다.
③ 서울은 전입자 수와 전입률 모두 다른 지역에 비해 가장 높다.
④ 부산의 전입자 수는 광주 전입자 수의 약 2.35배이다.

PART 3

※ 다음은 L공사의 직원채용절차에 대한 자료이다. 이어지는 질문에 답하시오. [9~10]

■ 직원채용절차

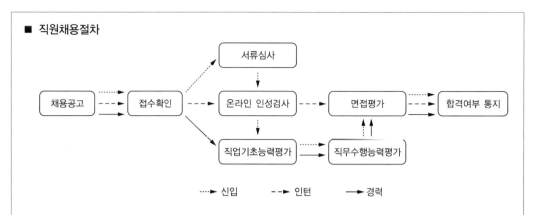

■ 채용단계별 처리비용

채용단계	1건당 처리비용	채용단계	1건당 처리비용
접수확인	500원	서류심사	1,500원
온라인 인성검사	1,000원	직업기초능력평가	3,000원
직무수행능력평가	2,500원	면접평가	3,000원
합격여부 통지	500원	–	–

※ 단계별 1건당 처리비용은 지원유형에 관계없이 동일함

■ 지원현황

지원유형	신입	인턴	경력
접수	20건	24건	16건

09 L공사는 신입·인턴·경력직원을 채용하는 과정에서 드는 비용이 예산을 넘지 않는 수준에서 최대한 사용하려고 하였으나, 실제로 초과하였다. 예산이 50만 원이라면, 다음 중 어떤 단계를 생략해야 하는가?(단, 접수확인 및 합격여부 통지는 생략할 수 없다)

① 신입 – 온라인 인성검사
② 경력 – 직업기초능력평가
③ 인턴 – 면접평가
④ 신입 – 직무수행능력평가

10 L공사의 인사부장은 채용절차를 축소하는 것보다 전형별 합불제를 도입하는 것이 예산 안에서 더 많은 지원자를 수용할 수 있다는 의견을 밝혔다. 이를 검토하기 위해 다음과 같은 〈조건〉을 세워 시뮬레이션하였다면, 예산 안에서 최대 몇 명의 지원자를 수용할 수 있는가?

조건	
Input	• 대상 : 경력사원 채용절차 • 예산 : 220,000원
Condition	• 전형별 합격률 • 접수확인 및 합격여부 통지 비용을 함께 고려함(단, 합격여부 통지는 면접평가자에 한함)
Output	• 지원자 수 : ? • 합격자 수 : ?

전형	서류심사	온라인 인성검사	직업기초 능력평가	직무수행 능력평가	면접평가
합격률	80%	50%	50%	40%	50%

① 10명
② 20명
③ 30명
④ 40명

11 다음은 2022년 A국의 LPCD(Liter Per Capital Day)에 대한 자료이다. 1인 1일 사용량에서 영업용 사용량이 차지하는 비중과 1인 1일 가정용 사용량 중 하위 두 항목이 차지하는 비중을 순서대로 나열한 것은?(단, 소수점 셋째 자리에서 반올림한다)

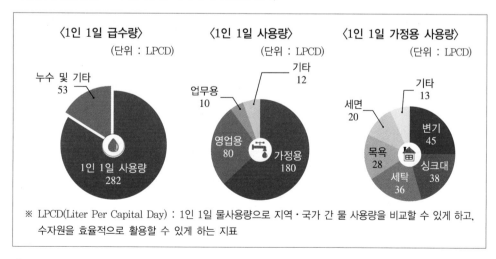

〈1인 1일 급수량〉 (단위 : LPCD)
누수 및 기타 53
1인 1일 사용량 282

〈1인 1일 사용량〉 (단위 : LPCD)
기타 12
업무용 10
영업용 80
가정용 180

〈1인 1일 가정용 사용량〉 (단위 : LPCD)
기타 13
세면 20
변기 45
목욕 28
싱크대 38
세탁 36

※ LPCD(Liter Per Capital Day) : 1인 1일 물사용량으로 지역·국가 간 물 사용량을 비교할 수 있게 하고, 수자원을 효율적으로 활용할 수 있게 하는 지표

① 27.57%, 16.25%
② 27.57%, 19.24%
③ 28.37%, 18.33%
④ 28.37%, 19.24%

12 다음은 2012 ~ 2022년 주거실태조사에 대한 자료이다. 이에 대한 〈보기〉의 설명으로 옳은 것을 모두 고르면?

〈지역별 자가점유율〉

(단위 : %)

구분	2012년	2014년	2016년	2018년	2020년	2022년
전국	55.6	56.4	54.3	53.8	53.6	56.8
수도권	50.2	50.7	46.6	45.7	45.9	48.9
광역시	54.8	57.4	56.6	56.3	56.5	59.9
도지역	63.8	64	64.2	64.3	63.8	66.7

〈소득계층별 자가점유율〉

(단위 : %)

구분	2012년	2014년	2016년	2018년	2020년	2022년
저소득층	49.7	51.9	46.9	50.4	47.5	46.2
중소득층	55.3	54.7	54	51.8	52.2	59.4
고소득층	67	69.4	69.5	64.6	69.5	73.6

〈지역별 자가보유율〉

(단위 : %)

구분	2012년	2014년	2016년	2018년	2020년	2022년
전국	61	60.9	60.3	58.4	58	59.9
수도권	56.8	56.6	54.6	52.3	51.4	52.7
광역시	59.3	60.3	61.2	59	59.9	63.1
도지역	68.1	67.7	68.3	67.2	66.8	68.9

〈소득계층별 자가보유율〉

(단위 : %)

구분	2012년	2014년	2016년	2018년	2020년	2022년
저소득층	52.6	54.2	49.4	52.9	50	48.5
중소득층	61	59.4	60.8	56.8	56.4	62.2
고소득층	76.8	78.1	80.8	72.8	77.7	79.3

〈전월세 비율〉

(단위 : %)

구분	2012년		2014년		2016년		2018년		2020년		2022년		계
	전세	월세	전세	월세	전세	월세	전세	월세	전세	월세	전세	월세	
전국	54.2	45.8	55	45	50.3	49.7	49.5	50.5	45	55	39.5	60.5	100
수도권	62.1	37.9	62.7	37.3	57.1	42.9	55.9	44.1	53.9	46.1	46.7	53.3	100
광역시	50.5	49.5	49.9	50.1	44.3	55.7	43.9	56.1	37.7	62.3	31.8	68.2	100
도지역	39.8	60.2	42.5	57.5	38.7	61.3	38	62	28.7	71.3	27.8	72.2	100

※ 월세에는 보증금 있는 월세, 보증금 없는 월세, 사글세, 연세, 일세 포함

⊙ 지역별 자가점유율은 항상 도지역, 광역시, 수도권 순서로 높게 나타나며, 전국 자가점유율은 2016년부터 점차 감소하다 2022년에 다시 증가하였다.

ⓛ 2022년 소득계층별 자가점유율에서 저소득층과 중소득층의 자가점유율의 차는 중소득층과 고소득층의 자가점유율의 차보다 높은 것으로 나타났다.

ⓒ 2012년 대비 2022년 수도권의 자가점유율은 1.3%p 감소하였으나, 2012년 대비 2022년 광역시의 자가점유율은 5.1%p 증가하였다.

ⓔ 2020년 대비 2022년에는 중소득층·고소득층의 경우 자가보유율이 증가하였으나, 저소득층의 경우에는 자가보유율이 감소하였다.

ⓜ 2012년 이후 수도권, 광역시, 도지역 모두 전세의 비율이 꾸준히 감소하며 월세의 비율은 점차 증가한다.

① ⊙, ⓛ, ⓒ

② ⓛ, ⓒ, ⓜ

③ ⊙, ⓔ, ⓜ

④ ⊙, ⓒ, ⓔ

13 한국국토정보공사에서 100명의 직원을 2인 1팀으로 편성하려 한다. 두 명의 직원 중 적어도 한 명은 운전할 수 있어야만 하는데, 100명 중 남성 사원이 40명이고, 운전 가능한 사람은 60명이며, 여성 사원 중 40%는 운전을 할 수 있다고 한다. 여성으로만 이루어진 팀의 수를 최소화하여 팀을 편성했다면, 여성으로만 이루어진 팀의 수는?

① 10팀

② 11팀

③ 12팀

④ 13팀

※ 다음은 연령대별 일자리 규모에 관한 자료이다. 이어지는 질문에 답하시오. **[14~15]**

〈연령대별 일자리 규모〉

(단위 : 만 개)

구분	2021년			2022년		
	지속 일자리	신규채용 일자리	합계	지속 일자리	신규채용 일자리	합계
19세 이하	3	23	26	3	22	25
20대	161	171	332	161	170	330
30대	390	155	545	381	148	530
40대	458	165	623	458	159	618
50대	374	142	515	388	143	532
60세 이상	178	82	260	196	92	288
전체	1,563	738	2,301	1,588	735	2,323

14 다음 중 제시된 자료에 대한 설명으로 옳지 않은 것은?

① 2022년 20대의 전체 일자리 규모 비중은 2021년보다 약 0.2%p 감소했다.

② 2022년 전체 일자리 규모 중 30대의 전체 일자리 규모 비중은 20% 이상이다.

③ 2021년 40대의 지속 일자리 규모는 신규채용 일자리 규모의 약 2.8배이다.

④ 2022년 연령대별 전체 일자리 규모는 2021년보다 모두 증가했다.

15 다음 중 50대와 60세 이상의 2021년 대비 2022년의 전체 일자리 증가 수를 바르게 나열한 것은?

① 10,000개, 50,000개

② 150,000개, 170,000개

③ 170,000개, 280,000개

④ 150,000개, 280,000개

16 갑 ~ 병이 다음 〈조건〉과 같이 주사위를 던져 나온 주사위의 수만큼 점수를 획득한다고 할 때, 항상 참이 아닌 것은?

> **조건**
> • 세 사람이 주사위를 던진 횟수는 총 10회이다.
> • 세 사람이 획득한 점수는 47점이다.
> • 갑은 가장 많은 횟수를 던졌다.
> • 을이 얻은 점수는 16점이다.
> • 병이 가장 많은 점수를 얻었다.

① 을은 주사위를 세 번 던졌다.
② 갑은 주사위를 네 번 던졌다.
③ 병은 6이 나온 적이 있다.
④ 을이 주사위를 던져서 얻은 점수는 모두 짝수이다.

17 한국국토정보공사에서는 인건비를 줄이기 위해 다양한 방식을 고민하고 있다. 다음의 정보를 참고하여 가장 적절한 방법은 무엇인가?(단, 한 달은 4주이다)

> 〈정보〉
> • 정직원은 오전 8시부터 오후 7시까지 평일·주말 상관없이 주 6일 근무하며, 1인당 월 급여는 220만 원이다.
> • 계약직원은 오전 8시부터 오후 7시까지 평일·주말 상관없이 주 5일 근무하며, 1인당 월 급여는 180만 원이다.
> • 아르바이트생은 평일 3일, 주말 2일로 하루 9시간씩 근무하며, 평일은 시급 9,000원, 주말은 시급 12,000원이다.
> • 현재 정직원 5명, 계약직원 3명, 아르바이트생 3명이 근무 중이며 전체 인원을 줄일 수는 없다.

① 계약직원을 정직원으로 전환한다.
② 계약직원을 아르바이트생으로 전환한다.
③ 아르바이트생을 정직원으로 전환한다.
④ 아르바이트생을 계약직원으로 전환한다.

※ L아파트의 자전거 보관소에서는 입주민들의 자전거를 편리하게 관리하기 위해 다음과 같은 방법으로 자전거에 일련번호를 부여한다. 이어지는 질문에 답하시오. **[18~19]**

- 일련번호 순서

A	L	1	1	1	0	1	–	1
종류	무게	동		호수			–	등록순서

- 자전거 종류 구분

일반 자전거			전기 자전거
성인용	아동용	산악용	
A	K	T	B

- 자전거 무게 구분

10kg 이하	10kg 초과 20kg 미만	20kg 이상
S	M	L

- 동 구분 : 101동부터 110동까지의 끝자리를 1자리 숫자로 기재(예 101동 – 1)
- 호수 : 4자리 숫자로 기재(예 1101호 – 1101)
- 등록순서 : 동일 세대주당 자전거 등록순서를 1자리로 기재

18 다음 중 자전거의 일련번호가 바르게 표기된 것은?

① MT1109-2 ② AM2012-2
③ AB10121-1 ④ KS90101-2

19 다음 중 일련번호가 'TM41205-2'인 자전거에 대한 설명으로 옳은 것은?

① 전기 모터를 이용해 주행할 수 있다.
② 자전거의 무게는 10kg 이하이다.
③ 204동 1205호에 거주하는 입주민의 자전거이다.
④ 자전거를 2대 이상 등록한 입주민의 자전거이다.

20 L은행 A지점은 신축아파트 분양업자와 협약체결을 통하여 분양 중도금 관련 집단대출을 전담하게 되었다. A지점에 근무하는 귀하는 한 입주예정자로부터 평일에는 개인사정으로 인해 영업시간 내에 방문하지 못한다는 문의에 근처 다른 지점에 방문하여 대출신청을 진행할 수 있도록 안내하였다. 다음 〈조건〉을 참고할 때, 입주예정자가 대출신청을 완료하는 데까지 걸리는 최소시간은 얼마인가?[단, 각 지점 간 숫자는 두 영업점 간의 거리(km)를 의미한다]

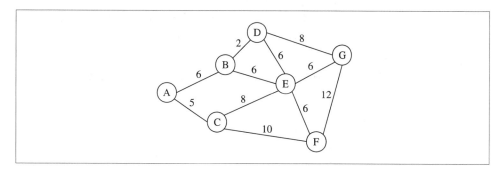

PART 3

> **조건**
> • 입주예정자는 G지점 근처에서 거주하고 있으며, 영업시간 내에 언제든지 방문 가능하다.
> • 대출과 관련한 서류는 A지점에서 G지점까지 행낭을 통해 전달한다.
> • 은행 영업점 간 행낭 배송은 시속 60km로 운행하며, 요청에 따라 배송지 순서는 변경(생략)할 수 있다(단, 연결된 구간으로만 운행 가능).
> • 대출신청서 등 대출 관련 서류는 입주예정자 본인 또는 대리인(대리인증명서 필요)이 작성하여야 한다(작성하는 시간은 총 30분이 소요됨).
> • 대출신청 완료는 A지점에 입주예정자가 작성한 신청서류가 도착했을 때를 기준으로 한다.

① 46분   ② 49분
③ 57분   ④ 62분

21 한국국토정보공사에서는 4월 1일 월요일부터 한 달 동안 임직원을 대상으로 금연교육 4회, 금주교육 3회, 성교육 2회를 실시하려고 한다. 다음 〈조건〉을 참고할 때, 교육 일정에 대한 설명으로 옳은 것은?

> **조건**
> - 금연교육은 정해진 같은 요일에만 주 1회 실시하고, 화, 수, 목요일 중에 해야 한다.
> - 금주교육은 월요일과 금요일을 제외한 다른 요일에 시행하며, 주 2회 이상은 실시하지 않는다.
> - 성교육은 4월 10일 이전, 같은 주에 이틀 연속으로 실시한다.
> - 4월 22일부터 26일까지 워크숍 기간이고, 이 기간에는 어떠한 교육도 실시할 수 없다.
> - 교육은 하루에 하나만 실시할 수 있고, 토요일과 일요일에는 교육을 실시할 수 없다.
> - 계획한 모든 교육을 반드시 4월 안에 완료하여야 한다.

① 금연교육이 가능한 요일은 화요일과 수요일이다.

② 금주교육은 같은 요일에 실시되어야 한다.

③ 금주교육은 4월 마지막 주에도 실시된다.

④ 4월 30일에도 교육이 있다.

22 다음 〈보기〉는 A ~ F 6명이 달리기 시합을 하고 난 뒤 나눈 대화일 때, 항상 참이 아닌 것은?

> **보기**
> A : C와 F가 내 앞에서 결승선에 들어가는 걸 봤어.
> B : D는 간발의 차로 바로 내 앞에서 결승선에 들어갔어.
> C : 나는 D보다는 빨랐는데, 1등은 아니야.
> D : C의 말이 맞아. 정확히 기억은 안 나는데 나는 3등 아니면 4등이었어.
> E : 내가 결승선에 들어오고, 나중에 D가 들어왔어.
> F : 나는 1등은 아니지만 꼴등도 아니었어.

① 제일 먼저 결승선에 들어온 사람은 E이다.

② 제일 나중에 결승선에 들어온 사람은 A이다.

③ C는 F보다 순위가 높다.

④ B는 C보다 순위가 낮다.

23 한국국토정보공사의 신사업기획부 A팀장, B대리, C대리, D주임, E주임, F주임, G사원, H사원 8명은 기차를 이용해 부산으로 출장을 가려고 한다. 다음 〈조건〉에 따라 직원들의 좌석이 배정될 때, 〈보기〉 중 팀원들이 앉을 좌석에 대한 설명으로 옳지 않은 것을 모두 고르면?(단, 이웃하여 앉는다는 것은 두 사람 사이에 복도를 두지 않고 양옆으로 붙어 앉는 것을 의미한다)

PART 3

〈기차 좌석표〉

앞

창가	1 – 가	1 – 나	복도	1 – 다	1 – 라	창가
	2 – 가	2 – 나		2 – 다	2 – 라	

뒤

조건
- 팀장은 반드시 두 번째 줄에 앉는다.
- D주임은 '2 – 다' 석에 앉는다.
- 주임끼리는 이웃하여 앉지 않는다.
- 사원은 나 열 혹은 다 열에만 앉을 수 있다.
- 팀장은 대리와 이웃하여 앉는다.
- F주임은 업무상 지시를 위해 H사원과 이웃하여 앉아야 한다.
- B대리는 창가쪽 자리에 앉는다.

보기
ㄱ. E주임은 '1 – 가' 석에 앉는다.
ㄴ. C대리는 라열에 앉는다.
ㄷ. G사원은 E주임과 이웃하여 앉는다.
ㄹ. A팀장의 앞좌석에는 G사원 혹은 H사원이 앉는다.

① ㄱ, ㄴ, ㄷ   ② ㄱ, ㄴ, ㄹ
③ ㄱ, ㄷ, ㄹ   ④ ㄴ, ㄷ, ㄹ

24 12명의 사람이 모자, 상의, 하의를 착용하는데 모자, 상의, 하의는 빨간색 또는 파란색 중 하나이다. 12명이 모두 모자, 상의, 하의를 착용했을 때, 다음 〈조건〉과 같은 모습이었다. 이때, 하의만 빨간색인 사람은 몇 명인가?

> **조건**
> • 어떤 사람을 보아도 모자와 하의는 서로 다른 색이다.
> • 같은 색의 상의와 하의를 입은 사람의 수는 6명이다.
> • 빨간색 모자를 쓴 사람의 수는 5명이다.
> • 모자, 상의, 하의 중 1가지만 빨간색인 사람은 7명이다.

① 1명   ② 2명
③ 3명   ④ 4명

25 L공사는 맞춤형 산업용수 공급 사업을 통해 기업의 요구에 맞는 수질의 산업용수를 생산, 공급하고 있다. 다음 중 자료에 대한 설명으로 옳은 것은?

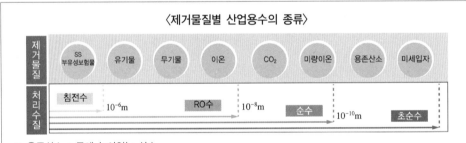

〈제거물질별 산업용수의 종류〉

※ 용존산소 : 물에 녹아있는 산소

〈산업용수의 종류 및 용도〉

구분	RO수	순수	초순수
비저항	0.1MΩ cm 미만	0.1MΩ cm 이상	10MΩ cm 이상
공정	다중여과탑, 활성탄흡착, RO막	이온교환, CO_2 탈기	용존산소 탈기, 한외여과
사용용도	제철, 석유화학	발전, 자동차, 목재펄프	반도체, 디스플레이, 제약

※ 비저항 : 단위면적, 단위길이당 전기저항의 비율

① RO수를 생산하기 위해서 다중여과탑, 한외여과 공정이 필요하다.
② 정밀한 작업이 필요한 반도체 회사에는 용존산소 탈기, 한외여과 공정을 거쳐 생산된 초순수를 공급한다.
③ 이온교환, CO_2 탈기 공정을 통해 제거물질 순서 중 무기물과 이온까지 제거해 순수를 생산한다.
④ 석유화학 회사에는 예상치 못한 화학반응을 줄이기 위해 미량이온을 제거한 RO수를 공급한다.

26 목관 5중주 공연을 위해 다음 〈조건〉에 따라 악기를 배치하고자 할 때, 옳지 않은 것은?

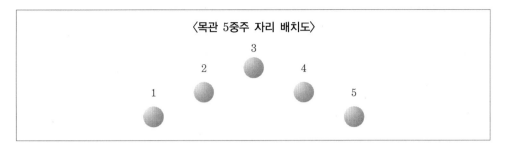

〈목관 5중주 자리 배치도〉

조건
- 목관 5중주는 플루트, 클라리넷, 오보에, 바순, 호른 각 1대씩으로 이루어진다.
- 최상의 음향 효과를 내기 위해서는 음색이 서로 잘 어울리는 악기는 바로 옆자리에 놓아야 하고, 서로 잘 어울리지 않는 악기는 바로 옆자리에 놓아서는 안 된다.
- 모든 자리는 옆자리에 놓인 악기와 음색이 서로 잘 어울리는 악기로만 배치된다.
- 오보에와 클라리넷의 음색은 서로 잘 어울리지 않는다.
- 플루트와 클라리넷의 음색은 서로 잘 어울린다.
- 플루트와 오보에의 음색은 서로 잘 어울린다.
- 호른과 오보에의 음색은 서로 잘 어울리지 않는다.
- 바순의 음색과 서로 잘 어울리지 않는 악기는 없다.
- 바순은 그 음이 낮아 제일 왼쪽(1번) 자리에는 놓일 수 없다.

① 플루트는 짝수 번째 자리에만 놓일 수 있다.
② 클라리넷은 1번 또는 5번 자리에 놓일 수 있다.
③ 오보에는 홀수 번째 자리에만 놓일 수 있다.
④ 바순이 놓일 수 있는 자리는 총 3곳이다.

※ 다음은 L전자의 품목별 부품보유기간·내용연수 및 보상 규정과 보증기간, 분쟁해결기준과 관련된 내 규사항을 정리한 자료이다. 이어지는 질문에 답하시오. [27~28]

〈품목별 부품보유기간·내용연수 및 보상 규정〉

품목	부품보유기간	내용연수	보유기간 내 부품 없을 시 보상 규정
에어컨·보일러·전자레인지·정수기	7년	7년	(잔존가치액)+(최고 구입가의 5% 가산)
전기압력밥솥·가스레인지		7년	
TV·냉장고	6년	6년	
세탁기		5년	
오븐	6년	6년	
로봇청소기	7년	7년	
휴대전화	3년	3년	
전기면도기·헤어드라이어	4년	4년	
자동차	8년	8년	(잔존가치액)+(잔존가치액의 10% 가산)

〈분쟁해결기준〉

가. 부품보유기간 이내에 수리용 부품을 보유하고 있지 않아 발생한 피해
  ㉠ 품질보증기간 이내
    – 정상 사용 중 성능·기능상의 하자로 인해 발생한 경우 : 제품 교환 또는 구입가 환급
    – 소비자의 고의·과실로 인한 고장인 경우 : 유상수리에 해당하는 금액 징수 후 제품교환
  ㉡ 품질보증기간 경과 후 정액감가상각한 잔여 금액에 구입가의 5%를 가산하여 환급
    (감가상각한 잔여금액<0이면, 0으로 계산)
나. 품질보증기간 이내에 동일하자에 대해 2회까지 수리하였으나 하자가 재발하는 경우 또는 여러 부위 하자에 대해 4회까지 수리하였으나 하자가 재발하는 경우는 수리 불가능한 것으로 본다.
다. 구입 후 1개월 이내에 정상적인 사용상태에서 발생한 성능·기능상의 하자로 중요한 수리를 요할 때에는 제품 교환 또는 무상수리를 한다.

〈제품별 보증기간〉

구분	보증기간	종류
일반제품	1년	휴대전화, TV, 냉장고, 세탁기, 청소기, 주방기기, 가습기, PC, 모니터, 프린터 등
계절성 제품	2년	에어컨, 선풍기, 난방기, 히터 등

※ (잔존가치액)=(구입가)-(감가상각비)
※ (감가상각비)=(사용연수)÷(내용연수)×(구입가)

27 L전자서비스 고객센터에 근무하는 귀하는 한 고객으로부터 문의 전화를 받았다. 이를 듣고 귀하가 대답할 말로 적절하지 않은 것은?

> 고객 : 안녕하세요. 부품 교환, 수리 관련해서 문의하려고 연락 드렸습니다. 아이가 놀다가 오븐에 있는 타이머 레버를 부숴서 오븐 작동이 안 됩니다. 그리고 로봇청소기도 고장이 나서 작동이 안 되는데 교환이나 수리가 가능한지 궁금합니다. 또 에어컨은 구입한 지 1개월도 안 되었는데, 작동해보니 차가운 바람이 나오지 않습니다. 로봇청소기는 1년 2개월 사용하였고, 오븐은 4년 2개월 사용하였습니다.

〈L전자 창고 상황〉

- 오븐 : 부품 생산 중단 (재고 – 0개)
- 로봇청소기 : 부품보유 (재고 – 99개)
- 에어컨 : 부품보유 (재고 – 78개)

---

① 오븐은 50개월을 사용하셨기 때문에 당사의 부품보유기간에 해당합니다.
② 에어컨은 구입한 지 1개월 이내에 발생한 성능·기능상의 하자이기 때문에 제품 교환 또는 무상 수리를 받으실 수 있습니다.
③ 오븐 타이머 레버는 소비자의 과실로 인한 고장이므로 유상수리에 해당하는 금액 징수 후 제품 교환을 해드리겠습니다.
④ 에어컨은 계절성 상품으로 품질보증기간 2년에 해당합니다.

28 27번 고객과의 통화를 마친 귀하는 전산오류로 인해 로봇청소기 부품 재고가 없다는 것을 확인한 후 고객에게 다시 서비스 안내를 하려고 한다. 로봇청소기의 정가가 240만 원일 때, 귀하가 고객에게 안내해야 할 보상금액은 얼마인가?

① 200만 원 ② 212만 원
③ 224만 원 ④ 236만 원

※ 한국국토정보공사 정보운영부 직원 6명은 회식을 하기 위해 이탈리안 레스토랑에 갔다. 주문한 결과가 다음 〈조건〉과 같을 때, 이어지는 질문에 답하시오. [29~30]

> **조건**
>
> • 6명의 직원은 각각 토마토 파스타 2개, 크림 파스타 1개, 토마토 리소토 1개, 크림 리소토 2개, 콜라 2잔, 사이다 2잔, 주스 2잔을 주문했다.
> • 이탈리안 레스토랑에 간 정보운영부 직원은 K팀장, L과장, M대리, S대리, H사원, J사원으로 같은 직급끼리는 같은 소스가 들어가는 요리를 주문하지 않았고, 같은 음료도 주문하지 않았다.
> • 각자 좋아하는 요리가 있으면 그 요리를 주문하고, 싫어하는 요리나 재료가 있으면 주문하지 않았다.
> • K팀장은 토마토 파스타를 좋아하고, S대리는 크림 리소토를 좋아한다.
> • L과장과 H사원은 파스타면을 싫어한다.
> • 대리들 중에 콜라를 주문한 사람은 없다.
> • 크림 파스타를 주문한 사람은 사이다도 주문했다.
> • 토마토 파스타나 토마토 리소토와 주스는 궁합이 안 맞는다고 하여 함께 주문하지 않았다.

29 다음 중 주문한 결과로 옳지 않은 것은?

① 사원들은 중 한 사람은 주스를 주문했다.
② L과장은 크림 리소토를 주문했다.
③ K팀장은 콜라를 주문했다.
④ 토마토 리소토를 주문한 사람은 콜라를 주문했다.

30 다음 중 같은 요리와 음료를 주문한 사람이 바르게 짝지어진 것은?

① J사원, S대리　　　　　　② H사원, L과장
③ S대리, L과장　　　　　　④ M대리, H사원

31 다음 〈보기〉 중 정보 검색 연산자의 기호와 연산자, 검색조건이 옳지 않게 연결된 것을 모두 고르면?

연번	기호	연산자	검색조건
ㄱ	*, &	AND	두 단어가 모두 포함된 문서를 검색
ㄴ	-, !	OR	두 단어가 모두 포함되거나, 두 단어 중 하나만 포함된 문서를 검색
ㄷ		NOT	'–' 기호나 '!' 기호 다음에 오는 단어는 포함하지 않는 문서를 검색
ㄹ	~, near	인접검색	앞/뒤의 단어가 가깝게 인접해 있는 문서를 검색

① ㄱ, ㄴ   ② ㄱ, ㄷ

③ ㄴ, ㄷ   ④ ㄴ, ㄹ

32 다음 〈보기〉의 설명 중에서 데이터베이스의 필요성에 대한 설명으로 옳지 않은 것을 모두 고르면?

보기

㉠ 데이터베이스를 이용하면 데이터 관리상의 보안을 높일 수 있다.

㉡ 데이터베이스 도입만으로 특정 자료 검색을 위한 효율이 높아진다고 볼 수는 없다.

㉢ 데이터베이스를 이용하면 데이터 관리 효율은 높일 수 있지만, 데이터의 오류를 수정하기가 어렵다.

㉣ 데이터가 양적으로 방대하다고 해서 반드시 좋은 것은 아니다. 데이터베이스를 형성해 중복된 데이터를 줄여야 한다.

① ㉠, ㉡   ② ㉠, ㉢

③ ㉡, ㉢   ④ ㉡, ㉣

33 다음 자료를 참고할 때 다음 중 1차 자료에 해당하지 않는 것은?

〈자료〉

정보는 기업이나 어떤 조직을 운영하는 데 있어서 중요한 자원으로 의사결정을 하거나 문제의 답을 알아내고자 할 때 이러한 정보를 활용하는데, 이러한 정보는 크게 1차 자료와 2차 자료로 구분되어진다. 1차 자료란 원래의 연구 성과가 기록된 자료이며, 2차 자료란 이러한 1차 자료를 효과적으로 찾아보기 위해 1차 자료의 정보를 압축하여 정리해 놓은 것을 뜻한다.

① 학술지 논문   ② 연구보고서

③ 단행본   ④ 정기간행물

34 다음 시트의 [A7] 셀에 수식 「=$A$1+$A2」를 입력한 후 [A7] 셀을 복사하여 [C8] 셀에 붙여넣기 했을 때, [C8] 셀에 표시되는 결괏값으로 옳은 것은?

	A	B	C
1	1	2	3
2	2	4	6
3	3	6	9
4	4	8	12
5	5	10	15
6			
7			
8			

① 3

② 4

③ 7

④ 10

35 스프레드 시트의 차트 설정 중 범례 설정에 대한 설명으로 옳지 않은 것은?

① 마우스로 범례를 이동하거나 크기를 변경하면 그림 영역의 크기 및 위치는 자동으로 조정된다.

② 차트에서 범례 또는 범례 항목을 클릭한 후 〈Delete〉 키를 누르면 범례를 쉽게 제거할 수 있다.

③ 범례는 기본적으로 차트와 겹치지 않게 표시된다.

④ 차트에 범례가 표시되어 있으면 개별 범례 항목을 선택하여 데이터 계열 서식을 변경할 수 있다.

36 다음 시트에서 'O' 한 개당 20점으로 시험 점수를 계산하여 점수 필드에 입력하려고 할 때, [H2] 셀에 입력할 함수식으로 옳은 것은?

	A	B	C	D	E	F	G	H
1	수험번호	성명	문항 1	문항 2	문항 3	문항 4	문항 5	점수
2	20190001	구대영	O	O	×	O	O	
3	20190002	오해영	×	O	O	O	×	
4	20190003	김은희	O	O	O	O	O	

① =COUNT(C2:G2, "O")*20

② =COUNTIF(C2:G2, "O")*20

③ =SUM(C2:G2, "O")*20

④ =SUMIF(C2:G2, "O")*20

37 다음 시트에서 판매수량과 추가판매의 합계를 출력하기 위해서 [B6] 셀에 입력할 함수식으로 옳은 것은?

	A	B	C
1	일자	판매수량	추가판매
2	06월19일	30	8
3	06월20일	48	–
4	06월21일	44	–
5	06월22일	42	12
6	합계	164	

① =SUM(B2,C2,C5)

② =SUM(B2:B5,C2,C5)

③ =COUNTIF(B2:B5, "> = 12")

④ =SUM(B2:B5)

38 다음 시트에서 근속연수가 4년 초과인 사람은 승진에 해당을 출력하고, 4년 이하인 경우에는 승진에 비해당을 출력하려고 할 때, [F2] 셀에 입력할 함수식으로 옳은 것은?

	A	B	C	D	E	F
1	이름	나이	성별	직함	근속연수	승진
2	이병규	36	남	과장	5	해당
3	오지은	31	여	대리	3	비해당
4	박연수	28	여	주임	5	해당
5	정성환	26	남	사원	3	비해당
6	박지윤	28	여	주임	2	비해당
7	유지원	49	여	차장	6	해당
8	김응수	51	남	부장	7	해당
9	문선윤	39	남	과장	8	해당

① =COUNTIF(E2:E9, "> 4")

② =IF(A1:39> 4, "해당")

③ =SUMIF(E2> 4, "해당", "비해당")

④ =IF(E2> 4, "해당", "비해당")

39 다음 중 ⊙, ⓒ에 들어갈 기능으로 옳은 것은?

> ___⊙___ 은/는 특정 값의 변화에 따른 결괏값의 변화 과정을 한 번의 연산으로 빠르게 계산하여 표의 형태로 표시해 주는 도구이고, ___ⓒ___ 은/는 비슷한 형식의 여러 데이터의 결과를 하나의 표로 통합하여 요약해 주는 도구이다.

	⊙	ⓒ
①	데이터 표	통합
②	정렬	시나리오 관리자
③	데이터 표	피벗 테이블
④	해 찾기	데이터 유효성 검사

40 다음 워크시트의 [B9] 셀에 함수식 「=DSUM(A1:C7,C1,A9:A10)」을 입력했을 때, 결괏값으로 옳은 것은?

	A	B	C
1	성명	직급	상여금
2	장기동	과장	1,200,000
3	이승연	대리	900,000
4	김영신	차장	1,300,000
5	공경호	대리	850,000
6	표나리	사원	750,000
7	한미연	과장	950,000
8			
9	상여금		
10	>=1,000,000		

① 5,950,000 　　　　　② 2,500,000

③ 1,000,000 　　　　　④ 3,450,000

41 정보는 일정한 절차에 따라 사용되는 것이 효과적이다. 다음 중 정보의 효과적인 사용 절차로 가장 적절한 것은?

① 기획 → 관리 → 수집 → 활용

② 수집 → 관리 → 기획 → 활용

③ 기획 → 수집 → 관리 → 활용

④ 수집 → 기획 → 관리 → 활용

42 정보검색 연산자를 통해 공기업인 한국국토정보공사의 사장이 누구인지 알아보려고 한다. 키워드 검색 방식을 사용할 때 입력하는 것으로 옳은 것은?

① 한국국토정보공사 * 사장

② 한국국토정보공사 – 사장

③ 공기업 ~ 한국국토정보공사

④ 사장! 한국국토정보공사

43 다음 시트에서 [A2:A4] 영역의 데이터를 이용하여 [C2:C4] 영역처럼 표시하려고 할 때, [C2] 셀에 입력할 함수식으로 옳은 것은?

	A	B	C
1	주소	사원 수	출신지
2	서귀포시	10	서귀포
3	여의도동	90	여의도
4	김포시	50	김포

① $= \text{LEFT}(A2, \text{LEN}(A2) - 1)$

② $= \text{RIGHT}(A2, \text{LENGTH}(A2)) - 1$

③ $= \text{MID}(A2, 1, \text{VALUE}(A2))$

④ $= \text{LEFT}(A2, \text{TRIM}(A2)) - 1$

44 다음 시트에서 [B7] 셀에 함수식 「$= \text{SUM}(B2:\text{CHOOSE}(2, B3, B4, B5))$」을 입력하였을 때, 출력되는 결괏값으로 옳은 것은?

	A	B
1	성명	점수
2	김진영	23
3	이은설	45
4	장영실	12
5	김지현	10
6		
7	부분합계	

① 23

② 68

③ 80

④ 90

45 다음 워크시트에서 '박지성'의 결석 데이터를 찾기 위한 함수식으로 옳은 것은?

◢	A	B	C	D
1	성적표			
2	이름	중간	기말	결석
3	김남일	86	90	4
4	이천수	70	80	2
5	박지성	95	85	5

① =VLOOKUP("박지성",$A$3:$D$5,4,1)

② =VLOOKUP("박지성",$A$3:$D$5,4,0)

③ =HLOOKUP("박지성",$A$3:$D$5,4,0)

④ =HLOOKUP("박지성",$A$3:$D$5,4,1)

46 다음은 제품 매뉴얼과 업무 매뉴얼을 설명한 것이다. 이를 읽고 이해한 내용으로 적절하지 않은 것은?

> 제품 매뉴얼이란 사용자를 위해 제품의 특징이나 기능 설명, 사용방법과 고장 조치방법, 유지 보수 및 A/S, 폐기까지 제품에 관련된 모든 서비스에 대해 소비자가 알아야할 모든 정보를 제공하는 것을 말한다.
> 다음으로 업무 매뉴얼이란 어떤 일의 진행 방식, 지켜야할 규칙, 관리상의 절차 등을 일관성 있게 여러 사람이 보고 따라할 수 있도록 표준화하여 설명하는 지침서이다.

① 제품 매뉴얼은 제품의 설계상 결함이나 위험 요소를 대변해야 한다.

② '재난대비 국민행동 매뉴얼'은 업무 매뉴얼의 사례로 볼 수 있다.

③ 제품 매뉴얼은 제품의 의도된 안전한 사용과 사용 중 해야 할 일 또는 하지 말아야 할 일까지 정의해야 한다.

④ 제품 매뉴얼과 업무 매뉴얼 모두 필요한 정보를 빨리 찾을 수 있도록 구성되어야 한다.

47 다음 설명에 해당하는 벤치마킹으로 가장 적절한 것은?

> 프로세스에 있어 최고로 우수한 성과를 보유한 동일 업종의 비경쟁적 기업을 대상으로 한다. 접근 및 자료 수집이 용이하고, 비교 가능한 업무 / 기술 습득이 상대적으로 용이한 반면, 문화 및 제도적인 차이로 발생되는 효과에 대한 검토가 없을 경우, 잘못된 분석 결과의 발생 가능성이 높은 단점이 있다.

① 내부 벤치마킹

② 경쟁적 벤치마킹

③ 비경쟁적 벤치마킹

④ 글로벌 벤치마킹

48 다음 뉴스 내용에서 볼 수 있는 기술경영자의 능력으로 적절한 것은?

> 앵커 : 현재 국제 원유 값이 고공 행진을 계속하면서 석유자원에서 탈피하려는 기술 개발이 활발히 진행되고 있는데요. 석유자원을 대체하고 에너지의 효율성을 높일 수 있는 연구개발 현장을 이은경 기자가 소개합니다.
>
> 기자 : 네. 여기는 메탄올을 화학 산업에 많이 쓰이는 에틸렌과 프로필렌, 부탄 등의 경질 올레핀으로 만드는 공정 현장입니다. 석탄과 바이오매스, 천연가스를 원료로 만들어진 메탄올에서 촉매반응을 통해 경질 올레핀을 만들기 때문에 석유 의존도를 낮출 수 있는 기술을 볼 수 있는데요. 기존 석유 나프타 열분해 공정보다 수율이 높고, 섭씨 400도 이하에서 제조가 가능해 온실가스는 물론 에너지 비용을 50% 이상 줄일 수 있어 화제가 되고 있습니다.

① 빠르고 효과적으로 새로운 기술을 습득하고 기존의 기술에서 탈피하는 능력
② 기술 전문 인력을 운용할 수 있는 능력
③ 조직 내의 기술 이용을 수행할 수 있는 능력
④ 새로운 제품개발 시간을 단축할 수 있는 능력

49 다음은 산업재해를 예방하기 위해 제시되고 있는 하인리히의 법칙이다. 이에 의거하여 보았을 때, 산업재해의 예방을 위해 조치를 취해야 하는 단계는 무엇인가?

> 1931년 미국의 한 보험회사에서 근무하던 하인리히는 회사에서 접한 수많은 사고를 분석하여 하나의 통계적 법칙을 발견하였다. '1 : 29 : 300 법칙'이라고도 부르는 이 법칙은 큰 사고로 인해 산업재해가 발생하면 이 사고가 발생하기 이전에 같은 원인으로 발생한 작은 사고 29번, 잠재적 사고 징후가 300번이 있었다는 것을 나타낸다.
> 하인리히는 이처럼 심각한 산업재해의 발생 전에 여러 단계의 사건이 도미노처럼 발생하기 때문에 앞 단계에서 적절히 대처한다면 산업재해를 예방할 수 있다고 주장했다.

① 사회 환경적 문제가 발생한 단계
② 개인 능력의 부족이 보이는 단계
③ 기술적 결함이 나타난 단계
④ 불안전한 행동 및 상태가 나타난 단계

※ 다음은 L공사에서 발표한 전력수급 비상단계 발생 시 행동요령이다. 이어지는 질문에 답하시오.
[50~51]

〈전력수급 비상단계 발생 시 행동요령〉

■ **가정**
1. 전기 냉난방기기의 사용을 중지합니다.
2. 다리미, 청소기, 세탁기 등 긴급하지 않은 모든 가전기기의 사용을 중지합니다.
3. TV, 라디오 등을 통해 신속하게 재난상황을 파악하여 대처합니다.
4. 안전, 보안 등을 위한 최소한의 조명을 제외한 실내외 조명은 모두 소등합니다.

■ **사무실**
1. 건물관리자는 중앙조절식 냉난방설비의 가동을 중지하거나 온도를 낮춥니다.
2. 사무실 내 냉난방설비의 가동을 중지합니다.
3. 컴퓨터, 프린터, 복사기, 냉온수기 등 긴급하지 않은 모든 사무기기 및 설비의 전원을 차단합니다.
4. 안전, 보안 등을 위한 최소한의 조명을 제외한 실내외 조명은 모두 소등합니다.

■ **공장**
1. 사무실 및 공장 내 냉난방기의 사용을 중지합니다.
2. 컴퓨터, 복사기 등 각종 사무기기의 전원을 일시적으로 차단합니다.
3. 꼭 필요한 경우를 제외한 사무실 조명은 모두 소등하고 공장 내부의 조명도 최소화합니다.
4. 비상발전기의 가동을 점검하고 운전 상태를 확인합니다.

■ **상가**
1. 냉난방설비의 가동을 중지합니다.
2. 안전, 보안용을 제외한 모든 실내 조명등과 간판 등을 일시 소등합니다.
3. 식기건조기, 냉온수기 등 식재료의 부패와 관련 없는 가전제품의 가동을 중지하거나 조정합니다.
4. 자동문, 에어커튼의 사용을 중지하고 환기팬 가동을 일시 정지합니다.

50 다음 중 전력수급 비상단계 발생 시 행동요령에 대한 설명으로 적절하지 않은 것은?

① 가정에 있을 경우 대중매체를 통해 재난상황에 대한 정보를 파악할 수 있다.
② 사무실에 있을 경우 즉시 사용이 필요하지 않은 복사기, 컴퓨터 등의 전원을 차단하여야 한다.
③ 가정에 있을 경우 모든 실내외 조명을 소등하여야 한다.
④ 공장에 있을 경우 비상발전기 가동을 준비해야 한다.

51 다음 중 전력수급 비상단계가 발생했을 때 전력수급 비상단계 발생 시 행동요령에 따른 〈보기〉의 설명으로 적절하지 않은 행동을 모두 고르면?

> **보기**
>
> ㄱ. 가정에 있던 김 사원은 세탁기 사용을 중지하고 실내조명을 최소화하였다.
> ㄴ. 본사 전력관리실에 있던 이 주임은 사내 중앙보안시스템의 전원을 즉시 차단하였다.
> ㄷ. 공장에 있던 박 주임은 즉시 공장 내부 조명 밝기를 최소화하였다.
> ㄹ. 상가에서 횟집을 운영하는 최 사장은 모든 냉동고의 전원을 차단하였다.

① ㄱ, ㄴ

② ㄱ, ㄷ

③ ㄴ, ㄷ

④ ㄴ, ㄹ

PART 3

52 다음 중 산업 재해의 예방대책 단계를 순서대로 바르게 나열한 것은?

ㄱ. 시정책 적응 및 뒤처리	ㄴ. 사실의 발견
ㄷ. 원인 분석	ㄹ. 시정책의 선정
ㅁ. 안전 관리 조직	

① ㄱ - ㄴ - ㄷ - ㅁ - ㄹ

② ㄱ - ㄹ - ㄷ - ㄴ - ㅁ

③ ㅁ - ㄴ - ㄷ - ㄹ - ㄱ

④ ㄹ - ㄱ - ㅁ - ㄷ - ㄴ

※ L사에서는 직원들이 이용할 수 있는 체력단련실을 마련하기 위해 실내사이클 10대를 구입하기로 계획하였다. 다음 제품 설명서를 참고하여, 이어지는 질문에 답하시오. **[53~54]**

■ 계기판 작동법

13:00 min		100 cal	
SPEED	TIME	CAL	DISTANCE
9.4	13:00	100	5.0

 ← RESET

- SPEED : 현재 운동 중인 속도 표시
- TIME : 운동 중인 시간 표시
- CAL : 운동 중 소모된 칼로리 표시
- DISTANCE : 운동한 거리를 표시
- RESET 버튼 : 버튼을 누르면 모든
  기능 수치를 초기화

■ 안전을 위한 주의사항
- 물기나 습기가 많은 곳에 보관하지 마십시오.
- 기기를 전열기구 주변에 두지 마십시오. 제품이 변형되거나 화재의 위험이 있습니다.
- 운동기에 매달리거나 제품에 충격을 주어 넘어뜨리지 마십시오.
- 운동기기의 움직이는 부분에 물체를 넣지 마십시오.
- 손으로 페달 축을 돌리지 마십시오.
- 운동 중 주변사람과 적정거리를 유지하십시오.

■ 사용 시 주의사항
- 신체에 상해 및 안전사고 방지를 위해 반드시 페달과 안장높이를 사용자에 알맞게 조절한 후 안장에 앉아 운동을 시작해 주십시오.
- 사용자의 나이와 건강 상태에 따른 운동 횟수, 강도 및 적정 운동 시간을 고려하여 운동을 시작해 주십시오.
- 운동 중 가슴에 통증을 느끼거나 또는 가슴이 답답할 때, 또는 어지러움이나 기타 불편함이 느껴질 경우 즉시 운동을 멈추고 의사와 상담하십시오.
- 음주 후 사용하지 마십시오.

■ 고장 신고 전 확인사항

증상	해결책
제품에서 소음이 발생합니다.	볼트 너트 체결부위가 제품사용에 따라 느슨해질 수 있습니다. 모든 부분을 다시 조여 주세요.
계기판이 작동하지 않습니다.	계기판의 건전지(AAA형 2개)를 교체하여 끼워 주세요.

※ 제시된 해결방법으로도 증상이 해결되지 않으면, A/S센터로 문의하시기 바랍니다.

53 A사원은 실내사이클 주의사항에 대한 안내문을 제작하려고 한다. 다음 중 안내문의 내용으로 적절하지 않은 것은?

① 안장높이를 사용자에 알맞게 조절하여 운동을 시작해주세요.
② 나이와 건강 상태에 맞게 적정 운동시간을 고려하여 주십시오.
③ 운동 중 가슴 통증이나 어지러움 등이 느껴질 경우 즉시 운동을 멈추십시오.
④ 매회 30분 정도 하는 것은 유산소 운동 효과를 가져올 수 있습니다.

54 A사원이 체력단련실에서 실내사이클을 이용하던 도중 소음이 발생하였다. 이에 대한 해결방법으로 가장 적절한 것은?

① 페달과 안장 높이를 다시 조절한다.
② RESET 버튼을 3초간 누른다.
③ 볼트와 너트의 체결부위를 조여 준다.
④ 계기판의 건전지를 꺼내었다가 다시 끼운다.

55 다음 글을 읽고 산업재해에 대한 원인으로 가장 적절한 것을 고르면?

> 원유저장탱크에서 탱크 동체 하부에 설치된 믹서 임펠러의 날개깃이 파손됨에 따라, 과진동(과하중)이 발생하여 믹서의 지지부분(볼트)이 파손되어 축이 이탈되면서 생긴 구멍으로 탱크 내부의 원유가 대량으로 유출되었다. 분석에 따르면 임펠러 날개깃의 파손이 피로 현상에 의해 발생되어 표면에 응력집중을 일으킬 수 있는 결함이 존재하였을 가능성이 높다고 한다.

① 작업 관리상 원인　　　　　② 기술적 원인
③ 교육적 원인　　　　　　　④ 불안전한 행동

■ **설치방법**

[스탠드형]

1) 제품 밑 부분이 위를 향하게 하고, 스탠드와 히터의 나사 구멍이 일치하도록 맞추세요.

2) 십자드라이버를 사용해 스탠드 조립용 나사를 단단히 고정시켜 주세요.

3) 스탠드 2개를 모두 조립한 후 제품을 똑바로 세워놓고 흔들리지 않는지 확인합니다.

[벽걸이형]

1) 벽걸이용 거치대를 본체에서 분리해 주세요.

2) 벽걸이용 거치대 양쪽 구멍의 거리에 맞춰 벽에 작은 구멍을 냅니다(단단한 콘크리트나 타일이 있을 경우 전동드릴로 구멍을 내면 좋습니다).

3) 제공되는 나사를 이용해 거치대를 벽에 고정시켜 줍니다.

4) 양손으로 본체를 들어서 평행을 맞춰 거치대에 제품을 고정합니다.

5) 거치대의 고정 나사를 단단히 조여 흔들리지 않도록 고정시킵니다.

■ **사용방법**

1) 전원선을 콘센트에 연결합니다.

2) 전원버튼을 누르면 작동을 시작합니다.

3) 1단(750W), 2단(1,500W)의 출력 조절버튼을 터치해 출력을 조절할 수 있습니다.

4) 온도 조절버튼을 터치하여 온도를 조절할 수 있습니다.
   - 설정 가능한 온도 범위는 15 ~ 40℃입니다.
   - 에너지 절약을 위해 실내온도가 설정온도에 도달하면 자동으로 전원이 차단됩니다.
   - 실내온도가 설정온도보다 약 2 ~ 3℃ 내려가면 다시 작동합니다.

5) 타이머 버튼을 터치하여 작동 시간을 설정할 수 있습니다.

6) 출력 조절버튼을 5초 이상 길게 누르면 잠금 기능이 활성화됩니다.

■ **주의사항**

- 제품을 사용하지 않을 때나 제품을 점검할 때는 전원코드를 반드시 콘센트에서 분리하세요.
- 사용자가 볼 수 있는 위치에서만 사용하세요.
- 사용 시에 화상을 입을 수 있으니 손을 대지 마세요.
- 바닥이 고르지 않은 곳에서는 사용하지 마세요.
- 젖은 수건, 의류 등을 히터 위에 올려놓지 마세요.
- 장난감, 철사, 칼, 도구 등을 넣지 마세요.
- 제품 사용 중 이상이 발생한 경우 분해하지 마시고, A/S센터에 문의해 주세요.
- 본체 가까이에서 스프레이 캔이나 인화성 위험물을 사용하지 않습니다.
- 휘발유, 신나, 벤젠, 등유, 알칼리성 비눗물, 살충제 등을 이용하여 청소하지 마세요.
- 제품을 물에 담그지 마세요.
- 젖은 손으로 전원코드, 본체, 콘센트 등을 만지지 마세요.
- 전원 케이블이 과도하게 꺾이거나 피복이 벗겨진 경우에는 전원을 연결하지 마시고, A/S센터로 문의하시기 바랍니다.
- ※ 주의 : 주의사항을 지키지 않을 경우 고장 및 감전, 화재의 원인이 될 수 있습니다.

56 작업장에 벽걸이형 난방기구를 설치하고자 한다. 다음 중 벽걸이형 난방기구의 설치방법으로 가장 적절한 것은?

① 벽걸이용 거치대의 양쪽 구멍과 상단 구멍의 위치에 맞게 벽에 작은 구멍을 낸다.
② 스탠드 2개를 조립한 후 벽걸이형 거치대를 본체에서 분리한다.
③ 벽이 단단한 콘크리트로 되어 있을 경우 거치대를 따로 고정하지 않아도 된다.
④ 거치대를 벽에 고정시킨 뒤, 평행을 맞추어 거치대에 제품을 고정시킨다.

PART 3

57 다음 중 난방기 사용방법으로 적절하지 않은 것은?

① 전원선을 콘센트에 연결 후 전원버튼을 누른다.
② 출력 조절버튼을 터치하여 출력을 1단으로 낮춘다.
③ 히터를 작동시키기 위해 설정온도를 현재 실내온도인 20℃로 조절하였다.
④ 전기료 절감을 위해 타이머를 1시간으로 맞추어 놓고 사용하였다.

58 난방기가 사용 도중 갑자기 작동하지 않았다. 다음 중 난방기 고장 원인이 될 수 없는 것은?

① 바닥 면이 고르지 않은 곳에 두었다.
② 젖은 수건을 히터 위에 두었다.
③ 열원이 방출되는 구멍에 연필이 들어갔다.
④ 작동되고 있는 히터를 손으로 만졌다.

※ L회사는 직원휴게실에 휴식용 안마의자를 설치할 계획이며, 안마의자 관리자는 귀하로 지정되었다. 자료를 보고 이어지는 질문에 답하시오. **[59~60]**

〈안마의자 사용설명서〉

■ **설치 시 알아두기**
- 바닥이 단단하고 수평인 장소에 제품을 설치해 주세요.
- 등받이와 다리부를 조절할 경우를 대비하여 제품의 전방 50cm, 후방 10cm 이상 여유 공간을 비워 두세요.
- 바닥이 손상될 수 있으므로 제품 아래에 매트 등을 깔 것을 추천합니다.
- 직사광선에 장시간 노출되는 곳이나 난방기구 근처 등 고온의 장소는 피하여 설치해 주세요. 커버 변색 또는 변질의 원인이 됩니다.

■ **안전을 위한 주의사항**

> ⚠ 경고 : 지시 사항을 위반할 경우 심각한 상해나 사망에 이를 가능성이 있는 경우를 나타냅니다.
> ① 주의 : 지시 사항을 위반할 경우 경미한 상해나 제품 손상의 가능성이 있는 경우를 나타냅니다.

① 제품 사용 시간은 1일 40분 또는 1회 20분 이내로 하고, 동일한 부위에 연속 사용은 5분 이내로 하십시오.

⚠ 제품을 사용하기 전에 등 패드를 올려서 커버와 그 외 다른 부분에 손상된 곳이 없는지 확인하고, 찢어졌거나 조그만 손상이 있으면 사용을 중단하고 서비스 센터로 연락하십시오(감전 위험).

① 엉덩이와 허벅지를 마사지할 때는 바지 주머니에 딱딱한 것을 넣은 채로 사용하지 마십시오(안전사고, 상해 위험).

⚠ 팔을 마사지할 때는 시계, 장식품 등 딱딱한 것을 몸에 지닌 채 사용하지 마세요(부상 위험).

⚠ 등받이나 다리부를 움직일 때는 제품 외부에 사람, 애완동물, 물건 등이 없는지 확인하십시오(안전사고, 부상, 제품손상 위험).

① 제품 안쪽에 휴대폰, TV리모컨 등 물건을 빠뜨리지 않도록 주의하세요(고장 위험).

⚠ 등받이나 다리부를 상하로 작동 시에는 움직이는 부위에 손가락을 넣지 않도록 하십시오(안전사고, 상해, 부상 위험).

⚠ 혈전증, 중도의 동맥류, 급성 정맥류, 각종 피부염, 피부 감염증 등의 질환을 가지고 있는 사람은 사용하지 마십시오.

① 고령으로 근육이 쇠약해진 사람, 요통이 있는 사람, 멀미가 심한 사람 등은 반드시 의사와 상담한 후 사용하십시오.

① 제품을 사용하면서 다른 치료기를 동시에 사용하지 마십시오.

① 사용 중에 잠들지 마십시오(상해 위험).

⚠ 난로 등의 화기 가까이에서 사용하거나 흡연을 하면서 사용하지 마십시오(화재 위험).

① 제품을 사용하는 중에 음료나 음식을 섭취하지 마십시오(고장 위험).

① 음주 후 사용하지 마십시오(부상 위험).

■ 고장 신고 전 확인 사항

제품 사용 중 아래의 증상이 나타나면 다시 한 번 확인해 주세요. 고장이 아닐 수 있습니다.

증상	원인	해결책
안마 강도가 약합니다.	안마의자에 몸을 밀착하였습니까?	안마의자에 깊숙이 들여 앉아서 몸을 등받이에 밀착시키거나 등받이를 눕혀서 사용해 보세요.
	등 패드 또는 베개 쿠션을 사용하고 있습니까?	등 패드 또는 베개 쿠션을 빼고 사용해 보세요.
	안마 강도를 조절하였습니까?	안마 강도를 조절해서 사용해 보세요.
다리부에 다리가 잘 맞지 않습니다.	다리부의 각도를 조절하였습니까?	사용자의 신체에 맞게 다리 부의 각도를 조절해 주세요. 다리올림 버튼 또는 다리내림 버튼으로 다리부의 각도를 조절할 수 있습니다.
좌우 안마 강도 또는 안마 볼 위치가 다르게 느껴집니다.	더 기분 좋은 안마를 위해 안마 볼이 좌우 교대로 작동하는 기구를 사용하고 있습니다. 좌우 안마 강도 또는 안마 볼 위치가 다르게 작동하는 경우가 있을 수 있습니다. 고장이 아니므로 안심하고 사용해 주세요.	
소리가 납니다.	제품의 구조로 인해 들리는 소리입니다. 고장이 아니므로 안심하고 사용해 주세요(제품 수명 등의 영향은 없습니다). − 안마 볼 상·하 이동 시 '달그락' 거리는 소리 − 안마 작동 시 기어 모터의 소리 − 안마 볼과 커버가 스치는 소리(특히 주무르기 작동 시) − 두드리기, 물결 마사지 작동 시 '덜덜' 거리는 소리(특히 어깨에서 등으로 이동 시) − 속도 조절에 의한 소리의 차이	

59 직원휴게실에 안마의자가 배송되었다. 귀하는 제품설명서를 참고하여 적절한 장소에 설치하고자 한다. 다음 중 장소 선정 시 고려해야 할 사항으로 적절하지 않은 것은?

① 직사광선에 오랫동안 노출되지 않는 장소인지 확인한다.

② 근처에 난방기구가 설치된 장소인지 확인한다.

③ 전방에는 50cm 이상의 공간을 확보할 수 있고 후방을 벽면에 밀착할 수 있는 장소인지 확인한다.

④ 새로운 장소가 안마의자의 무게를 지탱할 수 있는 단단한 바닥인지 확인한다.

60 귀하는 직원들이 안전하게 안마의자를 사용할 수 있도록 '안마의자 사용안내서'를 작성하여 안마의자 근처에 비치하고자 한다. 안내서에 있는 그림 중 '경고' 수준의 주의가 필요한 것은 '별표' 표시를 추가하여 더욱 강조되어 보이도록 할 예정이다. 다음 중 '별표' 표시를 해야 할 그림은 무엇인가?

PART 3

합격의 공식 SD에듀 www.sdedu.co.kr

채용 가이드

01 | 블라인드 채용 소개

1. 블라인드 채용이란?

채용 과정에서 편견이 개입되어 불합리한 차별을 야기할 수 있는 출신지, 가족관계, 학력, 외모 등의 편견요인은 제외하고, 직무능력만을 평가하여 인재를 채용하는 방식입니다.

2. 블라인드 채용의 필요성

- 채용의 공정성에 대한 사회적 요구
  - 누구에게나 직무능력만으로 경쟁할 수 있는 균등한 고용기회를 제공해야 하나, 아직도 채용의 공정성에 대한 불신이 존재
  - 채용상 차별금지에 대한 법적 요건이 권고적 성격에서 처벌을 동반한 의무적 성격으로 강화되는 추세
  - 시민의식과 지원자의 권리의식 성숙으로 차별에 대한 법적 대응 가능성 증가
- 우수인재 채용을 통한 기업의 경쟁력 강화 필요
  - 직무능력과 무관한 학벌, 외모 위주의 선발로 우수인재 선발기회 상실 및 기업경쟁력 약화
  - 채용 과정에서 차별 없이 직무능력중심으로 선발한 우수인재 확보 필요
- 공정한 채용을 통한 사회적 비용 감소 필요
  - 편견에 의한 차별적 채용은 우수인재 선발을 저해하고 외모·학벌 지상주의 등의 심화로 불필요한 사회적 비용 증가
  - 채용에서의 공정성을 높여 사회의 신뢰수준 제고

3. 블라인드 채용의 특징

편견요인을 요구하지 않는 대신 직무능력을 평가합니다.

※ 직무능력중심 채용이란?
기업의 역량기반 채용, NCS기반 능력중심 채용과 같이 직무수행에 필요한 능력과 역량을 평가하여 선발하는 채용방식을 통칭합니다.

4. 블라인드 채용의 평가요소

직무수행에 필요한 지식, 기술, 태도 등을 과학적인 선발기법을 통해 평가합니다.

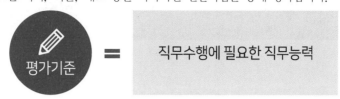

※ 과학적 선발기법이란?
　직무분석을 통해 도출된 평가요소를 서류, 필기, 면접 등을 통해 체계적으로 평가하는 방법으로 입사지원서, 자기소개서, 직무수행능력평가, 구조화 면접 등이 해당됩니다.

5. 블라인드 채용 주요 도입 내용

• 입사지원서에 인적사항 요구 금지
  – 인적사항에는 출신지역, 가족관계, 결혼여부, 재산, 취미 및 특기, 종교, 생년월일(연령), 성별, 신장 및 체중, 사진, 전공, 학교명, 학점, 외국어 점수, 추천인 등이 해당
  – 채용 직무를 수행하는 데 있어 반드시 필요하다고 인정될 경우는 제외
    예 특수경비직 채용 시 : 시력, 건강한 신체 요구
    　　연구직 채용 시 : 논문, 학위 요구 등
• 블라인드 면접 실시
  – 면접관에게 응시자의 출신지역, 가족관계, 학교명 등 인적사항 정보 제공 금지
  – 면접관은 응시자의 인적사항에 대한 질문 금지

6. 블라인드 채용 도입의 효과성

• 구성원의 다양성과 창의성이 높아져 기업 경쟁력 강화
  – 편견을 없애고 직무능력 중심으로 선발하므로 다양한 직원 구성 가능
  – 다양한 생각과 의견을 통하여 기업의 창의성이 높아져 기업경쟁력 강화
• 직무에 적합한 인재선발을 통한 이직률 감소 및 만족도 제고
  – 사전에 지원자들에게 구체적이고 상세한 직무요건을 제시함으로써 허수 지원이 낮아지고, 직무에 적합한 지원자 모집 가능
  – 직무에 적합한 인재가 선발되어 직무이해도가 높아져 업무효율 증대 및 만족도 제고
• 채용의 공정성과 기업이미지 제고
  – 블라인드 채용은 사회적 편견을 줄인 선발 방법으로 기업에 대한 사회적 인식 제고
  – 채용과정에서 불합리한 차별을 받지 않고 실력에 의해 공정하게 평가를 받을 것이라는 믿음을 제공하고, 지원자들은 평등한 기회와 공정한 선발과정 경험

02 | 서류전형 가이드

01 채용공고문

1. 채용공고문의 변화

기존 채용공고문	변화된 채용공고문
• 취업준비생에게 불충분하고 불친절한 측면 존재 • 모집분야에 대한 명확한 직무관련 정보 및 평가기준 부재 • 해당분야에 지원하기 위한 취업준비생의 무분별한 스펙 쌓기 현상 발생	• NCS 직무분석에 기반한 채용공고를 토대로 채용전형 진행 • 지원자가 입사 후 수행하게 될 업무에 대한 자세한 정보 공지 • 직무수행내용, 직무수행 시 필요한 능력, 관련된 자격, 직업기초능력 제시 • 지원자가 해당 직무에 필요한 스펙만을 준비할 수 있도록 안내
• 모집부문 및 응시자격 • 지원서 접수 • 전형절차 • 채용조건 및 처우 • 기타사항	• 채용절차 • 채용유형별 선발분야 및 예정인원 • 전형방법 • 선발분야별 직무기술서 • 우대사항

2. 지원 유의사항 및 지원요건 확인

채용 직무에 따른 세부사항을 공고문에 명시하여 지원자에게 적격한 지원 기회를 부여함과 동시에 채용과정에서의 공정성과 신뢰성을 확보합니다.

구성	내용	확인사항
모집분야 및 규모	고용형태(인턴 계약직 등), 모집분야, 인원, 근무지역 등	채용직무가 여러 개일 경우 본인이 해당되는 직무의 채용규모 확인
응시자격	기본 자격사항, 지원조건	지원을 위한 최소자격요건을 확인하여 불필요한 지원을 예방
우대조건	법정·특별·자격증 가점	본인의 가점 여부를 검토하여 가점 획득을 위한 사항을 사실대로 기재
근무조건 및 보수	고용형태 및 고용기간, 보수, 근무지	본인이 생각하는 기대수준에 부합하는지 확인하여 불필요한 지원을 예방
시험방법	서류·필기·면접전형 등의 활용방안	전형방법 및 세부 평가기법 등을 확인하여 지원전략 준비
전형일정	접수기간, 각 전형 단계별 심사 및 합격자 발표일 등	본인의 지원 스케줄을 검토하여 차질이 없도록 준비
제출서류	입사지원서(경력·경험기술서 등), 각종 증명서 및 자격증 사본 등	지원요건 부합 여부 및 자격 증빙서류 사전에 준비
유이사항	임용취소 등의 규정	임용취소 관련 법적 또는 기관 내부 규정을 검토하여 해당여부 확인

02 직무기술서

직무기술서란 직무수행의 내용과 필요한 능력, 관련 자격, 직업기초능력 등을 상세히 기재한 것으로 입사 후 수행하게 될 업무에 대한 정보가 수록되어 있는 자료입니다.

1. 채용분야

설명

NCS 직무분류 체계에 따라 직무에 대한 「대분류 − 중분류 − 소분류 − 세분류」 체계를 확인할 수 있습니다. 채용 직무에 대한 모든 직무기술서를 첨부하게 되며 실제 수행 업무를 기준으로 세부적인 분류정보를 제공합니다.

채용분야	분류체계			
사무행정	대분류	중분류	소분류	세분류
분류코드	02. 경영·회계·사무	03. 재무·회계	01. 재무	01. 예산
				02. 자금
			02. 회계	01. 회계감사
				02. 세무

2. 능력단위

설명

직무분류 체계의 세분류 하위능력단위 중 실질적으로 수행할 업무의 능력만 구체적으로 파악할 수 있습니다.

능력단위	(예산)	03. 연간종합예산수립 04. 추정재무제표 작성 05. 확정예산 운영 06. 예산실적 관리
	(자금)	04. 자금운용
	(회계감사)	02. 자금관리 04. 결산관리 05. 회계정보시스템 운용 06. 재무분석 07. 회계감사
	(세무)	02. 결산관리 05. 부가가치세 신고 07. 법인세 신고

3. 직무수행내용

설명

세분류 영역의 기본정의를 통해 직무수행내용을 확인할 수 있습니다. 입사 후 수행할 직무내용을 구체적으로 확인할 수 있으며, 이를 통해 입사서류 작성부터 면접까지 직무에 대한 명확한 이해를 바탕으로 자신의 희망직무 인지 아닌지, 해당 직무가 자신이 알고 있던 직무가 맞는지 확인할 수 있습니다.

직무수행내용	(예산) 일정기간 예상되는 수익과 비용을 편성, 집행하며 통제하는 일
	(자금) 자금의 계획 수립, 조달, 운용을 하고 발생 가능한 위험 관리 및 성과평가
	(회계감사) 기업 및 조직 내·외부에 있는 의사결정자들이 효율적인 의사결정을 할 수 있도록 유용한 정보를 제공, 제공된 회계정보의 적정성을 파악하는 일
	(세무) 세무는 기업의 활동을 위하여 주어진 세법범위 내에서 조세부담을 최소화시키는 조세전략을 포함하고 정확한 과세소득과 과세표준 및 세액을 산출하여 과세당국에 신고·납부하는 일

4. 직무기술서 예시

태도	(예산) 정확성, 분석적 태도, 논리적 태도, 타 부서와의 협조적 태도, 설득력
	(자금) 분석적 사고력
	(회계 감사) 합리적 태도, 전략적 사고, 정확성, 적극적 협업 태도, 법률준수 태도, 분석적 태도, 신속성, 책임감, 정확한 판단력
	(세무) 규정 준수 의지, 수리적 정확성, 주의 깊은 태도
우대 자격증	공인회계사, 세무사, 컴퓨터활용능력, 변호사, 워드프로세서, 전산회계운용사, 사회조사분석사, 재경관리사, 회계관리 등
직업기초능력	의사소통능력, 문제해결능력, 자원관리능력, 대인관계능력, 정보능력, 조직이해능력

5. 직무기술서 내용별 확인사항

항목	확인사항
모집부문	해당 채용에서 선발하는 부문(분야)명 확인 예 사무행정, 전산, 전기
분류체계	지원하려는 분야의 세부직무군 확인
주요기능 및 역할	지원하려는 기업의 전사적인 기능과 역할, 산업군 확인
능력단위	지원분야의 직무수행에 관련되는 세부업무사항 확인
직무수행내용	지원분야의 직무군에 대한 상세사항 확인
전형방법	지원하려는 기업의 신입사원 선발전형 절차 확인
일반요건	교육사항을 제외한 지원 요건 확인(자격요건, 특수한 경우 연령)
교육요건	교육사항에 대한 지원요건 확인(대졸 / 초대졸 / 고졸 / 전공 요건)
필요지식	지원분야의 업무수행을 위해 요구되는 지식 관련 세부항목 확인
필요기술	지원분야의 업무수행을 위해 요구되는 기술 관련 세부항목 확인
직무수행태도	지원분야의 업무수행을 위해 요구되는 태도 관련 세부항목 확인
직업기초능력	지원분야 또는 지원기업의 조직원으로서 근무하기 위해 필요한 일반적인 능력사항 확인

1. 입사지원서의 변화

기존지원서		능력중심 채용 입사지원서
직무와 관련 없는 학점, 개인신상, 어학점수, 자격, 수상경력 등을 나열하도록 구성	VS	해당 직무수행에 꼭 필요한 정보들을 제시할 수 있도록 구성

직무기술서

직무수행내용

요구지식 / 기술

관련 자격증

사전직무경험

➡

인적사항	성명, 연락처, 지원분야 등 작성 (평가 미반영)
교육사항	직무지식과 관련된 학교교육 및 직업교육 작성
자격사항	직무관련 국가공인 또는 민간자격 작성
경력 및 경험사항	조직에 소속되어 일정한 임금을 받거나(경력) 임금 없이(경험) 직무와 관련된 활동 내용 작성

2. 교육사항

- 지원분야 직무와 관련된 학교 교육이나 직업교육 혹은 기타교육 등 직무에 대한 지원자의 학습 여부를 평가하기 위한 항목입니다.
- 지원하고자 하는 직무의 학교 전공교육 이외에 직업교육, 기타교육 등을 기입할 수 있기 때문에 전공 제한 없이 직업교육과 기타교육을 이수하여 지원이 가능하도록 기회를 제공합니다.
(기타교육 : 학교 이외의 기관에서 개인이 이수한 교육과정 중 지원직무와 관련이 있다고 생각되는 교육내용)

구분	교육과정(과목)명	교육내용	과업(능력단위)

3. 자격사항

- 채용공고 및 직무기술서에 제시되어 있는 자격 현황을 토대로 지원자가 해당 직무를 수행하는 데 필요한 능력을 가지고 있는지를 평가하기 위한 항목입니다.
- 채용공고 및 직무기술서에 기재된 직무관련 필수 또는 우대자격 항목을 확인하여 본인이 보유하고 있는 자격사항을 기재합니다.

자격유형	자격증명	발급기관	취득일자	자격증번호

4. 경력 및 경험사항

- 직무와 관련된 경력이나 경험 여부를 표현하도록 하여 직무와 관련한 능력을 갖추었는지를 평가하기 위한 항목입니다.
- 해당 기업에서 직무를 수행함에 있어 필요한 사항만을 기록하게 되어 있기 때문에 직무와 무관한 스펙을 갖추지 않아도 됩니다.
- 경력 : 금전적 보수를 받고 일정기간 동안 일했던 경우
- 경험 : 금전적 보수를 받지 않고 수행한 활동

※ 기업에 따라 경력 / 경험 관련 증빙자료 요구 가능

구분	조직명	직위 / 역할	활동기간(년 / 월)	주요과업 / 활동내용

Tip

입사지원서 작성 방법

○ 경력 및 경험사항 작성
- 직무기술서에 제시된 지식, 기술, 태도와 지원자의 교육사항, 경력(경험)사항, 자격사항과 연계하여 개인의 직무역량에 대해 스스로 판단 가능

○ 인적사항 최소화
- 개인의 인적사항, 학교명, 가족관계 등을 노출하지 않도록 유의

부적절한 입사지원서 작성 사례
- 학교 이메일을 기입하여 학교명 노출
- 거주지 주소에 학교 기숙사 주소를 기입하여 학교명 노출
- 자기소개서에 부모님이 재직 중인 기업명, 직위, 직업을 기입하여 가족관계 노출
- 자기소개서에 석·박사 과정에 대한 이야기를 언급하여 학력 노출
- 동아리 활동에 대한 내용을 학교명과 더불어 언급하여 학교명 노출

1. 자기소개서의 변화

- 기존의 자기소개서는 지원자의 일대기나 관심 분야, 성격의 장·단점 등 개괄적인 사항을 묻는 질문으로 구성되어 지원자가 자신의 직무능력을 제대로 표출하지 못합니다.
- 능력중심 채용의 자기소개서는 직무기술서에 제시된 직업기초능력(또는 직무수행능력)에 대한 지원자의 과거 경험을 기술하게 함으로써 평가 타당도의 확보가 가능합니다.

---

1. 우리 회사와 해당 지원 직무분야에 지원한 동기에 대해 기술해 주세요.

2. 자신이 경험한 다양한 사회활동에 대해 기술해 주세요.

3. 지원 직무에 대한 전문성을 키우기 위해 받은 교육과 경험 및 경력사항에 대해 기술해 주세요.

4. 인사업무 또는 팀 과제 수행 중 발생한 갈등을 원만하게 해결해 본 경험이 있습니까? 당시 상황에 대한 설명과 갈등의 대상이 되었던 상대방을 설득한 과정 및 방법을 기술해 주세요.

5. 과거에 있었던 일 중 가장 어려웠던(힘들었었던) 상황을 고르고, 어떤 방법으로 그 상황을 해결했는지를 기술해 주세요.

자기소개서 작성 방법

① 자기소개서 문항이 묻고 있는 평가 역량 추측하기

예시

- 팀 활동을 하면서 갈등 상황 시 상대방의 니즈나 의도를 명확히 파악하고 해결하여 목표 달성에 기여했던 경험에 대해서 작성해 주시기 바랍니다.
- 다른 사람이 생각해내지 못했던 문제점을 찾고 이를 해결한 경험에 대해 작성해 주시기 바랍니다.

② 해당 역량을 보여줄 수 있는 소재 찾기(시간×역량 매트릭스)

예시

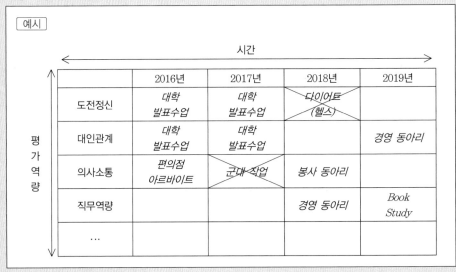

시간

평가역량		2016년	2017년	2018년	2019년
	도전정신	*대학 발표수업*	*대학 발표수업*	~~*다이어트 (헬스)*~~	
	대인관계	*대학 발표수업*	*대학 발표수업*		*경영 동아리*
	의사소통	*편의점 아르바이트*	~~*군대 작업*~~	*봉사 동아리*	
	직무역량			*경영 동아리*	*Book Study*
	…				

③ 자기소개서 작성 Skill 익히기
- 두괄식으로 작성하기
- 구체적 사례를 사용하기
- '나'를 중심으로 작성하기
- 직무역량 강조하기
- 경험 사례의 차별성 강조하기

03 | 인성검사 소개 및 모의테스트

01 인성검사 유형

인성검사는 지원자의 성격특성을 객관적으로 파악하고 그것이 각 기업에서 필요로 하는 인재상과 가치에 부합하는가를 평가하기 위한 검사입니다. 인성검사는 KPDI(한국인재개발진흥원), K-SAD(한국사회적성개 발원), KIRBS(한국행동과학연구소), SHR(에스에이치알) 등의 전문기관을 통해 각 기업의 특성에 맞는 검사 를 선택하여 실시합니다. 대표적인 인성검사의 유형에는 크게 다음과 같은 세 가지가 있으며, 채용 대행업체 에 따라 달라집니다.

1. KPDI 검사

조직적응성과 직무적합성을 알아보기 위한 검사로 인성검사, 인성역량검사, 인적성검사, 직종별 인적성 검사 등의 다양한 검사 도구를 구현합니다. KPDI는 성격을 파악하고 정신건강 상태 등을 측정하고, 직무 검사는 해당 직무를 수행하기 위해 기본적으로 갖추어야 할 인지적 능력을 측정합니다. 역량검사는 특정 직무 역할을 효과적으로 수행하는 데 직접적으로 관련 있는 개인의 행동, 지식, 스킬, 가치관 등을 측정합 니다.

2. KAD(Korea Aptitude Development) 검사

K-SAD(한국사회적성개발원)에서 실시하는 적성검사 프로그램입니다. 개인의 성향, 지적 능력, 기호, 관심, 흥미도를 종합적으로 분석하여 적성에 맞는 업무가 무엇인가 파악하고, 직무수행에 있어서 요구되 는 기초능력과 실무능력을 분석합니다.

3. SHR 직무적성검사

직무수행에 필요한 종합적인 사고 능력을 다양한 적성검사(Paper and Pencil Test)로 평가합니다. SHR 의 모든 직무능력검사는 표준화 검사입니다. 표준화 검사는 표본집단의 점수를 기초로 규준이 만들어진 검사이므로 개인의 점수를 규준에 맞추어 해석·비교하는 것이 가능합니다. S(Standardized Tests), H(Hundreds of Version), R(Reliable Norm Data)을 특징으로 하며, 직군·직급별 특성과 선발 수준에 맞추어 검사를 적용할 수 있습니다.

인성검사는 특히 면접질문과 관련성이 높습니다. 면접관은 지원자의 인성검사 결과를 토대로 질문을 하기 때문입니다. 일관적이고 이상적인 답변을 하는 것이 가장 좋지만, 실제 시험은 매우 복잡하여 전문가라 해도 일정 성격을 유지하면서 답변을 하는 것이 힘듭니다. 또한, 인성검사에는 라이 스케일(Lie Scale) 설문이 전체 설문 속에 교묘하게 섞여 들어가 있으므로 겉치레적인 답을 하게 되면 회답태도의 허위성이 그대로 드러나게 됩니다. 예를 들어 '거짓말을 한 적이 한 번도 없다.'에 '예'로 답하고, '때로는 거짓말을 하기도 한다.'에 '예'라고 답하여 라이 스케일의 득점이 올라가게 되면 모든 회답의 신빙성이 사라지고 '자신을 돋보 이게 하려는 사람'이라는 평가를 받을 수 있으므로 주의해야 합니다. 따라서 모의테스트를 통해 인성검사의 유형과 실제 시험 시 어떻게 문제를 풀어야 하는지 연습해 보고 체크한 부분 중 자신의 단점과 연결되는 부분은 면접에서 질문이 들어왔을 때 어떻게 대처해야 하는지 생각해 보는 것이 좋습니다.

1. 기업의 인재상을 파악하라!

인성검사를 통해 개인의 성격 특성을 파악하고 그것이 기업의 인재상과 가치에 부합하는지를 평가하는 시험이기 때문에 해당 기업의 인재상을 먼저 파악하고 시험에 임하는 것이 좋습니다. 모의테스트에서 인재상에 맞는 가상의 인물을 설정하고 문제에 답해 보는 것도 많은 도움이 됩니다.

2. 일관성 있는 대답을 하라!

짧은 시간 안에 다양한 질문에 답을 해야 하는데, 그 안에는 중복되는 질문이 여러 번 나옵니다. 이때 앞서 자신이 체크했던 대답을 잘 기억해뒀다가 일관성 있는 답을 하는 것이 중요합니다.

3. 모든 문항에 대답하라!

많은 문제를 짧은 시간 안에 풀려다 보니 다 못 푸는 경우도 종종 생깁니다. 하지만 대답을 누락하거나 끝까지 다 못했을 경우 좋지 않은 결과를 가져올 수도 있으니 최대한 주어진 시간 안에 모든 문항에 답할 수 있도록 해야 합니다.

※ 모의테스트는 질문 및 답변 유형 연습을 위한 것으로 실제 시험과 다를 수 있습니다.

번호	내용	예	아니오
001	나는 솔직한 편이다.	☐	☐
002	나는 리드하는 것을 좋아한다.	☐	☐
003	법을 어겨서 말썽이 된 적이 한 번도 없다.	☐	☐
004	거짓말을 한 번도 한 적이 없다.	☐	☐
005	나는 눈치가 빠르다.	☐	☐
006	나는 일을 주도하기보다는 뒤에서 지원하는 것을 선호한다.	☐	☐
007	앞일은 알 수 없기 때문에 계획은 필요하지 않다.	☐	☐
008	거짓말도 때로는 방편이라고 생각한다.	☐	☐
009	사람이 많은 술자리를 좋아한다.	☐	☐
010	걱정이 지나치게 많다.	☐	☐
011	일을 시작하기 전 재고하는 경향이 있다.	☐	☐
012	불의를 참지 못한다.	☐	☐
013	처음 만나는 사람과도 이야기를 잘 한다.	☐	☐
014	때로는 변화가 두렵다.	☐	☐
015	나는 모든 사람에게 친절하다.	☐	☐
016	힘든 일이 있을 때 술은 위로가 되지 않는다.	☐	☐
017	결정을 빨리 내리지 못해 손해를 본 경험이 있다.	☐	☐
018	기회를 잡을 준비가 되어 있다.	☐	☐
019	때로는 내가 정말 쓸모없는 사람이라고 느낀다.	☐	☐
020	누군가 나를 챙겨주는 것이 좋다.	☐	☐
021	자주 가슴이 답답하다.	☐	☐
022	나는 내가 자랑스럽다.	☐	☐
023	경험이 중요하다고 생각한다.	☐	☐
024	전자기기를 분해하고 다시 조립하는 것을 좋아한다.	☐	☐
025	감시받고 있다는 느낌이 든다.	☐	☐

PART 3

026	난처한 상황에 놓이면 그 순간을 피하고 싶다.	☐	☐
027	세상엔 믿을 사람이 없다.	☐	☐
028	잘못을 빨리 인정하는 편이다.	☐	☐
029	지도를 보고 길을 잘 찾아간다.	☐	☐
030	귓속말을 하는 사람을 보면 날 비난하고 있는 것 같다.	☐	☐
031	막무가내라는 말을 들을 때가 있다.	☐	☐
032	장래의 일을 생각하면 불안하다.	☐	☐
033	결과보다 과정이 중요하다고 생각한다.	☐	☐
034	운동은 그다지 할 필요가 없다고 생각한다.	☐	☐
035	새로운 일을 시작할 때 좀처럼 한 발을 떼지 못한다.	☐	☐
036	기분 상하는 일이 있더라도 참는 편이다.	☐	☐
037	업무능력은 성과로 평가받아야 한다고 생각한다.	☐	☐
038	머리가 맑지 못하고 무거운 느낌이 든다.	☐	☐
039	가끔 이상한 소리가 들린다.	☐	☐
040	타인이 내게 자주 고민상담을 하는 편이다.	☐	☐

※ 모의테스트는 질문 및 답변 유형 연습을 위한 것으로 실제 시험과 다를 수 있습니다.

※ 이 성격검사의 각 문항에는 서로 다른 행동을 나타내는 네 개의 문장이 제시되어 있습니다. 이 문장들을 비교하여, 자신의 평소 행동과 가장 가까운 문장을 'ㄱ' 열에 표기하고, 가장 먼 문장을 'ㅁ' 열에 표기하십시오.

01 나는 _____

	ㄱ	ㅁ
A. 실용적인 해결책을 찾는다.	☐	☐
B. 다른 사람을 돕는 것을 좋아한다.	☐	☐
C. 세부 사항을 잘 챙긴다.	☐	☐
D. 상대의 주장에서 허점을 잘 찾는다.	☐	☐

02 나는 _____

	ㄱ	ㅁ
A. 매사에 적극적으로 임한다.	☐	☐
B. 즉흥적인 편이다.	☐	☐
C. 관찰력이 있다.	☐	☐
D. 임기응변에 강하다.	☐	☐

03 나는 _____

	ㄱ	ㅁ
A. 무서운 영화를 잘 본다.	☐	☐
B. 조용한 곳이 좋다.	☐	☐
C. 가끔 울고 싶다.	☐	☐
D. 집중력이 좋다.	☐	☐

04 나는 _____

	ㄱ	ㅁ
A. 기계를 조립하는 것을 좋아한다.	☐	☐
B. 집단에서 리드하는 역할을 맡는다.	☐	☐
C. 호기심이 많다.	☐	☐
D. 음악을 듣는 것을 좋아한다.	☐	☐

PART 3

05 나는 _____

	ㄱ	ㅁ
A. 타인을 늘 배려한다.	☐	☐
B. 감수성이 예민하다.	☐	☐
C. 즐겨하는 운동이 있다.	☐	☐
D. 일을 시작하기 전에 계획을 세운다.	☐	☐

06 나는 _____

	ㄱ	ㅁ
A. 타인에게 설명하는 것을 좋아한다.	☐	☐
B. 여행을 좋아한다.	☐	☐
C. 정적인 것이 좋다.	☐	☐
D. 남을 돕는 것에 보람을 느낀다.	☐	☐

07 나는 _____

	ㄱ	ㅁ
A. 기계를 능숙하게 다룬다.	☐	☐
B. 밤에 잠이 잘 오지 않는다.	☐	☐
C. 한 번 간 길을 잘 기억한다.	☐	☐
D. 불의를 보면 참을 수 없다.	☐	☐

08 나는 _____

	ㄱ	ㅁ
A. 종일 말을 하지 않을 때가 있다.	☐	☐
B. 사람이 많은 곳을 좋아한다.	☐	☐
C. 술을 좋아한다.	☐	☐
D. 휴양지에서 편하게 쉬고 싶다.	☐	☐

09 나는 _____

	ㄱ	ㅁ
A. 뉴스보다는 드라마를 좋아한다.	☐	☐
B. 길을 잘 찾는다.	☐	☐
C. 주말엔 집에서 쉬는 것이 좋다.	☐	☐
D. 아침에 일어나는 것이 힘들다.	☐	☐

10 나는 _____

	ㄱ	ㅁ
A. 이성적이다.	☐	☐
B. 할 일을 종종 미룬다.	☐	☐
C. 어른을 대하는 게 힘들다.	☐	☐
D. 불을 보면 매혹을 느낀다.	☐	☐

11 나는 _____

	ㄱ	ㅁ
A. 상상력이 풍부하다.	☐	☐
B. 예의 바르다는 소리를 자주 듣는다.	☐	☐
C. 사람들 앞에 서면 긴장한다.	☐	☐
D. 친구를 자주 만난다.	☐	☐

12 나는 _____

	ㄱ	ㅁ
A. 나만의 스트레스 해소 방법이 있다.	☐	☐
B. 친구가 많다.	☐	☐
C. 책을 자주 읽는다.	☐	☐
D. 활동적이다.	☐	☐

PART 3

04 | 면접전형 가이드

01 면접유형 파악

1. 면접전형의 변화

기존 면접전형에서는 일상적이고 단편적인 대화나 지원자의 첫인상 및 면접관의 주관적인 판단 등에 의해서 입사 결정 여부를 판단하는 경우가 많았습니다. 이러한 면접전형은 면접 내용의 일관성이 결여되거나 직무 관련 타당성이 부족하였고, 면접에 대한 신뢰도에 영향을 주었습니다.

기존 면접(전통적 면접)		능력중심 채용 면접(구조화 면접)

• 일상적이고 단편적인 대화
• 인상, 외모 등 외부 요소의 영향
• 주관적인 판단에 의존한 총점 부여
 	
⇩
 	
• 면접 내용의 일관성 결여
• 직무관련 타당성 부족
• 주관적인 채점으로 신뢰도 저하
	VS	• 일관성
		  – 직무관련 역량에 초점을 둔 구체적 질문 목록
		  – 지원자별 동일 질문 적용
		• 구조화
		  – 면접 진행 및 평가 절차를 일정한 체계에 의해 구성
		• 표준화
		  – 평가 타당도 제고를 위한 평가 Matrix 구성
		  – 척도에 따라 항목별 채점, 개인 간 비교
		• 신뢰성
		  – 면접진행 매뉴얼에 따라 면접위원 교육 및 실습

2. 능력중심 채용의 면접 유형

① 경험 면접
- 목적 : 선발하고자 하는 직무 능력이 필요한 과거 경험을 질문합니다.
- 평가요소 : 직업기초능력과 인성 및 태도적 요소를 평가합니다.

② 상황 면접
- 목적 : 특정 상황을 제시하고 지원자의 행동을 관찰함으로써 실제 상황의 행동을 예상합니다.
- 평가요소 : 직업기초능력과 인성 및 태도적 요소를 평가합니다.

③ 발표 면접
- 목적 : 특정 주제와 관련된 지원자의 발표와 질의응답을 통해 지원자 역량을 평가합니다.
- 평가요소 : 직무수행능력과 인지적 역량(문제해결능력)을 평가합니다.

④ 토론 면접
- 목적 : 토의과제에 대한 의견수렴 과정에서 지원자의 역량과 상호작용능력을 평가합니다.
- 평가요소 : 직무수행능력과 팀워크를 평가합니다.

1. 경험 면접

① 경험 면접의 특징

- 주로 직업기초능력에 관련된 지원자의 과거 경험을 심층 질문하여 검증하는 면접입니다.
- 직무능력과 관련된 과거 경험을 평가하기 위해 심층 질문을 하며, 이 질문은 지원자의 답변에 대하여 '꼬리에 꼬리를 무는 형식'으로 진행됩니다.

- 능력요소, 정의, 심사 기준
  - 평가하고자 하는 능력요소, 정의, 심사기준을 확인하여 면접위원이 해당 능력요소 관련 질문을 제시합니다.
- Opening Question
  - 능력요소에 관련된 과거 경험을 유도하기 위한 시작 질문을 합니다.
- Follow-up Question
  - 지원자의 경험 수준을 구체적으로 검증하기 위한 질문입니다.
  - 경험 수준 검증을 위한 상황(Situation), 임무(Task), 역할 및 노력(Action), 결과(Result) 등으로 질문을 구분합니다.

경험 면접의 형태

[면접관 1] [면접관 2] [면접관 3]   [면접관 1] [면접관 2] [면접관 3]

[지원자]   [지원자 1] [지원자 2] [지원자 3]

〈일대다 면접〉   〈다대다 면접〉

② 경험 면접의 구조

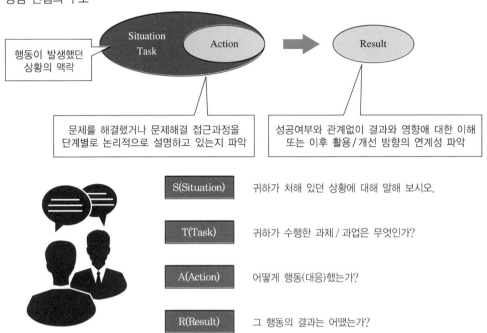

S(Situation)	귀하가 처해 있던 상황에 대해 말해 보시오.
T(Task)	귀하가 수행한 과제 / 과업은 무엇인가?
A(Action)	어떻게 행동(대응)했는가?
R(Result)	그 행동의 결과는 어땠는가?

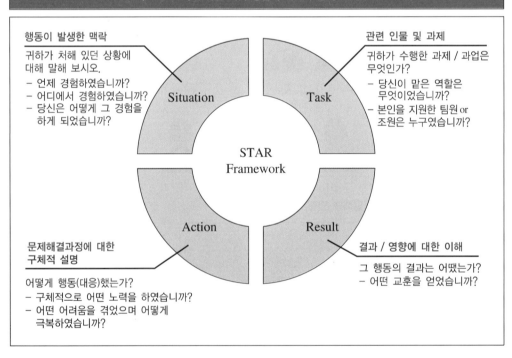

③ 경험 면접 질문 예시(직업윤리)

시작 질문	
1	남들이 신경 쓰지 않는 부분까지 고려하여 절차대로 업무(연구)를 수행하여 성과를 낸 경험을 구체적으로 말해 보시오.
2	조직의 원칙과 절차를 철저히 준수하며 업무(연구)를 수행한 것 중 성과를 향상시킨 경험에 대해 구체적으로 말해 보시오.
3	세부적인 절차와 규칙에 주의를 기울여 실수 없이 업무(연구)를 마무리한 경험을 구체적으로 말해 보시오.
4	조직의 규칙이나 원칙을 고려하여 성실하게 일했던 경험을 구체적으로 말해 보시오.
5	타인의 실수를 바로잡고 원칙과 절차대로 수행하여 성공적으로 업무를 마무리하였던 경험에 대해 말해 보시오.

후속 질문		
상황 (Situation)	상황	구체적으로 언제, 어디에서 경험한 일인가?
		어떤 상황이었는가?
	조직	어떤 조직에 속해 있었는가?
		그 조직의 특성은 무엇이었는가?
		몇 명으로 구성된 조직이었는가?
	기간	해당 조직에서 얼마나 일했는가?
		해당 업무는 몇 개월 동안 지속되었는가?
	조직규칙	조직의 원칙이나 규칙은 무엇이었는가?
임무 (Task)	과제	과제의 목표는 무엇이었는가?
		과제에 적용되는 조직의 원칙은 무엇이었는가?
		그 규칙을 지켜야 하는 이유는 무엇이었는가?
	역할	당신이 조직에서 맡은 역할은 무엇이었는가?
		과제에서 맡은 역할은 무엇이었는가?
	문제의식	규칙을 지키지 않을 경우 생기는 문제점 / 불편함은 무엇인가?
		해당 규칙이 왜 중요하다고 생각하였는가?
역할 및 노력 (Action)	행동	업무 과정의 어떤 장면에서 규칙을 철저히 준수하였는가?
		어떻게 규정을 적용시켜 업무를 수행하였는가?
		규정은 준수하는 데 어려움은 없었는가?
	노력	그 규칙을 지키기 위해 스스로 어떤 노력을 기울였는가?
		본인의 생각이나 태도에 어떤 변화가 있었는가?
		다른 사람들은 어떤 노력을 기울였는가?
	동료관계	동료들은 규칙을 철저히 준수하고 있었는가?
		팀원들은 해당 규칙에 대해 어떻게 반응하였는가?
		규칙에 대한 태도를 개선하기 위해 어떤 노력을 하였는가?
		팀원들의 태도는 당신에게 어떤 자극을 주었는가?
	업무추진	주어진 업무를 추진하는 데 규칙이 방해되진 않았는가?
		업무수행 과정에서 규정을 어떻게 적용하였는가?
		업무 시 규정을 준수해야 한다고 생각한 이유는 무엇인가?

결과 (Result)	평가	규칙을 어느 정도나 준수하였는가?
		그렇게 준수할 수 있었던 이유는 무엇이었는가?
		업무의 성과는 어느 정도였는가?
		성과에 만족하였는가?
		비슷한 상황이 온다면 어떻게 할 것인가?
	피드백	주변 사람들로부터 어떤 평가를 받았는가?
		그러한 평가에 만족하는가?
		다른 사람에게 본인의 행동이 영향을 주었다고 생각하는가?
	교훈	업무수행 과정에서 중요한 점은 무엇이라고 생각하는가?
		이 경험을 통해 느낀 바는 무엇인가?

2. 상황 면접

① 상황 면접의 특징

직무 관련 상황을 가정하여 제시하고 이에 대한 대응능력을 직무관련성 측면에서 평가하는 면접입니다.

- 상황 면접 과제의 구성은 크게 2가지로 구분
  - 상황 제시(Description) / 문제 제시(Question or Problem)
- 현장의 실제 업무 상황을 반영하여 과제를 제시하므로 직무분석이나 직무전문가 워크숍 등을 거쳐 현장성을 높임
- 문제는 상황에 대한 기본적인 이해능력(이론적 지식)과 함께 실질적 대응이나 변수 고려능력(실천적 능력) 등을 고르게 질문해야 함

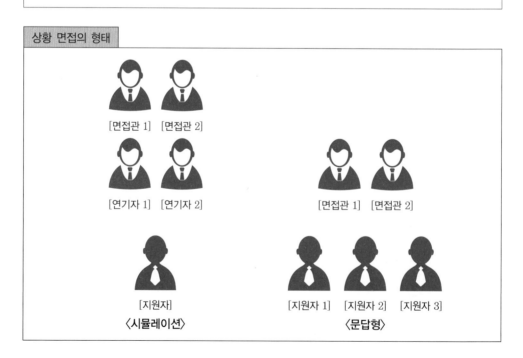

② 상황 면접 예시

상황 제시	인천공항 여객터미널 내에는 다양한 용도의 시설(사무실, 통신실, 식당, 전산실, 창고 면세점 등)이 설치되어 있습니다.	실제 업무 상황에 기반함
	금년에 소방배관의 누수가 잦아 메인 배관을 교체하는 공사를 추진하고 있으며, 당신은 이번 공사의 담당자입니다.	배경 정보
	주간에는 공항 운영이 이루어져 주로 야간에만 배관 교체 공사를 수행하던 중, 시공하는 기능공의 실수로 배관 연결 부위를 잘못 건드려 고압배관의 소화수가 누출되는 사고가 발생하였으며, 이로 인해 인근 시설물에 누수에 의한 피해가 발생하였습니다.	구체적인 문제 상황
문제 제시	일반적인 소방배관의 배관연결(이음)방식과 배관의 이탈(누수)이 발생하는 원인에 대해 설명해 보시오.	문제 상황 해결을 위한 기본 지식 문항
	담당자로서 본 사고를 현장에서 긴급히 처리하는 프로세스를 제시하고, 보수완료 후 사후적 조치가 필요한 부분 및 재발방지 방안에 대해 설명해 보시오.	문제 상황 해결을 위한 추가 대응 문항

3. 발표 면접

① 발표 면접의 특징

- 직무관련 주제에 대한 지원자의 생각을 정리하여 의견을 제시하고, 발표 및 질의응답을 통해 지원자의 직무능력을 평가하는 면접입니다.
- 발표 주제는 직무와 관련된 자료로 제공되며, 일정 시간 후 지원자가 보유한 지식 및 방안에 대한 발표 및 후속 질문을 통해 직무적합성을 평가합니다.

> - 주요 평가요소
>   - 설득적 말하기 / 발표능력 / 문제해결능력 / 직무관련 전문성
> - 이미 언론을 통해 공론화된 시사 이슈보다는 해당 직무분야에 관련된 주제가 발표면접의 과제로 선정되는 경우가 최근 들어 늘어나고 있음
> - 짧은 시간 동안 주어진 과제를 빠른 속도로 분석하여 발표문을 작성하고 제한된 시간 안에 면접관에게 효과적인 발표를 진행하는 것이 핵심

발표 면접의 형태

[면접관 1] [면접관 2]

[면접관 1] [면접관 2]

[지원자]

〈개별 과제 발표〉

[지원자 1] [지원자 2] [지원자 3]

〈팀 과제 발표〉

※ 면접관에게 시각적 효과를 사용하여 메시지를 전달하는 쌍방향 커뮤니케이션 방식

※ 심층면접을 보완하기 위한 방안으로 최근 많은 기업에서 적극 도입하는 추세

② 발표 면접 예시

1. 지시문

당신은 현재 A사에서 직원들의 성과평가를 담당하고 있는 팀원이다. 인사팀은 지난주부터 사내 조직문화관련 인터뷰를 하던 도중 성과평가제도에 관련된 개선 니즈가 제일 많다는 것을 알게 되었다. 이에 팀장님은 인터뷰 결과를 종합하려 성과평가제도 개선 아이디어를 A4용지에 정리하여 신속 보고할 것을 지시하셨다. 당신에게 남은 시간은 1시간이다. 자료를 준비하는 대로 당신은 팀원들이 모인 회의실에서 5분 간 발표할 것이며, 이후 질의응답을 진행할 것이다.

2. 배경자료

〈성과평가제도 개선에 대한 인터뷰〉

최근 A사는 회사 사세의 급성장으로 인해 작년보다 매출이 두 배 성장하였고, 직원 수 또한 두 배로 증가하였다. 회사의 성장은 임금, 복지에 대한 상승 등 긍정적인 영향을 주었으나 업무의 불균형 및 성과보상의 불평등 문제가 발생하였다. 또한 수시로 입사하는 신입직원과 경력직원, 퇴사하는 직원들까지 인원들의 잦은 변동으로 인해 평가해야 할 대상이 변경되어 현재의 성과평가제도로는 공정한 평가가 어려운 상황이다.

[생산부서 김상호]
우리 팀은 지난 1년 동안 생산량이 급증했기 때문에 수십 명의 신규인력이 급하게 채용되었습니다. 이 때문에 저희 팀장님은 신규 입사자들의 이름조차 기억 못할 때가 많이 있습니다. 성과평가를 제대로 하고 있는지 의문이 듭니다.

[마케팅 부서 김흥민]
개인의 성과평가의 취지는 충분히 이해합니다. 그러나 현재 평가는 실적기반이나 정성적인 평가가 많이 포함되어 있어 객관성과 공정성에는 의문이 드는 것이 사실입니다. 이러한 상황에서 평가제도를 재수립하지 않고, 인센티브에 계속 반영한다면, 평가제도에 대한 반감이 커질 것이 분명합니다.

[교육부서 홍경민]
현재 교육부서는 인사팀과 밀접하게 일하고 있습니다. 그럼에도 인사팀에서 실시하는 성과평가제도에 대한 이해가 부족한 것 같습니다.

[기획부서 김경호 차장]
저는 저의 평가자 중 하나가 연구부서의 팀장님인데, 일 년에 몇 번 같이 일하지 않는데 어떻게 저를 평가할 수 있을까요? 특히 연구팀은 저희가 예산을 배정하는데, 저에게는 좋지만….

4. 토론 면접

① 토론 면접의 특징

- 다수의 지원자가 조를 편성해 과제에 대한 토론(토의)을 통해 결론을 도출해가는 면접입니다.
- 의사소통능력, 팀워크, 종합인성 등의 평가에 용이합니다.

- 주요 평가요소
  - 설득적 말하기, 경청능력, 팀워크, 종합인성
- 의견 대립이 명확한 주제 또는 채용분야의 직무 관련 주요 현안을 주제로 과제 구성
- 제한된 시간 내 토론을 진행해야 하므로 적극적으로 자신 있게 토론에 임하고 본인의 의견을 개진할 수 있어야 함

토론 면접의 형태

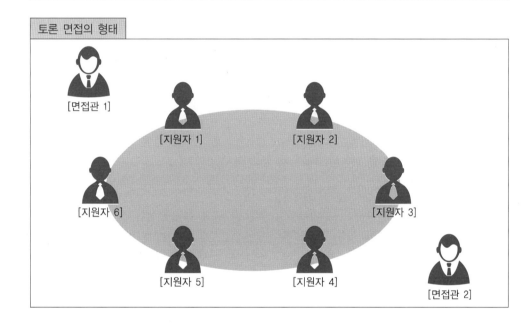

② 토론 면접 예시

고객 불만 고충처리

1. 들어가며

최근 우리 상품에 대한 고객 불만의 증가로 고객고충처리 TF가 만들어졌고 당신은 여기에 지원해 배치받았다. 당신의 업무는 불만을 가진 고객을 만나서 애로사항을 듣고 처리해 주는 일이다. 주된 업무로는 고객의 니즈를 파악해 방향성을 제시해 주고 그 해결책을 마련하는 일이다. 하지만 경우에 따라서 고객의 주관적인 의견으로 인해 제대로 된 방향으로 의사결정을 하지 못할 때가 있다. 이럴 경우 설득이나 논쟁을 해서라도 의견을 관철시키는 것이 좋을지 아니면 고객의 의견대로 진행하는 것이 좋을지 결정해야 할 때가 있다. 만약 당신이라면 이러한 상황에서 어떤 결정을 내릴 것인지 여부를 자유롭게 토론해 보시오.

2. 1분 자유 발언 시 준비사항

- 당신은 의견을 자유롭게 개진할 수 있으며 이에 따른 불이익은 없습니다.
- 토론의 방향성을 이해하고, 내용의 장점과 단점이 무엇인지 문제를 명확히 말해야 합니다.
- 합리적인 근거에 기초하여 개선방안을 명확히 제시해야 합니다.
- 제시한 방안을 실행 시 예상되는 긍정적·부정적 영향요인도 동시에 고려할 필요가 있습니다.

3. 토론 시 유의사항

- 토론 주제문과 제공해드린 메모지, 볼펜만 가지고 토론장에 입장할 수 있습니다.
- 사회자의 지정 또는 발표자가 손을 들어 발언권을 획득할 수 있으며, 사회자의 통제에 따릅니다.
- 토론회가 시작되면, 팀의 의견과 논거를 정리하여 1분간의 자유발언을 할 수 있습니다. 순서는 사회자가 지정합니다. 이후에는 자유롭게 상대방에게 질문하거나 답변을 하실 수 있습니다.
- 핸드폰, 서적 등 외부 매체는 사용하실 수 없습니다.
- 논제에 벗어나는 발언이나 지나치게 공격적인 발언을 할 경우, 위에서 제시한 유의사항을 지키지 않을 경우 불이익을 받을 수 있습니다.

---

1. 면접 Role Play 편성

- 교육생끼리 조를 편성하여 면접관과 지원자 역할을 교대로 진행합니다.
- 지원자 입장과 면접관 입장을 모두 경험해 보면서 면접에 대한 적응력을 높일 수 있습니다.

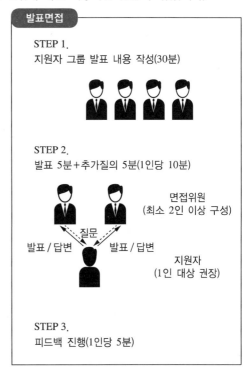

> **Tip**

면접 준비하기
1. 면접 유형 확인 필수
   - 기업마다 면접 유형이 상이하기 때문에 해당 기업의 면접 유형을 확인하는 것이 좋음
   - 일반적으로 실무진 면접, 임원면접 2차례에 거쳐 면접을 실시하는 기업이 많고 실무진 면접과 임원
     면접에서 평가요소가 다르기 때문에 유형에 맞는 준비방법이 필요
2. 후속 질문에 대한 사전 점검
   - 블라인드 채용 면접에서는 주요 질문과 함께 후속 질문을 통해 지원자의 직무능력을 판단
     → STAR 기법을 통한 후속 질문에 미리 대비하는 것이 필요

05 | LX 한국국토정보공사 면접 기출질문

한국국토정보공사는 상황면접과 경험면접 등으로 구성된 역량면접을 실시하고 있다. 업무에 관한 상황을 주고, 지원자 개인의 판단과 대처 방안에 대하여 묻는 질문으로 구성된 상황면접과 개인의 경험에 기반을 둔 질문을 통해 공사 직원으로서의 필요한 역량을 검증하는 경험면접을 실시한다. 따라서 지원자는 다양한 질문에 대하여 LX 한국국토정보공사의 핵심가치를 반영한 답변을 준비할 필요가 있다.

1. 상황면접

- 지적측량을 할 때 고려할 사항과 드론을 지적측량 외에 사용할 수 있는 방법은 무엇인가?
- 도해지적의 정확도를 높일 수 있는 방법은 무엇인가?
- MZ세대를 대상으로 LX의 이미지 개선을 위한 홍보방안은 무엇인가?
- 지적 재조사로 인해 민원인의 경계를 조정해야 하는 상황이라면 어떻게 행동하겠는가?
- 상사가 업무와 무관한 지시를 내린다면 어떻게 하겠는가?
- 공금 횡령 등 회사에 재무적 손실을 야기하는 부당한 지시를 내린다면 어떻게 대처하겠는가?
- 지적측량 업무 민원이 많이 밀려 있으며, 업무처리는 선임이 거의 맡아서 하고 있다. 신입직원인 지원자는 업무처리 능력도 부족하고 민원을 처리하는 것도 어려운 상황이다. 이 상황에서 지원자는 어떻게 대처할 것인가?
- 지원자가 신입사원으로 입사하여 선배사원과 함께 프로젝트를 진행하고 있었는데, 선배사원이 병가로 출근을 못하게 되었다면 프로젝트를 어떻게 해결하겠는가?
- 업무수행 중 민원이 발생하였다면 어떻게 대처하겠는가?
- 지원자가 업무를 수행하던 중 문제가 발생하였다면 지원자는 어떻게 대처하겠는가?
- 사수가 편법을 이용해 업무를 처리하고 있다. 업무효율은 좋고, 사수에 대한 주변 평가도 좋다. 그런데 어느 날 팀장이 지원자를 불러 업무와 관련하여 개선사항을 물어본다면 지원자는 사수의 문제를 어떻게 처리하겠는가?
- 선배와 함께 열심히 완성한 회사의 중요 프로젝트에서 발표 전날 심각한 오류를 발견하였다면 어떻게 해결하겠는가?
- 상사가 팀원들과 하는 회의에서 잘못된 방향으로 회의를 진행하고 있다면 어떻게 할 것인가?
- 거래처 사장과의 식사 자리 중 사장이 당신에게 업무 관련 부탁을 하고 식사비를 당신 모르게 먼저 계산하였다면 어떻게 할 것인가?

2. 경험면접

- 지원자의 강점에 대해 말해 보시오.
- LX에 지원한 이유에 대해 말해 보시오.
- 다른 사람들과 협력한 경험에 대하여 말해 보시오.
- 팀 활동을 할 때, 자신의 노력으로 성과를 보인 경험을 말해 보시오.
- 살면서 힘들었던 경험에 대해 말해 보시오.
- 지원한 직무에 대해서 경험이 없을 때, 어떻게 극복할 것인가?
- 인턴생활을 하면서 어려운 점이 있었는가?
- 자신은 리더형과 팔로워형 중 무엇에 더 가까운가?
- 준비한 자격증은 무엇이며 전공이 무엇인가?
- 협력을 통해 성과를 낸 경험에 대해 말해 보시오.
- 정보의 편향을 막기 위한 본인만의 방법이 있는가?
- 직무와 간접적으로 관련된 자료를 분석한 경험이 있다면, 그 경험에 대해 구체적으로 말해 보시오.
- 지원자가 직접 수집한 정보를 바탕으로 문제를 해결한 경험이 있다면, 그 경험에 대해 구체적으로 말해 보시오.
- 공사와 관련된 정책 한 가지를 제시하고, 그에 대한 지원자의 의견을 말해 보시오.
- 살면서 타인을 지적한 경험이 있다면, 그 당시의 상황과 그에 대한 피드백에 대해 구체적으로 말해 보시오.
- 지원자가 평소에 정보를 얻는 원천은 어디인가?
- 우리 공사 애플리케이션(Application)의 발전 방향을 수립해 보시오.
- 지원자는 정보를 수집함에 있어서 어떠한 사항을 중점으로 두는가?
- 지적 재조사 사업이 무엇인지 설명해 보시오.
- 청렴한 공공기관을 만드는 방법에 대한 지원자의 의견을 말해 보시오.
- 꼼꼼함을 발휘하여 성과를 창출한 경험에 대해 말해 보시오.
- 김영란법에 대하여 어떻게 생각하는가?
- 다른 사람들과 소통하기 위한 지원자만의 방법이 있는가?
- 업무수행 중 상대방과 의견이 충돌한 적이 있는가?
- 업무 중 문제가 발생했을 때, 어떻게 처리하는 편인가?
- 구성원 간 협력을 통해 일을 성공시킨 경험에 대해 말해 보시오.
- 조직 내에서 효과적으로 정보를 얻었던 경험이 있다면, 그 경험에 대해 구체적으로 말해 보시오.
- 기존의 관행을 깨고 새로운 방식을 도입한 경험이 있다면, 그 경험에 대해 구체적으로 말해 보시오.
- 우리 공사가 하는 업무가 무엇인지 알고 있는가?
- 지적관련 자격증을 보유하고 있는가?
- AutoCAD를 사용할 수 있는가?
- 지원자의 전공지식 수준은 어느 정도인가?
- 우리 공사의 업무 특성상 출장이 많은데 괜찮은가?
- 지원자는 본인이 평소에 성실한 편이라고 생각하는가?
- 상대방을 배려하거나 신경 쓰면서 일했던 경험이 있다면, 그 경험에 대해 구체적으로 말해 보시오.

얼마나 많은 사람들이
책 한 권을 읽음으로써
인생에 새로운 전기를 맞이했던가.

− 헨리 데이비드 소로 −

모바일 OMR
답안채점 / 성적분석 서비스

이제 나의 실력을 객관적으로 파악해 보자!

도서에 수록된 모의고사에 대한 객관적인 결과(정답률, 순위)를 종합적으로 분석하여 제공합니다.

OMR 입력

성적분석

채점결과

※OMR 답안채점 / 성적분석 서비스는 등록 후 30일간 사용 가능합니다.

참여
방법

 → → → → → →

도서 내 모의고사
우측 상단에 위치한
QR코드 찍기
→
로그인
하기
→
'시작하기'
클릭
→
'응시하기'
클릭
→
나의 답안을
모바일 OMR
카드에 입력
→
'성적분석 & 채점결과'
클릭
→
현재 내 실력
확인하기

SD에듀

공기업 취업을 위한 NCS 직업기초능력평가 시리즈

SD에듀

2024 최신판

LX 한국국토 정보공사

정답 및 해설

합격의 별을 따자

2023년 공기업 기출복원문제

NCS 대표유형

모의고사 5회

SD에듀
(주)시대고시기획

Add+

2023년 주요 공기업
NCS 기출복원문제

01	02	03	04	05	06	07	08	09	10
⑤	⑤	④	④	②	⑤	④	①	②	④
11	12	13	14	15	16	17	18	19	20
④	①	④	③	④	③	②	②	①	④
21	22	23	24	25	26	27	28	29	30
①	③	②	③	④	①	④	⑤	②	④
31	32	33	34	35	36	37	38	39	40
④	①	⑤	④	②	④	⑤	③	①	③
41	42	43	44	45	46	47	48	49	50
③	④	②	③	②	④	②	⑤	④	④

01

정답 ⑤

제시문의 세 번째 문단에 따르면 스마트 글라스 내부 센서를 통해 충격과 기울기를 감지할 수 있어, 작업자에게 위험한 상황이 발생할 경우 통보 시스템을 통해 바로 파악할 수 있게 되었음을 알 수 있다.

[오답분석]
① 첫 번째 문단에 따르면 스마트 글라스를 통한 작업자의 음성인식만으로 철도시설물 점검이 가능해졌음을 알 수 있지만, 다섯 번째 문단에 따르면 아직 철도시설물 보수 작업은 가능하지 않음을 알 수 있다.
② 첫 번째 문단에 따르면 스마트 글라스의 도입 이후에도 사람의 작업이 필요함을 알 수 있다.
③ 세 번째 문단에 따르면 스마트 글라스의 도입으로 추락 사고나 그 밖의 위험한 상황을 미리 예측할 수 있어 이를 방지할 수 있게 되었음을 알 수 있지만, 실제로 안전사고 발생 횟수가 감소하였는지는 알 수 없다.
④ 두 번째 문단에 따르면 여러 단계를 거치던 기존 작업 방식에서 스마트 글라스의 도입으로 작업을 한 번에 처리할 수 있게 된 것을 통해 작업 시간이 단축되었음을 알 수 있지만, 필요한 작업 인력의 감소 여부는 알 수 없다.

02

정답 ⑤

네 번째 문단에 따르면 인공지능 등의 스마트 기술 도입으로 까치집 검출 정확도는 95%까지 상승하였으므로 까치집 제거율 또한 상승할 것임을 예측할 수 있으나, 근본적인 문제인 까치집 생성의 감소를 기대할 수는 없다.

[오답분석]
① 세 번째 문단과 네 번째 문단에 따르면 정확도가 65%에 불과했던 인공지능의 까치집 식별 능력이 딥러닝 방식의 도입으로 95%까지 상승했음을 알 수 있다.
② 세 번째 문단에서 시속 150km로 빠르게 달리는 열차에서의 까치집 식별 정확도는 65%에 불과하다는 내용으로 보아, 빠른 속도에서는 인공지능의 사물 식별 정확도가 낮음을 알 수 있다.
③ 네 번째 문단에 따르면 작업자의 접근이 어려운 곳에는 드론을 띄워 까치집을 발견 및 제거하는 기술도 시범 운영하고 있다고 하였다.
④ 세 번째 문단에 따르면 실시간 까치집 자동 검출 시스템 개발로 실시간으로 위험 요인의 위치와 이미지를 작업자에게 전달할 수 있게 되었다.

03

정답 ④

제시문의 두 번째 문단에 따르면 CCTV는 열차 종류에 따라 운전실에서 실시간으로 상황을 파악할 수 있는 네트워크 방식과 각 객실에서의 영상을 저장하는 개별 독립 방식으로 설치된다고 하였다. 따라서 개별 독립 방식으로 설치된 일부 열차에서는 각 객실의 상황을 실시간으로 파악하지 못할 수 있다.

[오답분석]
① 첫 번째 문단에 따르면 2023년까지 현재 운행하고 있는 열차의 모든 객실에 CCTV를 설치하겠다는 내용으로 보아, 현재 모든 열차의 모든 객실에 CCTV가 설치되지 않았음을 유추할 수 있다.
② 첫 번째 문단에 따르면 2023년까지 모든 열차 승무원에게 바디 캠을 지급하겠다고 하였다. 이에 따라 승객이 승무원을 폭행하는 등의 범죄 발생 시 해당 상황을 녹화한 바디 캠 영상이 있어 수사의 증거자료로 사용할 수 있게 되었다.
③ 두 번째 문단에 따르면 CCTV는 사각지대 없이 설치되며 일부는 휴대 물품 보관대 주변에도 설치된다고 하였다. 따라서 인적 피해와 물적 피해 모두 예방할 수 있게 되었다.

⑤ 세 번째 문단에 따르면 CCTV 품평회와 시험을 통해 제품의 형태와 색상, 재질, 진동과 충격 등에 대한 적합성을 고려한다고 하였다.

04 　정답 ④

작년 K대학교의 재학생 수는 6,800명이고 남학생 수와 여학생 수의 비가 8:9이므로, 남학생 수는 $6,800 \times \dfrac{8}{8+9} =$ 3,200명이고, 여학생 수는 $6,800 \times \dfrac{9}{8+9} = 3,600$명이다.
올해 줄어든 남학생 수와 여학생 수의 비가 12:13이므로 올해 K대학교에 재학 중인 남학생 수와 여학생 수의 비는 $(3,200-12k):(3,600-13k)=7:8$이다.
$7 \times (3,600-13k) = 8 \times (3,200-12k)$
→ $25,200-91k = 25,600-96k$
→ $5k = 400$
∴ $k = 80$
따라서 올해 K대학교에 재학 중인 남학생 수는 $3,200-12 \times$ 80=2,240명이고, 여학생 수는 $3,600-13 \times 80 = 2,560$명이므로 올해 K대학교의 전체 재학생 수는 2,240+2,560= 4,800명이다.

05 　정답 ②

마일리지 적립 규정에 회원 등급과 관련된 내용은 없으며, 마일리지 적립은 지불한 운임의 액수, 더블적립 열차 탑승 여부, 선불형 교통카드 Rail+ 사용 여부에 따라서만 결정된다.

오답분석
① KTX 마일리지는 KTX 열차 이용 시에만 적립된다.
③ 비즈니스 등급은 기업회원 여부와 관계없이 최근 1년간의 활동내역을 기준으로 부여된다.
④ 반기 동안 추석 및 설 명절 특별수송기간 탑승 건을 제외하고 4만 점을 적립하면 VIP 등급을 부여받는다.
⑤ VVIP 등급과 VIP 등급 고객은 한정된 횟수 내에서 무료 업그레이드 쿠폰으로 KTX 특실을 KTX 일반실 가격에 구매할 수 있다.

06 　정답 ⑤

K공사를 통한 예약 접수는 온라인 쇼핑몰 홈페이지를 통해서만 가능하며, 오프라인(방문) 접수는 우리·농협은행의 창구를 통해서만 이루어진다.

오답분석
① 구매자를 대한민국 국적자로 제한한다는 내용은 없다.
② 단품으로 구매 시 1인당 화종별 최대 3장으로 총 9장, 세트로 구매할 때도 1인당 최대 3세트로 총 9장까지 신청이 가능하며, 세트와 단품은 중복신청이 가능하므로 1인당 구매 가능한 최대 개수는 18장이다.

③ 우리·농협은행의 계좌가 없다면, K공사 온라인 쇼핑몰을 이용하거나 우리·농협은행에 직접 방문하여 구입할 수 있다.
④ 총발행량은 예약 주문 이전부터 화종별 10,000장으로 미리 정해져 있다.

07 　정답 ④

우리·농협은행 계좌 미보유자인 외국인 A씨가 예약 신청을 할 수 있는 방법은 두 가지이다. 하나는 신분증인 외국인등록증을 지참하고 우리·농협은행의 지점을 방문하여 신청하는 것이고, 다른 하나는 K공사 온라인 쇼핑몰에서 가상계좌 방식으로 신청하는 것이다.

오답분석
① A씨는 외국인이므로 창구 접수 시 지참해야 하는 신분증은 외국인등록증이다.
② K공사 온라인 쇼핑몰에서는 가상계좌 방식을 통해서만 예약 신청이 가능하다.
③ 홈페이지를 통한 신청이 가능한 은행은 우리은행과 농협은행뿐이다.
⑤ 우리·농협은행의 홈페이지를 통해 예약 접수를 하려면 해당 은행에 미리 계좌가 개설되어 있어야 한다.

08 　정답 ①

3종 세트는 186,000원, 단품은 각각 63,000원이므로 5명의 구매 금액을 계산하면 다음과 같다.
• A : (186,000×2)+63,000=435,000원
• B : 63,000×8=504,000원
• C : (186,000×2)+(63,000×2)=498,000원
• D : 186,000×3=558,000원
• E : 186,000+(63,000×4)=438,000원
따라서 가장 많은 금액을 지불한 사람은 D이며, 구매 금액은 558,000원이다.

09 　정답 ②

허리디스크는 디스크의 수핵이 탈출하여 생긴 질환이므로 허리를 굽히거나 앉아 있을 때 디스크에 가해지는 압력이 높아져 통증이 더 심해진다. 반면 척추관협착증의 경우 서 있을 때 척추관이 너욱 좁아지게 되어 통승이 더욱 심해진다.

오답분석
① 허리디스크는 디스크의 탄력 손실이나 갑작스런 충격으로 인해 균열이 생겨 발생하고, 척추관협착증은 오랜 기간 동안 황색 인대가 두꺼워져 척추관에 변형이 일어나 발생하므로 허리디스크가 더 급작스럽게 증상이 나타난다.

③ 허리디스크는 자연치유가 가능하지만, 척추관협착증은 불가능하다. 따라서 허리디스크는 주로 통증을 줄이고 안정을 취하는 보존치료를 하지만, 척추관협착증은 변형된 부분을 제거하는 외과적 수술을 한다.
④ 허리디스크와 척추관협착증 모두 척추 중앙의 신경 다발(척수)이 압박받을 수 있으며, 심할 경우 하반신 마비 증세를 보일 수 있으므로 빠른 치료를 받는 것이 중요하다.

10 　　　　　정답 ④

고령인 사람이 서 있을 때 통증이 나타난다면 퇴행성 척추질환인 척추관협착증(요추관협착증)일 가능성이 높다. 반면 허리디스크(추간판탈출증)는 젊은 나이에도 디스크에 급격한 충격이 가해지면 발생할 수 있고, 앉아 있을 때 통증이 심해진다. 따라서 ㉠에는 척추관협착증, ㉡에는 허리디스크가 들어가야 한다.

11 　　　　　정답 ④

제시문은 장애인 건강주치의 시범사업을 소개하며 3단계 시범사업에서 기존과 달라지는 내용 위주로 설명하고 있다. 따라서 가장 처음에 와야 할 문단은 3단계 장애인 건강주치의 시범사업을 소개하는 (마) 문단이다. 이어서 장애인 건강주치의 시범사업 세부 서비스를 소개하는 문단이 와야 하는데, 서비스 종류를 소개하는 문장이 있는 (다) 문단이 이어지는 것이 가장 적절하다. 그리고 2번째 서비스인 주장애관리를 소개하는 (가) 문단이 와야 하며, 그 다음으로 3번째 서비스인 통합관리 서비스와 추가적으로 방문 서비스를 소개하는 (라) 문단이 오는 것이 적절하다. 마지막으로 장애인 건강주치의 시범사업에 신청하는 방법을 소개하며 글을 끝내는 것이 적절하므로 (나) 문단이 이어져야 한다. 따라서 글의 순서를 바르게 나열하면 (마) – (다) – (가) – (라) – (나)이다.

12 　　　　　정답 ①

• 2019년 직장가입자 건강보험금 및 지역가입자 건강보험금 징수율
  - 직장가입자 : $\frac{6,698,187}{6,706,712} \times 100 ≒ 99.87\%$
  - 지역가입자 : $\frac{886,396}{923,663} \times 100 ≒ 95.97\%$
• 2020년 직장가입자 건강보험금 및 지역가입자 건강보험금 징수율
  - 직장가입자 : $\frac{4,898,775}{5,087,163} \times 100 ≒ 96.3\%$
  - 지역가입자 : $\frac{973,681}{1,003,637} \times 100 ≒ 97.02\%$

• 2021년 직장가입자 건강보험금 및 지역가입자 건강보험금 징수율
  - 직장가입자 : $\frac{7,536,187}{7,763,135} \times 100 ≒ 97.08\%$
  - 지역가입자 : $\frac{1,138,763}{1,256,137} \times 100 ≒ 90.66\%$
• 2022년 직장가입자 건강보험금 및 지역가입자 건강보험금 징수율
  - 직장가입자 : $\frac{8,368,972}{8,376,138} \times 100 ≒ 99.91\%$
  - 지역가입자 : $\frac{1,058,943}{1,178,572} \times 100 ≒ 89.85\%$

따라서 직장가입자 건강보험금 징수율이 가장 높은 해는 2022년이고, 지역가입자 건강보험금 징수율이 가장 높은 해는 2020년이다.

13 　　　　　정답 ④

이뇨제의 1인 투여량은 60mL/일이고 진통제의 1인 투여량은 60mg/일이므로 이뇨제를 투여한 환자 수와 진통제를 투여한 환자 수의 비는 이뇨제 사용량과 진통제 사용량의 비와 같다.
• 2018년 : 3,000×2 < 6,720
• 2019년 : 3,480×2 = 6,960
• 2020년 : 3,360×2 < 6,840
• 2021년 : 4,200×2 > 7,200
• 2022년 : 3,720×2 > 7,080

따라서 2018년과 2020년에 진통제를 투여한 환자 수는 이뇨제를 투여한 환자 수의 2배보다 많다.

오답분석
① 2022년에 사용량이 감소한 의약품은 이뇨제와 진통제로 이뇨제의 사용량 감소율은 $\frac{3,720-4,200}{4,200} \times 100 ≒ -11.43\%p$이고, 진통제의 사용량 감소율은 $\frac{7,080-7,200}{7,200} \times 100 ≒ -1.67\%p$이다. 따라서 전년 대비 2022 사용량 감소율이 가장 큰 의약품은 이뇨제이다.
② 5년 동안 지사제 사용량의 평균은 $\frac{30+42+48+40+44}{5} = 40.8$정이고, 지사제의 1인 1일 투여량은 2정이다. 따라서 지사제를 투여한 환자 수의 평균은 $\frac{40.8}{2} = 20.4$이므로 약 20명이다.
③ 이뇨제 사용량은 매년 '증가 – 감소 – 증가 – 감소'를 반복하였다.

14

정답 ③

분기별 사회복지사 인력의 합은 다음과 같다.
- 2022년 3분기 : 391＋670＋1,887＝2,948명
- 2022년 4분기 : 385＋695＋1,902＝2,982명
- 2023년 1분기 : 370＋700＋1,864＝2,934명
- 2023년 2분기 : 375＋720＋1,862＝2,957명

분기별 전체 보건인력 중 사회복지사 인력의 비율은 다음과 같다.

- 2022년 3분기 : $\dfrac{2,948}{80,828}\times100≒3.65\%$

- 2022년 4분기 : $\dfrac{2,982}{82,582}\times100≒3.61\%$

- 2023년 1분기 : $\dfrac{2,934}{86,236}\times100≒3.40\%$

- 2023년 2분기 : $\dfrac{2,957}{86,707}\times100≒3.41\%$

따라서 옳지 않은 것은 ③이다.

15

정답 ③

건강생활실천지원금제 신청자 목록에 따라 신청자별로 확인하면 다음과 같다.
- A : 주민등록상 주소지는 시범지역에 속하지 않는다.
- B : 주민등록상 주소지는 관리형에 속하지만, 고혈압 또는 당뇨병 진단을 받지 않았다.
- C : 주민등록상 주소지는 예방형에 속하고, 체질량지수와 혈압이 건강관리가 필요한 사람이므로 예방형이다.
- D : 주민등록상 주소지는 관리형에 속하고, 고혈압 진단을 받았으므로 관리형이다.
- E : 주민등록상 주소지는 예방형에 속하고, 체질량지수와 공복혈당 건강관리가 필요한 사람이므로 예방형이다.
- F : 주민등록상 주소지는 시범지역에 속하지 않는다.
- G : 주민등록상 주소지는 관리형에 속하고, 당뇨병 진단을 받았으므로 관리형이다.
- H : 주민등록상 주소지는 시범지역에 속하지 않는다.
- I : 주민등록상 주소지는 예방형에 속하지만, 필수조건인 체질량지수가 정상이므로 건강관리가 필요한 사람에 해당하지 않는다.

따라서 예방형 신청이 가능한 사람은 C, E이고, 관리형 신청이 가능한 사람은 D, G이다.

16

정답 ③

출산장려금 지급 시기의 가장 우선순위인 임신일이 가장 긴 임산부는 B, D, E임산부이다. 이 중에서 만 19세 미만인 자녀 수가 많은 임산부는 D, E임산부이고, 소득 수준이 더 낮은 임산부는 D임산부이다. 따라서 D임산부가 가장 먼저 출산장려금을 받을 수 있다.

17

정답 ②

제시문은 행위별수가제에 대한 것으로 환자, 의사, 건강보험 재정 등 많은 곳에서 한계점이 있다고 설명하면서 건강보험 고갈을 막기 위해 다양한 지불방식을 도입하는 등 구조적인 개편이 필요함을 설명하고 있다. 따라서 글의 주제로 '행위별수가제의 한계점'이 가장 적절하다.

18

정답 ②

- 구상(求償) : 무역 거래에서 수량·품질·포장 따위에 계약 위반 사항이 있는 경우, 매주(賣主)에게 손해 배상을 청구하거나 이의를 제기하는 일
- 구제(救濟) : 자연적인 재해나 사회적인 피해를 당하여 어려운 처지에 있는 사람을 도와줌

19

정답 ①

- (운동에너지)＝$\dfrac{1}{2}\times$(질량)$\times$(속력)^2＝$\dfrac{1}{2}\times2\times4^2$＝16J
- (위치에너지)＝(질량)$\times$(중력가속도)$\times$(높이)
  ＝$2\times10\times0.5$＝10J
- (역학적 에너지)＝(운동에너지)＋(위치에너지)
  ＝16＋10＝26J

공의 역학적 에너지는 26J이고, 튀어 오를 때 가장 높은 지점에서 운동에너지가 0이므로 역학적 에너지는 위치에너지와 같다.
따라서 공이 튀어 오를 때 가장 높은 지점에서의 위치에너지는 26J이다.

20

정답 ④

출장지까지 거리는 200×1.5＝300km이므로 시속 60km의 속력으로 달릴 때 걸리는 시간은 5시간이고, 약속시간보다 1시간 늦게 도착하므로 약속시간은 4시간 남았다. 300km를 시속 60km의 속력으로 달리다 도중에 시속 90km의 속력으로 달릴 때 약속시간보다 30분 일찍 도착했으므로, 이때 걸린 시간은 $4-\dfrac{1}{2}=\dfrac{7}{2}$시간이다.

시속 90km의 속력으로 달린 거리를 $x$km라 하면
$$\dfrac{300-x}{60}+\dfrac{x}{90}=\dfrac{7}{2}$$
$$\rightarrow 900-3x+2x=630$$
$$\therefore x=270$$

따라서 A부장이 시속 90km의 속력으로 달린 거리는 270km이다.

21

정답 ①

상품의 원가를 x원이라 하면 처음 판매가격은 $1.23x$원이다. 여기서 1,300원을 할인하여 판매했을 때 얻은 이익은 원가의 10%이므로 다음과 같은 식이 성립한다.

$(1.23x - 1,300) - x = 0.1x$

$\rightarrow 0.13x = 1,300$

$\therefore x = 10,000$

따라서 상품의 원가는 10,000원이다.

22

정답 ③

G와 B의 자리를 먼저 고정하고, 양 끝에 앉을 수 없는 A의 위치를 토대로 경우의 수를 계산하면 다음과 같다.

• G가 가운데에 앉고, B가 G의 바로 왼쪽에 앉는 경우의 수

	A	B	G		
		B	G	A	
		B	G		A

$3 \times 4! = 72$가지

• G가 가운데에 앉고, B가 G의 바로 오른쪽에 앉는 경우의 수

	A	B	G		
		A	G	B	
			G	B	A

$3 \times 4! = 72$가지

따라서 조건과 같이 앉을 때 가능한 경우의 수는 $72+72=144$가지이다.

23

정답 ②

유치원생이 11명일 때 평균 키는 113cm이므로 유치원생 11명의 키의 합은 $113 \times 11 = 1,243$cm이다. 키가 107cm인 유치원생이 나갔으므로 남은 유치원생 10명의 키의 합은 $1,243 - 107 = 1,136$cm이다. 따라서 남은 유치원생 10명의 키의 평균은 $\frac{1,136}{10} = 113.6$cm이다.

24

정답 ③

'우회수송'은 사고 등의 이유로 직통이 아닌 다른 경로로 우회하여 수송한다는 뜻이기 때문에 '우측 선로로 변경'은 순화로 적절하지 않다.

오답분석

① '열차시격'에서 '시격'이란 '사이에 뜬 시간'이라는 뜻의 한자어로, 열차와 열차 사이의 간격, 즉 배차간격으로 순화할 수 있다.

② '전차선'이란 선로를 의미하고, '단전'은 전기의 공급이 중단됨을 말한다. 따라서 바르게 순화되었다.

④ '핸드레일(Handrail)'은 난간을 뜻하는 영어 단어로, 우리말로는 '안전손잡이'로 순화할 수 있다.

⑤ '키스 앤 라이드(Kiss and Ride)'는 헤어질 때 키스를 하는 영미권 문화에서 비롯된 용어로, 환승정차구역을 지칭한다.

25

정답 ④

세 번째 문단을 통해 정부가 철도 중심 교통체계 구축을 위해 노력하고 있음을 알 수는 있으나, 구체적으로 시행된 조치는 언급되지 않았다.

오답분석

① 첫 번째 문단을 통해 전 세계적으로 탄소중립이 주목받자 이에 대한 방안으로 등장한 것이 철도 수송임을 알 수 있다.

② 첫 번째 문단과 두 번째 문단을 통해 철도 수송의 확대가 온실가스 배출량의 획기적인 감축을 가져올 것임을 알 수 있다.

③ 네 번째 문단을 통해 '중앙선 안동 ~ 영천 간 궤도' 설계 시 탄소 감축 방안으로 저탄소 자재인 유리섬유 보강근이 철근 대신 사용되었음을 알 수 있다.

⑤ 네 번째 문단을 통해 S철도공단은 철도 중심 교통체계 구축을 위해 건설 단계에서부터 친환경·저탄소 자재를 적용하였고, 탄소 감축을 위해 2025년부터는 모든 철도건축물을 일정한 등급 이상으로 설계하기로 결정하였음을 알 수 있다.

26

정답 ①

제시문을 살펴보면 먼저 첫 번째 문단에서는 이산화탄소로 메탄올을 만드는 곳이 있다며 관심을 유도하고, 두 번째 문단에서 메탄올을 어떻게 만들고 어디에서 사용하는지 구체적으로 설명함으로써 탄소 재활용의 긍정적인 측면을 부각하고 있다. 하지만 세 번째 문단에서는 앞선 내용과 달리 이렇게 만들어진 메탄올의 부정적인 측면을 설명하고, 네 번째 문단에서는 이와 같은 이유로 탄소 재활용에 대한 결론이 나지 않았다며 글이 마무리되고 있다. 따라서 글의 주제로 적절한 것은 탄소 재활용의 이면을 모두 포함하는 내용인 ①이다.

오답분석

② 두 번째 문단에 한정된 내용이므로 제시문 전체를 다루는 주제로 보기에는 적절하지 않다.

③ 지열발전소의 부산물을 통해 메탄올이 만들어진 것은 맞지만, 새롭게 탄생된 연료로 보기는 어려우며, 글의 전체를 다루는 주제로 보기에도 적절하지 않다.

④·⑤ 제시문의 첫 번째 문단과 두 번째 문단에서는 버려진 이산화탄소 및 부산물의 재활용을 통해 '메탄올'을 제조함으로써 미래 원료를 해결할 수 있을 것처럼 보이지만, 이어지는 세 번째 문단과 네 번째 문단에서는 이렇게 만들어진 '메탄올'이 과연 미래 원료로 적합한지 의문점이 제시되고 있다. 따라서 글의 주제로 보기에는 적절하지 않다.

27

A ～ C철도사의 차량 1량당 연간 승차인원 수는 다음과 같다.

- 2020년
  - A철도사 : $\frac{775,386}{2,751} ≒ 281.86$천 명/년/1량
  - B철도사 : $\frac{26,350}{103} ≒ 255.83$천 명/년/1량
  - C철도사 : $\frac{35,650}{185} ≒ 192.7$천 명/년/1량

- 2021년
  - A철도사 : $\frac{768,776}{2,731} ≒ 281.5$천 명/년/1량
  - B철도사 : $\frac{24,746}{111} ≒ 222.94$천 명/년/1량
  - C철도사 : $\frac{33,130}{185} ≒ 179.08$천 명/년/1량

- 2022년
  - A철도사 : $\frac{755,376}{2,710} ≒ 278.74$천 명/년/1량
  - B철도사 : $\frac{23,686}{113} ≒ 209.61$천 명/년/1량
  - C철도사 : $\frac{34,179}{185} ≒ 184.75$천 명/년/1량

따라서 3년간 차량 1량당 연간 평균 승차인원 수는 C철도사가 가장 적다.

오답분석

① 2020 ～ 2022년의 C철도사 차량 수는 185량으로 변동이 없다.
② 2020 ～ 2022년의 연간 승차인원 비율은 모두 A철도사가 가장 높다.
③ A ～ C철도사의 2020년의 전체 연간 승차인원 수는 775,386+26,350+35,650=837,386천 명, 2021년의 전체 연간 승차 인원 수는 768,776+24,746+33,130=826,652천 명, 2022년의 전체 연간 승차인원 수는 755,376+23,686+34,179=813,241천 명으로 매년 감소하였다.
⑤ 2020 ～ 2022년의 C철도사 차량 1량당 연간 승차인원 수는 각각 192.7천 명, 179.08천 명, 184.75천 명이므로 모두 200천 명 미만이다.

28

2018년 대비 2022년에 석유 생산량이 감소한 국가는 C, F이며, 석유 생산량 감소율은 다음과 같다.

- C : $\frac{4,025,936 - 4,102,396}{4,102,396} \times 100 ≒ -1.9\%p$
- F : $\frac{2,480,221 - 2,874,632}{2,874,632} \times 100 ≒ -13.7\%p$

따라서 석유 생산량 감소율이 가장 큰 국가는 F이다.

오답분석

① 석유 생산량이 매년 증가한 국가는 A, B, E, H로 총 4개이다.
② 2018년 대비 2022년에 석유 생산량이 증가한 국가의 석유 생산량 증가량은 다음과 같다.
  - A : 10,556,259-10,356,185=200,074bbl/day
  - B : 8,567,173-8,251,052=316,121bbl/day
  - D : 5,442,103-5,321,753=120,350bbl/day
  - E : 335,371-258,963=76,408bbl/day
  - G : 1,336,597-1,312,561=24,036bbl/day
  - H : 104,902-100,731=4,171bbl/day

  따라서 석유 생산량 증가량이 가장 많은 국가는 B이다.
③ E국가의 연도별 석유 생산량을 H국가의 석유 생산량과 비교하면 다음과 같다.
  - 2018년 : $\frac{258,963}{100,731} ≒ 2.6$
  - 2019년 : $\frac{273,819}{101,586} ≒ 2.7$
  - 2020년 : $\frac{298,351}{102,856} ≒ 2.9$
  - 2021년 : $\frac{303,875}{103,756} ≒ 2.9$
  - 2022년 : $\frac{335,371}{104,902} ≒ 3.2$

  따라서 2022년 E국가의 석유 생산량은 H국가 석유 생산량의 약 3.2배이므로 옳지 않다.
④ 석유 생산량 상위 2개국은 매년 A, B이며, 매년 석유 생산량의 차이는 다음과 같다.
  - 2018년 : 10,356,185-8,251,052 =2,105,133bbl/day
  - 2019년 : 10,387,665-8,297,702 =2,089,963bbl/day
  - 2020년 : 10,430,235-8,310,856 =2,119,379bbl/day
  - 2021년 : 10,487,336-8,356,337 =2,130,999bbl/day
  - 2022년 : 10,556,259-8,567,173 =1,989,086bbl/day

  따라서 A와 B국가의 석유 생산량의 차이는 '감소 - 증가 - 증가 - 감소'를 보이므로 옳지 않다.

29

제시된 법에 따라 공무원인 친구가 받을 수 있는 선물의 금액은 1회에 100만 원이다.

$12x < 100 \rightarrow x < \frac{100}{12} = \frac{25}{3} ≒ 8.33$

따라서 A씨는 수석을 최대 8개 보낼 수 있다.

30

정답 ④

거래처로 가기 위해 C와 G를 거쳐야 하므로, C를 먼저 거치는 최소 이동거리와 G를 먼저 거치는 최소 이동거리를 비교해 본다.

- 본사 − C − D − G − 거래처
  6+3+3+4=16km
- 본사 − E − G − D − C − F − 거래처
  4+1+3+3+3+4=18km

따라서 최소 이동거리는 16km이다.

31

정답 ④

- 볼펜을 30자루 구매하면 개당 200원씩 할인되므로 800×30=24,000원이다.
- 수정테이프를 8개 구매하면 2,500×8=20,000원이지만, 10개를 구매하면 개당 1,000원이 할인되어 1,500×10=15,000원이므로 10개를 구매하는 것이 더 저렴하다.
- 연필을 20자루 구매하면 연필 가격의 25%가 할인되므로 400×20×0.75=6,000원이다.
- 지우개를 5개 구매하면 300×5=1,500원이며 지우개에 대한 할인은 적용되지 않는다.

따라서 총금액은 24,000+15,000+6,000+1,500=46,500원이고 3만 원을 초과했으므로 10% 할인이 적용되어 46,500×0.9=41,850원이다. 또한 할인 적용 전 금액이 5만 원 이하이므로 배송료 5,000원이 추가로 부과되어 41,850+5,000=46,850원이 된다. 그런데 만약 비품을 3,600원어치 추가로 주문하면 46,500+3,600=50,100원이므로 할인 적용 전 금액이 5만 원을 초과하여 배송료가 무료가 되고, 총금액이 3만 원을 초과했으므로 지불할 금액은 10% 할인이 적용된 50,100×0.9=45,090원이 된다.

그러므로 지불 가능한 가장 저렴한 금액은 45,090원이다.

32

정답 ①

A ~ E가 받는 성과급을 구하면 다음과 같다.

직원	직책	매출 순이익	기여도	성과급 비율	성과급
A	팀장	4,000만 원	25%	매출 순이익의 5%	1.2 ×4,000 ×0.05 =240만 원
B	팀장	2,500만 원	12%	매출 순이익의 2%	1.2 ×2,500 ×0.02 =60만 원
C	팀원	1억 2,500만 원	3%	매출 순이익의 1%	12,500 ×0.01 =125만 원
D	팀원	7,500만 원	7%	매출 순이익의 3%	7,500 ×0.03 =225만 원
E	팀원	800만 원	6%	−	0원

따라서 가장 많은 성과급을 받는 사람은 A이다.

33

정답 ⑤

2023년 6월의 학교폭력 신고 건수는 7,530+1,183+557+601=9,871건으로, 10,000건 미만이다.

오답분석

① • 2023년 1월의 학교폭력 상담 건수
  : 9,652−9,195=457건
  • 2023년 2월의 학교폭력 상담 건수
  : 10,109−9,652=457건
  따라서 2023년 1월과 2023년 2월의 학교폭력 상담 건수는 같다.
② 학교폭력 상담 건수와 신고 건수 모두 2023년 3월에 가장 많다.
③ 전월 대비 학교폭력 상담 건수가 가장 크게 감소한 때는 2023년 5월이지만, 학교폭력 신고 건수가 가장 크게 감소한 때는 2023년 4월이다.
④ 전월 대비 학교폭력 상담 건수가 증가한 월은 2022년 9월과 2023년 3월이고, 이때 학교폭력 신고 건수 또한 전월 대비 증가하였다.

34

연도별 전체 발전량 대비 유류·양수 자원 발전량은 다음과 같다.

- 2018년 : $\frac{6,605}{553,256} \times 100 ≒ 1.2\%$

- 2019년 : $\frac{6,371}{537,300} \times 100 ≒ 1.2\%$

- 2020년 : $\frac{5,872}{550,826} \times 100 ≒ 1.1\%$

- 2021년 : $\frac{5,568}{553,900} \times 100 ≒ 1\%$

- 2022년 : $\frac{5,232}{593,958} \times 100 ≒ 0.9\%$

따라서 2022년의 유류·양수 자원 발전량은 전체 발전량의 1% 미만이다.

오답분석

① 원자력 자원 발전량과 신재생 자원 발전량은 매년 증가하였다.

② 연도별 석탄 자원 발전량의 전년 대비 감소폭은 다음과 같다.
- 2019년 : $226,571-247,670=-21,099$GWh
- 2020년 : $221,730-226,571=-4,841$GWh
- 2021년 : $200,165-221,730=-21,565$GWh
- 2022년 : $198,367-200,165=-1,798$GWh

따라서 석탄 자원 발전량의 전년 대비 감소폭이 가장 큰 해는 2021년이다.

③ 연도별 신재생 자원 발전량 대비 가스 자원 발전량은 다음과 같다.
- 2018년 : $\frac{135,072}{36,905} \times 100 ≒ 366\%$
- 2019년 : $\frac{126,789}{38,774} \times 100 ≒ 327\%$
- 2020년 : $\frac{138,387}{44,031} \times 100 ≒ 314\%$
- 2021년 : $\frac{144,976}{47,831} \times 100 ≒ 303\%$
- 2022년 : $\frac{160,787}{50,356} \times 100 ≒ 319\%$

따라서 연도별 신재생 자원 발전량 대비 가스 자원 발전량이 가장 큰 해는 2018년이다.

⑤ 전체 발전량이 증가한 해는 2020 ~ 2022년이며, 그 증가폭은 다음과 같다.
- 2020년 : $550,826-537,300=13,526$GWh
- 2021년 : $553,900-550,826=3,074$GWh
- 2022년 : $593,958-553,900=40,058$GWh

따라서 전체 발전량의 전년 대비 증가폭이 가장 큰 해는 2022년이다.

35

㉠ 퍼실리테이션(Facilitation)이란 '촉진'을 의미하며, 어떤 그룹이나 집단이 의사결정을 잘하도록 도와주는 일을 가리킨다. 최근 많은 조직에서는 보다 생산적인 결과를 가져올 수 있도록 그룹이 나아갈 방향을 알려 주고, 주제에 대한 공감을 이룰 수 있도록 능숙하게 도와주는 퍼실리테이터를 활용하고 있다. 퍼실리테이션에 의한 문제해결 방법은 깊이 있는 커뮤니케이션을 통해 서로의 문제점을 이해하고 공감함으로써 창조적인 문제해결을 도모한다. 소프트 어프로치나 하드 어프로치 방법은 타협점의 단순 조정에 그치지만, 퍼실리테이션에 의한 방법은 초기에 생각하지 못했던 창조적인 해결 방법을 도출한다. 동시에 구성원의 동기가 강화되고 팀워크도 한층 강화된다는 특징을 보인다. 이 방법을 이용한 문제해결은 구성원이 자율적으로 실행하는 것이며, 제3자가 합의점이나 줄거리를 준비해놓고 예정대로 결론이 도출되어 가도록 해서는 안 된다.

㉡ 하드 어프로치에 의한 문제해결방법은 상이한 문화적 토양을 가지고 있는 구성원을 가정하여 서로의 생각을 직설적으로 주장하고 논쟁이나 협상을 통해 의견을 조정해 가는 방법이다. 이때 중심적 역할을 하는 것이 논리, 즉 사실과 원칙에 근거한 토론이다. 제3자는 이것을 기반으로 구성원에게 지도와 설득을 하고 전원이 합의하는 일치점을 찾아내려고 한다. 이러한 방법은 합리적이긴 하지만 잘못하면 단순한 이해관계의 조정에 그치고 말아서 그것만으로는 창조적인 아이디어나 높은 만족감을 이끌어내기 어렵다.

㉢ 소프트 어프로치에 의한 문제해결방법은 대부분의 기업에서 볼 수 있는 전형적인 스타일로 조직 구성원들은 같은 문화적 토양을 가지고 이심전심으로 서로를 이해하는 상황을 가정한다. 코디네이터 역할을 하는 제3자는 결론으로 끌고 갈 지점을 미리 머릿속에 그려가면서 권위나 공감에 의지하여 의견을 중재하고, 타협과 조정을 통하여 해결을 도모한다. 결론이 애매하게 끝나는 경우가 적지 않으나, 그것은 그것대로 이심전심을 유도하여 파악하면 된다. 소프트 어프로치에서는 문제해결을 위해서 직접 표현하는 것이 바람직하지 않다고 여기며, 무언가를 시사하거나 암시를 통하여 의사를 전달하고 기분을 서로 통하게 함으로써 문제해결을 도모하려고 한다.

36
정답 ④

네 번째 조건을 제외한 모든 조건과 그 대우를 논리식으로 표현하면 다음과 같다.

- $\sim(D \lor G) \rightarrow F / \sim F \rightarrow (D \land G)$
- $F \rightarrow \sim E / E \rightarrow \sim F$
- $\sim(B \lor E) \rightarrow \sim A / A \rightarrow (B \land E)$

네 번째 조건에 따라 A가 투표를 하였으므로, 세 번째 조건의 대우에 의해 B와 E 모두 투표를 하였다. 또한 E가 투표를 하였으므로, 두 번째 조건의 대우에 따라 F는 투표하지 않았으며, F가 투표하지 않았으므로 첫 번째 조건의 대우에 따라 D와 G는 모두 투표하였다. A, B, D, E, G 5명이 모두 투표하였으므로 네 번째 조건에 따라 C는 투표하지 않았다. 따라서 투표를 하지 않은 사람은 C와 F이다.

37
정답 ⑤

VLOOKUP 함수는 열의 첫 열에서 수직으로 검색하여 원하는 값을 출력하는 함수이다. 함수의 형식은 「=VLOOKUP(찾을 값, 범위, 열 번호, 찾기 옵션)」이며 이 중 근사값을 찾기 위해서는 찾기 옵션에 1을 입력하고, 정확히 일치하는 값을 찾기 위해서는 0을 입력해야 한다. 상품코드 S3310897의 값을 일정한 범위에서 찾아야 하는 것이므로 범위는 절대참조로 지정해야 하며, 크기 중은 범위 중 3번째 열에 위치하고, 정확히 일치하는 값을 찾아야 하므로 입력해야 하는 함수식은 「=VLOOKUP("S3310897", $B$2:$E$8, 3, 0)」이다.

①·② HLOOKUP 함수를 사용하려면 찾고자 하는 값은 '중'이고, [B2:E8] 범위에서 찾고자 하는 행 'S3310897'은 6번째 행이므로 「=HLOOKUP("중", $B$2:$E$8, 6, 0)」을 입력해야 한다.

③·④ '중'은 테이블 범위에서 3번째 열이다.

38
정답 ③

Windows Game Bar로 녹화한 영상의 저장 위치는 파일 탐색기를 사용하여 [내 PC] - [동영상] - [캡처] 폴더를 원하는 위치로 옮겨 변경할 수 있다.

39
정답 ①

RPS 제도 이행을 위해 공급의무자는 일정 비율 이상(의무공급비율)을 신재생에너지로 발전해야 한다. 하지만 의무공급비율은 매년 확대되고 있고, 여기에 맞춰 신재생에너지 발전설비를 계속 추가하는 것은 시간적, 물리적으로 어려우므로 공급의무자는 신재생에너지 공급자로부터 REC를 구매하여 의무공급비율을 달성한다.

② 신재생에너지 공급자가 공급의무자에게 REC를 판매하기 위해서는 에너지관리공단 신재생에너지센터, 한국전력거래소 등 공급인증기관으로부터 공급 사실을 증명하는 공급인증서를 신청해 발급받아야 한다.

③ 2021년 8월 이후 에너지관리공단에서 운영하는 REC 거래시장을 통해 일반기업도 REC를 구매하여 온실가스 감축실적으로 인정받을 수 있게 되었다.

④ REC에 명시된 공급량은 발전방식에 따라 가중치를 곱해 표기하므로 실제 공급량과 다를 수 있다.

40
정답 ③

빈칸 ㉠의 앞 문장은 공급의무자가 신재생에너지 발전설비 확대를 통한 RPS 달성에는 한계점이 있음을 설명하고, 뒷 문장은 이에 대한 대안으로서 REC 거래를 설명하고 있다. 따라서 빈칸에 들어갈 접속부사는 '그러므로'가 가장 적절하다.

41
정답 ③

① 인증서의 유효기간은 발급일로부터 3년이다. 2020년 10월 6일에 발급받은 REC의 만료일은 2023년 10월 6일이므로 이미 만료되어 거래할 수 없다.

② 천연가스는 화석연료이므로 REC를 발급받을 수 없다.

④ 기업에 판매하는 REC는 에너지관리공단에서 거래시장을 운영한다.

42
정답 ③

수소는 연소 시 탄소를 배출하지 않는 친환경에너지이지만, 수소혼소 발전은 수소와 함께 액화천연가스(LNG)를 혼합하여 발전하므로 기존 LNG 발전에 비해 탄소 배출량은 줄어들지만, 여전히 탄소를 배출한다.

① 수소혼소 발전은 기존의 LNG 발전설비를 활용할 수 있기 때문에 화석연료 발전에서 친환경에너지 발전으로 전환하는 데 발생하는 사회적·경제적 충격을 완화할 수 있다.

② 높은 온도로 연소되는 수소는 공기 중의 질소와 반응하여 질소산화물(NO_x)을 발생시키며, 이는 미세먼지와 함께 대기오염의 주요 원인으로 작용한다.

④ 수소혼소 발전에서 수소를 혼입하는 양이 많아질수록 발전에 사용하는 LNG를 많이 대체하므로 탄소 배출량은 줄어든다.

43

정답 ②

보기에 주어진 문장은 접속부사 '따라서'로 시작하므로 수소가 2050 탄소중립 실현을 위한 최적의 에너지원이 되는 이유 뒤에 와야 한다. 따라서 보기는 수소 에너지의 장점과 이어지는 (나)에 들어가는 것이 가장 적절하다.

44

정답 ③

- 총무팀 : 연필, 지우개, 볼펜, 수정액의 수량이 기준 수량보다 적다.
  - 최소 주문 수량 : 연필 15자루, 지우개 15개, 볼펜 40자루, 수정액 15개
  - 최대 주문 수량 : 연필 60자루, 지우개 90개, 볼펜 120자루, 수정액 60개
- 연구개발팀 : 볼펜, 수정액의 수량이 기준 수량보다 적다.
  - 최소 주문 수량 : 볼펜 10자루, 수정액 10개
  - 최대 주문 수량 : 볼펜 120자루, 수정액 60개
- 마케팅홍보팀 : 지우개, 볼펜, 수정액, 테이프의 수량이 기준 수량보다 적다.
  - 최소 주문 수량 : 지우개 5개, 볼펜 45자루, 수정액 25개, 테이프 10개
  - 최대 주문 수량 : 지우개 90개, 볼펜 120자루, 수정액 60개, 테이프 40개
- 인사팀 : 연필, 테이프의 수량이 기준 수량보다 적다.
  - 최소 주문 수량 : 연필 5자루, 테이프 15개
  - 최대 주문 수량 : 연필 60자루, 테이프 40개

따라서 비품 신청 수량이 바르지 않은 팀은 마케팅홍보팀이다.

45

정답 ②

N사에서 A지점으로 가려면 1호선으로 역 2개를 지난 후 2호선으로 환승하여 역 5개를 더 가야 한다.

따라서 편도로 이동하는 데 걸리는 시간은 $(2 \times 2) + 3 + (2 \times 5) = 17$분이므로 왕복하는 데 걸리는 시간은 $17 \times 2 = 34$분이다.

46

정답 ④

- A지점 : $(900 \times 2) + (950 \times 5) = 6,550$m
- B지점 : $900 \times 8 = 7,200$m
- C지점 : $(900 \times 2) + (1,300 \times 4) = 7,000$m 또는 $(900 \times 5) + 1,000 + 1,300 = 6,800$m
- D지점 : $(900 \times 5) + (1,000 \times 2) = 6,500$m 또는 $(900 \times 2) + (1,300 \times 3) + 1,000 = 6,700$m

따라서 이동거리가 가장 짧은 지점은 D지점이다.

47

정답 ②

- A지점 : 이동거리는 6,550m이고 기본요금 및 거리비례 추가비용은 2호선 기준이 적용되므로 1,500+100=1,600원이다.
- B지점 : 이동거리는 7,200m이고 기본요금 및 거리비례 추가비용은 1호선 기준이 적용되므로 1,200+50×4=1,400원이다.
- C지점 : 이동거리는 7,000m이고 기본요금 및 거리비례 추가비용은 4호선 기준이 적용되므로 2,000+150=2,150원이다. 또는 이동거리가 6,800m일 때, 기본요금 및 거리비례 추가비용은 4호선 기준이 적용되므로 2,000+150=2,150원이다.
- D지점 : 이동거리는 6,500m이고 기본요금 및 거리비례 추가비용은 3호선 기준이 적용되므로 1,800+100×3=2,100원이다. 또는 이동거리가 6,700m일 때, 기본요금 및 거리비례 추가비용은 4호선 기준이 적용되므로 2,000+150=2,150원이다.

따라서 이동하는 데 드는 비용이 가장 적은 지점은 B지점이다.

48

정답 ⑤

미국 컬럼비아 대학교에서 만들어낸 치즈케이크는 7가지의 반죽형 식용 카트리지로 만들어졌다. 따라서 페이스트를 층층이 쌓아서 만드는 FDM 방식을 사용하여 제작하였음을 알 수 있다.

오답분석

① PBF / SLS 방식 3D 푸드 프린터는 설탕 같은 분말 형태의 재료를 접착제나 레이저로 굳혀 제작하는 것이므로 설탕 케이크 장식을 제작하기에 적절한 방식이다.

② 3D 푸드 프린터는 질감을 조정하거나, 맛을 조정하여 음식을 제작할 수 있으므로 식감 등으로 발생하는 편식을 줄일 수 있다.

③ 3D 푸드 프린터는 음식을 제작할 때 개인별로 필요한 영양소를 첨가하는 등 사용자 맞춤 식단을 제공할 수 있다는 장점이 있다.

④ 네 번째 문단에서 현재 3D 푸드 프린터의 한계점을 보면 디자인적 · 심리적 요소로 인해 3D 푸드 프린터로 제작된 음식에 거부감이 들 수 있다고 하였다.

49

(라) 문장이 포함된 문단은 3D 푸드 프린터의 장점에 대해 설명하는 문단이며, 특히 대체육 프린팅의 장점에 대해 소개하고 있다. 그러나 (라) 문장은 대체육의 단점에 대해 서술하고 있으므로 네 번째 문단에 추가로 서술하거나 삭제하는 것이 적절하다.

오답분석

① (가) 문장은 컬럼비아 대학교에서 3D 푸드 프린터로 만들어 낸 치즈케이크의 특징을 설명하는 문장이므로 적절하다.
② (나) 문장은 현재 주로 사용되는 3D 푸드 프린터의 작동 방식을 설명하는 문장이므로 적절하다.
③ (다) 문장은 3D 푸드 프린터의 장점을 소개하는 세 번째 문단의 중심내용이므로 적절하다.
⑤ (마) 문장은 3D 푸드 프린터의 한계점인 '디자인으로 인한 심리적 거부감'을 서술하고 있으므로 적절하다.

50

정답 ④

네 번째 문단은 3D 푸드 프린터의 한계 및 개선점을 설명한 문단으로, 3D 푸드 프린터의 장점을 설명한 세 번째 문단과 역접관계에 있다. 따라서 '그러나'가 적절한 접속부사이다.

오답분석

① ㉠ 앞에서 서술된 치즈케이크의 특징이 대체육과 같은 다른 관련 산업에서 주목하게 된 이유가 되므로 '그래서'는 적절한 접속부사이다.
② ㉡ 앞의 문장은 3D 푸드 프린터의 장점을 소개하는 세 번째 문단의 중심내용이고 뒤의 문장은 이에 대한 예시를 설명하고 있으므로 '예를 들어'는 적절한 접속부사이다.
③ ㉢의 앞과 뒤는 다른 내용이지만 모두 3D 푸드 프린터의 장점을 나열한 것이므로 '또한'은 적절한 접속부사이다.
⑤ ㉤의 앞과 뒤는 다른 내용이지만 모두 3D 푸드 프린터의 단점을 나열한 것이므로 '게다가'는 적절한 접속부사이다.

12 · NCS LX 한국국토정보공사

PART 1

직무능력검사

01 | 의사소통능력 기출예상문제

01	02	03	04	05	06	07	08	09	10
④	②	③	④	④	④	③	②	④	④
11	12	13	14	15	16	17	18	19	20
②	④	①	④	③	②	④	④	②	③

01 　　　정답 ④

제시문의 필자는 시장 메커니즘의 부정적인 면을 강조하면서 인간과 자연이 어떠한 보호도 받지 못한 채 시장 메커니즘에 좌우된다면 사회가 견뎌낼 수 없을 것이라고 주장한다. 따라서 필자의 주장으로 가장 적절한 것은 시장 메커니즘에 대한 적절한 제도적 보호 장치를 마련해야 한다는 내용의 ④가 가장 적절하다.

오답분석

① 필자는 무분별한 환경 파괴보다는 인간과 자연이라는 사회의 실패를 막기 위한 보호가 필요하다고 주장한다.
② 필자는 구매력의 공급을 시장 기구의 관리에 맡기게 되면 영리 기업들은 주기적으로 파산하게 될 것이라고 주장하므로 적절하지 않다.
③ 필자는 시장 메커니즘이 인간의 존엄성을 파괴할 수 있다고 주장하지만, 한편으로는 시장 경제에 필수적인 존재임을 인정하므로 철폐되어야 한다는 주장은 적절하지 않다.

02 　　　정답 ②

제시문은 근대건축물이 방치되고 있는 상황과 함께 지속적인 관리의 필요성을 설명하면서, 기존 관리 체계의 한계점을 지적하고 이를 위한 해결책으로 공공의 역할을 강조하고 있다. 따라서 중심 내용으로 ②가 가장 적절하다.

03 　　　정답 ③

제시문에서는 멸균에 대해 언급하며, 멸균 방법을 물리적·화학적으로 구분하여 다양한 멸균 방법에 대해 설명하고 있다. 따라서 글의 주제로 ③이 가장 적절하다.

04 　　　정답 ④

베너그렌이 개발한 알베그식 모노레일은 1957년에 완성되었고, 사페즈식 모노레일은 1950년 말에 개발되어 1960년에 시험선이 건설되었으므로 알베그식 모노레일이 사페즈식 모노레일 시험선보다 먼저 완성되었다.

오답분석

① 세 번째 문단에서 '1958년에는 기존의 강철레일·강철바퀴 방식에서 콘크리트 빔·고무타이어 방식으로 개량'하였다고 말하고 있으므로 1960년대까지 개발되지 않았다는 것은 옳지 않다.
② 두 번째 문단에서 1901년에 등장한 현수장치를 사용하는 모노레일이 독일 부퍼탈시의 본격적인 운송수단으로서의 역할을 하였다고 말하고 있으므로 1950년대부터라는 것은 옳지 않다.
③ 첫 번째 문단에서 '빔 위에 다시 레일을 고정하고, 그 위를 강철바퀴 차량이 주행하는 모노레일도 있다.'고 하였으므로 강철바퀴 여부에 따라 철도와 모노레일이 구분되는 것은 아니다.

05 　　　정답 ④

자연재해를 대비하는 것도 5월에 해야 할 일 중 하나인데, 물이 모여 있는 골짜기나 산을 깎은 절개지 등 산사태 위험 지역은 돌망태와 그물을 설치해 여름철 집중호우 및 태풍에 대비해야 한다.

06 　　　정답 ④

'시간적인 사이를 두고서 가끔씩'이라는 의미의 부사인 '간간이'가 옳은 표현이다.
• 간간히[1] : 간질간질하고 재미있는 마음으로
• 간간히[2] : 입맛 당기게 약간 짠 듯이
• 간간히[3] : 꼿꼿하고 굳센 성품이나 마음으로
• 간간히[4] : 기쁘고 즐거운 마음으로
• 간간히[5] : 매우 간절하게

오답분석

① 쉬이 : 어렵거나 힘들지 아니하게
② 소홀히 : 대수롭지 아니하고 예사롭게 또는 탐탁하지 아니하고 데면데면하게

③ 깊숙이 : 위에서 밑바닥까지 또는 겉에서 속까지의 거리가 멀고 으슥하게

07 　　정답 ③

두 번째 문단의 내용에 따르면, '조건 반사'는 중립 자극이 무조건 자극과 짝지어져 생명체에서 반사 행동을 일으키는 조건 자극이 되는 것을 의미한다.

08 　　정답 ②

제시문은 반사와 같은 용어의 정의와 벨과 먹이 실험 예시를 통해 이론의 핵심 개념을 설명하고 있다.

09 　　정답 ④

담당자의 E-mail과 연락처는 이미 5번에 명시되어 있으므로 추가할 내용으로 적절하지 않다.

10 　　정답 ④

문서의 중요한 내용을 두괄식으로 작성함으로써 보고받은 자가 해당 문서를 신속하게 이해하고 의사결정하는 데 도움을 주는 것이 중요하다.

11 　　정답 ②

제시문은 5060세대에 대해 설명하는 글로, 기존에는 5060세대들이 사회로부터 배척당하였다면 최근에는 사회적인 면이나 경제적인 면에서 그 위상이 높아졌고, 이로 인해 마케팅 전략 또한 변화될 것이라고 보고 있다. 따라서 글의 제목으로는 ②가 가장 적절하다.

12 　　정답 ④

지상기기에 L공사의 이미지를 압축한 디자인을 적용한 새로운 외함을 개발했으며 지속적으로 디자인을 개발하고 확대 보급한다고 하였다. 따라서 도심미관을 해치는 지상기기 최소화는 적절하지 않은 주제이다.

13 　　정답 ①

추천기간은 2022년 12월 31일까지이고 공적기간은 같은 해 1월 1일부터이므로 2월에 선행을 한 B씨는 추천대상에 해당한다.

14 　　정답 ④

제시문은 유교 사상의 입장에서 자연과 인간의 관계에 대해 설명한 다음, 완전한 존재인 자연을 인간이 본받아야 할 것임을 언급하고 있다. 따라서 유교에서 말하는 자연과 인간의 관계에서 볼 때 인간은 자연의 일부이므로 자연과 인간은 대립이 아니라 공존해야 한다는 요지를 표제와 부제에 담아야 한다. ④는 부제가 본문의 내용을 어느 정도 담고 있으나 표제가 중심 내용을 드러내지 못하고 있어 적절하지 않다.

15 　　정답 ③

밑줄 친 부분을 반박하는 주장은 '인간에게 동물의 복제 기술을 적용해서는 안 된다.'이므로, 이를 뒷받침하는 근거지만 인터뷰의 내용과 부합하지 않는 것이 문제가 요구하는 답이다. 인터뷰에서 복제 기술을 인간에게 적용했을 때 발생할 수 있는 문제점으로 지적한 것은, '기존 인간관계의 근간을 파괴하는 사회 문제'와 '통제 불능한 생물체가 만들어질 가능성', 그리고 '어느 국가 또는 특정 집단이 복제 기술을 악용할 위험성' 등이다. 그러나 ③은 인간에게 복제 기술을 적용했을 때 나타날 수 있는 부작용인지를 판단할 자료가 인터뷰에 제시되지 않았다. 또한, 상식적인 수준에서도 생산되는 복제 인간의 수는 통제할 수 있으므로 밑줄 친 부분을 반박할 근거로는 부적절하다.

16 　　정답 ②

제시문의 경우 글을 잘 쓰기 위한 방법은 글을 읽는 독자에게서 찾을 수 있음을 서술한 글이다. 그러므로 독자가 필요로 하는 것이 무엇인지 알아야 하며, 독자가 필요로 하는 것을 알기 위해서는 구어체로 적어보고, 독자를 구체적으로 한 사람 정해놓고 쓰는 게 좋다는 내용이다. 또한, 빈칸의 뒷 문장에서 '대상이 막연하지 않기 때문에 읽는 사람이 공감할 확률이 높아진다.'라고 하였으므로 빈칸에 들어갈 말로 ②가 가장 적절하다.

17 　　정답 ④

빈칸에 들어갈 진술을 판단하기 위해 앞의 문단에서 제기한 질문의 형태에 유의하자. 즉, '올바른 답을 추론해내는 데 필요한 모든 정보와 정답 제시가 올바른 추론 능력의 필요충분조건은 아니다.'라는 문장이 이 글 전체의 핵심 정보이다. 그렇다면 왓슨의 어리석음은 추론에 필요한 정보를 충분히 활용하지 못한 데에 있는 것이다.

오답분석
① 왓슨의 문제는 정보를 올바르게 추론하지 못한 데 있다.
② 왓슨은 올바른 추론의 방법을 알고 있지 못했다.
③ 왓슨이 전문적인 추론 훈련을 받지 못했다는 정보는 없다.

18

보기 속 문장의 핵심 개념은 맹장이라도 길 찾기가 중요하다는 것이다. (라)의 앞에서 '길을 잃어버리는 것'을 '전체의 핵심을 잡지 못하는 것'으로 비유한 내용을 찾을 수 있다. (라) 뒤의 내용 역시 요점과 핵심의 중요성을 강조하고 있으므로 보기의 문장은 (라)에 들어가야 한다.

19

기사에 의하면 고대 지구가 주황색이었던 이유는 '탄화수소 안개' 때문으로, 이 안개는 자외선을 막아주는 역할을 했을 뿐 아니라 산소가 부족했던 지구에서의 호흡 자원으로 활용되기도 했다.

B대리는 탄화수소의 이점을 언급하고 있는 A사원의 말에 동조하고 있으므로, B대리 역시 A사원과 같은 맥락의 이야기를 하고 있음을 유추할 수 있다. 또한 B대리 다음 이어지는 C주임의 대화 내용이 메탄 호흡과 관련되므로, 빈칸에 들어갈 말로 메탄의 호흡 자원 활용에 관한 내용을 고르면 된다.

20

• (가) : 앞 문장에서 '도로'라고 구체적으로 한정하고 있기 때문에, 빈칸에 들어갈 규범이 '약하다'라고 하려면, '도로'로 한정해야 한다. 따라서 ⓒ이 적절하다.
• (나) : (가)과 같은 방법을 적용하면 된다. 앞 문장에서 '도로의 교량'이라고 언급하고 있으므로, ㉠이 적절하다.
• (다) : 빈칸보다는 강하다고 할 수 없다고 했으므로, 앞 문장과 빈칸은 구체적으로 한정하고 있는 부분이 다르다. 따라서 ⓒ이 적절하다.

02 | 수리능력 기출예상문제

01	02	03	04	05	06	07	08	09	10	11	12	13	14	15	16	17	18	19	20
③	④	②	③	④	①	③	④	④	③	①	④	①	③	③	①	②	①	②	②

01

정답 ③

총 6시간 30분 중 30분은 정상에서 휴식을 취했으므로, 오르막길과 내리막길의 실제 이동시간은 6시간이다.

총 14km의 길이 중 a는 오르막길에서 걸린 시간, b는 내리막길에서 걸린 시간을 두면 다음과 같은 식으로 나타낼 수 있다.

• $a+b=6$
• $1.5a+4b=14$

두 식을 연립하면 a는 4시간, b는 2시간이 소요된다.

따라서 오르막길 A의 거리는 1.5km×4=6km이다.

02

정답 ④

미주가 집에서 출발해서 동생을 만나기 전까지 이동한 시간을 x시간이라고 하자. 미주가 이동한 거리는 $8x$km이고, 동생이 미주가 출발한 후 12분 뒤에 지갑을 들고 이동했으므로 이동한 거리는 $20\left(x-\dfrac{1}{5}\right)$km이므로 다음과 같은 식으로 나타낼 수 있다.

$$8x=20\left(x-\frac{1}{5}\right) \rightarrow 12x=4 \rightarrow x=\frac{1}{3}$$

따라서 미주와 동생은 $\dfrac{1}{3}$시간=20분 후에 만나게 된다.

03

정답 ②

일의 양을 1이라고 하고 A, B, C가 각자 혼자 일을 하였을 때 걸리는 기간을 각각 a, b, c일이라고 하면 다음과 같다.

• A가 혼자 하루에 할 수 있는 일의 양 : $\dfrac{1}{a}$

• B가 혼자 하루에 할 수 있는 일의 양 : $\dfrac{1}{b}$

• C가 혼자 하루에 할 수 있는 일의 양 : $\dfrac{1}{c}$

A, B, C 모두 혼자 일했을 때의 능률과 함께 일을 하였을 때의 능률이 같다고 하였으므로 다음과 같다.

• A, B, C가 하루에 할 수 있는 일의 양 : $\dfrac{1}{a}+\dfrac{1}{b}+\dfrac{1}{c}=\dfrac{1}{6}$ … ㉠

• A, B가 하루에 할 수 있는 일의 양 : $\dfrac{1}{a}+\dfrac{1}{b}=\dfrac{1}{12}$ … ㉡

• B, C가 하루에 할 수 있는 일의 양 : $\dfrac{1}{b}+\dfrac{1}{c}=\dfrac{1}{10}$ … ㉢

B가 혼자 일을 하였을 때 걸리는 기간을 구하는 문제이므로 ㉠, ㉡, ㉢을 다음과 같이 연립할 수 있다.

- $㉡+㉢ \rightarrow \dfrac{1}{a}+\dfrac{2}{b}+\dfrac{1}{c}=\dfrac{1}{12}+\dfrac{1}{10}=\dfrac{11}{60}$

- $(㉡+㉢)-㉠ \rightarrow \dfrac{1}{a}+\dfrac{2}{b}+\dfrac{1}{c}-\left(\dfrac{1}{a}+\dfrac{1}{b}+\dfrac{1}{c}\right)=\dfrac{11}{60}-\dfrac{1}{6} \rightarrow \dfrac{1}{b}=\dfrac{1}{60}$

따라서 B가 혼자 일을 하면 60일이 걸린다.

04 정답 ③

통계는 의사결정의 보조 수단이 된다.

05 정답 ④

2번, 3번, 4번 문제를 맞힌 학생 수를 각각 a, b, c라 하면
$3(48+a)+2(b+c)=7.2\times50 \rightarrow 3a+2b+2c=216\cdots㉠$
$3(48+b)+2(a+c)=6.8\times50 \rightarrow 2a+3b+2c=196\cdots㉡$
$48+2a+3b+4c=6\times50 \rightarrow 2a+3b+4c=252\cdots㉢$
$3\times㉠-2\times㉡ : 5a+2c=256\cdots㉣$
$㉡-㉢ : -2c=-56 \rightarrow c=28\cdots㉤$
㉤을 ㉣에 대입하면
$5a+56=256 \rightarrow a=40\cdots㉥$
㉤, ㉥을 ㉡에 대입하면
$80+3b+56=196 \rightarrow b=20$
따라서 2번, 3번, 4번 문제를 맞힌 학생 수는 각각 40명, 20명, 28명이므로 학생 수의 총합은 88이다.

06 정답 ①

진수, 민영, 지율, 보라 네 명의 최고점을 각각 a, b, c, d점이라고 하자.
$a+2b=10\cdots㉠$
$c+2d=35\cdots㉡$
$2a+4b+5c=85\cdots㉢$
㉢과 ㉠을 연립하면 $2\times10+5c=85 \rightarrow 5c=65 \rightarrow c=130$이다.
c의 값을 ㉡에 대입하여 d를 구하면 $13+2d=35 \rightarrow 2d=22 \rightarrow d=11$이다.
따라서 보라의 최고점은 11점이다.

07 정답 ③

5명을 한 팀으로 조직 개편했을 때 만들어지는 팀의 수를 x팀이라 하면, $5x+2=6(x-2)$를 만족해야 한다.
$\therefore x=14$

08 정답 ④

2021년 K시의 전체 예산액 중 특별회계 예산이 차지하는 비율은 $\dfrac{325,007}{1,410,393}\times100 ≒ 23.0\%$로 25% 이상이 아니다.

[오답분석]
① 두 도시는 매년 전체 예산액이 증가하고 있다.
② J시의 일반회계 예산액은 항상 K시의 일반회계 예산액보다 1.5배 이상이다.
③ 2020년 K시의 특별회계 예산액 264,336백만 원은 J시의 특별회계 예산액의 절반인 486,577백만×0.5≒243,289백만 원보다 높으므로 옳은 설명이다.

09

$\textsf{정답}$ ④

ㄱ. 면적이 넓은 유형의 주택일수록 공사완료 후 미분양된 민간부문 주택이 많은 지역은 인천, 경기 두 곳 뿐이므로 옳은 설명이다.

ㄴ. 부산의 공사완료 후 미분양된 민간부문 주택 중 면적이 $60 \sim 85\text{m}^2$에 해당하는 주택이 차지하는 비중은 $\frac{179}{395} \times 100 ≒ 45.3\%$로, 면적이 85m^2를 초과하는 주택이 차지하는 비중인 $\frac{133}{395} \times 100 ≒ 33.7\%$보다 10%p 이상 더 높으므로 옳은 설명이다.

ㄷ. 면적이 60m^2 미만인 공사완료 후 미분양된 민간부문 주택 수 대비 면적이 $60 \sim 85\text{m}^2$에 해당하는 공사완료 후 미분양된 민간부문 주택 수의 비율은 광주가 $\frac{27}{16} \times 100 ≒ 168.8\%$이고, 울산이 $\frac{56}{38} \times 100 ≒ 147.4\%$이므로 광주가 더 높다.

10

$\textsf{정답}$ ③

2017년과 2022년을 비교했을 때, 국유지 면적의 차이는 $24,087 - 23,033 = 1,054\text{km}^2$이고, 법인 면적의 차이는 $6,287 - 5,207 = 1,080\text{km}^2$이므로 법인 면적의 차이가 더 크다.

$\boxed{\textsf{오답분석}}$

① 국유지 면적은 매년 증가하고, 민유지 면적은 매년 감소하는 것을 확인할 수 있다.

② 전년 대비 $2018 \sim 2022$년 군유지 면적의 증가량은 다음과 같다.

- 2018년 : $4,788 - 4,741 = 47\text{km}^2$
- 2019년 : $4,799 - 4,788 = 11\text{km}^2$
- 2020년 : $4,838 - 4,799 = 39\text{km}^2$
- 2021년 : $4,917 - 4,838 = 79\text{km}^2$
- 2022년 : $4,971 - 4,917 = 54\text{km}^2$

따라서 군유지 면적의 증가량은 2021년에 가장 많다.

④ 전체 국토면적은 매년 증가하고 있는 것을 확인할 수 있다.

11

$\textsf{정답}$ ①

작년의 남사원 수와 여사원 수를 각각 a명, b명이라 하자.

- 작년에 입사한 총 사원 수 : $a + b = 820 \cdots ㉠$
- 올해에 입사한 총 사원 수 : $1.08a + 0.9b = 810 \cdots ㉡$

㉠, ㉡을 연립하여 방정식을 풀면, $a = 400$, $b = 420$이다.

따라서 작년에 입사한 남사원의 수는 400명이다.

12

$\textsf{정답}$ ④

경기도 우정직 공무원 전체 인원은 우정 8급 전체 인원의 $\frac{4,143}{5,384} \times 100 ≒ 77.0\%$를 차지한다.

$\boxed{\textsf{오답분석}}$

① • A $= 1,287 - 193 - 370 - 153 - 54 - 3 = 514$
- B $= 989 - 166 - 244 - 120 - 32 - 7 = 420$
- ∴ A+B $= 514 + 420 = 934$

② 우정 4급 전체 인원에서 전체 광역시 우정직 공무원 인원의 비율은 $\frac{3+7+2+10+2}{107} \times 100 ≒ 22.4\%$이다.

③ 강원도의 우정직 공무원 전체 인원은 전라북도 전체 인원보다 $1,009 - 990 = 19$명 적다.

13

- 올리브 통조림 주문량 : $15 \div 3 = 5$캔
  - → 올리브 통조림 구입비용 : $5,200 \times 5 = 26,000$원
- 메추리알 주문량 : $7 \div 1 = 7$봉지
  - → 메추리알 구입비용 : $4,400 \times 7 = 30,800$원
- 방울토마토 주문량 : $25 \div 5 = 5$BOX
  - → 방울토마토 구입비용 : $21,800 \times 5 = 109,000$원
- 옥수수 통조림 주문량 : $18 \div 3 = 6$캔
  - → 옥수수 통조림 구입비용 : $6,300 \times 6 = 37,800$원
- 베이비 채소 주문량 : $4 \div 0.5 = 8$BOX
  - → 베이비 채소 구입비용 : $8,000 \times 8 = 64,000$원

따라서 B지점의 재료 구입비용의 총합은 $26,000 + 30,800 + 109,000 + 37,800 + 64,000 = 267,600$원이다.

14

2022년 1개관당 인구수는 2019년 대비 $76,926 - 64,547 = 12,379$명 감소했으므로 옳지 않은 설명이다.

[오답분석]

① 공공도서관 수는 점점 증가하고 있는 것을 확인할 수 있다.

② 2022년 1인당 장서 수는 전년 대비 $1.49 - 1.10 = 0.39$권 증가하였다.

④ 2021년 방문자 수는 전년 대비 $\dfrac{258,315 - 235,140}{235,140} \times 100 ≒ 9.9\%$ 증가했으므로 옳은 설명이다.

15

버스와 지하철을 모두 이용하는 직원은 $1,200 \times 0.45 \times 0.51 ≒ 275$명이고, 도보를 이용하는 직원 수는 $1,200 \times 0.39 = 468$명이다. 따라서 버스와 지하철 모두 이용하는 직원 수는 도보를 이용하는 직원 수보다 $468 - 275 = 193$명 적다.

[오답분석]

① 통근시간이 30분 이하인 직원은 $1,200 - (260 + 570 + 160) = 210$명으로 전체 직원 수의 $\dfrac{210}{1,200} \times 100 = 17.5\%$를 차지한다.

② 대중교통을 이용하는 직원 수는 $1,200 \times 0.45 = 540$명이고, 이 중 25%는 $540 \times 0.25 = 135$명이므로 60분 초과 전체 인원의 80%인 $160 \times 0.8 = 128$명보다 많다.

④ 통근시간이 45분 이하인 직원은 $210 + 260 = 470$명이고 1시간 초과인 직원의 $\dfrac{470}{160} ≒ 2.9$배이다.

16

도보 또는 버스만 이용하는 직원 중 25%는 $1,200 \times [0.39 + (0.45 \times 0.27)] \times 0.25 ≒ 153$명이다. 30분 초과 45분 이하인 인원에서 도보 또는 버스만 이용하는 직원을 제외한 인원은 $260 - 153 = 107$명이다.

따라서 이 인원이 자가용으로 출근하는 전체 인원에서 차지하는 비중은 $\dfrac{107}{1,200 \times 0.16} \times 100 ≒ 56\%$이다.

17

무연탄 10억 톤의 가치를 x억 달러라 하면, $x = \dfrac{3,730}{41} \times 10 \fallingdotseq 909.8$억 달러이므로 옳지 않은 설명이다.

오답분석

① • LX 기준 은의 1톤당 가치 : $\dfrac{28억}{5,000} = 56$만 달러 / 톤

  • N연구소 기준 은의 1톤당 가치 : $\dfrac{35억}{6,356} \fallingdotseq 55$만 달러 / 톤

③ LX가 조사한 금속 중에서 N연구소보다 매장량이 더 많다고 판단한 금속은 금, 철, 납, 텅스텐, 몰리브덴 5가지이다.

④ 아연 50만 톤의 가치를 x억 달러라 하면, $x = \dfrac{442}{21,100} \times 500 \fallingdotseq 10.5$억 달러이므로 옳은 설명이다.

18

정답 ①

미국산 자동차의 평균 연비는 휘발유 1갤런당 20마일이고, 이를 환산하면 4L당 32km이다. 즉, 미국산 자동차의 평균 연비는 1리터당 8km이다. 미국산 자동차보다 한국산 자동차의 평균 연비가 20% 높다고 했으므로 한국산 자동차의 평균 연비는 $8 \times 1.2 = 9.6$km/L이다.

19

정답 ②

'SOC, 산업ㆍ중소기업, 통일ㆍ외교, 공공질서ㆍ안전, 기타'의 5개 분야에서 전년 대비 재정지출액이 증가하지 않은 해가 있으므로 옳은 설명이다.

오답분석

① 교육 분야의 전년 대비 재정지출 증가율은 다음과 같다.

  • 2019년 : $\dfrac{27.6 - 24.5}{24.5} \times 100 \fallingdotseq 12.7\%$ • 2020년 : $\dfrac{28.8 - 27.6}{27.6} \times 100 \fallingdotseq 4.3\%$

  • 2021년 : $\dfrac{31.4 - 28.8}{28.8} \times 100 \fallingdotseq 9.0\%$ • 2022년 : $\dfrac{35.7 - 31.4}{31.4} \times 100 \fallingdotseq 13.7\%$

  따라서 교육 분야의 전년 대비 재정지출 증가율이 가장 높은 해는 2022년이다.

③ 2018년에는 기타 분야가 예산에서 차지하고 있는 비율이 더 높았다.

④ 'SOC(-8.6%), 산업ㆍ중소기업(2.5%), 환경(5.9%), 기타(-2.9%)' 분야가 해당한다.

20

정답 ②

• 사회복지ㆍ보건 분야의 2020년 대비 2021년 재정지출 증감률 : $\dfrac{61.4 - 56.0}{56.0} \times 100 \fallingdotseq 9.6\%$

• 공공질서ㆍ안전 분야의 2020년 대비 2021년 재정지출 증감률 : $\dfrac{10.9 - 11.0}{11.0} \times 100 \fallingdotseq -0.9\%$

따라서 두 분야의 2020년 대비 2021년 재정지출 증감률 차이는 $9.6 - (-0.9) = 10.5$%p이다.

03 | 문제해결능력
기출예상문제

01	02	03	04	05	06	07	08	09	10	11	12	13	14	15	16	17	18	19	20
③	①	④	③	③	④	④	③	④	③	②	④	②	③	①	④	②	④	④	②

01
정답 ③

역할을 분담하여 정한 청소 당번 규칙에 따라 O사원은 화분 관리, J대리는 주변 정돈, C사원은 커피 원두 채우기를 각각 담당하고 있으므로 L주임이 커피를 타는 담당자임을 알 수 있다. 또한 세 번째 조건에 따라 주변 정돈을 하고 있는 사람은 커피를 타지 않는다고 하였는데, O사원과 C사원은 J대리를 도와 주변 정돈을 하므로 이 셋은 커피를 타지 않음을 알 수 있다. 따라서 커피를 타는 사람은 L주임 혼자이므로 항상 참이 되는 것은 ③이다.

오답분석
① 커피 원두를 채우는 담당자는 C사원이며, 주어진 조건만으로는 O사원이 커피 원두를 채우는지 알 수 없다.
② 두 번째 조건에 따라 O사원이 J대리를 도와주고 있음을 알 수 있지만, J대리가 O사원을 도와주는지는 알 수 없다.
④ 세 번째 조건에 따라 주변 정돈을 하고 있는 사람은 커피를 타지 않으므로 주변 정돈을 돕고 있는 C사원은 커피를 타지 않는다.

02
정답 ①

주어진 조건을 논리기호화하면 다음과 같다.
ⅰ) 혁신역량강화 → ~조직문화
ⅱ) ~일과 가정 → 미래가치교육
ⅲ) 혁신역량강화, 미래가치교육 中 1
ⅳ) 조직문화, 전략적 결정, 공사융합전략 中 2
ⅴ) 조직문화
• G대리가 조직문화에 참여하므로 ⅰ)의 대우인 '조직문화 → ~혁신역량강화'에 따라 혁신역량강화에 참여하지 않는다. 따라서 ⅲ)에 따라 미래가치교육에 참여한다.
• 일과 가정의 경우 참여와 불참 모두 가능하지만, G대리는 최대한 참여하므로 일과 가정에 참여한다.
• ⅳ)에 따라 전략적 결정, 공사융합전략 중 한 가지 프로그램에 참여할 것임을 알 수 있다.
따라서 G대리는 조직문화, 미래가치교육, 일과 가정 그리고 전략적 결정 혹은 공사융합전략에 참여하므로 최대 4개의 프로그램에 참여한다.

오답분석
② G대리의 전략적 결정 참여 여부와 일과 가정 참여 여부는 상호 무관하다.
③ G대리는 혁신역량강화에 참여하지 않으며, 일과 가정 참여 여부는 알 수 없다.
④ G대리는 조직문화에 참여하므로 ⅳ)에 따라 전략적 결정과 공사융합전략 중 한 가지에만 참여 가능하다.

03
정답 ④

조건을 논리기호에 따라 나타내어 간소화하면 다음과 같다.
• 기획지원부 → ~통계개발부
• 해외기술부, 전략기획실, 인재개발부 중 2곳 이상
• 비서실 → ~전략기획실

- 인재개발부 → 통계개발부
- 대외협력부, 비서실 중 1곳
- 비서실

마지막 조건에 따르면 비서실은 선정되며, 세 번째 조건에 따라 전략기획실은 선정되지 않는다. 그러면 두 번째 조건에 따라 해외기술부와 인재개발부는 반드시 선정되어야 한다. 또한, 인재개발부가 선정되면 네 번째 조건에 따라 통계개발부도 선정된다. 이때 첫 번째 조건의 대우가 '통계개발부 → ~기획지원부'이므로 기획지원부는 선정되지 않는다. 마지막으로 다섯 번째 조건에 따라 대외협력부는 선정되지 않는다. 따라서 국제협력사업 10주년을 맞아 행사에 참여할 부서로 선정된 곳은 비서실, 인재개발부, 해외기술부, 통계개발부이므로 ④는 옳지 않다.

04

정답 ③

제시된 조건에 따르면 밀크시슬을 월요일에 섭취하는 경우와 목요일에 섭취하는 경우로 정리할 수 있다.

구분	월	화	수	목	금
경우 1	밀크시슬	비타민B	비타민C	비타민E	비타민D
경우 2	비타민B	비타민E	비타민C	밀크시슬	비타민D

따라서 수요일에는 항상 비타민C를 섭취한다.

[오답분석]

① 월요일에는 비타민B 또는 밀크시슬을 섭취한다.
② 화요일에는 비타민E 또는 비타민B를 섭취한다.
④ 경우 1에서는 비타민E를 비타민C보다 나중에 섭취한다.

05

정답 ③

(가)에 따라 A, B, C, D는 모두 직업이 같거나 두 명씩 서로 다른 직업을 가져야 한다. 이때 (라)에 따라 A와 D의 직업은 서로 같아야 하므로 A, B, C, D의 직업이 모두 같은 경우와 (A, D)와 (B, C)의 직업이 서로 다른 경우로 나눌 수 있다.
1) A, B, C, D의 직업이 모두 같은 경우
   (다)에 따라 C가 경찰관인 경우 D와 직업이 같을 수 없으므로 C는 경찰관이 될 수 없다. 따라서 A, B, C, D는 모두 소방관이다.
2) (A, D)와 (B, C)의 직업이 서로 다른 경우
   • A, D가 소방관인 경우
   (나)에 따라 A가 소방관이면 B가 소방관이거나 C는 경찰관이다. 이때, A와 B의 직업이 서로 다르므로 B는 소방관이 될 수 없으며 C가 경찰관이 된다. C가 경찰관이면 (다)에 따라 D는 소방관이 된다. 따라서 A, D는 소방관이며, B, C는 경찰관이다.
   • A, D가 경찰관인 경우
   (다)의 대우 'D가 소방관이 아니면 C는 경찰관이 아니다.'가 성립하므로 D가 경찰관이면 C는 소방관이 된다. 따라서 A, D는 경찰관이며, B, C는 소방관이다.
위의 경우를 표로 정리하면 다음과 같다.

구분	A	B	C	D
경우 1	소방관			
경우 2	소방관	경찰관	경찰관	소방관
경우 3	경찰관	소방관	소방관	경찰관

따라서 B, C의 직업은 항상 같다.

06

정답 ④

A ~ E의 진술을 차례대로 살펴보면, A는 B보다 먼저 탔으므로 서울역 또는 대전역에서 승차하였다. 이때, A는 자신이 C보다 먼저 탔는지 알지 못하므로 C와 같은 역에서 승차하였음을 알 수 있다. 다음으로 B는 A와 C보다 늦게 탔으므로 첫 번째 승차역인 서울역에서 승차하지 않았으며, C는 가장 마지막에 타지 않았으므로 마지막 승차 역인 울산역에서 승차하지 않았다. 한편, D가 대전역에서 승차하였으므로 같은 역에서 승차하는 A와 C는 서울역에서 승차하였음을 알 수 있다. 또한 마지막 역인 울산역에서 혼자 승차하는 경우에만 자신의 정확한 탑승 순서를 알 수 있으므로 자신의 탑승 순서를 아는 E가 울산역에서 승차하였다. 이를 표로 정리하면 다음과 같다.

구분	서울역		대전역		울산역
탑승객	A	C	B	D	E

따라서 'E는 울산역에서 승차하였다.'는 항상 참이 된다.

오답분석

① A는 서울역에서 승차하였다.
② B는 대전역, C는 서울역에서 승차하였으므로 서로 다른 역에서 승차하였다.
③ C는 서울역, D는 대전역에서 승차하였으므로 서로 다른 역에서 승차하였다.

07

정답 ④

• A : 해외여행에 결격사유가 있다.
• B : 지원분야와 전공이 맞지 않다.
• C : 대학 재학 중이므로 지원이 불가능하다.
• D : TOEIC 점수가 750점 이상이 되지 않는다.
• E : 병역 미필로 지원이 불가능하다.
따라서 A ~ E 5명 모두 L항공사 지원자격에 부합하지 않는다.

08

정답 ③

• 의사결정이론 : A, B, C 중 2명이 참여할 수 있으므로 3가지($=_3C_2$)
• 연구협력사례 : E, F, G, H 중 3명이 참여할 수 있으므로 4가지($=_4C_3$)
• 다각적 대응전략 : A, B, C 중 의사결정이론 프로그램에 참여하지 않는 1명이 참여(∵ 전략적 관리법 연수 대상은 과장 이하)
• 전략적 관리법 : E, F, G, H 중 연구협력사례 프로그램에 참여하지 않는 1명과 D가 참여
따라서 가능한 경우의 수는 총 12가지($=3×4$)이다.

09

정답 ④

• 의사결정이론 : A, 甲 2명이 참여
• 연구협력사례 : B, C, D, 丙, 丁 중 3명이 참여할 수 있으므로 10가지($=_5C_3$)
• 다각적 대응전략 : 의사결정이론 프로그램과 연구협력사례 프로그램에 참여하지 않는 나머지 직원 중 2명이 참여할 수 있으므로 3가지($=_3C_2$)
• 전략적 관리법 : 나머지 1명이 참여
ㄷ. 전략적 관리법 프로그램에 참여가능한 사람은 B, C, D, 丙, 丁 중 연구협력사례에 참여하지 않는 2명과 乙이다. 이 중 대리 혹은 사원이 다각적 대응전략 프로그램에 참여한다면, 乙은 연구협력사례 프로그램에 참여할 수 없으므로, 반드시 전략적 관리법 프로그램에 참여해야 한다.
ㄹ. 가능한 경우의 수는 총 30가지($=10×3$)이다.

오답분석

ㄱ. 연구협력사례 프로그램에 참여할 수 있는 사람은 B, C, D, 丙, 丁 중 3명이므로 가능한 경우의 수는 총 10가지이다.
ㄴ. B와 丙이 연구협력사례에 참여하더라도 丁은 다른 프로그램에 참여할 수 있다.

10

A ~ D인턴 중에 소비자들의 불만을 접수해서 처리하는 업무를 맡기기에 가장 적절한 인턴은 C인턴이다. 잘 흥분하지 않으며, 일처리가 신속하고 정확하다고 '책임자의 관찰 사항'에 명시되어 있으며, 직업선호 유형은 'CR'로 관습형·현실형에 해당된다. 따라서 현실적이며 보수적이고 변화를 좋아하지 않는 유형으로 소비자들의 불만을 들어도 감정적으로 대응하지 않을 성격이기 때문에 C인턴이 이 업무에 가장 적합하다.

11

세 상자에 나뉘어 담긴 금화 13개의 개수는 모두 다르고, 금화의 개수가 A – B – C 순서로 많다고 하였으므로, 대화 내용을 정리하여 가능한 경우를 표로 정리하면 다음과 같다.

경우의 수	A상자	B상자	C상자
(1)		2	10
(2)		3	9
(3)	1	4	8
(4)		5	7
(5)		3	8
(6)	2	4	7
(7)		5	6
(8)	3	4	6

갑이 A상자를 열어본 후 B와 C에 각각 몇 개가 들어있는지 알 수 없다고 하였으므로, (8)은 제외한다. 을이 상자 C를 열어본 후 A와 B에 각각 몇 개가 들어있는지 알 수 없다고 하였으므로, (1), (2), (7)이 제외된다. 이는 C상자에 10개, 9개, 6개 중 하나가 들어있는 경우 조건에 따라 A상자와 B상자 금화의 개수를 계산할 수 있기 때문이다. 두 사람의 말을 듣고 병이 B상자를 열어본 후 A상자와 C상자에 각각 몇 개가 들어있는지 알 수 없다고 하였으므로, (4)와 (5)가 제외된다. 따라서 성립할 수 있는 경우는 (3)과 (6)이고, 이 두 경우에 B상자에 들어있는 금화의 개수는 4개이다.

12

신용카드의 공제율은 15%이고, 체크카드의 공제율은 30%이기 때문에 공제받을 금액은 체크카드를 사용했을 때 더 유리하게 적용된다.

[오답분석]
① 신용카드와 체크카드 사용금액이 연봉의 25%를 넘어야 공제 가능하다.
② 연봉의 25%를 초과 사용한 범위가 공제대상에 해당된다. 연봉 35,000,000원의 25%는 8,750,000원이므로, 현재까지의 사용금액 6,000,000원에서 2,750,000원보다 더 사용해야 초과한 금액을 공제받을 수 있다.
③ 사용한 금액 5,000,000원에서 더 사용해야 하는 금액 2,750,000원을 뺀 2,250,000원이 공제대상금액이 된다. 이는 체크카드 사용금액 내에 포함되므로, 공제율 30%를 적용한 소득공제금액은 675,000원이다.

13

기존 1 ~ 5월 지출 내역에 5월 이후 지출 내역을 합산하여 지출 총액과 소득공제 대상 금액을 계산하면 다음과 같다.
• 지출 총액 : 2,500,000+3,500,000+4,000,000+5,000,000=15,000,000원
• 소득공제 대상 금액 : 15,000,000-(40,000,000×0.25)=5,000,000원
이때, 공제 대상 금액 5,000,000원은 현금영수증 사용금액 내에 포함되므로, 공제율 30%를 적용하고 세율표에 따른 세금을 적용하면 다음과 같다.
• 소득공제 금액 : 5,000,000×0.3=1,500,000원
• 세금 : 1,500,000×0.15=225,000원
따라서 H씨의 소득공제 금액에 대한 세금은 225,000원이다.

14

정답 ③

- (가) : 외부의 기회를 활용하여 내부의 강점을 더욱 강화시키는 SO전략
- (나) : 외부의 기회를 활용하여 내부의 약점을 보완하는 WO전략
- (다) : 외부의 위협을 회피하며 내부의 강점을 적극 활용하는 ST전략
- (라) : 외부의 위협을 회피하고 내부의 약점을 보완하는 WT전략

따라서 ③이 바르게 나열되어 있다.

15

정답 ①

하수처리시설 평가 기준에 따른 결과를 나타내면 다음과 같다.

구분	생물화학적 산소요구량	화학적 산소요구량	부유물질	질소 총량	인 총량	평가 결과
A처리시설	4(정상)	10(정상)	15(주의)	10(정상)	0.1(정상)	우수
B처리시설	9(주의)	25(주의)	25(심각)	22(주의)	0.5(주의)	보통
C처리시설	18(심각)	33(심각)	15(주의)	41(심각)	1.2(심각)	개선필요

따라서 A처리시설은 우수, B처리시설은 보통, C처리시설은 개선필요를 평가받는다.

16

정답 ④

제시문에서 '심각' 지표를 가장 우선으로 개선하라고 하였으므로 '심각' 지표를 받은 부유물질을 가장 먼저 개선해야 한다.

[오답분석]
① 생물화학적 산소요구량은 9로 '주의' 지표이다.
② 부유물질이 '심각' 지표이므로 가장 먼저 개선해야 한다.
③ 질소 총량과 인 총량을 개선하여도, '주의' 지표가 2개, '심각' 지표가 1개이므로 평가 결과는 '보통'이다.

17

정답 ②

자료 3의 9월 전력량계 지침 3,863kWh에서 8월 지침인 3,543kWh를 빼면 320kWh가 9월의 사용량이다.
9월 전력량은 인하된 전기요금표를 적용해서 계산하면 다음과 같다.
- 기본요금 : 1,600원
- 전력량요금(10원 미만 절사) : $6,070(100 \times 60.7) + 12,590(100 \times 125.9) + 18,790(100 \times 187.9) + 3,758(20 \times 187.9)$
  $= 41,200$원
- (기본요금)+(전력량요금) : $1,600 + 41,200 = 42,800$원
- 부가가치세(10원 미만 절사) : $42,800 \times 0.1 = 4,280$원
- 전력산업기반금(10원 미만 절사) : $42,800 \times 0.037 = 1,580$원
- 청구금액 : $42,800 + 4,280 + 1,580 = 48,660$원

자료 3의 10월 전력량계 지침 4,183kWh에서 9월 지침인 3,863kWh를 빼면 320kWh가 10월의 사용량이다.
10월 전력량은 정상 전기요금표를 적용해서 계산하면 다음과 같다.
- 기본요금 : 3,850원
- 전력량요금(10원 미만 절사) : $6,070(100 \times 60.7) + 12,590(100 \times 125.9) + 18,790(100 \times 187.9) + 5,612(20 \times 280.6)$
  $= 43,060$원
- (기본요금)+(전력량요금) : $3,850 + 43,060 = 46,910$원
- 부가가치세(10원 미만 절사) : $46,910 \times 0.1 = 4,690$원
- 전력산업기반금(10원 미만 절사) : $46,910 \times 0.037 = 1,730$원
- 청구금액(10원 미만 절사) : $46,910 + 4,690 + 1,730 = 53,330$원

따라서 10월과 9월의 전기요금 차이는 $53,330 - 48,660 = 4,670$원이다.

18

정답 ④

미국 출장 시 기내수하물은 12kg까지 무료이므로, 가방의 무게 1kg을 고려하여 기내용 가방에 최대 11kg의 짐을 넣는다. 위탁수하물은 20kg씩 2개가 무료이므로, 가방 무게를 고려하여 3kg, 4kg짜리 위탁용 가방에 각각 17kg, 16kg을 넣는다. 가방에 넣은 짐을 제외한 나머지 짐의 무게는 60-(11+17+16)=16kg이다. 16kg를 8kg씩 나눠 위탁용 가방 두 개에 각각 담으면 28kg이 되므로, 15+15=30만 원의 초과요금이 나온다. 하지만 16kg을 위탁용 가방 하나에 넣으면, 36kg이 되어 초과요금이 20만 원으로 가장 저렴하다. 따라서 가장 저렴한 가격으로 짐을 나누어 담는 경우는 다음과 같다.

구분		기내용 1kg	위탁용 3kg	위탁용 4kg	합계
경우 1	짐 무게	11kg	33kg	16kg	60kg
	총 무게	12kg	36kg	20kg	68kg
	비용	무료	무게 초과 : 20만 원	무료	20만 원
경우 2	짐 무게	11kg	17kg	32kg	60kg
	총 무게	12kg	20kg	36kg	68kg
	비용	무료	무료	무게 초과 : 20만 원	20만 원

19

정답 ④

유럽 출장 시 기내수하물은 8kg까지 무료이므로, 가방의 무게 1kg을 고려하여 기내용 가방에 7kg의 짐을 넣는다. 나머지 짐의 무게는 53kg이므로, 초과수하물 규정에 따라 한 가방에 넣을 수 없다. 즉, 위탁수하물 1개가 초과되므로 15만 원의 초과요금이 발생한다. 최저요금으로 산정하려면 무게에 대한 수하물 초과요금은 위탁수하물 두 개 중 하나에서만 발생되어야 한다. 따라서 가장 저렴한 가격으로 짐을 나누어 담는 경우는 다음과 같다.

구분		기내용 1kg	위탁용 3kg	위탁용 4kg	합계
경우 1	짐 무게	7kg	34g	19kg	60kg
	총 무게	8kg	37kg	23kg	68kg
	비용	무료	개수 초과 : 15만 원 무게 초과 : 23만 원 =38만 원	무료	38만 원
경우 2	짐 무게	7kg	20kg	33kg	60kg
	총 무게	8kg	23kg	37kg	68kg
	비용	무료	무료	개수 초과 : 15만 원 무게 초과 : 23만 원 =38만 원	38만 원

따라서 두 나라의 수하물 요금의 차이는 38만-20만=18만 원이다.

20

정답 ②

A씨는 계약전력이 5kW 이하이며 전세계약을 했으므로, 사용자로 변동된 경우로 보아야 한다. 계약전력이 5kW 이하인 고객은 전화신청도 가능하며, 사용자로 변동된 경우에는 전기사용변경신청서와 고객변동일을 입증할 수 있는 서류로 임대차계약서 또는 사업자등록증 사본을 구비하면 된다.

01	02	03	04	05	06	07	08	09	10	11	12	13	14	15	16	17	18	19	20
③	③	④	④	②	①	③	③	④	①	③	④	②	②	④	③	③	②	③	③

01

정답 ③

남녀가 다시 만나는 데 걸리는 시간을 y시간이라 하면 거리에 대한 방정식은 다음과 같다.

$4 \times (y-0.5) + 6 \times y = 10 \rightarrow 4y - 2 + 6y = 10 \rightarrow 10y = 12 \rightarrow y = 1.2$

따라서 두 남녀가 다시 만나는 데 걸리는 시간은 1.2시간이므로 1시간 12분이다.

02

정답 ③

K사원의 정규시간 외에 초과근무가 있는 날의 시간외근무시간을 구하면 다음과 같다.

근무 요일	초과근무시간			1시간 공제
	출근	야근	합계	
1 ~ 15일	–	–	–	770분
18(월)	–	70분	70분	10분
20(수)	60분	20분	80분	20분
21(목)	30분	70분	100분	40분
25(월)	60분	90분	150분	90분
26(화)	30분	160분	190분	130분
27(수)	30분	100분	130분	70분
합계	–	–	–	1,130분

∴ 1,130분=18시간 50분

1시간 미만은 절사이므로 $7,000 \times 18 = 126,000$원이다.

03

정답 ④

시속 3km로 걷는 거리가 $x$km이면 걷는 시간은 $\dfrac{x}{3}$시간이 되고, 시속 6km로 뛰어간 거리는 $(8-x)$km, 시간은 $\dfrac{8-x}{6}$시간이 된다. 회사에 도착하기까지 걸린 시간은 1시간 30분 이하이므로, 다음 부등식이 성립한다.

$\dfrac{x}{3} + \dfrac{8-x}{6} \leq \dfrac{3}{2} \rightarrow 2x + (8-x) \leq 9 \rightarrow x \leq 1$

따라서 집에서 회사 방향으로 최대 1km 지점까지 시속 3km로 걸어갈 수 있다.

04

정답 ④

제시된 자료를 이용해 총점과 순위를 구하면 다음과 같다.

업체	총점(순위)	품질 점수	가격 점수	직원규모 점수
갑	92.1(2위)	44	38.4	9.7
을	92.2(1위)	42.5	40	9.7
병	91.3(3위)	43.5	38.4	9.4

병이 현재보다 직원규모를 10명 더 늘리면 직원규모 점수가 0.3점 올라 갑과 가격 점수, 직원규모 점수가 동일하지만 품질 점수에서 0.5점이 뒤처지므로 불가능하다.

[오답분석]
② 직원규모 점수가 9.7점으로 같다.
③ 가격 점수가 0.8점 올라가서 총점이 92.9점이 되므로 바른 판단이다.

05

정답 ②

자동차 부품 생산조건에 따라 반자동라인과 자동라인의 시간당 부품 생산량을 구해보면 다음과 같다.

• 반자동라인 : 4시간에 300개의 부품을 생산하므로, 8시간에 300개×2=600개의 부품을 생산한다. 하지만 8시간마다 2시간씩 생산을 중단하므로, 8+2=10시간에 600개의 부품을 생산하는 것과 같다. 따라서 시간당 부품 생산량은 $\frac{600개}{10시간}$=60개/h이다.

이때 반자동라인에서 생산된 부품의 20%는 불량이므로, 시간당 정상 부품 생산량은 60개/h×(1-0.2)=48개/h이다.

• 자동라인 : 3시간에 400개의 부품을 생산하므로, 9시간에 400개×3=1,200개의 부품을 생산한다. 하지만 9시간마다 3시간씩 생산을 중단하므로, 9+3=12시간에 1,200개의 부품을 생산하는 것과 같다. 따라서 시간당 부품 생산량은 $\frac{1,200개}{12시간}$=100개/h 이다. 이때 자동라인에서 생산된 부품의 10%는 불량이므로, 시간당 정상 제품 생산량은 100개/h×(1-0.1)=90개/h이다.

따라서 반자동라인과 자동라인에서 시간당 생산하는 정상 제품의 생산량은 48+90=138개/h이므로, 34,500개를 생산하는 데 걸리는 시간은 $\frac{34,500개}{138개/h}$=250시간이다.

06

정답 ①

평가 결과와 지표별 가중치를 이용하여 지원자들의 최종 점수를 계산하면 다음과 같다.

• A지원자 : 3×3+3×3+5×5+4×4+4×5+5=84점
• B지원자 : 5×3+5×3+2×5+3×4+4×5+5=77점
• C지원자 : 5×3+3×3+3×5+3×4+5×5=76점
• D지원자 : 4×3+3×3+3×5+5×4+4×5+5=81점
• E지원자 : 4×3+4×3+2×5+5×4+5×5=79점

따라서 채용할 지원자는 A, D지원자이다.

07

정답 ③

우선 B사원의 대화내용을 살펴보면, 16:00부터 사내 정기 강연으로 2시간 정도 소요된다는 것을 알 수 있다. 또한 B사원은 강연 준비로 30분 정도 더 일찍 나서야 하므로, 15:30부터는 가용할 시간이 없다. 그리고 기획안 작성업무는 두 시간 정도 걸릴 것으로 보고 있는데, A팀장이 먼저 기획안부터 마무리 짓자고 하였으므로, 11:00부터 업무를 시작하는 것으로 볼 수 있다. 그런데 중간에 점심시간이 껴 있으므로, 기획안 업무는 14:00에 완료될 것으로 볼 수 있다.

따라서 A팀장과 B사원 모두 여유가 되는 시간은 14:00~15:30이므로 보기에서 가장 적절한 시간대는 ③이다.

08

정답 ③

4월 21일의 팀미팅은 워크숍 시작시간 전 오후 1시 30분에 끝나므로 3시에 출발이 가능하며, 22일의 일정이 없기 때문에 4월 21 ~ 22일이 워크숍 날짜로 적절하다.

[오답분석]

① 4월 9 ~ 10일 : 다른 팀과 함께하는 업무가 있는 주이므로 워크숍이 불가능하다.
② 4월 18 ~ 19일 : 19일은 주말이므로 워크숍이 불가능하다.
④ 4월 28 ~ 29일 : E대리가 휴가이므로 모든 팀원 참여가 불가능하다.

09

정답 ④

성과급 기준표를 적용한 A ~ D교사에 대한 성과급 배점을 정리하면 다음과 같다.

구분	주당 수업시간	수업 공개 유무	담임 유무	업무 곤란도	호봉	합계
A교사	14점	–	10점	20점	30점	74점
B교사	20점	–	5점	20점	30점	75점
C교사	18점	5점	5점	30점	20점	78점
D교사	14점	10점	10점	30점	15점	79점

따라서 D교사가 가장 높은 배점을 받게 된다.

10

정답 ①

홀수 주는 현장학습을 할 수 없으므로 1 · 3 · 5째주는 제외하고, 1 ~ 3학년의 현장학습일은 동일하므로 하루에 총 63명이 관람한다. 따라서 짝수 주에 1일 최대 관람 인원을 초과하지 않는 날을 고르면 둘째 주 10, 13일, 넷째 주 23 ~ 27일이다. 이때, 학사일정상 가장 빠른 주에 홍보관을 가야하므로 둘째 주 10, 13일 중 선택해야 하는데, 금요일은 모의고사가 있어 3학년이 현장학습을 참여할 수 없으므로 10일이 예약일로 가장 적절하다.

11

정답 ③

월드마린센터는 광양시에 있으며 서울에 있다는 내용은 관람 안내에서 찾아볼 수 없다.

12

정답 ④

추가근무 계획표를 요일별로 정리하면 다음과 같다.

월	화	수	목	금	토	일
김혜정(3) 정해리(5) 정지원(6)	이지호(4) 이승기(1) 최명진(5)	김재건(1) 신혜선(4)	박주환(2) 신혜선(3) 정지원(4) 김우석(1) 이상엽(6)	김혜정(3) 김유미(6) 차지수(6)	이설희(9) 임유진(4.5) 김유미(3)	임유진(1.5) 한예리(9) 이상엽(4.5)

즉, 목요일 추가 근무자가 5명임을 알 수 있다. 또한 목요일 추가근무자 중 단 1명만 추가근무 일정을 바꿔야한다면 목요일 6시간과 일요일 3시간 일정으로 6+(3×1.5)=10.5시간을 근무하는 이상엽의 일정을 바꿔야 한다.
따라서 목요일에 추가근무 예정인 이상엽의 요일과 시간을 변경해야 한다.

13

가중치를 반영하여 업체들의 점수를 종합하면 다음과 같다.

(단위 : 점)

평가항목 \ 업체	A	B	C	D
적합성 점수	22	24	23	20
실적점수	12	18	14	16
입찰점수	10	4	6	8
평가점수	44	46	43	44

따라서 B업체가 최종 선정된다.

14

수정된 공사 시행업체 선정방식에 따라 가중치를 반영하여 업체들의 점수를 종합하면 다음과 같다.
수정된 선정방식에 따르면 A, C업체는 운영건전성에서, D업체는 환경친화설계에서 만점을 받아 각각 가점 2점을 받는다.

(단위 : 점)

평가항목 \ 업체	A	B	C	D
적합성 점수	24	24	25	22
실적점수	6	9	7	8
입찰점수	9	6	7	8
평가점수	39	39	39	38

평가점수가 가장 높은 업체는 A, B, C이므로, 세 업체가 중간 선정된다. 이 중 근무효율성개선 점수가 가장 높은 업체는 B이므로, B업체가 최종 선정된다.

15

선정방식에 따라 각 업체별 경영건전성 점수, 시공실적 점수, 전력절감 점수, 친환경 점수를 합산한 값의 평균에 가점을 가산하여 최종점수를 구하면 다음과 같다.

(단위 : 점)

구분	A업체	B업체	C업체	D업체
경영건전성 점수	85	91	79	88
시공실적 점수	79	82	81	71
전력절감 점수	71	74	72	77
친환경 점수	88	75	85	89
평균	80.75	80.5	79.25	81.25
가점	수상 2점	무사고 1점, 수상 2점	입찰가격 2점	무사고 1점, 입찰가격 2점
최종점수	82.75	83.5	81.25	84.25

따라서 선정될 업체는 최종점수가 84.25점으로 가장 높은 D업체이다.

16

정답 ③

1월 7일에 있는 햇빛새싹발전소 발전사업 대상지 방문 일정에는 3명이 참가한다. 짐 무게 3kg당 탑승인원 1명으로 취급하므로, 총 4명의 인원이 탈 수 있는 렌터카가 필요하다. 최대 탑승인원을 만족하는 A ~ D렌터카 중 가장 저렴한 것은 A렌터카이지만 1월 1일 ~ 1월 8일에 신년할인행사로 휘발유 차량을 30% 할인하므로, B렌터카의 요금이 42,000원[＝60,000×(1−0.3)]으로 가장 저렴하다.

1월 14일 보령 본사 방문에 참여하는 인원은 4명인데, 짐 무게 6kg은 탑승인원 2명으로 취급하므로, 총 6명이 탈 수 있는 렌터카가 필요하다. 최대 탑승인원을 만족하는 C와 D렌터카는 요금이 동일하므로, 조건에 따라 최대 탑승인원이 더 많은 C렌터카를 선택한다.

17

정답 ③

㉠ 각 팀장이 매긴 순위에 대한 가중치는 모두 동일하다고 하였으므로, 1, 2, 3, 4순위의 가중치를 각각 4, 3, 2, 1점으로 정해 네 사람의 면접점수를 산출하면 다음과 같다.

- 갑 : 2+4+1+2=9
- 을 : 4+3+4+1=12
- 병 : 1+1+3+4=9
- 정 : 3+2+2+3=10

따라서 면접점수가 높은 을, 정 중 한 명이 입사를 포기하면 갑, 병 중 한 명이 채용된다. 이때, 갑과 병의 면접점수는 9점으로 동점이지만 조건에 따라 인사팀장이 부여한 순위가 높은 갑을 채용하게 된다.

㉢ 경영관리팀장이 갑과 병의 순위를 바꿨을 때, 네 사람의 면접점수를 산출하면 다음과 같다.

- 갑 : 2+1+1+2=6
- 을 : 4+3+4+1=12
- 병 : 1+4+3+4=12
- 정 : 3+2+2+3=10

따라서 을과 병이 채용되므로 정은 채용되지 못한다.

오답분석

㉡ 인사팀장이 을과 정의 순위를 바꿨을 때, 네 사람의 면접점수를 산정하면 다음과 같다.

- 갑 : 2+4+1+2=9
- 을 : 3+3+4+1=11
- 병 : 1+1+3+4=9
- 정 : 4+2+2+3=11

따라서 을과 정이 채용되므로 갑은 채용되지 못한다.

18

정답 ②

B버스(9시 출발, 소요시간 40분) → KTX(9시 45분 출발, 소요시간 1시간 32분) : 도착시간 오전 11시 17분으로 가장 먼저 도착한다.

오답분석

① A버스(9시 20분 출발, 소요시간 24분) → 새마을호(9시 45분 출발, 소요시간 3시간) : 도착시간 오후 12시 45분
③ 지하철(9시 30분 출발, 소요시간 20분) → KTX(10시 30분 출발, 소요시간 1시간 32분) : 도착시간 오후 12시 2분
④ B버스(9시 출발, 소요시간 40분) → 새마을호(9시 40분 출발, 소요시간 3시간) : 도착시간 오후 12시 40분

19

정답 ③

- 서울 - 베이징 시차 : 서울 → 이슬라마바드(−4) → 베이징(+3)이므로 −4+3=−1
  즉, 서울이 베이징보다 1시간 빠르다.
- 서울 - 영국 시차 : 서울 → 모스크바(−6) → 런던(−3)이므로 −6−3=−9
  즉, 서울이 영국보다 9시간이 빠르다.

K사원이 경유지인 베이징에서 S대리를 만난 시각은 중국시각으로 오전 10시였으므로, 이를 한국시각으로 변환하면 오전 11시가 된다. 한국에서 베이징까지 비행시간이 2시간이므로, 적어도 오전 9시에는 비행기를 타야 한다. 이 조건을 만족하지 않는 B항공은 제외된다.

그리고 영국 런던에서 열린 학회는 영국시각으로 1월 3일 오후 4시에 시작하므로, 이를 한국시각으로 변환하면 1월 4일 오전 1시가 된다. 또한 공항에서 학회장까지 이동시간이 40분이므로, 한국시각으로 1월 4일 오전 12시 20분에는 히드로공항에 도착해야 한다. 마지막으로 베이징에서 런던까지 12시간 비행하였으므로, 베이징공항에서 적어도 오후 12시 20분에는 출발해야 한다. 이는 베이징시각으로 오전 11시 20분이므로, K사원이 탄 항공기는 C항공이다.

20

김대리는 특수직에 해당하고, 가중치와 구성비를 고려한 항목별 점수는 다음과 같다.

구분	분기실적	직원평가	연수내역	조직기여도	총점
점수	$0.6 \times 8 = 4.8$	$0.4 \times 10 = 4.0$	$0.2 \times 5 = 1.0$	$0.3 \times 6 = 1.8$	$4.4 + 1.0 + 1.8$ $= 7.2$
	$[0.5 \times (4.8 + 4.0)] = 4.4$				

따라서 김대리는 6.8 이상 7.6 미만 구간에 해당되므로, 100만 원의 성과급을 지급받게 된다.

PART 1

05 | 정보능력
기출예상문제

01	02	03	04	05	06	07	08	09	10
④	②	②	④	①	②	①	④	③	②
11	12	13	14	15	16	17	18	19	20
③	④	③	②	②	②	④	④	①	④

01 　　　정답 ④

랜섬웨어는 감염되면 복구가 쉽지 않아 프로그램으로 복구가 어렵다.
따라서 복구 프로그램을 활용하는 것은 주의사항으로 보기 어려우며 '랜섬웨어에 감염이 되면 즉시 정보운영처로 연락해주십시오.' 등이 주의사항으로 적절하다.

02 　　　정답 ②

악성코드는 악의적인 목적을 위해 작성된 실행 가능한 코드의 통칭으로 자기 복제 능력과 감염 대상 유무에 따라 바이러스, 웜, 트로이목마 등으로 분류되며 외부에서 침입하는 프로그램이다.

03 　　　정답 ②

정보처리는 기획 → 수집 → 관리 → 활용 순서로 이루어진다.

오답분석

① 정보의 전략적 기획은 정보수집의 첫 단계로서 정보처리 과정 전반에 필요한 전략적 계획수립 단계이다.
③ 다양한 정보원으로부터 합목적적 정보를 수집하는 것이 좋다.
④ 정보 관리 시 고려요소 3가지는 목적성, 용이성, 유용성이다.

04 　　　정답 ④

전략정보시스템(SIS)은 기업의 전략을 실현하여 경쟁우위를 확보하기 위한 목적으로 사용되는 정보시스템으로, 기업의 궁극적 목표인 이익에 직접 영향을 줄 수 있는 시장점유율 향상, 매출신장, 신상품 전략, 경영전략 등의 전략계획에 도움을 준다.

오답분석

① 비지니스 프로세스 관리 : 기업 내외의 비즈니스 프로세스를 실제로 드러나게 하고, 비즈니스의 수행과 관련된 사람 및 시스템을 프로세스에 맞게 실행ㆍ통제하며, 전체 비즈니스 프로세스를 효율적으로 관리하고 최적화할 수 있는 변화 관리 및 시스템 구현 기법이다.
② 전사적 자원관리 : 인사ㆍ재무ㆍ생산 등 기업의 전 부문에 걸쳐 독립적으로 운영되던 각종 관리시스템의 경영자원을 하나의 통합 시스템으로 재구축함으로써 생산성을 극대화하려는 경영혁신기법이다.
③ 경영정보시스템 : 기업 경영정보를 총괄하는 시스템으로서 의사결정 등을 지원하는 종합시스템이다.

05 　　　정답 ①

워드프로세서의 머리말은 한 페이지의 맨 위에 한두 줄의 내용이 고정적으로 반복되게 하는 기능이다.

06 　　　정답 ②

ㄴ. 스마트폰 교체 기간이라는 자료를 중년층이라는 타겟에 대해 가공한 것으로 '정보'에 해당한다.
ㄷ. 스마트폰 보유율이라는 자료를 10대라는 타겟으로 설정해 가공한 것으로 '정보'에 해당한다.

오답분석

ㄱ. 보유 스마트폰 기종이란, 객관적 사실 자체를 나타낸 것으로 '자료'에 해당한다.
ㄹ. 20대가 원하는 스마트폰 요금제 출시란, 정보를 체계화해 장래의 사항에 대비한 것으로 '지식'에 해당한다.
ㅁ. 주간 스마트폰 사용시간이란, 객관적 사실 자체를 나타낸 것으로 '자료'에 해당한다.

07 　　　정답 ①

근무점수가 70점 이상인 셀의 개수를 출력하기 위해서는 함수식 COUNTIF(C3:C11,">=70")을 입력해야 하고, 그중 80점대 이상의 셀의 개수를 제외하기 위하여 80점 이상인 셀의 개수를 출력하는 함수식 COUNTIF(C3:C11,">=80")을 이용하여 함수식 「=COUNTIF(C3:C11,">=70")-COUNTIF(C3:C11,">=80")」을 입력하면 [B14] 셀의 결괏값이 출력된다.

08 정답 ④

CONCATENATE 함수는 텍스트와 텍스트를 연결시켜주는 함수이다. [C2] 셀의 값인 '3·1절(매년 3월 1일)'은 [A2], '(', [B2], ')'와 같이 4가지의 텍스트가 연결되어야 한다. 그리고 '(', ')'와 같은 값을 나타내기 위해서는 " "를 이용하여 입력해야 한다.

따라서 입력해야 하는 함수식은 「=CONCATENATE(A2, "(",B2,")")」이다.

09 정답 ③

PROPER 함수는 단어 앞의 첫 글자만 대문자로 나타내고 나머지는 소문자로 나타내주는 함수이다.

따라서 함수식 「=PROPER("republic of korea")」는 'Republic Of Korea'로 출력된다.

10 정답 ②

ROUND 함수는 지정한 자릿수를 반올림하는 함수이다. 함수식에서 '−1'의 의미는 일의 자리를 뜻하며, '−2'는 십의 자리를 뜻한다. 여기서 '−'기호를 빼면 소수점 자리로 인식한다. 따라서 일의 자리를 반올림하기 때문에 결괏값은 1200이다.

오답분석

① MAX 함수는 지정된 범위 내에서 최댓값을 출력하는 함수이다.

③ LARGE 함수는 지정된 범위 내에서 몇 번째 큰 값을 출력하는 함수이다.

④ COUNTIF 함수는 특정한 값의 셀의 개수를 출력하는 함수이다.

11 정답 ③

유효성 검사에서 제한 대상을 목록으로 설정을 했을 경우, 드롭다운 목록의 너비는 데이터 유효성 설정이 있는 셀의 너비에 의해 결정된다.

12 정답 ④

ⓒ 직책은 부장, 차장, 대리, 사원 순으로 사용자 지정 목록을 이용하여 정렬되었다.

ⓒ 부서를 오름차순으로 우선 기준을, 다음으로 직책 순으로 정렬되었다.

오답분석

㉠ 부서를 기준으로 오름차순으로 정렬되었다.

㉢ 성명을 기준으로 정렬되지 않았다.

13 정답 ③

문자는 숫자와 달리 두 개의 셀을 드래그한 뒤 채우기를 했을 때 선택한 값이 반복되어 나타나므로 A가 입력된다.

14 정답 ②

연속된 셀을 범위로 선택할 때는 〈Shift〉 키를 누른 상태에서 마우스나 방향키를 움직이고, 불연속적인 셀을 선택할 때는 〈Ctrl〉 키를 누른 상태에서 마우스로 클릭한다.

15 정답 ②

[A1] 셀에 1을 입력하고 일반 채우기 핸들을 이용하면 1이 복사되어 나타난다. 이때, 〈Ctrl〉 키를 누르고 채우기 핸들을 이용하면 숫자가 1씩 증가하여 각 셀에 입력된다.

16 정답 ②

인쇄 중인 문서를 일시 정지시킬 수 있으며 일시 정지된 문서를 다시 이어서 출력할 수도 있지만, 다른 프린터로 출력하도록 할 수는 없다. 다른 프린터로 출력을 원할 경우 처음부터 다른 프린터로 출력해야 한다.

17 정답 ④

비교적 가까운 거리에 흩어져 있는 컴퓨터들을 서로 연결하여 여러 가지 서비스를 제공하는 네트워크는 근거리 통신망에 해당한다. 근거리 통신망의 작업 결과를 공유하기 위해서는 네트워크상의 작업 그룹명을 동일하게 하여야 가능하다.

18 정답 ④

[틀 고정] 기능은 선택한 셀을 기준으로 좌측과 상단의 모든 셀을 고정하게 된다. 따라서 A열과 1행을 고정하기 위해서는 [B2] 셀을 클릭한 후 틀 고정을 실행해야 한다.

19 정답 ①

AVERAGE 함수를 사용하여 평균을 구한 뒤 자리올림은 ROUNDUP 함수를 사용해야 한다. ROUNDUP 함수는 ROUNDUP(수,자릿수)로 구성되어 있고, 자릿수는 소수점 이하 숫자를 기준으로 하여 일의 자릿수는 0, 십의 자릿수는 −1, 백의 자릿수는 −2, 천의 자릿수는 −3으로 입력해야 한다. 따라서 [B9] 셀에 입력할 함수식으로 「=ROUNDUP (AVERAGE(B2:C8),−3)」이 적절하다.

20 정답 ④

데이터 유효성 조건에서 제한 대상 목록은 정수, 소수점, 목록, 날짜, 시간, 텍스트 길이, 사용자 지정을 볼 수 있다.

06 | 조직이해능력
기출예상문제

01	02	03	04	05	06	07	08	09	10
③	④	①	②	④	③	①	③	①	③
11	12	13	14	15	16	17	18	19	20
④	④	②	②	①	④	②	①	③	④

01 　　　　　정답 ③

경영자의 고유한 권리인 경영권을 약화시키고, 오히려 경영 참가제도를 통해 분배문제를 해결함으로써 노동조합의 단체교섭 기능이 약화될 수 있다.

02 　　　　　정답 ④

제시된 시장 조사 결과 보고서를 보면 소비자의 건강에 대한 관심이 커지고 있어 가격보다는 제품의 기능을 중시해야 하고, 취급 점포를 체계적으로 관리하며 상품의 가격을 조절해야 할 필요성이 나타나고 있다. 그러므로 '고급화 전략을 추진한다.'와 '전속적 또는 선택적 유통 전략을 도입한다.'라는 마케팅 전략을 구사하는 것이 적절하다.

03 　　　　　정답 ①

브레인스토밍에서는 어떠한 내용의 발언이라도 그에 대한 비판을 해서는 안 되는 것이 규칙이다.

> **브레인스토밍 규칙**
> • 다른 사람이 아이디어를 제시할 때에는 비판하지 않는다.
> • 문제에 대한 제안은 자유롭게 이루어질 수 있다.
> • 아이디어는 많이 나올수록 좋다.
> • 모든 아이디어들이 제안되고 나면 이를 결합하고 해결책을 마련한다.

04 　　　　　정답 ②

분권화된 의사결정이 가능한 사업별 조직구조는 (가)보다 (나)의 조직구조로 볼 수 있다.

(가)의 조직구조는 업무의 내용이 유사하고 관련성이 있는 것들을 결합해서 기능적 조직구조 형태를 이룬 것으로, 환경이 안정적이거나 일상적인 기술, 조직의 내부 효율성을 중요시 할 때 나타난다.

(나)의 조직구조는 급변하는 환경변화에 효과적으로 대응하고 제품, 지역, 고객별 차이에 신속하게 적응하기 위하여 분권화된 의사결정이 가능한 사업별 조직구조의 형태를 이룬 것이다. 이를 통해 (나)의 조직구조는 개별 제품, 서비스, 제품그룹, 주요 프로젝트나 프로그램 등에 따라 조직화 된다.

05 　　　　　정답 ④

④는 알레르기와 관련된 내용이기 때문에 고객에게 꼭 안내해야 한다. 제품 자체에 들어 있는 것에는 알레르기가 없더라도 같은 제조시설을 사용한 다른 식품에 알레르기가 있으면 그 제품을 피해야 하기 때문이다.

06 　　　　　정답 ③

조직문화는 조직의 안정성을 가져 오므로 많은 조직들은 그 조직만의 독특한 조직문화를 만들기 위해 노력한다.

07 　　　　　정답 ①

김팀장의 지시에 따른 박대리의 업무 리스트를 우선순위에 따라 작성하면 다음과 같다.

업무 리스트	업무 우선순위
1. 부장님께 사업계획서 제출(이번 주 금요일)	1. 회의실 예약 현황 확인
2. 본사 사업현황보고 회의 참석(오늘 오후 5시)	2. 금일 업무 보고서 작성
3. 금일 업무 보고서 작성 (오늘 오후 4시까지)	3. 본사 사업현황보고 회의 참석
4. 회의실 예약 현황 확인 (오늘 오후 2시까지)	4. 부장님께 사업계획서 제출

따라서 박대리가 가장 먼저 처리해야 할 일은 회의실 예약 현황을 확인하는 것이다.

08
정답 ③

집단에서 일련의 과정을 거쳐 의사가 결정되었다고 해서 최선의 결과라고 단정지을 수는 없다.

09
정답 ①

마이클 포터(Michael E. Porter)의 본원적 경쟁전략

1. 원가우위 전략 : 원가절감을 통해 해당 산업에서 우위를 점하는 전략으로, 이를 위해서는 대량생산을 통해 단위 원가를 낮추거나 새로운 생산기술을 개발할 필요가 있다. 1970년대 우리나라의 섬유업체나 신발업체, 가발업체 등이 미국시장에 진출할 때 취한 전략이 해당한다.

2. 차별화 전략 : 조직이 생산품이나 서비스를 차별화하여 고객에게 가치가 있고 독특하게 인식되도록 하는 전략이다. 차별화 전략을 활용하기 위해서는 연구개발이나 광고를 통하여 기술, 품질, 서비스, 브랜드이미지를 개선할 필요가 있다.

3. 집중화 전략 : 특정 시장이나 고객에게 한정된 전략으로, 원가우위나 차별화 전략이 산업 전체를 대상으로 하는 데 비해 집중화 전략은 특정 산업을 대상으로 한다. 즉, 집중화 전략에서는 경쟁조직들이 소홀히 하고 있는 한정된 시장을 원가우위나 차별화 전략을 써서 집중적으로 공략하는 방법이다

10
정답 ③

경영활동은 조직의 효과성을 높이기 위해 총수입 극대화, 총비용 극소화를 통해 이윤을 창출하는 것과 관련된 외부경영활동과 조직내부에서 인적, 물적 자원 및 생산기술을 관리하는 내부경영활동으로 구분할 수 있다. 인도네시아 현지 시장의 규율을 조사하는 것은 시장진출을 준비하는 과정으로 외부경영활동에 해당된다.

오답분석

① 잠재적 고객인 인도네시아 시장의 고객들의 성향을 파악하는 것은 외부경영활동으로 구분된다.

② 중국 협력업체의 가동률 급락으로 인해 대안이 되는 협력업체로서 국내 업체들과의 협력안을 검토하는 것 역시 내부 생산공정 관리와 같이 생산관리의 일환으로서 내부경영활동에 해당된다.

④ 내부 엔진 조립 공정 개선 시 생산성을 증가시킬 수 있다는 피드백이 있으므로, 이를 위한 기술개발에 투자하는 것은 생산관리로서 내부경영활동에 해당된다.

11
정답 ④

오답분석

① 회의에 참가한 인원이 6명일 뿐 조직의 인원은 회의록으로 알 수 없다.

② 회의 참석자는 생산팀 2명, 연구팀 2명, 마케팅팀 2명으로 총 6명이다.

③ 마케팅팀에서 제품을 전격 회수하고 연구팀에서 유해성분을 조사하기로 했다.

12
정답 ④

회의 후 가장 먼저 해야 할 일은 '주문 물량이 급격히 증가한 일주일 동안 생산된 제품 파악'이다. 문제의 제품이 전부 회수돼야 포장재질 및 인쇄된 잉크 유해성분을 조사한 뒤 적절한 조치가 가능해지기 때문이다.

13
정답 ②

각종 위원회 위원 위촉에 관한 전결규정은 없다. 따라서 정답은 ②가 된다. 단, 대표이사의 부재중에 부득이하게 위촉을 해야 하는 경우가 발생했다면 차하위자(전무이사)가 대결을 할 수는 있다.

14
정답 ②

도요타 자동차는 소비자의 관점이 아닌 생산자의 관점에서 문제를 해결하려다 소비자들의 신뢰를 잃게 됐다. 따라서 기업은 생산자가 아닌 소비자의 관점에서 문제를 해결하기 위해 노력해야 한다.

15
정답 ①

사내 봉사 동아리는 비공식 조직에 해당한다. 비공식 조직의 특징에는 인간관계에 따라 형성된 자발적인 조직, 내면적·비가시적, 비제도적, 감정적, 사적 목적 추구, 부분적 질서를 위한 활동 등이 있다.

오답분석

② 영리조직

③ 공식조직

④ 공식조직

16
정답 ④

영리조직은 이윤 추구를 목적으로 하며, 비영리조직은 공익목적을 가지고 있으며 대학, 시민단체, 병원, 종교단체 등이 이에 해당한다.

17
정답 ②

민츠버그의 경영자 역할
1. 대인적 역할 : 상징자 혹은 지도자로서 대외적으로 조직을 대표하고, 대내적으로 조직을 이끄는 리더로서 역할을 의미
2. 정보적 역할 : 조직을 둘러싼 외부환경의 변화를 모니터링하고, 이를 조직에 전달하는 정보전달자의 역할을 의미
3. 의사결정적 역할 : 조직 내 문제를 해결하고 대외적 협상을 주도하는 협상가, 분쟁조정자, 자원 배분자로서의 역할을 의미

18
정답 ①

최선을 다해 최고의 성과를 낸다면 가장 이상적인 결과가 되겠지만, 회사 생활을 하다보면 그렇지 못한 경우도 많다. 결과를 위해 과정을 무시하는 것은 적절하지 않으며, 본인만 돋보이고자 한다면 팀워크를 망칠 수도 있으므로 A지원자가 가장 적절하지 않다.

19
정답 ③

수직적 체계에 따른 경영자
1. 최고경영자 : 조직의 최상위층으로 조직의 혁신기능과 의사결정기능을 조직 전체의 수준에서 담당하게 된다.
2. 중간경영자 : 재무관리, 생산관리, 인사관리 등과 같이 경영부문별로 최고경영층이 설정한 경영 목표·전략·정책을 집행하기 위한 제반활동을 수행하게 된다.
3. 하위경영자 : 현장에서 실제로 작업을 하는 근로자를 직접 지휘·감독하는 경영층을 의미한다.

20
정답 ④

㉠에 들어갈 적절한 내용은 '전략, 관리, 운영'이며, ㉡에 들어갈 적절한 내용은 '경영목적, 인적자원, 자금, 전략'이다.

07 | 기술능력
기출예상문제

01	02	03	04	05	06	07	08	09	10	11	12	13	14	15	16	17	18	19	20
②	④	③	③	④	②	③	④	②	③	①	④	①	②	③	④	④	④	②	④

01
정답 ②

지속가능한 기술은 이용 가능한 자원과 에너지를 고려하고, 자원의 사용과 그것이 재생산되는 비율의 조화를 추구하며, 자원의 질을 생각하고, 자원이 생산적인 방식으로 사용되는가에 주의를 기울이는 기술이라고 할 수 있다. 즉, 지속가능한 기술은 되도록 태양 에너지와 같이 고갈되지 않는 자연 에너지를 활용하며, 낭비적인 소비 형태를 지양하고, 기술적 효용만이 아닌 환경 효용을 추구한다. (가), (나), (라)의 사례는 낭비적인 소비 형태를 지양하고, 환경 효용도 추구함을 볼 때 지속가능한 기술의 사례로 볼 수 있다.

오답분석
(다)와 (마)의 사례는 환경 효용이 아닌 생산수단의 체계를 인간에게 유용하도록 발전시키는 사례로, 기술발전에 해당한다.

02
정답 ④

에디슨이 전등회사, 전구 생산 회사 등을 설립하고 통합하여 다양한 회사들을 소유·통제한 것은 기술시스템 발전단계 1단계 중 혁신의 단계에 속한다.

03
정답 ③

연구개발에 참가한 연구원과 엔지니어들이 그 기업을 떠나는 경우 기술과 지식의 손실이 크게 발생하는 점을 볼 때, 기술혁신은 새로운 지식과 경험의 축적으로 나타나는 지식 집약적인 활동으로 볼 수 있다.

기술혁신의 특성
- 기술혁신은 그 과정 자체가 매우 불확실하고 장기간의 시간을 필요로 한다.
- 기술혁신은 지식 집약적인 활동이다.
- 기술혁신 과정의 불확실성과 모호함은 기업 내에서 많은 논쟁과 갈등을 유발할 수 있다.
- 기술혁신은 조직의 경계를 넘나든다.

04
정답 ③

기술 발전에 있어 환경 보호를 추구하는 점을 볼 때, 지속가능한 개발의 사례로 볼 수 있다. 지속 가능한 개발은 경제 발전과 환경 보전의 양립을 위하여 새롭게 등장한 개념으로 볼 수 있으며, 미래세대가 그들의 필요를 충족시킬 수 있는 가능성을 손상시키지 않는 범위에서 현재 세대의 필요를 충족시키는 개발인 것이다.

오답분석
① 개발독재 : 개발도상국에서 개발이라는 이름으로 행해지는 정치적 독재를 말한다.
② 연구개발 : 자연과학기술에 대한 새로운 지식이나 원리를 탐색하고 해명해서 그 성과를 실용화하는 일을 말한다.
④ 개발수입 : 기술이나 자금을 제3국에 제공하여 미개발자원 등을 개발하거나 제품화하여 수입하는 것을 말한다.

05

산업재해의 기본적 원인

1. 교육적 원인 : 안전 지식의 불충분, 안전 수칙의 오해, 경험이나 훈련의 불충분과 작업관리자의 작업 방법 교육 불충분, 유해·위험 작업 교육 불충분 등이 있다.
2. 기술적 원인 : 건물·기계 장치의 설계 불량, 구조물의 불안정, 재료의 부적합, 생산 공정의 부적당, 점검·정비·보존의 불량 등이 있다.
3. 작업 관리상 원인 : 안전 관리 조직의 결함, 안전 수칙 미제정, 작업 준비 불충분, 인원 배치 및 작업 지시 부적당 등이 있다.

산업재해의 직접적 원인

1. 불안전한 행동 : 위험 장소 접근, 안전 장치 기능 제거, 보호 장비의 미착용 및 잘못된 사용, 운전 중인 기계의 속도 조작, 기계·기구의 잘못된 사용, 위험물 취급 부주의, 불안전한 상태 방치, 불안전한 자세와 동작, 감독 및 연락 잘못 등이 있다.
2. 불안전한 상태 : 시설물 자체 결함, 전기 시설물의 누전, 구조물의 불안정, 소방기구의 미확보, 안전 보호 장치 결함, 복장·보호구의 결함, 시설물의 배치 및 장소 불량, 작업 환경 결함, 생산 공정의 결함, 경계 표시 설비의 결함 등이 있다.

06

정답 ②

가장 최근에 개발된 기술이라고 해서 기업의 성장에 도움이 된다고 단정 지을 수 없다. 또한 최신 기술이라고 하더라도 빠른 시간 내에 진부화될 수 있다. 무조건 최신 기술을 도입하기보다는 향후 기업성장에 도움이 되는 기술인지, 진부화될 가능성이 낮은 최신 기술인지를 판단하여 선택하는 것이 옳다.

07

정답 ③

추운 지역의 LPG는 프로판 비율이 높다.

08

정답 ④

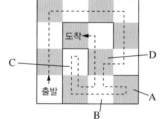

A에서 B, C에서 D로 이동할 때는 보조명령을 통해 이동했다. 그 외의 구간은 주명령을 통해 이동했다.

09

정답 ②

[세부절차 설명] (2)에서 공유기의 DHCP 기능을 중지하도록 안내하고 있다. 또한, [안내]에서도 공유기에 내부 IP 주소 변경과 DHCP 서버 기능을 중단하도록 알려주고 있다.

10

정답 ③

[세부절차 설명] (3)을 살펴보면 스위치로 동작하는 〈공유기 2〉의 WAN 포트에는 아무것도 연결하지 않도록 안내하고 있으므로, WAN 포트에 연결하라는 답변은 옳지 않다.

11

정답 ①

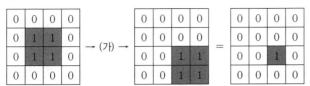

패턴 A, 패턴 B 모두 1인 경우에만 결괏값이 1이 되므로 AND 연산자가 사용되었다.

12

정답 ④

NOR(부정논리합) : 둘 다 거짓일 때만 참, 나머지는 모두 거짓

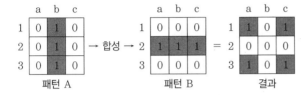

13

정답 ①

'수시'는 '일정하게 정하여 놓은 때 없이 그때그때 상황에 따름'을 의미한다. 즉, 하루에 한 번 청소할 수도 있고, 아닐 수도 있다.

[오답분석]

② '제품 이상시 조치방법' 맨 마지막에 설명되어 있다.

③ 적정 시기에 필터를 교환하지 않으면 물이 나오지 않거나 정수물이 너무 느리게 채워지는 문제가 발생한다.

④ 10mm=1cm이므로, 외형치수를 환산하면 옳은 설명임을 알 수 있다.

14

정답 ②

필터 수명이 종료됐을 때와 연결 호스가 꺾였을 때 물이 나오지 않는다. 이때 연결 호스가 꺾였다면 서비스센터에 연락하지 않고 해결이 가능하다.

15

정답 ③

ㄱ. 정수기에 사용되는 필터는 세디먼트 필터, 프리카본 필터, UF중공사막 필터, 실버블록카본 필터이다.

ㄹ. 설치 시 주의사항으로 벽면에서 20cm 이상 띄워 설치하라고 언급했다. 따라서 지켜지지 않을 경우 문제가 발생할 수 있다.

[오답분석]

ㄴ. 시너 및 벤젠은 제품의 변색이나 표면이 상할 우려가 있으므로 사용하지 말라고 명시되어 있다. 따라서 급한 경우라도 사용하지 않는 것이 옳다.

ㄷ. 프리카본 필터의 교환주기는 약 8개월이다. 3년은 36개월이므로, 4번 교환해야 한다.

16

정답 ④

④에 대한 내용은 문제 해결법에서 언급하지 않은 내용이다.

17

정답 ④

인쇄 속도가 느릴 때 해결할 수 있는 방안이다.

18

정답 ④

다른 전화기에서 울리는 전화를 내 전화기에서 받으려면 '당겨받기' 기능을 활용하면 된다.

19

정답 ②

②의 그림은 전화걸기 중 세 번째 문항에 대한 것으로 통화 중인 상태에서 다른 곳으로 전화를 걸기 원할 때의 전화기 사용법을 설명한 것이다.

오답분석

① 전화받기에 해당하는 그림으로 통화 중에 다른 전화를 받길 원할 때의 방법을 설명하고 있다.
③ 수신전환에 해당하는 그림으로 다른 전화기로 수신을 전환하는 방법을 설명하고 있다.
④ 돌려주기에 해당하는 그림으로 통화 중일 때 다른 전화기로 돌려주는 방법을 설명하고 있다.

20

정답 ④

스마트그리드 스테이션의 발전 설비인 풍력 및 태양광발전을 통해 발전 설비의 분산 효과를 기대할 수 있으므로, 발전 설비의 중앙 집중화는 옳지 않은 설명이다.

오답분석

신재생에너지인 풍력 및 태양광발전을 통해 화석연료 발전을 줄일 수 있으므로 온실가스 감축 효과를, EV충전 장치를 통해서 전기차 충전 인프라 확대를, 그리고 냉난방설비(BAS)와 지능형 전력계량(AMI) 등을 통해 에너지의 효율적 관리를 기대할 수 있다.

PART 2

최종점검 모의고사

01	02	03	04	05	06	07	08	09	10	11	12	13	14	15	16	17	18	19	20
④	③	④	④	④	④	①	④	④	②	②	②	④	①	④	④	①	②	③	②
21	22	23	24	25	26	27	28	29	30	31	32	33	34	35	36	37	38	39	40
④	③	②	③	③	④	④	④	③	②	①	③	①	④	③	④	②	④	④	④
41	42	43	44	45	46	47	48	49	50	51	52	53	54	55	56	57	58	59	60
④	③	④	④	②	④	②	②	③	③	①	④	④	③	②	③	③	④	③	④

01

정답 ④

오염수를 희석을 시키더라도 시간이 지나면 오염물질이 다시 모여들 수 있다는 것은 엔트로피 증가의 법칙을 무시한 주장이므로 오염수를 희석시켜 방류하면 오염물질이 다시 모여들 걱정을 하지 않아도 된다.

오답분석

① 초미세먼지(2.5마이크로미터)의 1만 분의 1 정도의 크기이다.
② 방사성 오염 물질은 독립된 원자 상태로 존재하기도 하나, 대부분은 다른 원소들과 화학적으로 결합한 분자 상태로 존재한다.
③ 전기적으로 중성인 경우도 있고, 양전하나 음전하를 가진 이온의 상태로 존재하기도 한다.

02

정답 ③

제시문을 통해 산업 및 가정에서 배출된 생활폐기물을 바이오매스 자원으로 활용하여 에너지를 생산하기 위한 화이트 바이오 연구가 진행되고 있음을 알 수 있다.

오답분석

① 바이오매스를 살아있는 유기물로 정의하는 생태학과 달리, 산업계에서는 산업용 폐자재나 가축의 분뇨, 생활폐기물과 같이 죽은 유기물이라 할 수 있는 유기성 폐자원 또한 바이오매스로 정의하고 있다.
② 산업계는 미생물을 활용한 화이트 바이오를 통해 온실가스 배출, 악취 발생, 수질오염 등 환경적 문제를 해결할 것으로 기대하고 있다.
④ 보건 및 의료 분야의 바이오산업인 레드 바이오나, 농업 및 식량 분야의 그린 바이오보다 늦게 발전을 시작했다는 점에서 앞선 두 바이오산업에 비해 규모가 작을 것임을 추측할 수 있다.

03

정답 ④

보조 용언이 거듭 나타나는 경우 앞의 보조 용언만을 붙여 쓸 수 있다. 즉, '가다'와 '듯하다'는 본용언 '되다'의 보조 용언이므로 앞의 보조 용언인 '가다'만 본용언과 붙여 쓸 수 있다. 따라서 '일이 그럭저럭 되어가는 듯하다.'가 옳은 표기이다.

오답분석

①·② 보조 용언은 띄어 씀을 원칙으로 하되, 경우에 따라 붙여 씀도 허용한다. 따라서 보조 용언인 '듯하다'는 ①과 같이 앞말과 띄어 쓰는 것이 원칙이나, ②와 같이 붙여 쓰는 것도 허용한다.
③ '돌아오다'는 합성 용언으로 앞말이 합성 용언인 경우 보조 용언 '듯하다'는 띄어 써야 한다.

04

첫 번째 문단에서 마중물 효과의 개념을, 두 번째에서 네 번째 문단까지는 마중물 효과 및 마중물을 활용한 마케팅의 특징에 대해 설명하고, 마중물로 인해 소비자가 과소비를 할 수 있는 위험성에 대해 언급했다. 그리고 마지막 문단에서는 이를 바탕으로 소비자에게 꼭 필요한 상품을 꼭 필요한 만큼만 구매하는 현명한 태도를 갖기를 당부하고 있다. 즉 글은 마중물 효과가 가진 특징을 설명함으로써 소비자가 갖추어야 할 바람직한 태도를 당부하고자 글을 썼다.

05

세 번째 문단에서 보면 마중물 효과는 소비자에게 제공하는 마중물로 제품 자체의 가치를 홍보하여 제품에 대한 소비자의 긍정적 평가를 이끌어 내고 제품을 지속적으로 구매하게 하는 것이다. 즉, 소비자의 인식을 긍정적인 쪽으로 변화시키고 구매하고 싶은 마음을 갖게 하기에, 마중물 효과는 소비자의 심리 변화를 기반으로 발생한다고 할 수 있다.

06

문명인들은 빠른 교통수단을 가지고 있지만 그 교통수단을 위한 부가적인 행위들로 인하여 많은 시간을 소모하게 된다. 이는 문명인들의 이동 속도가 미개인들의 이동 속도와 비교했을 때 큰 차이가 나지 않는 이유이다.

07

제시문의 내용과 PT자료의 내용이 일치하므로 적절하지 않은 부분이 없다.

08

우리나라는 폐자원 에너지화에 대한 전문 인력의 수가 부족하고, 기술이 부족하여 환경기술 개발과 현장 대응에 어려움을 겪고 있지만, 이와 관련한 핵심기술을 해외에 의지해 실시하고 있다.

09

기사문에서는 고속도로 노면 및 휴게소 청소, 터널 내 미세먼지 저감시설 설치 등 고속도로의 미세먼지를 줄이기 위한 L사의 다양한 대책들에 대해 설명하고 있다. 따라서 이러한 내용을 모두 포함할 수 있는 ④가 기사문의 제목으로 가장 적절하다.

[오답분석]
①·② 기사에서 미세먼지의 발생 원인이나 문제점에 대한 내용은 찾아볼 수 없다.
③ 휴게소의 개선방안은 L사의 다양한 대책 중 하나이므로 기사문의 전체 내용을 포괄하는 제목으로 적절하지 않다.

10

첫 번째 문단에 따르면 범죄는 취재거리로 찾아내기가 쉽고 편의에 따라 기사화할 수 있을 뿐만 아니라 범죄 보도를 통해 시청자의 관심을 끌 수 있기 때문에 언론이 범죄를 보도의 주요 소재로 삼지만, 지나친 범죄 보도는 범죄자나 범죄 피의자의 초상권을 침해하여 법적·윤리적 문제를 일으킨다. 따라서 마지막 문단의 내용처럼 범죄 보도가 초래하는 법적·윤리적 논란은 언론계 전체의 신뢰도에 치명적인 손상을 가져올 수도 있다. 이러한 현상을 비유하기에 가장 적절한 표현은 '부메랑'이다. 부메랑은 그것을 던진 사람 자신에게 되돌아와 상처를 입힐 수도 있기 때문이다.

[오답분석]
① '시금석(試金石)'은 귀금속의 순도를 판정하는 데 쓰는 검은색의 현무암이나 규질의 암석(층샛돌)을 뜻하며, 가치·능력·역량 등을 알아볼 수 있는 기준이 되는 기회나 사물을 비유적으로 이르는 말로도 쓰인다.
③ '아킬레스건(Achilles腱)'은 치명적인 약점을 비유하는 말이다.
④ '악어의 눈물'은 일반적으로 강자가 약자에게 보이는 '거짓 눈물'을 비유하는 말이다.

11

(라) 문단에서 '갑돌'의 성품이 탁월하다고 볼 수 있는 것은 그의 '성품이 곧고 자신감이 충만'하며, 다수의 옳지 않은 행동에 대하여 '비판의 목소리를 낼 것이며 그렇게 하는 데에 별 어려움을 느끼지 않을 것'이기 때문이다. 또한 (다) 문단에 따르면 탁월한 성품은 올바른 훈련을 통해 올바른 일을 바르고 즐겁게 그리고 어려워하지 않으며 처리할 수 있는 능력을 뜻한다. 따라서 아리스토텔레스의 입장에서는 '엄청난 의지를 발휘'하고 자신과의 '힘든 싸움'을 해야 했던 '병식'보다는 잘못된 일에 '별 어려움' 없이 '비판의 목소리'를 내는 '갑돌'의 성품을 탁월하다고 여길 것이다.

12

(나)는 논제를 친근하고 익숙한 사례(리라 켜기, 말 타기 등)에 비유해서 설명하고 있으나, 함축적 의미의 어휘를 사용하거나 개념을 정의하고 있지는 않다.

13

보기의 글은 어떤 행위가 도덕적인 행위가 되려면 '행위자의 감정이나 욕구 또는 성향'은 배제되어야 하며, '도덕 법칙을 지키려는 의지에서 비롯된 것이어야 한다.'고 주장하고 있다. 또한 (다) 문단에 따르면 아리스토텔레스는 '늘 관대한 행동을 하고 그런 행동에 감정적으로 끌리는 성향을 갖고 있어야 비로소 관대함에 관하여 성품의 탁월함을 갖고 있다고 할 수 있다.'고 여기므로, 아리스토텔레스는 도덕적 행위에 있어 '도덕 법칙에 대한 의지'보다는 '성향, 성품'을 강조한다고 볼 수 있다. 따라서 보기의 글에서 아리스토텔레스의 의견을 비판하려면 아리스토텔레스가 강조한 '성품, 성향'은 부정하고, '의지'는 강조할 필요가 있다.

14

제시된 단락의 마지막 문장을 통해, 이어질 내용이 초콜릿의 기원임을 유추할 수 있으므로 역사적 순서에 따라 나열하면 (나) – (다) – (라)가 되고, 그러한 초콜릿의 역사가 한국에서 나타났다는 내용은 각론에 해당하므로 (가)는 마지막에 위치한다.

15

오답분석
①은 두 번째 문장, ②는 제시문의 흐름, ③은 마지막 문장에서 각각 확인할 수 있다.

16

ⓒ에 따라 확진자가 C를 만난 경우와 E를 만난 경우를 나누어 볼 수 있다.
1) C를 만난 경우
   ㉠에 따라 A와 B를 만났으며, ㉡에 따라 F도 만났음을 알 수 있다.
2) E를 만난 경우
   ㉡에 따라 F를 만났음을 알 수 있다.
따라서 확진자는 두 경우 모두 F를 만났으므로 ④는 항상 참이 된다.

17

'김팀장이 이번 주 금요일에 월차를 쓴다.'를 A, '최대리가 이번 주 금요일에 월차를 쓴다.'를 B, '강사원의 프로젝트 마감일은 이번 주 금요일이다.'를 C라고 하면 제시된 명제는 A → ~B → C이므로 대우 ~C → B → ~A가 성립한다. 따라서 '강사원의 프로젝트 마감일이 이번 주 금요일이 아니라면 김팀장은 이번 주 금요일에 월차를 쓰지 않을 것이다.'는 반드시 참이 된다.

18

조건에 따라 갑, 을, 병, 정의 사무실 위치를 정리하면 다음과 같다.

구분	2층	3층	4층	5층
경우 1	부장	을과장	대리	갑부장
경우 2	을과장	대리	부장	갑부장
경우 3	을과장	부장	대리	갑부장

따라서 을이 과장이므로 대리가 아닌 갑은 부장의 직책을 가진다.

오답분석

① 갑부장 외의 또 다른 부장은 2층, 3층 또는 4층에 근무한다.
③ 대리는 3층 또는 4층에 근무한다.
④ 을은 2층 또는 3층에 근무한다.

19

A ~ D 네 명의 진술을 정리하면 다음과 같다.

구분	진술 1	진술 2
A	C는 B를 이길 수 있는 것을 냈다.	B는 가위를 냈다.
B	A는 C와 같은 것을 냈다.	A가 편 손가락의 수는 B보다 적다.
C	B는 바위를 냈다.	A ~ D는 같은 것을 내지 않았다.
D	A, B, C 모두 참 또는 거짓을 말한 순서가 동일하다.	이 판은 승자가 나온 판이었다.

먼저 A ~ D는 반드시 가위, 바위, 보 세 가지 중 하나를 내야 하므로 그 누구도 같은 것을 내지 않았다는 C의 진술 2는 거짓이 된다. 따라서 C의 진술 중 진술 1은 참이 되므로 B가 바위를 냈다는 것을 알 수 있다. 이때, B가 가위를 냈다는 A의 진술 2는 참인 C의 진술 1과 모순되므로 A의 진술 중 진술 2가 거짓이 되는 것을 알 수 있다. 결국 A의 진술 중 진술 1이 참이 되므로 C는 바위를 낸 B를 이길 수 있는 보를 냈다는 것을 알 수 있다.
한편, 바위를 낸 B는 손가락을 펴지 않으므로 A가 편 손가락의 수가 자신보다 적었다는 B의 진술 2는 거짓이 된다. 따라서 B의 진술 중 진술 1이 참이 되므로 A는 C와 같은 보를 냈다는 것을 알 수 있다. 이를 바탕으로 A ~ C의 진술에 대한 참, 거짓 여부와 가위바위보를 정리하면 다음과 같다.

구분	진술 1	진술 2	가위바위보
A	참	거짓	보
B	참	거짓	바위
C	참	거짓	보

따라서 참 또는 거짓에 대한 A ~ C의 진술 순서가 동일하므로 D의 진술 1은 참이 되고, 진술 2는 거짓이 되어야 한다. 이때, 승자가 나오지 않으려면 D는 반드시 A ~ C와 다른 것을 내야 하므로 가위를 낸 것을 알 수 있다.

오답분석

① B와 같은 것을 낸 사람은 없다.
② 보를 낸 사람은 2명이다.
④ B가 기권했다면 가위를 낸 D가 이기게 된다.

20

정답 ②

A/S 접수 현황에서 잘못 기록된 일련번호는 총 7개이다.

분류 1	• ABE1C6<u>100121</u> → 일련번호가 09999 이상인 것은 없음 • MBE1D<u>B</u>001403 → 제조월 표기기호 중 'B'는 없음
분류 2	• MBP2CO<u>120202</u> → 일련번호가 09999 이상인 것은 없음 • ABE2D<u>0</u>001063 → 제조월 표기기호 중 '0'은 없음
분류 3	• CBL3<u>S</u>8005402 → 제조년도 표기기호 중 'S'는 없음
분류 4	• SBE4D5<u>101483</u> → 일련번호가 09999 이상인 것은 없음 • CBP4D6<u>100023</u> → 일련번호가 09999 이상인 것은 없음

21

정답 ④

제조년도는 시리얼 번호 중 앞에서 다섯 번째 알파벳으로 알 수 있다. 2018년도는 'A', 2019년도는 'B'로 표기되어 있으며, A/S 접수 현황에서 찾아보면 총 9개이다.

22

정답 ③

A/S 접수 현황에 제품 시리얼 번호를 보면 네 번째 자리의 숫자가 분류 1에는 '1', 분류 2에는 '2', 분류 3에는 '3', 분류4에는 '4'로 나눠져 있음을 알 수 있다. 따라서 네 번째 자리가 의미하는 메모리 용량이 시리얼 번호를 분류하는 기준이다.

23

정답 ②

11주 차까지 쓰레기 배출 가능한 요일을 표로 정리하면 다음과 같다.

구분	일	월	화	수	목	금	토
1주 차	A		B		C		D
2주 차		E		A		B	
3주 차	C		D		E		A
⋮	⋮	⋮	⋮	⋮	⋮	⋮	⋮
8주 차		A		B		C	
9주 차	D		E		A		B
10주 차		C		D		E	
11주 차	A		B		C		D

따라서 10주 차 일요일에는 어느 동도 쓰레기를 배출하지 않으며, 11주 차 일요일에 A동이 다시 쓰레기를 배출할 수 있다.

[오답분석]

① 2주 차만 보더라도 참이다.
③ A동이 쓰레기 배출 가능한 요일을 순서대로 나열하면 '일 – 수 – 토 – 화 – 금 – 월 – 목 – 일'이므로, 모든 요일에 쓰레기를 배출할 수 있다.
④ B동이 수요일에 쓰레기를 처음 버리는 주는 8주 차이다.

24

정답 ③

대형폐기물 수거기준의 품목에 대한 수수료, 규격, 개수를 통해 계산하면 다음과 같다.

• 길이 2m에 해당하는 문갑 1개 : 3,000×2×1=6,000원

• 폭 1.5m에 해당하는 장롱 2개 : $2,000 \times \frac{150}{30} \times 2 = 20,000$원

• 화장대 2개 : 3,000×2=6,000원

- 스탠드형 옷걸이 3개 : $2,000 \times 3 = 6,000$원
- 2인용 침대 매트리스 1개 : $8,000 \times 1 = 8,000$원
- 2인용 침대틀 1개 : $7,000 \times 1 = 7,000$원
- 1인용 침대 매트리스 1개 : $5,000 \times 1 = 5,000$원
- 길이 2m에 해당하는 텔레비전 받침 1개 : $3,000 \times 2 \times 1 = 6,000$원
- 높이 2m에 해당하는 신발장 2개 : $1,000 \times \dfrac{200}{50} \times 2 = 8,000$원

이를 모두 더한 폐기물 처리 비용은 $6,000 + 20,000 + 6,000 + 6,000 + 8,000 + 7,000 + 5,000 + 6,000 + 8,000 = 72,000$원이다.

25 정답 ③

공포물의 월 수익은 50% 증가, 월 손해는 50% 감소해서 계산해야 한다.

- SF : $\dfrac{5 + 6 + 4 - 7}{4} = 2$억 원

- 공포 : $\dfrac{-1 + 4.5 - 2 + 1.5}{4} = 0.75$억 원

- 코미디 : $\dfrac{6 + 4 - 1 + 8}{4} = 4.25$억 원

- 로맨스 : $\dfrac{2 + 0 + 3 + 1}{4} = 1.5$억 원

따라서 C영화관이 2분기 기대수익 평균을 가장 크게 하려면 코미디물을 선택해야 한다.

26 정답 ④

소비자들은 3분기에 코미디물과 로맨스물을 둘 다 선호한다고 하였으므로, 이를 고려하여 3분기 월 수익을 정리하면 다음과 같다.

구분		C영화관			
		SF	공포	코미디	로맨스
L영화관	SF	(3, 5)	(4, −2)	(−1, 9)	(0, 3)
	공포	(−1, 6)	(2, 3)	(7, 6)	(−4, 0)
	코미디	(9, 4)	(12, −4)	(3, −0.5)	(7.5, 4.5)
	로맨스	(4.5, −7)	(7.5, 1)	(−2, 12)	(3, 1.5)

L영화관과 C영화관의 기대수익 차의 절댓값을 구하면 다음과 같다.

구분		C영화관			
		SF	공포	코미디	로맨스
L영화관	SF	|3−5|=2	|4−(−2)|=6	|−1−9|=10	|0−3|=3
	공포	|−1−6|=7	|2−3|=1	|7−6|=1	|−4−0|=4
	코미디	|9−4|=5	|12−(−4)|=16	|3−(−0.5)|=3.5	|7.5−4.5|=3
	로맨스	|4.5−(−7)|=11.5	|7.5−1|=6.5	|−2−12|=14	|3−1.5|=1.5

따라서 L영화관이 코미디물을, C영화관이 공포물을 상영할 때 기대수익 차이가 가장 크다.

27 정답 ④

A가 서브한 게임에서 전략팀이 득점하였으므로 이어지는 서브권은 A가 가지며, 총 4점을 득점한 상황이므로 팀 내에서 선수끼리 자리를 교체하여 A가 오른쪽에서 서브를 해야 한다. 그리고 서브를 받는 총무팀은 서브권이 넘어가지 않았기 때문에 선수끼리 코트 위치를 바꾸지 않는다. 따라서 ④가 정답이다.

28

ㄱ. 현재 성장을 유지할 경우 4.7천 건의 도입량은 48MW, 도입을 촉진할 경우 4.2천 건의 도입량은 49MW이므로 건수당 도입량은 각각 48÷4.7≒10.2MW, 49÷4.2≒11.67MW로 도입을 촉진할 경우에 현재 성장을 유지할 경우보다 건수당 도입량이 커짐을 알 수 있다.

ㄷ. 현재 성장을 유지할 경우의 신축주택 10kW 이상의 비중은 4.7÷(165.3+4.7)×100≒2.76%이며, 도입 촉진 경우의 신축주택 10kW 이상의 비중은 4.2÷(185.2+4.2)×100≒2.22%이므로 2.76−2.22=0.54%가 되어 0.5% 이상 하락함을 알 수 있다.

오답분석

ㄴ. 2017년 기존주택의 10kW 미만의 천 건당 도입량은 454÷94.1≒4.82MW이며, 10kW 이상은 245÷23.3≒10.52MW이므로 10kWh 이상의 사용량이 더 많다.

ㄹ. $\dfrac{165-145.4}{145.4}\times100≒13.48\%$이므로 15%를 넘지 않는다.

29

을이 오전 7시 30분에 일어나고, 갑이 오전 6시 30분 전에 일어나면, 갑이 이길 수도 있고 질 수도 있다.

예 갑이 6시 29분에 일어나는 경우, 17(=6+2+9)이므로 갑이 게임에서 진다.

오답분석

① 갑이 오전 6시 정각에 일어나면, 을이 오전 7시 정각에 일어나도 결과가 7이므로 반드시 갑이 이긴다.

② 4개의 숫자를 더하여 제일 큰 수를 만드는 경우는 을이 오전 7시 59분에 일어났을 때와 갑이 오전 6시 59분에 일어났을 때이며, 합은 각각 21, 20이다. 그러므로 을이 오전 7시 59분에 일어나면 을은 반드시 진다.

④ 한 시간 차이가 났을 때는 1 차이로 항상 갑이 이긴다. 여기에서 10분 차이가 나는 50분 간격으로 일어나면, 한 시간 차이가 났을 때보다 을은 10분 빨리 일어나게 되어 1 차이가 없어진다. 따라서 갑과 을은 비기게 된다.

30

수준 높은 금융 서비스를 통해 글로벌 경쟁에서 우위를 차지하는 것은 강점을 이용해 글로벌 금융사와의 경쟁 심화라는 위협을 극복하는 ST전략이다.

오답분석

① 해외 비즈니스TF팀을 신설해 해외 금융시장 진출을 확대하는 것은 글로벌 경쟁력이 낮다는 약점을 극복하고 해외 금융시장 진출 확대라는 기회를 활용하는 WO전략이다.

③ 탄탄한 국내 시장점유율이 국내 금융그룹의 핀테크 사업 진출의 기반이 되는 것은 강점을 통해 기회를 살리는 SO전략이다.

④ 우수한 자산건전성 지표를 홍보하여 고객 신뢰를 회복하는 것은 강점으로 위협을 극복하는 ST전략이다.

31

올라갈 때 걸은 거리를 $x$km라고 하면, 내려올 때의 거리는 $(x+5)$km이므로 $\dfrac{x}{3}+\dfrac{x+5}{4}=3 \rightarrow 4x+3(x+5)=36$이다.

∴ $x=3$

32

회사에서 거래처까지의 거리를 x라고 하면 다음과 같다.

거래처까지 가는 데 걸린 시간 : $\dfrac{x}{80}$

거래처에서 돌아오는 데 걸리는 시간 : $\dfrac{x}{120}$

$$\frac{x}{80} + \frac{x}{120} \leq 1 \rightarrow \frac{5x}{240} \leq 1 \rightarrow 5x \leq 240 \rightarrow x \leq 48$$

$\therefore$ 48km

33

정답 ①

두 번째 조건에서 집과의 거리가 1.2km 이하여야 한다고 하였으므로 K버스는 제외된다. 네 번째 조건에서 나머지 교통편의 왕복시간은 다음과 같이 5시간 이하임을 확인할 수 있다.

- 비행기 : 45분×2=1시간 30분
- E열차 : 2시간 11분×2=4시간 22분
- P버스 : 2시간 25분×2=4시간 50분

또한 각각에 해당하는 총 4인 가족 교통비를 구하면 다음과 같다.

- 비행기 : 119,000×4×0.97=461,720원
- E열차 : 134,000×4×0.95=509,200원
- P버스 : 116,000×4=464,000원

세 번째 조건에서 E열차는 총 금액이 50만 원을 초과하였으므로 조건에 부합하지 않는다.

따라서 비행기와 P버스 중 비행기의 교통비가 가장 저렴하므로, 지우네 가족이 이용할 교통편은 비행기이며, 총 비용은 461,720원임을 알 수 있다.

34

정답 ④

- H문구 : 비품가격은 32,000+31,900+2,500=66,400원이다. 20%를 할인받을 수 있는 쿠폰을 사용하면 총 주문금액은 66,400× 0.8=53,120원이다. 여기에 배송료를 더하면 53,120+4,000=57,120원이므로, 견적금액은 57,100원이다(∵ 백 원 미만 절사).
- I문구 : 비품가격은 25,000+22,800+1,800=49,600원이다. 회원가 구매 시 판매가의 7%를 할인받으므로, 총 주문금액은 49,600×0.93=46,128원이다. 여기에 배송료를 더하면 46,128+2,500=48,628원이므로, 견적금액은 48,600원이다(∵ 백 원 미만 절사).
- J문구 : 문서 파일을 제외한 비품가격은 24,100+28,000=52,100원이다. 45,000원 이상 구매 시 문서 파일 1개를 무료 증정하기 때문에 문서 파일은 따로 살 필요가 없다. 즉, 견적금액은 52,100-4,000(∵ 첫 구매 적립금)=48,100원이고, 여기에 배송료를 더하면 48,100+4,500=52,600원이다.

35

정답 ③

성과급 지급기준에 따라 각 직원들의 평가항목별 점수와 평점점수 및 이에 따른 성과급 지급액을 계산하면 다음과 같다.

(단위 : 점, 만 원)

구분	업무량	업무수행 효율성	업무협조성	업무처리 적시성	업무결과 정확성	평점점수	성과급
A팀장	10	10	20	12	20	72	75
B대리	8	5	15	16	20	64	45
C주임	8	25	25	4	16	78	80
D주임	10	10	20	12	8	60	45
E사원	8	25	15	16	20	84	90

ㄴ. B대리와 D주임은 둘 다 45만 원의 성과급을 지급받는다.

ㄹ. E사원은 90만 원으로 가장 많은 성과급을 지급받는다.

오답분석

ㄱ. 성과급은 평점점수 자체가 아닌 그 구간에 따라 결정되므로, 평점점수는 달라도 지급받는 성과급이 동일한 직원들이 있을 수 있다. B대리는 D주임보다 평점점수가 더 높지만 동일한 성과급을 지급받는다.

ㄷ. A팀장의 성과급은 75만 원으로, D주임이 지급받을 성과급의 2배인 45만×2=90만 원 이하이다.

36

수정된 성과평가 결과에 따라 각 직원들의 평정점수와 성과급을 정리하면 다음과 같다.

(단위 : 점, 만 원)

구분	업무량	업무수행 효율성	업무협조성	업무처리 적시성	업무결과 정확성	평정점수	성과급
A팀장	10	10	20	12	20	72	75
B대리	6	5	15	16	20	62	45
C주임	8	25	25	16	16	90	90
D주임	10	5	20	12	8	55	45
E사원	8	25	15	16	12	76	80

따라서 두 번째로 많은 성과급을 지급받을 직원은 E사원이다.

37

하루에 6명 이상 근무해야 하므로, 하루에 2명까지만 휴가를 쓸 수 있다.
따라서 A사원이 4일 이상 휴가를 쓰면서 최대 휴가 인원 2명을 유지할 수 있는 기간은 6일 ~ 11일뿐이다.

38

전 직원이 이미 확정된 스케줄의 변동 없이 1시간을 사용할 수 있는 시간은 10:00 ~ 11:00와 14:00 ~ 15:00의 두 시간대이다.
본부장은 가능한 빨리 완료할 것을 지시하였으므로, 10:00 ~ 11:00가 가장 적절하다.

39

집에서 퀵서비스를 받고 공항에 제일 빨리 갈 수 있는 택시를 이용한다고 해도 10시 전에 도착하지 못하므로 이 방법은 고려하지 않는다.
• 회사(9시) → 집(9시 20분) → 공항(10시 5분)
  따라서 A씨가 회사에 들러 직접 서류를 챙긴 후 공항으로 이동하는 방법 중 시간이 가장 짧게 소요되는 방법은 집에서 회사, 회사에서 공항까지 모두 택시를 이용하는 방법이다.
• 이동시간 : 40+60=100분
• A씨의 출발시각 : 10시-100분=8시 20분
따라서 A씨는 적어도 8시 20분에는 집에서 출발하여야 한다.

40

A씨의 짐은 3kg이므로, 체력소모에 따르는 금액은 9,000원/시간이다.
경우 1) 집 → 회사 → 공항(집 → 회사 이동 시 버스 이용)
회사에 버스가 도착하는 시각은 오전 7시+75분=오전 8시 15분이고, 버스요금은 1,200원이다.
• 회사에서 공항까지 공항버스로 이동하는 경우
  – 공항 도착시각 : 8시 15분+5분+80분=9시 40분(∵ 버스 20분 간격으로 출발)
  – 공항버스요금 : 16,000원
  – 총 이동시간 : 9시 40분-7시=2시간 40분=$\frac{8}{3}$ 시간
  – 체력소모에 따른 금액 : $9,000 \times \frac{8}{3} = 24,000$원
  ∴ 소요비용 : 1,200+16,000+24,000=41,200원

- 회사에서 공항까지 택시로 이동하는 경우
  - 공항 도착시각 : 8시 15분+60분=9시 15분
  - 택시요금 : 50,000원
  - 총 이동시간 : 9시 15분-7시=2시간 15분=$\frac{9}{4}$ 시간
  - 체력소모에 따른 금액 : $9,000 \times \frac{9}{4}$=20,250원
  - ∴ 소요비용 : 1,200+50,000+20,250=71,450원
- 회사에서 공항까지 지하철로 이동하는 경우
  - 공항 도착시각 : 8시 15분+5분+75분=9시 35분(∵ 지하철 10분 간격으로 출발)
  - 지하철요금 : 4,050원
  - 총 이동시간 : 9시 35분-7시=2시간 35분=$\frac{31}{12}$ 시간
  - 체력소모에 따른 금액 : $9,000 \times \frac{31}{12}$=23,250원
  - ∴ 소요비용 : 1,200+4,050+23,250=28,500원

경우 2) 집 → 회사 → 공항(집 → 회사 이동 시 택시 이용)
회사에 택시가 도착하는 시각은 오전 7시+40분=오전 7시 40분이고, 택시요금은 5,000원이다.
- 회사에서 공항까지 공항버스로 이동하는 경우
  - 공항 도착시각 : 7시 40분+80분=9시
  - 공항버스요금 : 16,000원
  - 총 이동시간 : 9시-7시=2시간
  - 체력소모에 따른 금액 : 9,000×2=18,000원
  - ∴ 소요비용 : 5,000+16,000+18,000=39,000원
- 회사에서 공항까지 택시로 이동하는 경우
  - 공항 도착시각 : 7시 40분+60분=8시 40분
  - 택시요금 : 50,000원
  - 총 이동시간 : 8시 40분-7시=1시간 40분=$\frac{5}{3}$ 시간
  - 체력소모에 따른 금액 : $9,000 \times \frac{5}{3}$=15,000원
  - ∴ 소요비용 : 5,000+50,000+15,000=70,000원
- 회사에서 공항까지 지하철로 이동하는 경우
  - 공항 도착시각 : 7시 40분+75분=8시 55분
  - 지하철요금 : 4,050원
  - 총 이동시간 : 8시 55분-7시=1시간 55분=$\frac{23}{12}$ 시간
  - 체력소모에 따른 금액 : $9,000 \times \frac{23}{12}$=17,250원
  - ∴ 소요비용 : 5,000+4,050+17,250=26,300원

경우 3) 회사 → 집 → 공항
회사에서 집으로 퀵서비스가 오는 경우 A씨가 짐을 들고 이동하지 않으므로 체력 소모에 따른 금액은 집에서 공항까지 가는 이동시간만 고려해 산정한다.
퀵서비스가 집에 도착하는 시각은 9시 20분이며, 비용은 16,000원이다.
- 집에서 공항까지 공항버스로 이동하는 경우
  - 공항버스요금 : 9,000원
  - 이동시간 : 90분=$\frac{3}{2}$ 시간
  - 체력소모에 따른 금액 : $9,000 \times \frac{3}{2}$=13,500원
  - ∴ 소요비용 : 16,000+9,000+13,500=38,500원

- 집에서 공항까지 택시로 이동하는 경우
  - 택시요금 : 44,000원
  - 이동시간 : 45분=$\frac{3}{4}$시간
  - 체력소모에 따른 금액 : $9,000 \times \frac{3}{4} = 6,750$원
  - ∴ 소요비용 : $16,000 + 44,000 + 6,750 = 66,750$원
- 집에서 공항까지 지하철로 이동하는 경우
  - 지하철요금 : 3,900원
  - 이동시간 : 80분=$\frac{4}{3}$시간
  - 체력소모에 따른 금액 : $9,000 \times \frac{4}{3} = 12,000$원
  - ∴ 소요비용 : $16,000 + 3,900 + 12,000 = 31,900$원

따라서 집에서 회사까지 택시를 이용한 후 회사에서 공항까지 지하철을 이용할 때, 최소요금 26,300원이 든다.

41   정답 ④

3분기 경유는 리터당 2,000원이므로 10만 원의 예산으로 사용할 수 있는 연료량은 50L이다. 연비가 가장 좋은 차종은 006이므로 주행 가능한 거리는 $50 \times 25 = 1,250$km가 된다.

42   정답 ③

각 교통편에 대한 결정조건계수를 계산하면 다음과 같다.
- A : $\dfrac{5 \times 700}{(10 \times 1,000) + (50,000 \times 0.5)} = \dfrac{3,500}{35,000} = 0.1$
- B : $\dfrac{5 \times 700}{(8 \times 1,000) + (60,000 \times 0.5)} = \dfrac{3,500}{38,000} \fallingdotseq 0.092$
- C : $\dfrac{7 \times 700}{(6 \times 1,000) + (80,000 \times 0.5)} = \dfrac{4,900}{46,000} \fallingdotseq 0.11$
- D : $\dfrac{7 \times 700}{(5 \times 1,000) + (100,000 \times 0.5)} = \dfrac{4,900}{55,000} \fallingdotseq 0.09$

따라서 K씨가 선택할 교통편은 결정조건계수가 0.11로 가장 높은 C이다.

43   정답 ③

7월 4일 중간보고에는 보고자인 K대리를 포함해 A팀장, B주임, C주임, D책임연구원까지 총 5명이 참석하므로, K대리는 적어도 5인 이상을 수용할 수 있는 세미나실을 대여해야 한다. 그런데 '호텔 아뜰리에'는 보수공사로 인해 4인실만 이용가능하며, '대전 베일리쉬'의 세미나실은 4인실이므로, '호텔 아뜰리에'와 '대전 베일리쉬'는 고려하지 않는다.

나머지 호텔들의 총비용을 계산하면 다음과 같다.

호텔명	총비용
글래드 대전	$(78,000 \times 2) + 48,000 = 204,000$원
스카이뷰 호텔	$(80,000 \times 0.90 \times 2) + 50,000 = 194,000$원
이데아 호텔	$(85,000 \times 0.95 \times 2) + 30,000 = 191,500$원
대전 하운드	$(80,000 \times 2) + (80,000 \times 0.60) = 208,000$원

'글래드 대전'과 '대전 하운드'의 경우 예산범위인 200,000원을 초과하므로, K대리가 예약 가능한 호텔은 '스카이뷰 호텔'과 '이데아 호텔'이다.

44

정답 ④

현수막의 기본 크기는 1m×3m(=3m^2)이고 가격은 5,000원으로 1m^{2}당 3,000원의 추가비용이 든다.

상사가 추가로 요청한 현수막을 살펴보면 '3m×8m' 2개, '1m×4m' 1개이다.

• 3m×8m(=24m^2) 크기의 현수막 제작비용 : 5,000+(24-3)×3,000=68,000원
• 1m×4m(=4m^2) 크기의 현수막 제작비용 : 5,000+(4-3)×3,000=8,000원

따라서 현수막 설치 총비용은 68,000×2+8,000=144,000원이다.

45

정답 ②

기존의 운송횟수는 12회이므로 1일 운송되는 화물량은 12×1,000=12,000상자이다. 이때, 적재효율을 높여 기존 1,000상자에서 1,200상자로 늘어나므로 10회(=12,000÷1,200)로 운송횟수를 줄일 수 있고 다음 계산식으로 기존 방법과 새로운 방법의 월 수송비를 계산하면 다음과 같다.

(월 수송비)=(1회당 수송비)×(차량 1대당 1일 운행횟수)×(차량 운행대수)×(월 운행일수)

• 기존 월 수송비 : 100,000×3×4×20=24,000,000원
• 새로운 월 수송비 : 100,000×10×20=20,000,000원

따라서 월 수송비 절감액은 4,000,000원(=24,000,000-20,000,000)이다.

46

정답 ③

제시문의 내용을 살펴보면, P전자는 성장성이 높은 LCD 사업 대신에 익숙한 PDP 사업에 더욱 몰입하였으나, 점차 LCD의 경쟁력이 높아짐으로써 PDP는 무용지물이 되었다는 것을 알 수 있다. 따라서 P전자는 LCD 시장으로의 사업전략을 수정할 수 있었지만 보다 익숙한 PDP 사업을 선택하고 집중함으로써 시장에서 경쟁력을 잃는 결과를 얻게 되었다.

47

정답 ③

오전반차를 사용한 이후 14시부터 16시까지 미팅 업무가 있는 J대리는 택배 접수 마감 시간인 16시 이전에 행사 용품 오배송건 반품 업무를 진행할 수 없다.

오답분석

① K부장은 G과장에게 부서장 대리로서 회의에 참석해 달라고 하였다.
② ○○프로젝트 보고서 초안 작성 업무는 해당 프로젝트 회의에 참석한 G과장이 담당하는 것이 적절하다.
④ 사내 교육 프로그램 참여 이후 17시 전까지 주요 업무가 없는 L사원과 O사원은 우체국 방문 및 등기 발송 업무나 사무용품 주문서 작성 업무를 담당할 수 있다.

48

정답 ②

②는 업무의 내용이 유사하고 관련성이 있는 업무들을 결합해서 구분한 것으로 기능식 조직구조의 형태로 볼 수 있다. 기능식 구조의 형태는 재무부, 영업부, 생산부, 구매부 등의 형태로 구분된다.

49

정답 ②

①·③·④는 인터뷰 준비를 위한 업무처리 내용이고, ②는 인터뷰 사후처리에 대한 내용이므로 우선순위 면에서는 가장 낮다.

50

정답 ③

빈칸에 들어갈 용어는 '조직변화' 또는 '조직혁신'으로 볼 수 있다. 조직변화는 구성원들의 사고방식이나 가치체계를 변화시키는 것이다. 즉 조직의 목적과 일치시키기 위해 문화를 유도하는 문화변화의 모습을 가진다.

51

정답 ③

- 조직목표는 조직이 달성하려는 장래의 상태이다. (○)
- 조직의 구조는 조직 내의 부문 사이에 형성된 관계로 조직 구성원들의 상호작용을 보여준다. 조직 구성원 간 생활양식이나 가치를 공유하게 되는 것은 조직문화이며 조직구조와는 구분된다. (×)
- 조직도는 조직 구성원들의 임무, 수행과업, 일하는 장소를 알아보는 데 유용하다. (○)
- 조직의 규칙과 규정은 구성원들의 행동범위를 정하고 일관성을 부여하는 역할을 한다. (○)

52

정답 ①

제시된 신제품 판매 동향 보고서를 보면 판매 부진 원인은 독특한 향 때문인 것으로 나타났다. 그러므로 독특한 향을 개선, 즉 제품 특성을 개선하면 판매 부진을 면할 수 있을 것이다.

53

정답 ④

제시된 운항시설처의 업무분장표에서 항공기 화재진압훈련과 관련된 업무는 찾아볼 수 없다.

오답분석

① · ② 기반시설팀 : 운항기반시설 제설작업 및 장비관리 업무, 전시목표(활주로 긴급 복구) 및 보안시설 관리 업무
③ 항공등화팀 : 항공등화시설 개량계획 수립 및 시행 업무

54

정답 ③

이동지역 내의 안전관리를 담당하는 운항안전팀이 발간하는 안전회보에는 이동지역 내의 안전과 관련된 내용을 싣는 것이 적절하다. 따라서 여객터미널에서 실시하는 대테러 종합훈련은 운항안전팀의 안전회보에 실릴 내용으로 적절하지 않다.

55

정답 ②

7번 점검내용의 확인란에 체크가 되어 있지 않으므로 유아들의 안전 관리를 위한 성인의 존재는 확인이 필요하나, 6번 점검내용의 확인란에 체크가 되어 있음을 볼 때, 휴대전화 여부는 확인되었음을 알 수 있다.

오답분석

① 2번과 9번 점검내용의 확인란에 체크가 되어 있지 않음을 확인할 수 있다.
③ 점검표의 비고란을 통해 확인할 수 있다.
④ 4번과 13번 점검내용의 확인란에 체크가 되어 있음을 확인할 수 있다.

56

정답 ③

ㄱ. 세계화는 조직 구성원들의 근무환경 등 개인 삶에도 직 · 간접적으로 영향을 주기 때문에 구성원들은 의식 및 태도, 지식습득에 있어서 적응이 필요하다. 따라서 기업의 대외적 경영 측면 뿐 아니라 대내적 관리에도 영향을 준다.
ㄷ. 이문화 이해는 언어적 소통 및 비언어적 소통, 문화, 정서의 이해를 모두 포괄하는 개념이다. 따라서 이문화 이해가 곧 언어적 소통이 되는 것이 아니다.
ㄹ. 문화란 장시간에 걸쳐 무의식적으로 형성되는 영역으로 단기간에 외국문화를 이해하는 것은 한계가 있으므로 지속적인 학습과 노력이 요구된다.

오답분석

ㄴ. 대상국가의 법규 및 제도 역시 기업이 적응해야할 경영환경이다.

57

정답 ③

계약과정에서 연구자와의 협의를 통해 예산계획서상의 예산을 10% 이내의 범위에서 감액할 수 있으므로, 6,000만 원의 10%인 600만 원까지만 감액할 수 있다.

58

정답 ④

직업의 특성
- 계속성 : 직업은 일정 기간 계속 수행되어야 한다.
- 사회성 : 직업을 통하여 사회에 봉사하게 된다.
- 경제성 : 직업을 통하여 일정한 수입을 얻고, 경제발전에 기여하여야 한다.

59

정답 ③

백화점에 모여 있는 직원과 고객은 조직의 특징인 조직의 목적과 구조가 없고, 목적을 위해 서로 협동하는 모습도 볼 수 없으므로 조직의 사례로 적절하지 않다.

60

정답 ④

사람은 혼자서는 살아갈 수 없으므로, 다른 사람이 전하는 말이나 행동이 사실과 부합한다는 신뢰가 있어야 한다.

01	02	03	04	05	06	07	08	09	10	11	12	13	14	15	16	17	18	19	20
③	④	④	①	③	③	④	③	①	④	③	④	①	④	③	④	④	④	④	④
21	22	23	24	25	26	27	28	29	30	31	32	33	34	35	36	37	38	39	40
④	③	②	④	②	④	③	②	①	③	③	③	④	②	①	②	②	④	①	②
41	42	43	44	45	46	47	48	49	50	51	52	53	54	55	56	57	58	59	60
③	①	①	③	②	①	④	①	④	③	④	③	④	③	②	④	③	④	③	④

01
정답 ③

ㄱ. 영국 출신의 남편의 수는 2021년에 478명, 2022년에 490명으로 서로 다르다.

ㄴ. 아내의 국적의 경우 2021년에는 미국이 6위, 태국이 7위였지만, 2022년에는 태국이 6위, 미국이 7위로 서로 다르다.

ㄹ. 2021년 중국 국적인 남편 수는 9,597명으로, 필리핀 국적의 아내 수의 2배인 5,897×2=11,794명보다 적다.

[오답분석]

ㄷ. 프랑스 출신의 남편 수는 2021년에 278명, 2022년에 295명으로 2022년에 더 많다.

02
정답 ④

2021년과 2022년 호주 국적의 남편의 수의 합은 384+348=732명이며, 미국 출신 아내의 수의 합은 1,933+1,962=3,895명이다.

따라서 호주 국적의 남편의 수의 합과 미국 출신 아내의 수의 합은 3,895+732=4,627명이다.

03
정답 ④

최고 기온이 17℃ 이상인 지점은 춘천, 강릉, 충주, 서산이다. 이 중 최저 기온이 7℃ 이상인 지점은 강릉과 서산으로 두 관측지점의 강수량을 합하면 1,464+1,285=2,749mm이다.

04
정답 ①

동해의 최고 기온과 최저 기온의 평균은 $\frac{16.8+8.6}{2}$ =8.4+4.3=12.7℃이다.

[오답분석]

② 속초는 관측지점 중 평균 기온이 세 번째로 높고, 강수량은 두 번째로 많다.

③ 최고 기온과 최저 기온의 차이가 가장 큰 지점은 17.7-5.9=11.8℃인 충주이다.

④ 강릉은 평균 기온과 최저 기온이 가장 높고, 강수량도 가장 많다. 그러나 최고 기온은 충주가 가장 높다.

05

정답 ③

(65세 이상 인구)=[고령화지수(%)]×(0 ~ 14세 인구)÷100=19.7×50,000÷100=9,850명

∴ (65세 이상 인구)=9,850명

06

정답 ③

2021년 고령화지수는 2016년 대비 $\frac{107.1-69.9}{69.9}\times100≒53\%$ 증가했다.

07

정답 ④

㉠ 노인부양비 추이는 5년 단위로 계속 증가하고 있다.

㉢ 11.3-7.0=4.3%p

㉣ 5년 단위 증가폭 추이 : 2006년(7.9%), 2011년(15.5%), 2016년(26.8%), 2021년(37.2%)

[오답분석]

㉡ 고령화 지수는 계속 증가하고 있지만 같은 비율로 증가하고 있지는 않다.

08

정답 ③

전입자 수는 서울이 가장 높지만, 전입률은 인천이 가장 높으므로 옳지 않은 설명이다.

[오답분석]

① 서울의 전입자 수는 전국 전입자 수의 $\frac{132,012}{650,197}\times100≒20.3\%$이므로 옳은 설명이다.

② 서울, 부산, 대구, 인천, 광주 중 대구의 전입률이 가장 낮은 것을 확인할 수 있다.

④ 부산의 전입자 수는 광주 전입자 수의 $\frac{42,243}{17,962}≒2.35$배이므로 옳은 설명이다.

09

정답 ①

지원유형별 채용단계를 파악한 후, 처리비용을 산출하면 다음과 같다.

구분	신입(20건)	인턴(24건)	경력(16건)	합계
접수확인	500×20=10,000원	500×24=12,000원	500×16=8,000원	30,000원
서류심사	1,500×20=30,000원	–	–	30,000원
온라인 인성검사	1,000×20=20,000원	1,000×24=24,000원	–	44,000원
직업기초능력평가	3,000×20=60,000원	–	3,000×16=48,000원	108,000원
직무수행능력평가	2,500×20=50,000원	–	2,500×16=40,000원	90,000원
면접평가	3,000×20=60,000원	3,000×24=72,000원	3,000×16=48,000원	180,000원
합격여부 통지	500×20=10,000원	500×24=12,000원	500×16=8,000원	30,000원
합계	240,000원	120,000원	152,000원	512,000원

채용절차에서 발생하는 총비용은 512,000원으로 예산 50만 원보다 12,000원이 초과하였다. 예산 수준에서 최대한 사용하는 것이 목적이었으므로 접수확인과 합격여부 통지 단계를 제외하면, 비용이 가장 적은 신입의 온라인 인성검사(20,000원)를 생략하는 것이 가장 적절하다.

10

정답 ④

합격자 수가 1명일 경우의 처리비용과 지원자 수를 구하여 판단하는 과정을 정리하면 다음과 같다.

구분	합격인원	채용단계별 처리비용
최종합격자	1명	−
합격여부 통지	1명/0.5=2명	500원×2명=1,000원
면접평가		3,000원×2명=6,000원
직무수행능력평가	2명/0.4=5명	2,500원×5명=12,500원
직업기초능력평가	5명/0.5=10명	3,000원×10명=30,000원
접수확인	10명	500원×10명=5,000원
합계	−	54,500원

※ '경력'은 서류심사와 온라인 인성검사 절차가 없음

총 10명의 지원자가 있으면 1명의 합격자가 발생하며, 또한, 그 비용은 54,500원이다.

따라서 22만 원의 예산 내에서 수용할 수 있는 최대 지원자 수는 40명(≒22만 원/54,500원)이다.

11

정답 ③

- 1인 1일 사용량에서 영업용 사용량이 차지하는 비중 : $\dfrac{80}{180+80+10+12}\times100≒28.37\%$

- 1인 1일 가정용 사용량 중 하위 두 항목이 차지하는 비중 : $\dfrac{20+13}{45+38+36+28+20+13}\times100≒18.33\%$

12

정답 ④

㉠ 지역별 자가점유율은 도지역, 광역시, 수도권 순서로 높게 나타나며, 전국 자가점유율은 2016년부터 점차 감소하다 2022년에 53.6%에서 56.8%로 다시 증가하는 것을 확인할 수 있다.

㉢ 2012년 대비 2022년 수도권의 자가점유율은 50.2−48.9=1.3%p 감소하였으나, 2012년 대비 2022년 광역시의 자가점유율은 59.9−54.8=5.1%p 증가하였다.

㉣ 2020년과 비교하여 2022년에는 저소득층의 자가보유율 비율은 50−48.5=1.5%p 감소하였고, 2020년과 비교하여 2022년에는 중소득층의 자가보유율 비율은 62.2−56.4=5.8%p 증가하였으며, 2020년과 비교하여 2022년 고소득층의 자가보유율 비율은 79.3−77.7=1.6% 증가하였다.

[오답분석]

㉡ • 2022년 저소득층의 자가점유율과 중소득층의 자가점유율의 차 : 59.4−46.2=13.2%p
   • 2022년 중소득층의 자가점유율과 고소득층의 자가점유율의 차 : 73.6−59.4=14.2%p
   따라서 2022년 저소득층과 중소득층의 자가점유율 차이는 2022년 중소득층과 고소득층의 자가점유율의 차보다 낮다.

㉤ 2012년에서 2014년 사이에는 광역시를 제외한 수도권과 도지역의 전세 비율은 증가하며 월세 비율은 감소한다. 2014년 이후 수도권, 광역시, 도지역 모두 전세의 비율이 감소하며 월세의 비율은 점차 증가한다.

13

정답 ①

제시된 조건을 정리하면 다음과 같다.

구분	남성	여성	합계
운전 가능	60−24=36명	60×0.4=24명	60명
운전 불가능	40−36=4명	60−24=36명	40명
합계	40명	60명	100명

여성으로만 이루어진 팀의 수를 최소화하려면 남성과 여성으로 이루어진 팀의 수가 최대가 되어야 한다.
운전을 할 수 없는 남성 사원과 운전을 할 수 있는 여성 사원을 짝지어주면 운전을 할 수 있는 여성은 20명이 남게 된다.
운전을 할 수 있는 남성 사원과 운전을 할 수 없는 여성 사원은 각각 36명으로 36개의 '남성 – 여성' 팀을 편성할 수 있다.
따라서 '여성 – 여성'으로 이루어진 팀은 최소 10팀이다.

14

정답 ④

제시된 자료를 통해 50대와 60세 이상의 연령대를 제외한 전체 일자리 규모는 감소했음을 알 수 있다.

오답분석

① 20대의 2021년 전체 일자리 규모 비중은 $\frac{332}{2,301} \times 100 ≒ 14.4\%$, 2022년은 $\frac{330}{2,323} \times 100 ≒ 14.2\%$이므로 약 0.2%p 감소했다.

② 2022년 30대의 전체 일자리 규모 비중은 $\frac{530}{2,323} \times 100 ≒ 22.8\%$이다.

③ 2021년 40대의 지속 일자리 규모는 신규채용 일자리 규모의 $\frac{458}{165} ≒ 2.8$배이다.

15

정답 ③

• 50대의 2021년 대비 2022년의 일자리 증가 수 : 532−515=170,000개
• 60세 이상의 2021년 대비 2022년의 일자리 증가 수 : 288−260=280,000개

16

정답 ④

을이 5점, 5점, 6점을 획득할 경우도 있다.

오답분석

① · ② 을이 주사위를 두 번 던지면 16점을 얻을 수 없다. 따라서 을은 최소 3번 주사위를 던졌다. 이때, 갑이 가장 많은 횟수를 던졌는데 3번 던졌다고 가정하면 을과 병 중 한 명이 4번을 던졌다는 뜻이 된다. 이는 세 번째 조건과 모순이므로 갑이 4번을 던지고, 을과 병은 3번씩 던진다.
③ 병은 최소 16점을 넘어야 한다. 6이 한 번도 나오지 않는다면 최대 15점을 얻을 수 있다. 따라서 6이 나온 적이 있다.

17

정답 ④

현재 아르바이트생의 월 급여는 (평일)+(주말)=(3×9×4×9,000)+(2×9×4×12,000)=1,836,000원이므로, 월 급여는 정직원 > 아르바이트생 > 계약직원 순서이다. 따라서 전체 인원을 줄일 수 없으므로 현 상황에서 인건비를 가장 많이 줄일 수 있는 방법은 아르바이트생을 계약직원으로 전환하는 것이다.

18

정답 ④

'KS90101-2'는 아동용 10kg 이하의 자전거로, 109동 101호 입주민이 2번째로 등록한 자전거이다.

오답분석

① 등록순서를 제외한 일련번호는 7자리로 구성되어야 하며, 종류와 무게 구분 번호의 자리가 서로 바뀌어야 한다.
② 등록순서를 제외한 일련번호는 7자리로 구성되어야 한다.
③ 자전거 무게를 구분하는 두 번째 자리에는 L, M, S 중 하나만 올 수 있다.

19

마지막의 숫자는 동일 세대주가 자전거를 등록한 순서를 나타내므로 해당 자전거는 2번째로 등록한 자전거임을 알 수 있다. 따라서 자전거를 2대 이상 등록한 입주민의 자전거이다.

[오답분석]
① 'T'를 통해 산악용 자전거임을 알 수 있다.
② 'M'을 통해 자전거의 무게는 10kg 초과 20kg 미만임을 알 수 있다.
③ '4'와 '1205'를 통해 104동 1205호에 거주하는 입주민임을 알 수 있다. 204동은 존재하지 않는다.

20

행낭 배송 운행속도는 시속 60km로 일정하므로, A지점에서 G지점까지의 최단거리를 구한 뒤 소요시간을 구하면 된다.
• 최단경로 : A → B → D → G
• 최단거리 : 6+2+8=16km
• 소요시간 : 16분($\because$ 60km/h=1km/min)
따라서 대출신청 서류가 A지점에 다시 도착하기까지 걸리는 최소시간은 16(A → G 이동시간)+30(작성)+16(G → A 이동시간)=62분이다.

21

정답 ④

다음의 논리 순서를 따라 주어진 조건을 정리하면 쉽게 접근할 수 있다.
• 네 번째 조건 : 22일부터 26일 동안 워크숍이므로, 4주 차에는 어떠한 교육도 실시될 수 없다.
• 첫 번째 조건 : 주 1회 금연교육이 실시되어야 하는데 매주 월요일과 4주 차에는 금연교육을 실시할 수 없으므로, 매주 화요일에 금연교육을 한다.
• 두 번째, 세 번째 조건 : 화, 수, 목요일에 금주교육을 실시하는데 첫째 주에 성교육 2회를 연속해서 시행해야 하므로 3일에는 금주교육을, 4, 5일에는 성교육을 실시한다. 그리고 2주 차 금주교육은 10일 또는 11일에 1회, 3주 차 금주교육은 17일 또는 18일에 1회 실시해야 한다.
이 사실을 종합하여 주어진 조건을 달력에 표시하면 다음과 같다.

일	월	화	수	목	금	토
	1	2 금연교육	3 금주교육	4 성교육	5 성교육	6
7	8	9 금연교육	10 (금주교육)	11 (금주교육)	12	13
14	15	16 금연교육	17 (금주교육)	18 (금주교육)	19	20
21	22 워크숍	23 워크숍	24 워크숍	25 워크숍	26 워크숍	27
28	29	30 금연교육				

따라서 4월 30일에는 금연교육이 예정되어 있다.

[오답분석]
① 수요일은 4번밖에 없으므로, 워크숍이 포함된 주를 제외하면 금연교육 4회를 모두 시행할 수 없다.
② 금주교육은 반드시 같은 요일에 시행되어야 하는 것은 아니다.
③ 금주교육은 첫째 주부터 셋째 주 사이에 3회 모두 시행된다.

22

D의 발언에 따라 D가 3등인 경우와 4등인 경우로 나누어 조건을 따져본다.

• D가 3등인 경우

  D의 바로 뒤로 들어온 B는 4등, D보다 앞섰다는 C와 E가 1등 또는 2등인데, C가 1등이 아니라고 하였으므로, 1등은 E, 2등은 C가 된다. 이때 F는 꼴등이 아니라고 하였으므로 5등이고, 자연스럽게 A는 6등이다.

• D가 4등인 경우

  D의 바로 뒤로 들어온 B는 5등, 2등과 3등은 각각 C 또는 F가 되어야 하며, 1등은 E, 6등은 C와 F보다 뒤 순위인 A이다. 이를 표로 정리하면 다음과 같다.

구분	1등	2등	3등	4등	5등	6등
경우 1	E	C	D	B	F	A
경우 2	E	C	F	D	B	A
경우 3	E	F	C	D	B	A

따라서 경우 1, 2에서는 C가 F보다 순위가 높지만, 경우 3에서는 F가 C보다 순위가 높으므로, ③의 설명이 항상 옳은 것은 아니다.

[오답분석]

① E는 어느 경우에도 항상 1등으로 결승선에 들어온다.
② A는 어느 경우에도 항상 6등으로 결승선에 들어온다.
④ B는 어느 경우에도 C보다 순위가 낮다.

23

D주임은 좌석이 2다 석으로 정해져 있다. 그리고 팀장은 두 번째 줄에서 대리와 이웃하게 앉아야 하므로, A팀장의 자리는 '2 - 가' 석 혹은 '2 - 나' 석임을 알 수 있다. 즉, A팀장의 옆자리에 앉을 사람은 B대리 혹은 C대리이며, 마지막 조건에 의해 B대리는 창가쪽 자리에 앉아야 한다. 그리고 세 번째 조건에서 주임끼리는 이웃하여 앉을 수 없으므로, D주임을 제외한 E주임과 F주임은 첫 번째 줄 중 사원의 자리를 제외한 '1 - 가' 석 혹은 '1 - 라' 석에 앉아야 한다. 따라서 B대리가 앉을 자리는 창가쪽 자리인 '2 - 가' 석 혹은 '2 - 라' 석이다. 또한 H사원과 F주임은 함께 앉아야 하므로 이들이 첫 번째 줄 ('1 - 나' 석, '1 - 가' 석)에 앉거나, ('1 - 다' 석, '1 - 라' 석)에 앉는 경우가 가능하다.

이를 모두 고려하면 다음 4가지 경우만 가능하다.

• 경우 1

E주임	G사원	복도	H사원	F주임
A팀장	C대리		D주임	B대리

• 경우 2

E주임	G사원	복도	H사원	F주임
B(C)대리	A팀장		D주임	C(B)대리

• 경우 3

F주임	H사원	복도	G사원	E주임
A팀장	C대리		D주임	B대리

• 경우 4

F주임	H사원	복도	G사원	E주임
B(C)대리	A팀장		D주임	C(B)대리

ㄱ. 경우 3, 4에서 E주임은 '1 - 라' 석에 앉는다.
ㄴ. 경우 2, 3과 같이 C대리가 A팀장과 이웃하여 앉으면, 라열에 앉지 않는다.
ㄹ. 경우 1에서 A팀장의 앞좌석에는 E주임이, 경우 3에서 A팀장의 앞좌석에는 F주임이 앉는다.

[오답분석]

ㄷ. 조건을 모두 고려하면 '1 - 나' 석과 '1 - 다' 석에는 G사원 혹은 H사원만 앉을 수 있고, '1 - 가' 석, '1 - 라' 석에는 E주임과 F주임이 앉아야 한다. 그런데 F주임과 H사원은 이웃하여 앉아야 하므로, G사원과 E주임은 어떤 경우에도 이웃하게 앉는다.

24

다음의 논리 순서에 따라 조건을 정리하면 쉽게 접근할 수 있다.

- 세 번째 조건 : 빨간색 모자를 쓴 사람은 5명, 파란색 모자를 쓴 사람은 7명이다.
- 첫 번째 조건 : 파란색 하의를 입은 사람은 5명, 빨간색 하의를 입은 사람은 7명이다.
- 두 번째 조건 : 파란색 상의와 하의를 입은 사람의 수를 x명이라 하면, 빨간색 상의와 하의를 입은 사람의 수는 $6-x$명이다. 또한 파란색 상의와 빨간색 하의를 입은 사람의 수는 $7-(6-x)=x+1$명이고, 빨간색 상의와 파란색 하의를 입은 사람의 수는 $5-x$명이다.
- 네 번째 조건 : $x+(x+1)=7$이고 $x=3$이다.

따라서 하의만 빨간색인 사람은 4명이다.

25

정답 ②

초순수를 생산하기 위해서 용존산소 탈기, 한외여과의 공정과정을 거친다.

오답분석

① RO수를 생산하기 위해서 다중여과탑, 활성탄흡착, RO막 공정이 필요하다.
③ 이온교환, CO_2 탈기 공정을 통해 CO_2와 미량이온까지 제거해 순수를 생산한다.
④ 석유화학에는 RO수를 제공하지만, RO수는 미량이온까지 제거하지 않은 산업용수이다.

26

정답 ④

주어진 조건에 따라 악기별로 서로 잘 어울리는 악기와 잘 어울리지 않는 악기를 분류하면 다음과 같다.

구분	플루트	클라리넷	오보에	바순	호른
플루트	−	○	○	○	?
클라리넷	○	−	×	○	?
오보에	○	×	−	○	×
바순	○	○	○	−	○
호른	?	?	×	○	−

○ : 음색이 서로 잘 어울리는 악기 / × : 음색이 서로 잘 어울리지 않는 악기 / ? : 알 수 없음

이때, 오보에와 음색이 서로 어울리지 않는 악기는 클라리넷과 호른으로 오보에는 이 두 가지 악기와 옆자리에 이웃하게 놓이지 않는다. 즉, 오보에는 반드시 1번, 3번, 5번에 놓여야 하므로 3가지 경우로 나누어 경우의 수를 생각하면 다음과 같다.

ⅰ) 오보에가 1번에 놓이는 경우

클라리넷과 호른이 각각 3번 또는 5번에 놓일 수 있으나, 호른은 바순과만 음색이 어울리므로 반드시 5번에 위치해야 한다.

구분	1번	2번	3번	4번	5번
경우 1	오보에	플루트	클라리넷	바순	호른

ⅱ) 오보에가 3번에 놓이는 경우

오보에는 플루트와 바순과 음색이 어울리므로 각각 2번 또는 4번에 놓여야 한다.

구분	1번	2번	3번	4번	5번
경우 1	호른	바순	오보에	플루트	클라리넷
경우 2	클라리넷	플루트	오보에	바순	호른

ⅲ) 오보에가 5번에 놓이는 경우

클라리넷과 호른이 각각 1번 또는 3번에 놓일 수 있으나, 호른은 바순과만 음색이 어울리므로 반드시 1번에 위치해야 한다.

구분	1번	2번	3번	4번	5번
경우 1	호른	바순	클라리넷	플루트	오보에

따라서 총 4가지 경우가 있으며, 바순은 어떠한 악기와도 음색이 어울리지만 놓일 수 있는 자리는 2번 또는 4번이므로 총 2곳이다.

① 어느 경우에도 플루트는 2번 또는 4번 자리에만 놓일 수 있다.
② 오보에가 3번에 놓여 있을 때, 클라리넷은 양 끝 자리인 1번 또는 5번 자리에만 놓일 수 있다.
③ 어느 경우에도 오보에는 1번, 3번, 5번 자리에만 놓일 수 있다.

27

정답 ③

오븐은 소비자의 과실로 인한 고장이 맞지만 부품 생산이 중단되어 수리가 불가능한 상황이다. 부품보유기간 이내에 부품을 보유하지 않았고 품질보증기간이 경과하였으므로 자료 '가' 항목의 ⓒ에 해당하며, 정액감가상각한 잔여 금액에 구입가의 5%를 가산하여 환급해야 한다.

28

정답 ②

로봇청소기는 7년으로 정해진 부품보유기간 내에 부품이 없어 수리를 하지 못하는 경우이기 때문에 보상 규정에 따라 환급을 받는다. 이를 계산하면 다음과 같다.
- 감가상각비 : $14 \div 84 \times 2,400,000 = 400,000$원
- 잔존가치액 : $2,400,000 - 400,000 = 2,000,000$원
- 보상금액 : $2,000,000 + (2,400,000 \times 0.05) = 2,120,000$원

따라서 고객에게 안내할 보상금액은 212만 원이다.

29

정답 ①

네 번째 조건에 따라 K팀장은 토마토 파스타, S대리는 크림 리소토를 주문한다. 이때, L과장은 다섯 번째 조건에 따라 토마토 리소토나 크림 리소토를 주문할 수 있는데, 만약 L과장이 토마토 리소토를 주문한다면, 두 번째 조건에 따라 M대리는 토마토 파스타를 주문해야 하고, 사원들은 둘 다 크림소스가 들어간 메뉴를 주문할 수밖에 없으므로 조건과 모순이 된다. 따라서 L과장은 크림 리소토를 주문했다. 다음으로 사원 2명 중 1명은 크림 파스타, 다른 한 명은 토마토 파스타나 토마토 리소토를 주문해야 하는데, H사원이 파스타면을 싫어하므로 J사원이 크림 파스타, H사원이 토마토 리소토, M대리가 토마토 파스타를 주문했다. 다음으로 일곱 번째 조건에 따라 J사원이 사이다를 주문하였고, H사원은 J사원과 다른 음료를 주문해야하지만 여덟 번째 조건에 따라 주스를 함께 주문하지 않으므로 콜라를 주문했다. 또한 여덟 번째 조건에 따라 주스를 주문한 사람은 모두 크림소스가 들어간 메뉴를 주문한 사람이어야 하므로 S대리와 L과장이 주스를 주문했다. 마지막으로 여섯 번째 조건에 따라 M대리는 사이다를 주문하고, K팀장은 콜라를 주문했다. 이를 정리하면 다음과 같다.

구분	K팀장	L과장	M대리	S대리	H사원	J사원
토마토 파스타	○		○			
토마토 리소토					○	
크림 파스타						○
크림 리소토		○		○		
콜라	○				○	
사이다			○			○
주스		○		○		

따라서 사원들 중 주스를 주문한 사람은 없다.

30

정답 ③

29번의 결과로부터 S대리와 L과장은 모두 주스와 크림 리소토를 주문했음을 알 수 있다.

31

연번	기 호	연산자	검색조건
ㄱ	*, &	AND	두 단어가 모두 포함된 문서를 검색
ㄴ	ǀ	OR	두 단어가 모두 포함되거나, 두 단어 중 하나만 포함된 문서를 검색
ㄷ	−, !	NOT	'−' 기호나 '!' 기호 다음에 오는 단어는 포함하지 않는 문서를 검색
ㄹ	~, near	인접검색	앞/뒤의 단어가 가깝게 인접해 있는 문서를 검색

32

ⓛ 데이터베이스를 이용하면 다량의 데이터를 정렬해 저장하게 되므로 검색 효율이 개선된다.

ⓒ 데이터가 중복되지 않고 한 곳에만 기록되어 있으므로, 오류 발견 시 그 부분만 수정하면 되기 때문에 데이터의 무결성을 높일 수 있다.

[오답분석]

ⓙ 대부분의 데이터베이스 관리 시스템은 사용자가 정보에 대한 보안등급을 정할 수 있게 해 준다. 따라서 부서별로 읽기 권한, 읽기와 쓰기 권한 등을 구분해 부여하여 안정성을 높일 수 있다.

ⓔ 데이터베이스를 형성하여 중복된 데이터를 제거하면 데이터 유지비를 감축할 수 있다.

33

1차 자료는 원래의 연구 성과가 기록된 자료로 단행본, 학술지와 학술지 논문, 학술회의자료, 연구보고서, 학위논문, 특허정보, 표준 및 규격자료, 레터, 출판 전 배포자료, 신문, 잡지, 웹 정보자원 등이 속하고, 2차 자료는 이러한 1차 자료를 압축정리 해놓은 것으로 사전, 백과사전, 편람, 연감, 서지데이터베이스 등이 해당된다.

여기서 연감이란, 어떤 분야에 관하여 한 해 동안 일어난 경과·사건·통계 등을 수록하여 일 년에 한 번씩 간행하는 정기간행물을 뜻하므로 1차 자료에 해당하지 않는다.

34

'$'를 입력하면 절대참조로 위치가 변하지 않는다. 「$A$1」는 [A1] 셀 위치로 고정이며, 「$A2」는 [A] 열은 고정이지만 행은 변한다는 것을 의미한다. [A7] 셀을 복사했을 때 열이 오른쪽으로 2칸 움직였지만 고정이기에 의미는 없고, 행이 7에서 8로 1행만큼 이동하였기 때문에 [A1]+[A3]의 값이 [C8] 셀이 된다. 따라서 1+3=4이다.

35

[차트 도구] − [레이아웃] − [레이블] − [범례] 혹은 [범례 서식] 대화상자에서 범례를 이동하거나 크기를 변경하면 그림 영역의 크기 및 위치는 자동으로 조정된다.

36

지정한 범위 내에서 조건에 맞는 셀의 개수를 추출하는 COUNTIF 함수를 사용해야 한다. ○ 한 개당 20점이므로 ○의 개수를 구한 뒤 그 값에 20을 곱해야 하므로 [H2] 셀에 입력할 함수식으로 「=COUNTIF(C2:G2,"○")*20」이 적절하다.

37

판매수량과 추가판매의 합계를 출력하기 위해서는 SUM 함수를 사용해야 한다. 판매수량과 추가판매를 더하는 것은 비연속적인 셀을 더하는 것이므로 연속하는 영역을 입력하고 ','로 구분해준 뒤 다음 영역을 다시 지정해야 한다.

따라서 [B6] 셀에 입력할 함수식으로 「=SUM(B2:B5,C2,C5)」이 적절하다.

38

정답 ④

IF 함수를 사용하여 근속연수가 4년 초과일 경우에는 해당을 출력하고, 4년 이하인 경우에는 비해당을 출력하는 함수식을 입력해야 한다. IF 함수의 구성은 IF(조건, 조건에 맞을 경우의 값, 조건에 맞지 않을 경우의 값)이므로 [F2] 셀에 입력할 함수식으로「＝IF(E2>4,"해당","비해당")」이 적절하다.

39

정답 ①

특정 값의 변화에 따른 결괏값의 변화를 알아보는 경우는 '시나리오'와 '데이터 표' 2가지가 있다. 2가지(시나리오, 데이터 표) 중 표 형태로 표시해주는 것은 '데이터 표'에 해당한다. 비슷한 형식의 여러 데이터 결과를 요약해주는 경우는 '부분합'과 '통합'이 있다. 2가지(부분합, 통합) 중 통합하여 요약해주는 것은 '통합'(데이터 통합)에 해당한다. 참고로 '부분합'은 하나로 통합하지 않고 그룹끼리 모아서 계산한다.

40

정답 ②

DSUM 함수는 지정한 조건에 맞는 데이터베이스에서 필드 값들의 합을 구하는 함수이다. [A1:C7] 영역에서 상여금이 100만 원 이상인 데이터의 합계를 출력하므로 함수식「＝DSUM(A1:C7,C1,A9:A10)」의 결괏값으로 2,500,000원이 출력된다.

41

정답 ③

정보의 사용 절차는 전략적으로 기획하여 필요한 정보를 수집하고, 수집된 정보를 필요한 시점에 사용될 수 있도록 관리하여 정보를 활용하는 것이다.

42

정답 ①

한국국토정보공사의 사장이 누구인지 알아보려는 것이므로 AND 연산자인 '*'나 '&'를 입력해야 한다.

[오답분석]
② 한국국토정보공사의 사장을 제외한 문서를 검색한다.
③ 공기업과 한국국토정보공사가 인접해 있는 문서를 검색한다.
④ 한국국토정보공사를 포함하지 않은 문서를 검색한다.

43

정답 ①

LEN 함수는 문자열의 문자수를 추출하는 함수로, 숫자를 반환한다.「＝LEN(A2)」는 '서귀포시'로 문자수가 4이며, 여기서 −1을 입력하였으므로 [A2] 열의 3번째 문자까지를 지정하고, [C2] 셀과 같은 결괏값이 출력된다. 텍스트 문자열의 시작지점부터 지정한 수만큼의 문자를 반환하는 LEFT 함수를 사용하면 [C2]셀에 입력할 함수식으로는「＝LEFT(A2,LEN(A2)−1)」이 적절하다.

44

정답 ③

SUM 함수는 인수들의 합을 구하는 함수로, 함수식「＝SUM(B2:CHOOSE(2,B3,B4,B5))」의 연산절차를 살펴보면 다음과 같다.
＝SUM(B2:CHOOSE(2,B3,B4,B5)) → ＝SUM(B2:B4) → ＝SUM(23,45,12) → 80
따라서 출력되는 결괏값은 80이다.

45

정답 ②

VLOOKUP 함수는 목록 범위의 첫 번째 열에서 세로 방향으로 검색하면서 원하는 값을 추출하는 함수이고, HLOOKUP 함수는 목록 범위의 첫 번째 행에서 가로방향으로 검색하면서 원하는 값을 추출하는 함수이다. 즉, 첫 번째 열에 있는 '박지성'의 결석 데이터를 찾아야 하므로 VLOOKUP 함수를 이용해야 한다. VLOOKUP 함수의 형식은 「=VLOOKUP(찾을 값, 범위, 열 번호, 찾기 옵션)」이다. 범위는 절대참조로 지정해야 하며, 근사값을 찾고자 할 경우에는 찾기 옵션에 1 또는 TRUE를 입력하고, 정확히 일치하는 값을 찾고자 할 경우에는 0 또는 FALSE를 입력해야 한다.

따라서 '박지성'의 결석 데이터를 찾기 위한 함수식은 「=VLOOKUP("박지성", $A$3:$D$5, 4, 0)」이 적절하다.

46

정답 ①

제품 매뉴얼은 제품의 설계상 결함이나 위험 요소를 대변해서는 안 된다.

47

정답 ④

문화 및 제도적인 차이에 대한 부분을 통해 글로벌 벤치마킹을 설명함을 알 수 있다.

오답분석

① 내부 벤치마킹 : 같은 기업 내의 다른 지역, 타 부서, 국가 간의 유사한 활용을 비교 대상으로 한다. 이 방법은 자료 수집이 용이하며, 다각화된 우량기업의 경우 효과가 큰 반면, 관점이 제한적일 수 있고, 편중된 내부 시각에 대한 우려가 있다는 단점을 가지고 있다.

② 경쟁적 벤치마킹 : 동일 업종에서 고객을 직접적으로 공유하는 경쟁기업을 대상으로 한다. 이 방법은 경영성과와 관련된 정보 입수가 가능하며, 업무 / 기술에 대한 비교가 가능한 반면 윤리적인 문제가 발생할 소지가 있으며, 대상의 적대적 태도로 인해 자료 수집이 어렵다는 단점이 있다.

③ 비경쟁적 벤치마킹 : 제품, 서비스 및 프로세스의 단위 분야에 있어 가장 우수한 실무를 보이는 비경쟁적 기업 내의 유사 분야를 대상으로 하는 방법이다. 이 방법은 혁신적인 아이디어의 창출 가능성은 높은 반면 다른 환경의 사례를 가공하지 않고 적용할 경우 효과를 보지 못할 가능성이 높은 단점이 있다.

48

정답 ①

석유자원을 대체하고 에너지의 효율성을 높이는 것은 기존 기술에서 탈피하고 새로운 기술을 습득하는 기술경영자의 능력으로 볼 수 있다.

기술경영자의 능력
- 기술을 기업의 전반적인 전략 목표에 통합시키는 능력
- 빠르고 효과적으로 새로운 기술을 습득하고 기존의 기술에서 탈피하는 능력
- 기술을 효과적으로 평가할 수 있는 능력
- 기술 이전을 효과적으로 할 수 있는 능력
- 새로운 제품개발 시간을 단축할 수 있는 능력
- 크고 복잡하며 서로 다른 분야에 걸쳐 있는 프로젝트를 수행할 수 있는 능력
- 조직 내의 기술 이용을 수행할 수 있는 능력
- 기술 전문 인력을 운용할 수 있는 능력

49

정답 ④

하인리히의 법칙은 큰 사고로 인해 산업재해가 일어나기 전에 작은 사고나 징후인 '불안전한 행동 및 상태'가 보인다는 주장이다.

50

가정에 있을 경우 전력수급 비상단계를 신속하게 극복하기 위해 전력기기 등의 전원을 차단하거나 사용을 중지하는 것이 필요하나, 4번 항목에 따르면 안전, 보안 등을 위한 최소한의 조명까지 소등할 필요는 없다.

오답분석
① 가정에 있을 경우, TV, 라디오 등을 통해 재난상황을 파악하여 대처하라고 하였으므로, 전력수급 비상단계 발생 시 대중매체를 통해 재난상황에 대한 정보를 파악할 수 있다는 것을 알 수 있다.
② 사무실에 있을 경우 즉시 사용이 필요하지 않은 사무기기의 전원을 차단해야 한다.
④ 공장에서는 비상발전기의 가동을 점검하여 가동을 준비해야 한다.

51

ㄴ. 사무실에서의 행동요령에 따르면 본사의 중앙보안시스템은 긴급한 설비로 볼 수 있다. 따라서 3번 항목의 예외에 해당하므로 중앙보안시스템의 전원을 차단해버린 이 주임의 행동은 적절하지 않다고 볼 수 있다.
ㄹ. 상가에서의 행동요령에 따르면 식재료의 부패와 관련 없는 가전제품의 가동을 중지하거나 조정하도록 설명되어 있다. 하지만 최 사장은 횟감을 포함한 식재료를 보관 중인 모든 냉동고의 전원을 차단하였으므로 적절하지 않다.

오답분석
ㄱ. 가정에 있던 중 세탁기 사용을 중지하고 실내조명을 최소화한 것은 행동요령에 따른 것으로 적절한 행동이다.
ㄷ. 공장에 있던 중 공장 내부 조명 밝기를 최소화한 박 주임의 행동은 적절하다.

52

산업 재해의 예방대책 단계
1. 안전 관리 조직
2. 사실의 발견
3. 원인 분석
4. 시정책의 선정
5. 시정책 적응 및 뒤처리

53

주의사항에서 유산소 운동의 효과를 가져올 수 있는 운동 시간에 대해 안내된 바가 없으므로 ④는 안내문의 내용으로 적절하지 않다.

54

볼트와 너트 체결부위가 느슨해지면 제품에서 소음이 발생할 수 있으므로 모든 부분을 다시 조여주어야 한다.

55

임펠러 날개깃이 피로 현상으로 인해 결함을 일으킬 수 있다고 하였기 때문에 기술적 원인에 해당된다. 기술적 원인에는 기계 설계 불량, 재료의 부적합, 생산 공정의 부적당, 정비·보존 불량 등이 해당된다.

오답분석
① 작업 관리상 원인 : 안전 관리 조직의 결함, 안전 수칙 미제정, 작업 준비 불충분, 인원 배치 및 작업 지시 부적당 등
③ 교육적 원인 : 안전 지식의 불충분, 안전 수칙의 오해, 경험이나 훈련의 불충분과 작업관리자의 작업 방법의 교육 불충분, 유해 위험 작업 교육 불충분 등

56

정답 ④

벽걸이형 난방기구를 설치하기 위해서는 거치대를 먼저 벽에 고정시킨 뒤, 평행을 맞춰 제품을 거치대에 고정시키고, 거치대의 고정 나사를 단단히 조여 흔들리지 않도록 한다.

[오답분석]

① 벽걸이용 거치대의 상단에 대한 내용은 설명서에 나타나 있지 않다.
② 스탠드는 벽걸이형이 아닌 스탠드형 설치에 필요한 제품이다.
③ 벽이 단단한 콘크리트나 타일일 경우 전동드릴로 구멍을 내어 거치대를 고정시킨다.

57

정답 ③

실내온도가 설정온도보다 약 2 ~ 3℃ 내려가면 히터가 다시 작동한다. 따라서 실내온도가 20℃라면 설정온도를 20℃보다 2 ~ 3℃ 이상으로 조절해야 히터가 작동한다.

58

정답 ④

작동되고 있는 히터를 손으로 만지는 것은 화상을 입을 수 있는 등의 위험한 행동이지만, 난방기 고장의 원인으로 보기에는 거리가 멀다.

59

정답 ③

안마의자 사용설명서에서 설치 시에 등받이와 다리부를 조절할 경우를 대비하여 제품의 전방 50cm, 후방 10cm 이상 여유 공간을 두라고 설명하고 있다. 따라서 후방을 벽면에 밀착할 수 있는 장소를 고려하는 것은 적절하지 않다.

60

정답 ④

안마의자의 움직이는 부위에 손가락이 끼어 다칠 수 있다는 내용을 담고 있다. 제품설명서의 '안전을 위한 주의사항'에서 7번째 사항을 보면 같은 내용이 있으며, '경고' 수준의 주의를 필요로 한다는 것을 알 수 있다.

성 명

지원 분야

문제지 형별기재란

( )형 Ⓐ Ⓑ

수험번호

⓪	①	②	③	④	⑤	⑥	⑦	⑧	⑨
⓪	①	②	③	④	⑤	⑥	⑦	⑧	⑨
⓪	①	②	③	④	⑤	⑥	⑦	⑧	⑨
⓪	①	②	③	④	⑤	⑥	⑦	⑧	⑨
⓪	①	②	③	④	⑤	⑥	⑦	⑧	⑨
⓪	①	②	③	④	⑤	⑥	⑦	⑧	⑨
⓪	①	②	③	④	⑤	⑥	⑦	⑧	⑨

감독위원 확인

(인)

1	① ② ③ ④	21	① ② ③ ④	41	① ② ③ ④
2	① ② ③ ④	22	① ② ③ ④	42	① ② ③ ④
3	① ② ③ ④	23	① ② ③ ④	43	① ② ③ ④
4	① ② ③ ④	24	① ② ③ ④	44	① ② ③ ④
5	① ② ③ ④	25	① ② ③ ④	45	① ② ③ ④
6	① ② ③ ④	26	① ② ③ ④	46	① ② ③ ④
7	① ② ③ ④	27	① ② ③ ④	47	① ② ③ ④
8	① ② ③ ④	28	① ② ③ ④	48	① ② ③ ④
9	① ② ③ ④	29	① ② ③ ④	49	① ② ③ ④
10	① ② ③ ④	30	① ② ③ ④	50	① ② ③ ④
11	① ② ③ ④	31	① ② ③ ④	51	① ② ③ ④
12	① ② ③ ④	32	① ② ③ ④	52	① ② ③ ④
13	① ② ③ ④	33	① ② ③ ④	53	① ② ③ ④
14	① ② ③ ④	34	① ② ③ ④	54	① ② ③ ④
15	① ② ③ ④	35	① ② ③ ④	55	① ② ③ ④
16	① ② ③ ④	36	① ② ③ ④	56	① ② ③ ④
17	① ② ③ ④	37	① ② ③ ④	57	① ② ③ ④
18	① ② ③ ④	38	① ② ③ ④	58	① ② ③ ④
19	① ② ③ ④	39	① ② ③ ④	59	① ② ③ ④
20	① ② ③ ④	40	① ② ③ ④	60	① ② ③ ④

LX 한국국토정보공사 필기시험 답안카드

※ 본 답안지는 마킹연습용 모의 답안지입니다.

성 명	

지원 분야	

문제지 형별기재란	( )형	Ⓐ Ⓑ

수 험 번 호

⓪	①	②	③	④	⑤	⑥	⑦	⑧	⑨
⓪	①	②	③	④	⑤	⑥	⑦	⑧	⑨
⓪	①	②	③	④	⑤	⑥	⑦	⑧	⑨
⓪	①	②	③	④	⑤	⑥	⑦	⑧	⑨
⓪	①	②	③	④	⑤	⑥	⑦	⑧	⑨
⓪	①	②	③	④	⑤	⑥	⑦	⑧	⑨
⓪	①	②	③	④	⑤	⑥	⑦	⑧	⑨

감독위원 확인	인

1	① ② ③ ④	21	① ② ③ ④	41	① ② ③ ④
2	① ② ③ ④	22	① ② ③ ④	42	① ② ③ ④
3	① ② ③ ④	23	① ② ③ ④	43	① ② ③ ④
4	① ② ③ ④	24	① ② ③ ④	44	① ② ③ ④
5	① ② ③ ④	25	① ② ③ ④	45	① ② ③ ④
6	① ② ③ ④	26	① ② ③ ④	46	① ② ③ ④
7	① ② ③ ④	27	① ② ③ ④	47	① ② ③ ④
8	① ② ③ ④	28	① ② ③ ④	48	① ② ③ ④
9	① ② ③ ④	29	① ② ③ ④	49	① ② ③ ④
10	① ② ③ ④	30	① ② ③ ④	50	① ② ③ ④
11	① ② ③ ④	31	① ② ③ ④	51	① ② ③ ④
12	① ② ③ ④	32	① ② ③ ④	52	① ② ③ ④
13	① ② ③ ④	33	① ② ③ ④	53	① ② ③ ④
14	① ② ③ ④	34	① ② ③ ④	54	① ② ③ ④
15	① ② ③ ④	35	① ② ③ ④	55	① ② ③ ④
16	① ② ③ ④	36	① ② ③ ④	56	① ② ③ ④
17	① ② ③ ④	37	① ② ③ ④	57	① ② ③ ④
18	① ② ③ ④	38	① ② ③ ④	58	① ② ③ ④
19	① ② ③ ④	39	① ② ③ ④	59	① ② ③ ④
20	① ② ③ ④	40	① ② ③ ④	60	① ② ③ ④

LX 한국국토정보공사 필기시험 답안카드

성 명

지원 분야

문제지 형별기재란

( )형

Ⓐ
Ⓑ

수 험 번 호

	⓪	①	②	③	④	⑤	⑥	⑦	⑧	⑨
	⓪	①	②	③	④	⑤	⑥	⑦	⑧	⑨
	⓪	①	②	③	④	⑤	⑥	⑦	⑧	⑨
	⓪	①	②	③	④	⑤	⑥	⑦	⑧	⑨
	⓪	①	②	③	④	⑤	⑥	⑦	⑧	⑨
	⓪	①	②	③	④	⑤	⑥	⑦	⑧	⑨
	⓪	①	②	③	④	⑤	⑥	⑦	⑧	⑨

감독위원 확인

(인)

1	①	②	③	④		21	①	②	③	④		41	①	②	③	④
2	①	②	③	④		22	①	②	③	④		42	①	②	③	④
3	①	②	③	④		23	①	②	③	④		43	①	②	③	④
4	①	②	③	④		24	①	②	③	④		44	①	②	③	④
5	①	②	③	④		25	①	②	③	④		45	①	②	③	④
6	①	②	③	④		26	①	②	③	④		46	①	②	③	④
7	①	②	③	④		27	①	②	③	④		47	①	②	③	④
8	①	②	③	④		28	①	②	③	④		48	①	②	③	④
9	①	②	③	④		29	①	②	③	④		49	①	②	③	④
10	①	②	③	④		30	①	②	③	④		50	①	②	③	④
11	①	②	③	④		31	①	②	③	④		51	①	②	③	④
12	①	②	③	④		32	①	②	③	④		52	①	②	③	④
13	①	②	③	④		33	①	②	③	④		53	①	②	③	④
14	①	②	③	④		34	①	②	③	④		54	①	②	③	④
15	①	②	③	④		35	①	②	③	④		55	①	②	③	④
16	①	②	③	④		36	①	②	③	④		56	①	②	③	④
17	①	②	③	④		37	①	②	③	④		57	①	②	③	④
18	①	②	③	④		38	①	②	③	④		58	①	②	③	④
19	①	②	③	④		39	①	②	③	④		59	①	②	③	④
20	①	②	③	④		40	①	②	③	④		60	①	②	③	④

LX 한국국토정보공사 필기시험 답안카드

번호	1	2	3	4	번호	1	2	3	4	번호	1	2	3	4
1	①	②	③	④	21	①	②	③	④	41	①	②	③	④
2	①	②	③	④	22	①	②	③	④	42	①	②	③	④
3	①	②	③	④	23	①	②	③	④	43	①	②	③	④
4	①	②	③	④	24	①	②	③	④	44	①	②	③	④
5	①	②	③	④	25	①	②	③	④	45	①	②	③	④
6	①	②	③	④	26	①	②	③	④	46	①	②	③	④
7	①	②	③	④	27	①	②	③	④	47	①	②	③	④
8	①	②	③	④	28	①	②	③	④	48	①	②	③	④
9	①	②	③	④	29	①	②	③	④	49	①	②	③	④
10	①	②	③	④	30	①	②	③	④	50	①	②	③	④
11	①	②	③	④	31	①	②	③	④	51	①	②	③	④
12	①	②	③	④	32	①	②	③	④	52	①	②	③	④
13	①	②	③	④	33	①	②	③	④	53	①	②	③	④
14	①	②	③	④	34	①	②	③	④	54	①	②	③	④
15	①	②	③	④	35	①	②	③	④	55	①	②	③	④
16	①	②	③	④	36	①	②	③	④	56	①	②	③	④
17	①	②	③	④	37	①	②	③	④	57	①	②	③	④
18	①	②	③	④	38	①	②	③	④	58	①	②	③	④
19	①	②	③	④	39	①	②	③	④	59	①	②	③	④
20	①	②	③	④	40	①	②	③	④	60	①	②	③	④

성 명

지원 분야

문제지 형별기재란

( )형 Ⓐ Ⓑ

수 험 번 호

⓪ ① ② ③ ④ ⑤ ⑥ ⑦ ⑧ ⑨
⓪ ① ② ③ ④ ⑤ ⑥ ⑦ ⑧ ⑨
⓪ ① ② ③ ④ ⑤ ⑥ ⑦ ⑧ ⑨
⓪ ① ② ③ ④ ⑤ ⑥ ⑦ ⑧ ⑨
⓪ ① ② ③ ④ ⑤ ⑥ ⑦ ⑧ ⑨
⓪ ① ② ③ ④ ⑤ ⑥ ⑦ ⑧ ⑨
⓪ ① ② ③ ④ ⑤ ⑥ ⑦ ⑧ ⑨

감독위원 확인

(인)

LX 한국국토정보공사 필기시험 답안카드

성 명

지원 분야

문제지 형별기재란

( )형   Ⓐ Ⓑ

수 험 번 호

	⓪ ① ② ③ ④ ⑤ ⑥ ⑦ ⑧ ⑨
	⓪ ① ② ③ ④ ⑤ ⑥ ⑦ ⑧ ⑨
	⓪ ① ② ③ ④ ⑤ ⑥ ⑦ ⑧ ⑨
	⓪ ① ② ③ ④ ⑤ ⑥ ⑦ ⑧ ⑨
	⓪ ① ② ③ ④ ⑤ ⑥ ⑦ ⑧ ⑨
	⓪ ① ② ③ ④ ⑤ ⑥ ⑦ ⑧ ⑨
	⓪ ① ② ③ ④ ⑤ ⑥ ⑦ ⑧ ⑨

감독위원 확인

(인)

1	① ② ③ ④	21	① ② ③ ④	41	① ② ③ ④
2	① ② ③ ④	22	① ② ③ ④	42	① ② ③ ④
3	① ② ③ ④	23	① ② ③ ④	43	① ② ③ ④
4	① ② ③ ④	24	① ② ③ ④	44	① ② ③ ④
5	① ② ③ ④	25	① ② ③ ④	45	① ② ③ ④
6	① ② ③ ④	26	① ② ③ ④	46	① ② ③ ④
7	① ② ③ ④	27	① ② ③ ④	47	① ② ③ ④
8	① ② ③ ④	28	① ② ③ ④	48	① ② ③ ④
9	① ② ③ ④	29	① ② ③ ④	49	① ② ③ ④
10	① ② ③ ④	30	① ② ③ ④	50	① ② ③ ④
11	① ② ③ ④	31	① ② ③ ④	51	① ② ③ ④
12	① ② ③ ④	32	① ② ③ ④	52	① ② ③ ④
13	① ② ③ ④	33	① ② ③ ④	53	① ② ③ ④
14	① ② ③ ④	34	① ② ③ ④	54	① ② ③ ④
15	① ② ③ ④	35	① ② ③ ④	55	① ② ③ ④
16	① ② ③ ④	36	① ② ③ ④	56	① ② ③ ④
17	① ② ③ ④	37	① ② ③ ④	57	① ② ③ ④
18	① ② ③ ④	38	① ② ③ ④	58	① ② ③ ④
19	① ② ③ ④	39	① ② ③ ④	59	① ② ③ ④
20	① ② ③ ④	40	① ② ③ ④	60	① ② ③ ④

LX 한국국토정보공사 필기시험 답안카드

성명		지원 분야		문제지 형별기재란			수험번호			감독위원 확인

문제지 형별기재란 Ⓐ Ⓑ ( )형

1	① ② ③ ④	21	① ② ③ ④	41	① ② ③ ④
2	① ② ③ ④	22	① ② ③ ④	42	① ② ③ ④
3	① ② ③ ④	23	① ② ③ ④	43	① ② ③ ④
4	① ② ③ ④	24	① ② ③ ④	44	① ② ③ ④
5	① ② ③ ④	25	① ② ③ ④	45	① ② ③ ④
6	① ② ③ ④	26	① ② ③ ④	46	① ② ③ ④
7	① ② ③ ④	27	① ② ③ ④	47	① ② ③ ④
8	① ② ③ ④	28	① ② ③ ④	48	① ② ③ ④
9	① ② ③ ④	29	① ② ③ ④	49	① ② ③ ④
10	① ② ③ ④	30	① ② ③ ④	50	① ② ③ ④
11	① ② ③ ④	31	① ② ③ ④	51	① ② ③ ④
12	① ② ③ ④	32	① ② ③ ④	52	① ② ③ ④
13	① ② ③ ④	33	① ② ③ ④	53	① ② ③ ④
14	① ② ③ ④	34	① ② ③ ④	54	① ② ③ ④
15	① ② ③ ④	35	① ② ③ ④	55	① ② ③ ④
16	① ② ③ ④	36	① ② ③ ④	56	① ② ③ ④
17	① ② ③ ④	37	① ② ③ ④	57	① ② ③ ④
18	① ② ③ ④	38	① ② ③ ④	58	① ② ③ ④
19	① ② ③ ④	39	① ② ③ ④	59	① ② ③ ④
20	① ② ③ ④	40	① ② ③ ④	60	① ② ③ ④

수험번호
⓪ ① ② ③ ④ ⑤ ⑥ ⑦ ⑧ ⑨
⓪ ① ② ③ ④ ⑤ ⑥ ⑦ ⑧ ⑨
⓪ ① ② ③ ④ ⑤ ⑥ ⑦ ⑧ ⑨
⓪ ① ② ③ ④ ⑤ ⑥ ⑦ ⑧ ⑨
⓪ ① ② ③ ④ ⑤ ⑥ ⑦ ⑧ ⑨
⓪ ① ② ③ ④ ⑤ ⑥ ⑦ ⑧ ⑨
⓪ ① ② ③ ④ ⑤ ⑥ ⑦ ⑧ ⑨

감독위원 확인
(인)

※ 본 답안지는 마킹연습용 모의 답안지입니다.

LX 한국국토정보공사 필기시험 답안카드

성 명

지원 분야

문제지 형별기재란

( )형
Ⓐ
Ⓑ

수험번호

⓪①②③④⑤⑥⑦⑧⑨ (×7 columns)

감독위원 확인

(인)

문번	1	2	3	4	문번	1	2	3	4	문번	1	2	3	4
1	①	②	③	④	21	①	②	③	④	41	①	②	③	④
2	①	②	③	④	22	①	②	③	④	42	①	②	③	④
3	①	②	③	④	23	①	②	③	④	43	①	②	③	④
4	①	②	③	④	24	①	②	③	④	44	①	②	③	④
5	①	②	③	④	25	①	②	③	④	45	①	②	③	④
6	①	②	③	④	26	①	②	③	④	46	①	②	③	④
7	①	②	③	④	27	①	②	③	④	47	①	②	③	④
8	①	②	③	④	28	①	②	③	④	48	①	②	③	④
9	①	②	③	④	29	①	②	③	④	49	①	②	③	④
10	①	②	③	④	30	①	②	③	④	50	①	②	③	④
11	①	②	③	④	31	①	②	③	④	51	①	②	③	④
12	①	②	③	④	32	①	②	③	④	52	①	②	③	④
13	①	②	③	④	33	①	②	③	④	53	①	②	③	④
14	①	②	③	④	34	①	②	③	④	54	①	②	③	④
15	①	②	③	④	35	①	②	③	④	55	①	②	③	④
16	①	②	③	④	36	①	②	③	④	56	①	②	③	④
17	①	②	③	④	37	①	②	③	④	57	①	②	③	④
18	①	②	③	④	38	①	②	③	④	58	①	②	③	④
19	①	②	③	④	39	①	②	③	④	59	①	②	③	④
20	①	②	③	④	40	①	②	③	④	60	①	②	③	④

※ 본 답안카드는 마킹연습용 모의 답안카드입니다.

LX 한국국토정보공사 필기시험 답안카드

성 명	

지원 분야	

문제지 형별기재란	Ⓐ Ⓑ
(형)	

수험번호
⓪ ① ② ③ ④ ⑤ ⑥ ⑦ ⑧ ⑨
⓪ ① ② ③ ④ ⑤ ⑥ ⑦ ⑧ ⑨
⓪ ① ② ③ ④ ⑤ ⑥ ⑦ ⑧ ⑨
⓪ ① ② ③ ④ ⑤ ⑥ ⑦ ⑧ ⑨
⓪ ① ② ③ ④ ⑤ ⑥ ⑦ ⑧ ⑨
⓪ ① ② ③ ④ ⑤ ⑥ ⑦ ⑧ ⑨
⓪ ① ② ③ ④ ⑤ ⑥ ⑦ ⑧ ⑨

감독위원 확인	
(인)	

번호	①	②	③	④	번호	①	②	③	④	번호	①	②	③	④
1	①	②	③	④	21	①	②	③	④	41	①	②	③	④
2	①	②	③	④	22	①	②	③	④	42	①	②	③	④
3	①	②	③	④	23	①	②	③	④	43	①	②	③	④
4	①	②	③	④	24	①	②	③	④	44	①	②	③	④
5	①	②	③	④	25	①	②	③	④	45	①	②	③	④
6	①	②	③	④	26	①	②	③	④	46	①	②	③	④
7	①	②	③	④	27	①	②	③	④	47	①	②	③	④
8	①	②	③	④	28	①	②	③	④	48	①	②	③	④
9	①	②	③	④	29	①	②	③	④	49	①	②	③	④
10	①	②	③	④	30	①	②	③	④	50	①	②	③	④
11	①	②	③	④	31	①	②	③	④	51	①	②	③	④
12	①	②	③	④	32	①	②	③	④	52	①	②	③	④
13	①	②	③	④	33	①	②	③	④	53	①	②	③	④
14	①	②	③	④	34	①	②	③	④	54	①	②	③	④
15	①	②	③	④	35	①	②	③	④	55	①	②	③	④
16	①	②	③	④	36	①	②	③	④	56	①	②	③	④
17	①	②	③	④	37	①	②	③	④	57	①	②	③	④
18	①	②	③	④	38	①	②	③	④	58	①	②	③	④
19	①	②	③	④	39	①	②	③	④	59	①	②	③	④
20	①	②	③	④	40	①	②	③	④	60	①	②	③	④

※ 본 답안지는 마킹연습용 모의 답안지입니다.

2024 최신판 SD에듀 LX 한국국토정보공사 NCS + 최종점검 모의고사 5회 + 무료NCS특강

개정14판1쇄 발행	2024년 03월 20일 (인쇄 2024년 01월 15일)
초 판 발 행	2016년 05월 20일 (인쇄 2016년 04월 26일)
발 행 인	박영일
책 임 편 집	이해욱
편 저	SDC(Sidae Data Center)
편 집 진 행	김재희
표지디자인	조혜령
편집디자인	김지수 · 장성복
발 행 처	(주)시대고시기획
출 판 등 록	제10-1521호
주 소	서울시 마포구 큰우물로 75 [도화동 538 성지 B/D] 9F
전 화	1600-3600
팩 스	02-701-8823
홈 페 이 지	www.sdedu.co.kr
I S B N	979-11-383-6588-8 (13320)
정 가	25,000원

LX 한국국토 정보공사

정답 및 해설

시대교육그룹

(주)시대고시기획 시대교육(주)	고득점 합격 노하우를 집약한 최고의 전략 수험서 www.sidaegosi.com
시대에듀	자격증 · 공무원 · 취업까지 분야별 BEST 온라인 강의 www.sdedu.co.kr
이슈&시사상식	최신 주요 시사이슈와 취업 정보를 담은 취준생 시사지 격월발행
시대인	외국어 · IT · 취미 · 요리 생활 밀착형 교육 연구 실용서 전문 브랜드

꿈을 지원하는 행복···

여러분이 구입해 주신 도서 판매수익금의 일부가
국군장병 1인 1자격 취득 및 학점취득 지원사업과
낙도 도서관 지원사업에 쓰이고 있습니다.

SD에듀가 합격을 준비하는 당신에게 제안합니다.

성공의 기회! **SD에듀**를 잡으십시오.
성공의 Next Step!

결심하셨다면 지금 당장 실행하십시오.
SD에듀와 함께라면 문제없습니다.

기회란 포착되어 활용되기 전에는
기회인지조차 알 수 없는 것이다.

– 마크 트웨인 –